高等学校“十二五”规划教材

交通工程设施设计

（第3版）

主编　孟祥海　李洪萍
主审　盛洪飞

哈爾濱工業大學出版社

内容简介

本书是面向高等院校交通工程专业和交通运输工程专业本科生编写的教材，在吸收、总结国内外交通工程设施研究成果的基础上，系统地介绍了交通工程设施设计的基本理论和基本方法。主要内容包括交通安全设施、道路交通标志与标线、静态交通设施、道路收费与服务设施、道路照明设施、城市道路无障碍设施、机电系统设计、道路绿化及景观、案例等。另外，给出了交通工程设施名词中英文对照。

本书可作为高等院校道路桥梁与渡河工程专业本科教学的参考书，也可供交通、城建、公安等部门的技术人员和管理人员参考使用。

图书在版编目(CIP)数据

交通工程设施设计/孟祥海，李洪萍主编. 3版.—哈尔滨：哈尔滨工业大学出版社，2012.12(2017.12重印)

ISBN 978-7-5603-2642-9

Ⅰ.①交… Ⅱ.①孟… ②李… Ⅲ.①交通工程-基础设施-设计-高等学校-教材 Ⅳ.①U491

中国版本图书馆CIP数据核字(2012)第271981号

策划编辑 王桂芝
责任编辑 张 瑞
封面设计 卞秉利
出版发行 哈尔滨工业大学出版社
社 址 哈尔滨市南岗区复华四道街10号 邮编150006
传 真 0451-86414749
网 址 http://hitpress.hit.edu.cn
印 刷 哈尔滨久利印刷有限公司
开 本 787mm×1092mm 1/16 印张20 插页3 字数500千字
版 次 2008年2月第1版 2012年12月第3版
2017年12月第4次印刷
书 号 ISBN 978-7-5603-2642-9
定 价 38.00元

再版前言

交通工程设施是道路工程的重要组成部分之一，对提高行车安全性，提高道路通行能力和运行效率，保证车辆连续运行、降低能耗，提高出行的舒适和方便程度具有重要意义。随着我国道路交通运输基础设施的建设和道路交通运输事业的蓬勃发展，交通工程设施的设计越来越受到人们的重视。为此，很多高等院校纷纷开设了"交通工程设施设计"这门课程。笔者在该课程教学实践的基础上，编写了本书。

通过总结国内外交通工程设施设计的研究成果，本书重点介绍了交通安全设施、道路交通标志与标线、静态交通设施、道路收费与服务设施、道路照明设施、城市道路无障碍设施、机电系统设计、道路绿化及景观等8个方面的内容。为了方便读者使用，每章均设置了相应的思考题。另外，给出了交通工程设施名词中英文对照。

本书第1、5、6、9、10章由哈尔滨工业大学交通科学与工程学院孟祥海编写，第2、3、4、7章由哈尔滨工业大学交通科学与工程学院李洪萍编写，第8章由黑龙江工程学院冯雨芹编写。全书由孟祥海、李洪萍任主编并统稿，由哈尔滨工业大学盛洪飞教授主审。

哈尔滨工业大学交通科学与工程学院博士研究生郑来参与了第9章和第10章的编写，硕士研究生宋春花、黄宝安、李梅、史永义、徐汉清、李昕等参加了插图描绘和校稿工作。在此，向他们表示感谢。本书在前两版的使用过程中，国内部分高校同行提出了许多宝贵意见和建议，这对此次再版大有帮助，在此，一并向他们表示感谢。

由于交通工程设施设计的理论和技术在不断地发展、更新，加之作者水平所限，书中疏漏甚至错误之处在所难免，敬请读者指正。本书参阅了大量的专业文献和相关教材，但因各种条件所限，未能与有关作者取得联系，引用与理解不当之处，敬请谅解。

编　者

2012年11月

目　录

第1章 绪 论

1.1 交通工程设施及其功能

1. 交通工程设施

交通工程设施是指为使道路通行能力最大、经济效益最高、交通事故最少、公害程度最低，而沿道路用地范围及其周边设置的系统、设施或给人、车配备的装备，即为使车辆高速、高效、安全、舒适地行驶而设置的各类设施的总称。

交通工程设施设计的基础是交通工程学。这是一门专门研究道路交通的发生、构成和运动规律的科学，是由道路工程科学衍生而逐渐发展起来的较年轻的学科。其研究对象是人、车、路及其与土地使用、房屋建筑、环境之间的相互关系，主要研究内容包括：人和车辆特性、交通流理论、交通调查、交通规划、道路通行能力、道路几何设计、道路交叉设计、交通事故与交通安全、交通信号、交通公害、电子信息系统和交通控制、公共交通和交通节能等。由于研究内容涉及工程（engineering）、法规（enforcement）、教育（education）、环境（environment）和能源（energy）等领域，因此可称之为5E科学。

2. 交通工程设施的功能

道路不仅应满足交通出行容量方面的要求，还应能有效地解决交通出行的安全性、舒适性以及交通运行和环境等方面的问题。因此，在道路及其沿线设置交通工程设施对提高行车安全性、提高道路通行能力和运行效率、保证车辆连续运行、降低能耗、保护交通环境、提高出行的舒适程度和方便程度具有重要意义。

（1）提高行车安全性

提高行车安全性主要体现在减少交通事故与伤亡人数，减轻事故严重程度及出行人员的疲劳程度等方面。为了有效地提高行车安全性，只重视道路本身构造上的设计是不够的，还必须有完善的交通安全设施、交通管理设施、交通监控设施等。交通安全设施的合理设置具有减少交通事故的功能，其中护栏除了具有减少交通事故的作用之外，还有降低事故严重程度的功能。标志、标线和防眩设施可提高驾驶人员的舒适感，从而降低他们的疲劳程度。监控系统的可变情报板和限速标志等设施，可使驾驶员在事故前方做好准备，避免二次事故发生。

（2）提高道路通行能力和运行效率

提高道路通行能力和运行效率主要体现在提高道路的车公里运量和车辆行程速度，减少延误和行程时间，增加车辆利用率和出行时间的可预知性。健全的交通法规、完善的交通管理设施、先进的交通监控系统等交通工程设施，可极大地提高道路通行能力。一条具有先进监控系统和完善交通管理设施的高速公路，其通行能力和行车速度可达到一般公路的2.5～3.0倍。利用监控系统掌握的实时交通信息，如交通量、行车速度、车辆密度、阻塞时间等,可以预测任何出行起讫点之间的最佳出行线路和出行时间。当这些预测信息被预先告知给出行者时,对提高交通运行效率无疑是大有帮助的。

(3)保证车辆连续运行

驾驶人员因驾驶作业会引起生理和心理上的变化,长时间开车会引起疲劳,这时感觉、知觉、判断能力、意志决定、运动等都受到影响,使视力下降、作业粗糙、注意力不集中,对环境判断发生错误。休息服务设施能消除驾驶人员的疲劳与紧张,给长途行驶的汽车加油、加水及提供必要的维修检查,可保证长途行车的连续运行。

(4)降低交通能耗、保护交通环境

交通工程设施的合理设置具有提高行车速度、减少停车次数的功能,同时也提高了汽车燃油的使用效率,减少了燃料耗量,降低了汽车尾气和噪声对环境的污染。

(5)提高出行的舒适程度和方便程度

高速公路监控系统和通信系统减少了司乘人员因停车延误引起的烦躁情绪,完善的标志与标线使驾驶人员不致迷失方向,也减少了行车困惑,使其运行自如。先进的监控系统还可预报出行时间,从而方便出行者事先安排出行计划。

1.2 交通工程设施种类与发展状况

1. 交通工程设施种类

交通工程设施主要包括交通安全设施、交通管理设施、静态交通设施、交通服务设施、道路景观环境与绿化设施、道路照明系统、收费系统以及监控系统等,另外,也包括道路通信系统、道路供配电系统以及沿线建筑设施。

(1)交通安全设施

交通安全设施主要包括护栏、护柱、防眩设施、隔离封闭设施、视线诱导设施和施工安全设施等。交通安全设施对避免交通事故的发生、减轻事故严重程度、排除多种纵向和横向交通干扰、诱导驾驶人员行车、保证养护与维修作业安全等具有重要作用。设计中,应以交通工程学的观点对安全设施的数量、位置、形式、安装工艺等进行认真的分析和研究,使之真正起到安全保障的作用。

(2)交通管理设施

交通管理设施,即交通管理的硬件设施,主要包括道路交通标志、交通标线和交通信号灯等。交通管理设施设计的重点是正确选择设施种类、形式和材料,合理、科学地确定设置地点。道路交通管理的主要任务是制定交通管理的方针与政策、研究道路交通管理的规律和特点,最终运用各种设施控制、掌握并有效地指挥交通。

(3)静态交通设施

静态(止)交通设施指为静止交通使用及服务的设施的总称,主要包括停车场、汽车站、加油站、公共汽车停靠站等。设计中,应以服务需求为依据,确定设施的规模、数量、构成和空间分布。

(4)交通服务设施

交通服务设施主要指设置在道路及其沿线,为使用者提供服务的服务区。服务区热情周到的服务,使旅客得到卫生的食品和安静的休息场所,使车辆加油和维修更迅速、方便，增加了道路使用者的安全感和舒适感。设计中，应因地制宜地研究服务区的规模、构成、布置方式，并搞好园区设计。

(5)道路景观环境与绿化设施

道路景观是指用路者在道路上以一定速度运动时视野中的道路及环境的四维空间形象，也包含路外人视觉中对道路及其环境配合的宏观印象。道路景观设施主要包括道路线形本身、道路范围内的各种建筑，广义上也包括道路周围的自然和人文景观环境。

道路绿化是指在道路用地范围内主要利用植物及其他材料创造出一个具有形态、形式因素构成独立的，具有一定社会文化内涵及审美价值的，并能满足道路交通功能要求的景物过程。

道路景观环境与绿化对实现道路建设可持续发展、环境保护、实现绿色交通具有重要意义。

(6)道路照明系统

道路照明的主要作用是使车辆在不使用前照灯的条件下，能够看清前方道路路况、交通情况，并能够及时认清前方障碍及各类标志等。当然，城市道路照明亦具有美化城市夜景，方便城市居民夜间活动的功能。良好的道路照明不但可以提高行车速度、提高道路的利用率，而且还可减轻或消除驾驶员的紧张与不安全感。作为道路建设重要组成部分的道路照明，也综合体现了一个国家科学技术、经济实力与能源工业发展水平。

(7)收费系统

收费系统包括收费车道、收费站和收费中心三大部分。收费车道是具体进行收费操作的场所，收费站对收费车道的系统设施和收费业务进行管理，而收费中心则是一个路段或整条收费道路收费管理的核心机构。收费设施的设置往往会对交通产生较大的负面影响，如何既保证交通畅通，又保证通行费的正常收取，都需要从交通工程学的观点出发，对收费制式、收费方式、站点布设、系统结构和系统运行管理进行认真的分析和研究，结合工程实际做出决定。

(8)监控系统

监控系统包括信息采集系统、信息提供系统和监控中心三大部分。信息采集系统收集道路上的实时交通信息，从而判断交通运行状态是否正常；信息提供系统把交通运行状态或控制指令告知驾驶人员，以便驾驶人员参考或遵循；监控中心则是监控系统中实时信息的分析处理和指令发布的中枢部分。根据交通需求和道路路况的不同，交通监控系统又分为多种类型。

如果把交通安全设施作为车辆高速、安全、舒适行驶的静态保障系统，监控系统则是其动态保障系统。交通事故、车辆抛锚、货物散落等交通事件虽然是偶然的，但却是不可避免的，一旦发生，必然对道路交通产生干扰。在交通量不大的情况下，这些交通事件可能不会造成交通阻塞，但也需要及时组织救援；在交通量增长到一定程度时，偶发的交通事件将会造成交通阻塞，此时要尽快发现交通事件并及时组织救援、清理路障；在交通量达到高峰时，某些路段即使不发生偶然性事件也会发生交通阻塞，此时应该有相应的措施去避免、减少或缓解这种交通异常情况。这一切都是交通监控系统的任务。

2. 交通工程设施发展概况

护栏作为主要的交通安全设施，在世界范围内很早就受到了人们的广泛重视。美国从1920年起就开始了护栏的研究与使用，在理论分析和模拟试验的基础上，通过实车足尺护栏碰撞验证试验和公路上的应用实践，积累了大量的资料和丰富的经验。在1970年和1986年，先后组织了高速公路护栏结构及各种安全设施的一系列研究工作，并编写了各种设计规范。法国、英国、德国等国家也在很早就开始了护栏结构的研究工作，建立健全了一整套的试验设施和相应的试验规程，从理论和实践上研究了多种类型的护栏结构。日本于20世纪50年代开始了这方面的研究工作，在短短十几年中，日本的众多研究机构对各种护栏结构进行了广泛深入的开发研究，并于1965年制定了护栏设置纲要，对护栏的适用范围、结构设计、功能要求、施工安装等方面做出了明确的规定。至此形成了美、日两种典型的护栏形式。

我国在"七五"期间开始在高速公路护栏的设计、生产与施工等方面开展研究工作，提出了适合我国国情的护栏结构形式，从1989年起在全国推广"Z"形柱波形梁护栏，1992年年底，交通部公路科学研究所在总结全国护栏实际应用的基础上，推出了新型的变截面波形梁护栏结构形式，2000年交通部编写发布了《公路波形梁钢护栏》行业标准并推广应用，主要用于重型车、大型车比例高的路段和山区高速公路等地形不利之处。

我国在1934年开始在道路上使用交通标志，1950年政务院第一次颁布了道路交通标志，1955年由国务院批准、公安部颁布的《城市交通管理规则》中有28种交通标志。1972年，公安部和交通部联合颁布的《城市和公路交通管理规则》中有34种图案和符号。1986年，编制完成了中华人民共和国强制性国家标准《道路交通标志和标线》(GB 5768—1986)，该标准中共规定了148个交通标志，其中警告标志32个，采用国际标准23个；禁令标志35个，采用国际标准27个；指示标志25个，采用国际标准24个；指路标志56个，基本上按国际标准制订。1999年，第一次修订GB 5768—1999并于当年下了第1号修改单，将道路交通标志分为主标志和辅助标志两大类共计320个，其中主标志304个，辅助标志16个。2005年10月下发第2号修改单(国标委工交函[2005]57号——关于批准国家标准《道路交通标志和标线》GB 5768—1999第2号修改单的函)，修改15条，增加5条。此外，还陆续颁布了一些相关技术标准与规程。

世界上一些发达国家很重视道路服务设施的配套建设，千方百计地为远距离的出行者提供良好的服务。美国的高速公路网一般都设置服务区。有些服务区还设有公路气象站，通过可变情报板准确地向过往车辆通报高速公路沿线的天气变化情况，以利于行车安全并方便出行。日本高速公路服务区的设施最为完善，每个管理所管辖的区段均设有一个以上的服务区。服务区还根据当地的自然环境和具体条件，建设成为该地区的一个景观，供来往人员休息。原联邦德国高速公路的服务设施一般是与高速公路网同时进行规划设计的，并同时建设实施，然后再出租给私人经营。为了吸引旅客，有的服务区设计新颖，赏心悦目。如不来梅附近一个服务区飞架在公路上，远看如造型别致的钢索斜拉桥，在"桥"上可以尽情地浏览公路内外的景色，还能享受到热情周到的服务和精美食品。法国在1976年把文化生活带进了高速公路网，利用沿线的服务设施开展各种文化娱乐活动。

我国高速公路建设起步较晚，初期完成的几条高速公路里程都较短，沿线设施主要侧重于交通安全、通信和监控等，对于服务设施考虑较少。近年来，随着高速公路通车里程的迅速增长，高速公路服务区建设得到了迅速发展，服务区的设计、建设与运营管理日趋成熟。

国外对公路沿线生态环境的保护与公路绿化工作是非常重视的，已由以往的普通绿化进一步发展到目前的生态公路或景观生态绿化。美国、加拿大等国家在公路建设中十分重视人与自然的和谐统一，如在公路建设中碰到生态环境中的湿地问题，经常采取公路建设占多少数量的湿地面积，就在附近补偿同样面积或大于所占面积的湿地，使湿地的生态功能不受影响，以保护沿线湿地的整体资源价值。法国在20世纪90年代中期，就注意到公路建设与生态保护的关系，在修建高速公路时，利用取土场地创建了两个生物栖息场所，成为尊重自然环境和生态学的典范，备受重视，获得1995年创设的"RUBANVERT绿带"奖章。瑞士在修建高速公路时实施了防止动物移动离群，建设替代栖息地的措施，在修建穿越有动物经常出没地区的公路时，尽可能地保护公路沿线所有的植物，并根据动物出没路线，给动物修建专门的跨线桥，且在桥上覆土种植与周围环境中相似的乔灌树木和草类，以利于动物通过，保证动物应具备的活动领地。德国公路的绿化在管理和养护方面所采取的灌溉手段也是可供借鉴的，在具备条件的路段，把公路建设中的弃土沿公路两侧堆筑成与公路走向一致的土堤，在土堤上进行绿化美化工程建设。日本公路绿化工作搞的也非常好，国家设立了"全国SF绿化法协会"，在高等级公路方面，编制有"园林设计"的专章内容。

我国交通部历来都十分重视公路绿化，始终把公路绿化列为公路管理工作的一部分。在颁布的《公路工程技术标准》、《公路养护技术规范》、《公路路基设计规范》、《公路路基施工技术规范》、《公路环境保护设计规范》中均对绿化提出了要求，并进一步发展到专门制定《公路绿化规范》。随着高速公路在我国的大量兴建，公路绿化的模式和建设规模都发生了巨大的变化。从最初的种植行道树，到公路边坡绿化，直到高等级公路的中央分隔带、边坡和互通、服务区等全方位、立体式绿化；绿化的设计思想也从单纯的见绿，到GBM绿化工程要求（即"一路两沟四行树"），直到进行景观生态公路绿化模式的设计和营建；绿化的功能也从较单纯的环保和水保功能，到要求兼具交通视线诱导功能，直至发展为追求一种融科学、艺术、园林、生态、环保、美学等多功能集成的绿化美化景观工程，达到"四季常绿、三季有花"，实现了畅、洁、绿、美。

国际上关于对道路照明的研究，从1930年起到今天已有70多年的历史。由于交通运输及高速公路的发展，世界各国先后都投入了较大的人力和物力，对一般道路和高速公路照明问题进行了大量的研究工作，研究成果反映在1976年修订的"机动车道路照明的建议"（简称CIE国际建议，CIE为国际照明委员会的缩写）等文件中。其中1972年公布的第23号文件关于《高速公路照明的国际建议》，为世界各国制定自己的高速公路照明标准奠定了重要基础。我国无论是公路还是高速公路的照明水平和国外先进国家相比，均有相当大的差距。受经济水平的制约，目前我国一般公路照明基本上还是空白，即便是在一些夜间行车条件恶劣的场所，也未能设置道路照明设施。在近几年发展较快的高速公路上，照明也仅处于最基本的水平。大多数已建的高速公路，除称为"国门第一路"首都机场路及广深珠高速公路上设置了全线照明外，大多数已建的高速公路只是在沿线的重要场所及重要枢纽才设置照明设施，而机场路的照明也只是在重要的外事活动中才使用。随着我国高速公路运输的发展需求和国家经济水平的提高，预计在不久的将来，我国的高速公路照明系统也将会有较大幅度的提高。

意大利是世界上较早修建汽车收费道路的国家,早在20世纪20年代初就确立了修建汽车收费道路的构想,并修建了第一条80多千米的高等级收费道路。法国政府在1955年颁布法令,将高速公路的建设、管理工作由国家委托某些特许公司或者私营道路投资公司负责,目前法国的收费道路占全国高速公路的80%以上。日本1956年颁布了《日本道路公团法》,重新修订了《道路建设特别措施法》,此后收费道路得以迅速发展。美国早在19世纪20年代就修建了一批供马车使用的收费道路,后来由于经济的发展及其他运输方式的竞争,到19世纪30年代末,逐渐废除了道路收费制。随着高速公路的发展,1925年美国开始修建可供汽车通行的收费道路,到今天已有很多收费道路。近年来,一向不收费的英国、德国、比利时、加拿大、荷兰和奥地利等国家也出现了一定数量的收费道路。

我国公路收费制度在经过20世纪70年代规划论证后,于1984年年底在广东省中山市出现了第一条收费公路。我国从20世纪80年代开始进行高等级公路投资机制改革和收费方式的尝试,并于1984年12月在国务院第54次办公会议上将“贷款修路、收费还贷”作为促进公路事业发展的四项优惠政策之一。1988年5月,交通部、财政部和国家物价局联合发布了《贷款修建高等级公路和大型公路桥梁、隧道收取车辆通行费规定》,使我国高等级收费公路的建设和使用有了法规依据。该规定明确了收费目的、收费公路的范围和条件、收费项目的审批、费率制定的原则、收费标准和收费的期限等内容,标志着我国公路建设投资体制的改革迈上了新的台阶。

思考题

1. 交通工程设施的功能是什么?
2. 交通工程设施的种类有哪些?发展情况如何?

第 2 章　交通安全设施

交通安全设施主要包括护栏、防眩设施、隔离封闭设施、视线诱导设施、桥梁护网以及交通标志与标线等。交通安全设施对避免交通事故的发生、减轻事故的严重度、排除各种纵向和横向干扰、促使车辆平滑运行等起着非常重要的作用，进而能够提高道路的服务水平。此外，交通安全设施也是道路景观的重要构成要素。当前，交通事故成为我国第一大非正常死亡原因，设置合理的交通安全设施，在设施上对交通事故进行充分防控，具有重要的社会意义与经济价值。我国对交通安全设施的系统研究始于 20 世纪 80 年代，总结我国高速公路早期建设成果，交通部在 1988 ~ 1992 年期间，制定了《高速公路交通安全设施设计及施工技术规范》（JTJ 074—94），并于 1994 年 6 月实施；2006 年，对 JTJ 074—94 版规范进行更新，于同年 9 月开始实施《公路交通安全设施设计规范》（JTG D81—2006，后简称“新规范”）和《公路交通安全设施施工技术规范》（JTG F71—2006）。

本章介绍护栏、防眩设施、隔离封闭设施和视线诱导设施等 4 类安全设施。交通标志与标线因为种类繁多，可划为交通安全设施，也可划为交通管理设施，在第 3 章专门介绍。

2.1　护　　栏

护栏是一种纵向吸能结构，通过自身变形或车辆爬高来吸收碰撞能量，从而改变车辆行驶方向、阻止车辆越出路外或进入对向车道、最大限度地减少事故中司乘人员的伤害程度。

2.1.1　概述

1. 护栏的分类

（1）按纵向设置位置分类

按纵向设置位置分类，可分为路基护栏和桥梁护栏两类。

① 路基护栏。设置于路基上的护栏均称为路基护栏。

② 桥梁护栏。设置于桥梁上的护栏均称为桥梁护栏。

（2）按横向设置位置分类

按横向设置位置分类，可分为路侧护栏和中央分隔带护栏两类。

① 路侧护栏。设置于路侧建筑限界以外的护栏，用来防止失控车辆越出路外或碰撞路侧构造物和其他设施。

② 中央分隔带护栏。设置在中央分隔带内的护栏，用来防止失控车辆穿越分隔带闯入对向车道，并保护分隔带内的构造物和其他设施。

（3）按碰撞后护栏的变形程度分类

按碰撞后护栏的变形程度分类，可分为刚性护栏、半刚性护栏和柔性护栏三类。

① 刚性护栏。是一种基本上不变形的护栏结构，它利用失控车辆碰撞后爬高并转向

来吸收碰撞能量。混凝土护栏是刚性护栏的主要形式，是一种以一定形状的混凝土块相互连接而组成的墙式结构，如图 2.1 所示。

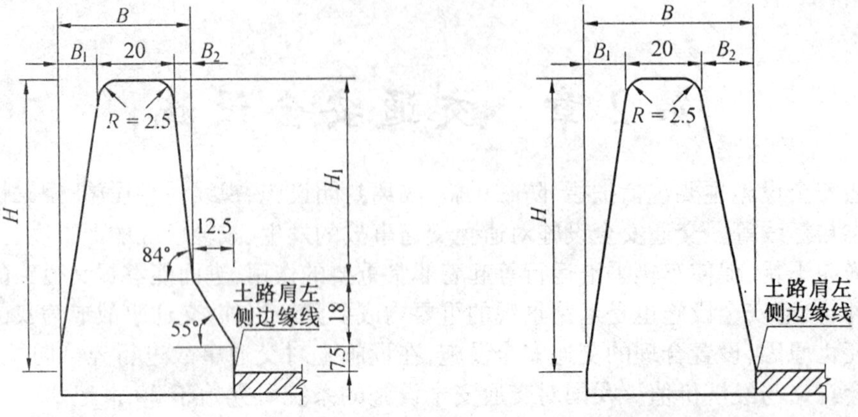

(a) F 型混凝土护栏 (b) 单坡型混凝土护栏

图 2.1 混凝土护栏(单位:cm)

② 柔性护栏。是一种具有较大缓冲能力的韧性护栏结构。缆索护栏是柔性护栏的代表形式，是一种以数根施加初张力的缆索固定于立柱上而组成的连续结构，主要依靠缆索的拉应力来抵抗车辆碰撞并吸收碰撞能量，如图 2.2 所示。

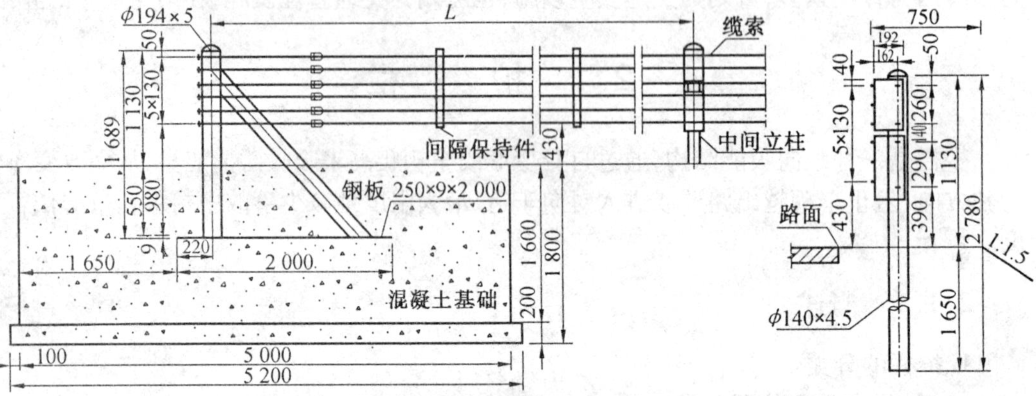

(a) 路侧 A 级缆索护栏端部结构 (b) A 级缆索护栏中间柱构造

图 2.2 缆索护栏(单位:mm)

③ 半刚性护栏。是一种连续的梁柱式护栏结构，具有一定的强度和刚度。它利用土基、立柱、横梁的变形来吸收碰撞能量，并迫使失控车辆改变方向。波形梁护栏是半刚性护栏的主要形式，是一种以波纹状钢护栏板相互拼接并由立柱支撑而组成的连续结构，如图 2.3 所示。

2. 护栏的功能

公路上护栏应具备以下几个方面的功能：

① 防止失控车辆越出路外或穿越中央分隔带闯入对向车道；

② 防止车辆从护栏板下钻出，或将护栏板冲断；

③ 应能使失控车辆回复到正常行驶方向；

④ 发生碰撞时，对乘客的损伤程度最小；

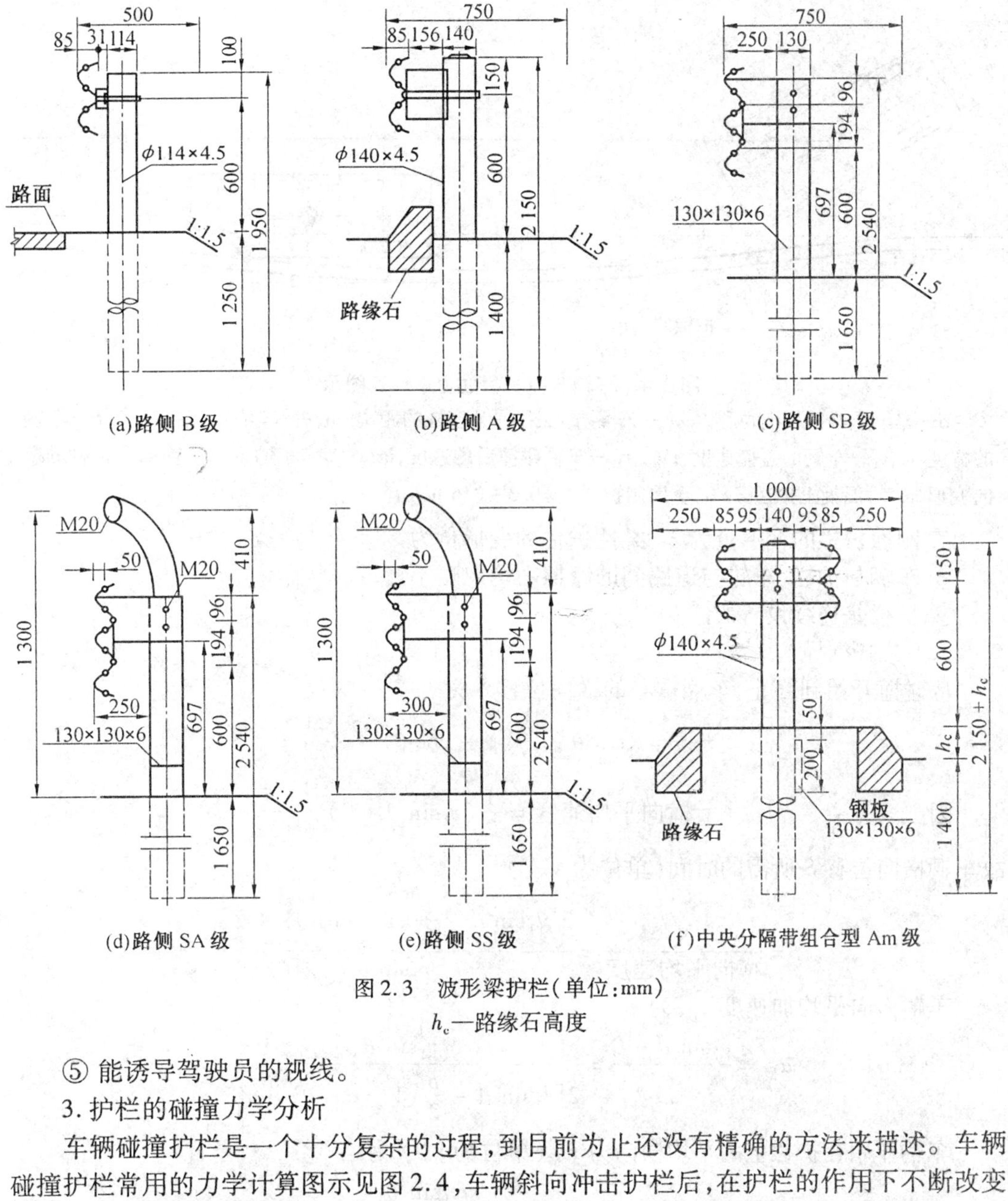

图 2.3　波形梁护栏(单位:mm)

h_c—路缘石高度

⑤ 能诱导驾驶员的视线。

3. 护栏的碰撞力学分析

车辆碰撞护栏是一个十分复杂的过程,到目前为止还没有精确的方法来描述。车辆碰撞护栏常用的力学计算图示见图 2.4,车辆斜向冲击护栏后,在护栏的作用下不断改变方向,最后平行于护栏并停止了横向运动。

(1)基本假设

① 从车辆碰撞护栏起到车辆改变方向平行于护栏停止,车辆的纵向和横向加速度不变;

② 车辆的竖向加速度和转动加速度忽略不计;

③ 车辆改变方向平行于护栏时车辆的横向速度分量为零;

④ 车辆改变方向时不发生绊阻;

⑤ 车辆碰撞护栏期间容许车辆发生变形,但车辆的重心位置不变;

⑥ 车辆运动近似为质点运动;

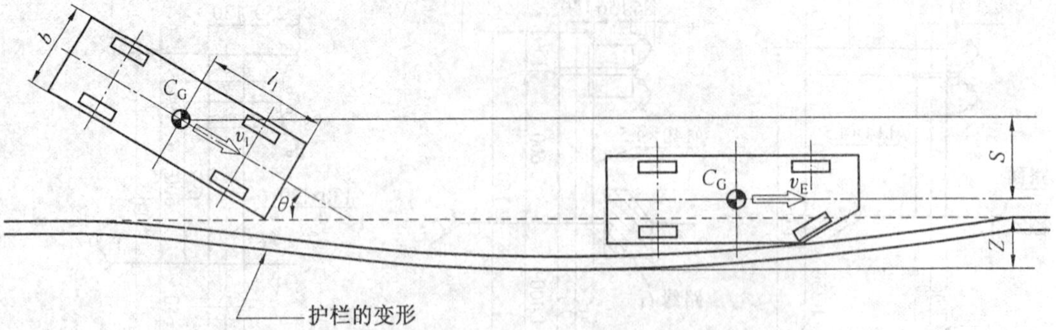

图 2.4 车辆碰撞护栏的力学计算图示

S—车辆重心的横向位移,m;l_1—车辆重心距前保险杠的距离,m;θ—车辆的碰撞角,°;b—车辆的宽度,m;v_1—车辆的碰撞速度,m/s;v_E—车辆碰撞后的速度,m/s;C_G—车辆重心位置;Z—护栏的横向变形,m,对混凝土护栏 $Z=0$,金属制护栏 $Z=0.3\sim0.6$ m

⑦ 刚性护栏的变形量为零,柔性护栏的变形量为 Z;

⑧ 车辆与护栏、车轮与道路间的摩擦力均忽略不计;

⑨ 护栏是连续设置的。

(2) 公式推导

从碰撞开始到终止,车辆重心的横向位移 S 为

$$S = l_1\sin\theta - \frac{b}{2}(1-\cos\theta) + Z \tag{2.1}$$

因

$$横向平均速度 = \frac{1}{2}(v_1\sin\theta + 0) \tag{2.2}$$

故车辆横向位移 S 所需的时间(单位为 s) 为

$$t = \frac{S}{横向平均速度} = \frac{2\left[l_1\sin\theta - \frac{b}{2}(1-\cos\theta) + Z\right]}{v_1\sin\theta} \tag{2.3}$$

车辆横向平均加速度 $a_{横}$ 为

$$a_{横} = \frac{v_1\sin\theta - 0}{t} = \frac{v_1^2\sin^2\theta}{2\left[l_1\sin\theta - \frac{b}{2}(1-\cos\theta) + Z\right]} \tag{2.4}$$

车辆作用在护栏上的平均横向力 $F_{横}$(单位为 kN) 为

$$F_{横} = ma_{横} = \frac{mv_1^2\sin^2\theta}{2\,000\left[l_1\sin\theta - \frac{b}{2}(1-\cos\theta) + Z\right]} \tag{2.5}$$

式中 m—— 车辆质量,kg。

假设车辆和护栏的刚度可理想化为线性弹簧,那么,碰撞力与时间的关系曲线是正弦曲线。所以,车辆横向最大加速度为

$$a_{横\max} = \frac{\pi}{2}a_{横} = \frac{\pi}{2}\cdot\frac{v_1^2\sin^2\theta}{2\left[l_1\sin\theta - \frac{b}{2}(1-\cos\theta) + Z\right]} \tag{2.6}$$

车辆作用在护栏上的最大横向力为

$$F_{横max}=ma_{横max}=\frac{\pi}{2}\cdot\frac{mv_1^2\sin^2\theta}{2\ 000\left[l_1\sin\theta-\frac{b}{2}(1-\cos\theta)+Z\right]} \tag{2.7}$$

车辆横向作用于护栏上的碰撞能量(单位为 J) 为

$$E=9\ 810\,\frac{W}{2g}v_1^2\sin^2\theta \tag{2.8}$$

式中　W—— 车辆质量,t;

g—— 重力加速度。

在最大横向力作用下,车辆不会冲过护栏翻倒的稳定条件为

$$F_{横max}\cdot(h_1-h_0)=\frac{W}{g}\cdot a_{横max}\leqslant W\cdot\frac{b}{2}$$

即

$$a_{横max}\leqslant\frac{b\cdot g}{2(h_1-h_0)} \tag{2.9}$$

式中　h_1—— 车辆重心高度,m;

h_0—— 护栏与车辆接触点高度,m。

4. 护栏的防撞等级

护栏最基本的功能是阻止车辆越出路外或闯入对向车道,因此它应具有相当大的力学强度来抵抗车辆的冲撞。衡量护栏防撞性能的重要指标是防撞等级,一般根据护栏所能承受的碰撞能量的大小来划分。

公路路侧护栏可分为 B、A、SB、SA、SS 五个级别;公路中央分隔带护栏可分为 Am、SBm、SAm 三个级别。B、A(Am)、SB(SBm)、SA(SAm)、SS 级护栏能承受的碰撞能量依次增大,防撞等级高则适用于危险性较大需加强防护的路段。各等级护栏的防撞等级及其性能见表 2.1。

表 2.1　护栏的防撞等级与碰撞条件

防撞等级	碰撞条件				碰撞能量 /kJ
	车辆碰撞速度 /(km·h^{-1})	车辆的质量 /t	碰撞角度	碰撞加速度 /(m·s^{-2})	
B	100	1.5	20°	≤200	70
	40	10			
A(Am)	100	1.5		≤200	160
	60	10			
SB(SBm)	100	1.5		≤200	280
	80	10			
SA(SAm)	100	1.5		≤200	400
	80	14			
SS	100	1.5		≤200	520
	80	18			

注:碰撞加速度指碰撞过程中,车辆重心处所受冲击加速度,取 10 ms 间隔平均值的最大值,为车体纵、横向和铅直加速度的合成值。

5. 护栏的设计依据

要实现护栏的功能,需要护栏既要有相当高的力学强度和刚度来抵抗车辆的冲撞力,又要使其刚度不过大,以免使乘客受到严重的伤害。我国护栏设计应遵循以下原则:

①顺应护栏碰撞条件的发展趋势,满足我国公路交通实际情况的要求,确保85%~90%以上的失控车辆不会越出、冲断或下穿护栏;

②坚持"以人为本,安全至上"的指导思想,最大限度地降低事故严重程度并减少二次事故的发生;

③车辆碰撞护栏是小概率交通事件,在确定护栏碰撞条件时应坚持经济、实用原则,应考虑我国的经济承受能力;

④满足碰撞条件的护栏结构应能通过实车碰撞试验的验证。

为使碰撞条件与我国道路上碰撞事故实际情况相符,新规范编写组从2000年4月开始,利用1年的时间在我国16个省市33条共7 000多千米的公路上进行调研,获取了近千个碰撞事故的有效数据,勘查了400多个碰撞事故现场,对调查数据进行了统计分析,得到下述结论,并在此基础上确定了我国护栏的碰撞条件。

(1)碰撞角度

调查数据的碰撞角度的累计分布曲线如图2.5所示,平均碰撞角度为15.3°,有44%样本的碰撞角度大于15°,有26%样本的碰撞角度大于20°。

假定样本符合正态分布,利用样本数据估计总体的分布参数,在此基础上得到85%位碰撞角度的计算值$\theta_{85\%}$为21.8°。由此,规定我国护栏的碰撞角度为20°。

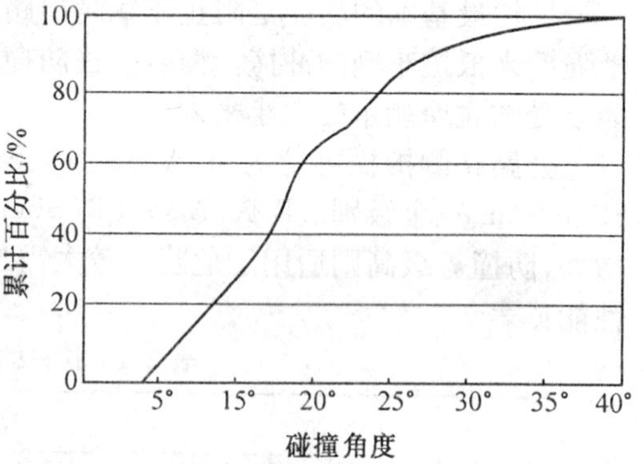

图2.5　碰撞角度的累计分布曲线

(2)碰撞速度

日本《护栏设置标准·同解说》(1998和2004年版)对碰撞速度取值的说明为"车辆的碰撞速度主要取决于运行速度,另外碰撞时驾驶员采取的制动措施、制动距离和路面状况也会影响车辆的碰撞速度,取运行速度的0.8倍作为碰撞速度"。参考此原则,结合我国不同设计速度公路上的碰撞速度调查结果,确定了我国公路护栏碰撞速度的取值标准,见表2.2。

表2.2　我国公路设计速度与碰撞速度

公路等级	高速公路、一级公路				二、三、四级公路
设计速度/(km·h^{-1})	120	100	80	60	80、60、40、30、20
碰撞速度计算值/(km·h^{-1})	96	80	64	48	——
碰撞速度规定值/(km·h^{-1})	100	80	60		40

(3)碰撞车辆质量

各级护栏所规定的碰撞车辆质量见表2.1,在确定碰撞车辆质量的过程中,有如下考

虑:

① 小客车主要用于评价发生碰撞时乘员所承受的加速度值,以验证乘员的安全性。从理论上分析,小客车的质量越小,其加速度值越大,对乘员安全性影响也越大,所以选用1.5 t小客车作为评价最大加速度的碰撞车型,是偏于安全的。

② 从高速公路和国家干线公路交通量统计分析结果可以看出,80%左右的车辆是10 t以下的中型车辆(包含小型车),考虑与旧规范的延续性,仍选用10 t的中型车辆作为碰撞条件之一。

③ 大型车辆的碰撞条件分别选择14 t的大货车(延续旧标准)和18 t的大客车,确保特大桥和路侧特别危险路段的护栏能防止大客车越出,减少重大恶性交通事故发生。

④ 大货(客)车碰撞试验着重验证护栏应有不被冲破的强度。

(4)碰撞加速度

国外交通事故研究成果表明,在碰撞事故中造成乘客伤害的主要原因是车辆获得的加、减速度,且伤害程度与加、减速度的大小成正比。为保护乘客免受伤害或减轻伤害程度,车辆冲撞护栏后不应产生过大的加、减速度,这就要求护栏的刚度不能过大,护栏的刚柔程度就是以车辆碰撞护栏时产生的加、减速度的大小来衡量的。

根据我国具体的道路条件及交通管制状况,设计护栏时,以小客车作为发生碰撞时乘员承受加、减速度值的评价车型,车辆的加、减速度控制在200 m/s^2以下。

(5)设计荷载

桥梁护栏在结构设计时,对其受力构件应进行强度计算和检验。设计荷载包括车辆的碰撞力、风载、人群荷载及护栏的结构重力等。一般情况下,主要受力构件在进行强度计算时,仅考虑车辆的碰撞力,不考虑风载和人群荷载;而辅助构件其强度计算则仅考虑风载和人群荷载,而不考虑车辆碰撞力的作用。

① 碰撞力及其分布。作用于桥梁护栏上的碰撞荷载,其大小和作用点分布可按表2.3和图2.6的规定来确定。

表 2.3　桥梁护栏碰撞荷载

防撞等级		B	A(Am)	SB(SBm)	SA(SAm)	SS
碰撞力/kN	$Z=0$ m	95	210	365	430	520
	$Z=0.3\sim0.6$ m	75～60	170～140	295～250	360～310	435～375

注:Z为桥梁护栏的容许变形量。

梁柱式桥梁护栏横梁的设计弯矩M_0为

$$M_0=(\frac{1}{6}P\cdot L)/n \tag{2.10}$$

式中　M_0—— 每根横梁跨中处的弯矩,kN·m;

P—— 桥梁护栏承受的碰撞力,kN;

L—— 横梁的跨径,m;

n—— 横梁的数量,一般不超过3根。

立柱的设计荷载P_0为

$$P_0=\frac{1}{4}P \tag{2.11}$$

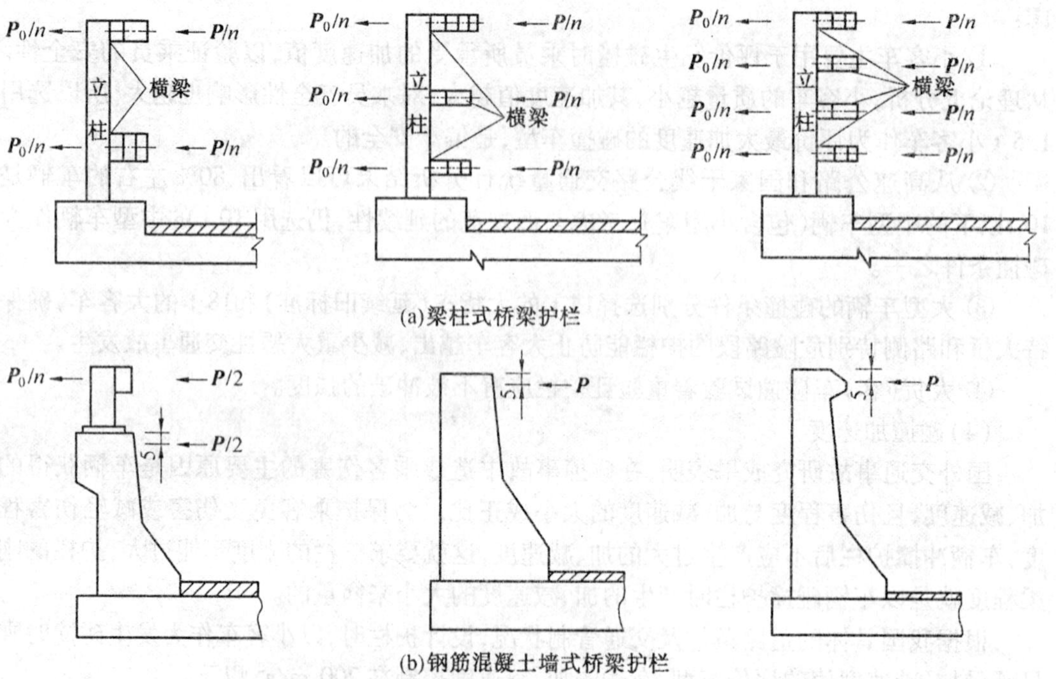

图2.6　桥梁护栏受力分布图(单位:cm)

式中　P_0——立柱的设计荷载,kN。

作用于钢筋混凝土墙式桥梁护栏上的车辆碰撞荷载简化为分布荷载,其相关规定见表2.4。

表2.4　钢筋混凝土墙式护栏所受碰撞荷载的分布

防撞等级	A(Am)	SB(SBm)	SA(SAm)	SS
碰撞荷载标准值/(kN·m^{-1})	53	91	86	104
荷载分布长度/m	4	4	5	5
力的作用点	距护栏顶面 5 cm			

②风载、人群荷载及护栏的结构重力。作用在桥梁护栏上的风载、人群荷载及桥梁护栏的结构重力等荷载,可按现行《公路桥涵设计通用规范》(JTG D60—2004)的有关规定确定。车辆碰撞荷载、风载、人群荷载应分别进行荷载验算,而不必进行荷载组合。

2.1.2　路基护栏设计

1.路侧护栏设置原则

公路危险路段的两侧可通过设置护栏来获得保护。路侧护栏可分为路堤护栏和障碍物护栏两大类。影响设置路堤护栏的主要因素是路堤高度和边坡坡度,一般根据越出路堤事故的严重度指数,画出路堤高度、坡度与设置护栏的关系图,以此作为设置路堤护栏的依据。路边障碍物护栏的设置依据是障碍物的特征和路侧安全净区能否得到满足。

我国公路上路侧护栏的设置原则如下:

(1)车辆驶出路外有可能造成二次特大事故的路段必须设置路侧护栏。

(2)凡符合下列情况之一,车辆驶出路外有可能造成单车特大事故或二次特大事故的路段,必须设置路侧护栏:

① 二级及以上等级公路边坡坡度和路堤高度在图 2.7 的Ⅰ区方格阴影范围之内的路段;

② 路侧有江、河、湖、海、沼泽、航道等水域的路段。

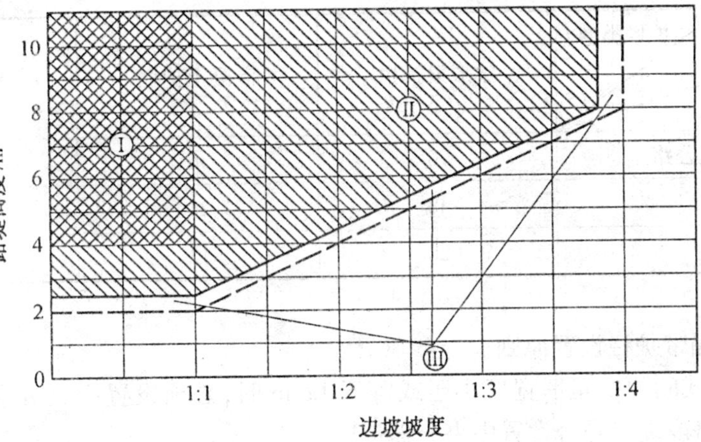

图 2.7　边坡、路堤高度与设置护栏的关系

(3)凡符合下列情况之一,车辆驶出路外有可能造成重大事故的路段,应设置路侧护栏:

① 二级及以上等级公路边坡坡度和路堤高度在图 2.7 的Ⅱ区斜线阴影范围之内的路段;

② 高速公路、一级公路在路侧安全净区内设有车辆不能安全穿越的照明灯、摄像机、可变信息标志、交通标志、路堑支撑壁、声屏障、上跨桥梁的桥墩或桥台等设施的路段;

③ 二级及以上等级公路路侧边沟无盖板、车辆无法安全穿越的挖方路段;

④ 三、四级公路路侧有悬崖、深谷、深沟等的路段。

(4)凡符合下列情况之一,经论证车辆驶出路外有可能造成一般或重大事故的路段宜设置路侧护栏:

① 二级及以上等级公路边坡坡度和路堤高度在图 2.7 的Ⅲ区范围内的路段,三、四级公路边坡坡度和路堤高度在图 2.7 的Ⅰ区斜线阴影范围之内的路段;

② 二级及以上等级公路纵坡大于或等于现行《公路工程技术标准》(JTG B01—2003)规定的最大纵坡值的下坡路段和连续长下坡路段;

③ 二级及以上等级公路平曲线半径小于现行《公路工程技术标准》(JTG B01—2003)规定的一般最小半径的路段外侧;

④ 在高速公路、一级公路用地范围内存在粗糙的石方开挖断面、高出路面 30 cm 以上的混凝土基础、挡土墙或大孤石等障碍物的路段;

⑤ 高速公路、一级公路互通式立体交叉出口匝道的三角地带及匝道小半径圆曲线外侧。

(5)路侧护栏的最小设置长度

护栏最小设置长度的规定,主要考虑护栏的整体作用,只有当护栏作为连续梁才能很好地发挥整体效果时,护栏才是有效的。如果护栏设置长度较短,不但影响美观,还不能发挥护栏的导向功能,增加碰撞的危险性。护栏的最小设置长度应符合表 2.5 的规定,相邻两段路侧护栏的间距小于表 2.5 中规定的最小长度时,宜连续设置。

表 2.5　路侧护栏最小设置长度

最小长度/m　护栏类型 公路等级	波形梁护栏	混凝土护栏	缆索护栏
高速公路、一级公路	70	36	300
二级公路	48	24	120
三、四级公路	28	12	120

2. 中央分隔带护栏设置原则

① 当整体式断面中间带宽度小于或等于 12 m 时,必须设置中央分隔带护栏;大于 12 m 时,应分路段确定是否设置中央分隔带护栏。

② 公路采用分离式断面时,行车方向左侧应按路侧护栏设置;上、下行路基高差大于 2 m 时,可只在路基较高的一侧按路侧护栏设置。

③ 高速公路和禁止车辆掉头的一级公路中央分隔带开口处,必须设置活动护栏。

3. 路基护栏防撞等级选择

根据车辆驶出路外或驶入对向车道有可能造成的交通事故等级,按表 2.6 的规定选取路侧护栏的防撞等级。因公路线形、运行速度、填土高度、交通量和车辆构成等因素易造成更严重碰撞后果的路段,应在表 2.6 的基础上提高护栏的防撞等级。

表 2.6　路基护栏防撞等级的适用条件

<table>
<tr><th rowspan="2">公路等级</th><th rowspan="2">设计速度
/(km · h^{-1})</th><th colspan="3">车辆驶出路外或进入对向车道有可能造成的交通事故等级</th></tr>
<tr><th>一般事故或重大事故</th><th>单车特大事故或
二次重大事故</th><th>二次特大事故</th></tr>
<tr><td rowspan="2">高速公路</td><td>120</td><td rowspan="3">A、Am</td><td rowspan="2">SB、SBm</td><td>SS</td></tr>
<tr><td>100、80</td><td>SA、SAm</td></tr>
<tr><td>一级公路</td><td>60</td><td>A、Am</td><td>SB、SBm</td></tr>
<tr><td>二级公路</td><td>80、60</td><td rowspan="3">B</td><td>A</td><td>SB</td></tr>
<tr><td>三级公路</td><td>40、30</td><td rowspan="2">B</td><td rowspan="2">A</td></tr>
<tr><td>四级公路</td><td>20</td></tr>
</table>

4. 路基护栏形式选择

护栏的形式多种多样,每种护栏都有其本身的特点和适用条件。在选择护栏形式时,应针对每条道路的具体情况,考虑护栏的防撞性能、受碰撞后的变形程度、所在位置的现场条件、材料的通用性、全寿命周期成本、养护工作量的大小和养护的方便程度、护栏的美观与环境因素以及所在地区现有公路护栏的使用效果等因素(见表2.7)。

表2.7　选择护栏形式时应考虑的因素

序号	考虑因素	说　明
1	防撞等级选择	护栏在结构上必须能阻挡并使设计车辆转向;选择防撞等级时,应考虑道路条件(平纵线形、中央分隔带宽度、边坡坡度、路侧障碍物等)和交通条件(车型构成、交通量、运行车速等)
2	变形量	护栏的变形量不应超过容许的变形距离;柔性护栏的变形量最大,刚性护栏的变形量最小,半刚性护栏的变形量居中;如果护栏与被保护物体间距较大,则可选择对车辆和司乘人员产生冲击力最小的方案;若障碍物正好邻近护栏,则只能选择半刚性或刚性护栏。大多数护栏可通过增加立柱或增加板的强度来提高整体强度;宽度小于4.5 m的中央分隔带不宜设置柔性护栏
3	现场条件	在边坡上设置护栏时,若边坡坡度陡于1∶10,应采用柔性或半刚性护栏;若边坡坡度陡于1∶6,则任何护栏均不应在边坡上设置;若土路肩较窄,则立柱所受土压力减少,需要增加立柱埋深、缩短立柱间距或在土中增加钢板
4	通用性	护栏的形式及其端头处理、与其他形式护栏的过渡处理应尽量标准化,中央分隔带护栏形式还应考虑与其他设施(如灯柱、标志立柱和桥墩等)的协调性;当标准护栏不能满足现场要求时,才需要考虑非标准或特殊护栏的设计
5	全寿命周期成本	在确定最终设计方案时,考虑最多的可能是各种方案的初期建设成本和将来的养护成本;一般而言,护栏的初期建设成本会随着防撞等级的增加而增加,但养护成本会减少;相反,初期建设成本低,则随后的养护成本会大大增加。发生事故后,柔性和半刚性护栏比刚性和高强度护栏需要更多的养护费用;交通量大、事故频发的路段,事故养护成本成为必须考虑的因素,刚性护栏是较好的选择
6	养　护	常规养护:各种护栏均不需要大量的常规养护 事故养护:一般情况下,事故发生后柔性和半刚性护栏比刚性和高强度护栏需要更多的养护;在交通量大、事故频率较高的路段,事故养护成本可能会成为最需要考虑的因素,这种情况通常发生在城市快速路及城市周边的高速公路,此时,刚性护栏通常作为选择方案 材料储备:护栏种类越少,所需要的库存类别和存储需求越少 方便性:设计越简单,成本越低,且越便于现场人员准确修复

续表 2.7

序号	考虑因素	说　明
7	美观、环境因素	美观通常不是选择护栏形式的控制因素，但旅游公路或对景观要求高的公路除外。这种情况下，可选择外观自然、能与周边环境融为一体而又具有相应防撞等级的护栏形式；护栏的选择还要考虑沿线的环境腐蚀程度、气象条件以及护栏对视距的影响等，如积雪地区应考虑除雪的方便性
8	实践经验	应对现有护栏的性能和养护需求进行监测，以确定是否需要通过改变护栏形式来减少或消除已发现的问题

2.1.3　桥梁护栏设计

1. 桥梁护栏设置原则

① 高速公路桥梁的外侧和中央分隔带必须设置桥梁护栏；

② 干线公路上一级、二级公路的桥梁必须设置路侧护栏和中央分隔带护栏；

③ 集散公路上一级、二级公路的桥梁应设置路侧护栏，宜设置中央分隔带护栏；

④ 跨越深谷、深沟、江河湖泊的三、四级公路桥梁应设置路侧护栏，位于其他路段经综合论证，可不设置护栏的桥梁应设置视线诱导设施或人行栏杆。

2. 桥梁护栏形式选择

桥梁护栏可分为钢筋混凝土墙式护栏、梁柱式刚性护栏、金属梁柱式半刚性护栏和组合式护栏四种类型。

在选择桥梁护栏时，应考虑护栏的防撞性能、受碰撞后的变形程度、环境和景观要求以及全寿命周期成本等因素。

(1)桥梁护栏的防撞性能

未设置专用人行道或人行道与车行道隔离的桥梁，应在综合分析车辆越出桥外是否发生二次事故的基础上，按表 2.8 中的规定选取防撞等级。桥梁护栏应根据需要设置用于防止行人摔出桥外的辅助构件。

表 2.8　桥梁护栏防撞等级的适用条件

<table>
<tr><th rowspan="2">公路等级</th><th rowspan="2">设计速度
/(km·h⁻¹)</th><th colspan="2">车辆驶出路外或进入对向车道有可能造成的交通事故等级</th></tr>
<tr><th>一般事故或重大事故</th><th>二次重大事故或二次特大事故</th></tr>
<tr><td rowspan="2">高速公路</td><td>120</td><td rowspan="2">SB、SBm</td><td>SS</td></tr>
<tr><td rowspan="2">100、80</td><td rowspan="2">SA、SAm</td></tr>
<tr><td rowspan="2">一级公路</td></tr>
<tr><td>60</td><td>A、Am</td><td>SB、SBm</td></tr>
<tr><td>二级公路</td><td>80、60</td><td>A</td><td>SB</td></tr>
<tr><td>三级公路</td><td>40、30</td><td rowspan="2">B</td><td rowspan="2">A</td></tr>
<tr><td>四级公路</td><td>20</td></tr>
</table>

人行道与车行道隔离设置的桥梁,在人行道与车行道分界处应按车辆越出桥外可能造成重大、特大事故的等级,按表2.8中的规定选取防撞等级;在人行道的外侧边缘,应设置高度为110~120 cm的人行栏杆。

(2)受碰撞后护栏的变形程度

受碰撞后护栏的最大动态变形量不应超过容许的变形距离。

(3)环境和景观要求

① 钢桥应采用金属梁柱式护栏;

② 对景观有特殊要求的桥梁,宜选用梁柱式或组合式桥梁护栏;

③ 积雪严重的地区,宜采用金属梁柱式或组合式桥梁护栏;

④ 为减小桥梁自重、减轻车辆碰撞荷载对桥面板的影响,宜采用金属梁柱式护栏;

⑤ 跨越大片水域的特大桥,桥下净空较高(一般大于或等于10 m),宜采用组合式或钢筋混凝土墙式护栏;

⑥ 二级及以上等级公路小桥、通道、明涵宜采用与相邻的路基护栏同样的形式。

(4)护栏的全寿命周期成本

除考虑护栏的初期建设成本外,还应考虑投入使用后的养护成本。

3. 桥梁护栏的有效高度

桥梁护栏的有效高度是指车辆冲撞护栏时护栏抗力距桥面的高度。对于梁柱式护栏和组合式护栏,护栏的抗力通常不是位于护栏的最顶面,而是略低处,即有效高度处。因此,在考虑护栏高度对碰撞车辆的影响时,护栏的有效高度比护栏总高度更为重要。

护栏最小高度应满足图2.8的要求,在图中阴影区设置横梁时,应避免失控车辆的乘员头部直接撞击护栏。

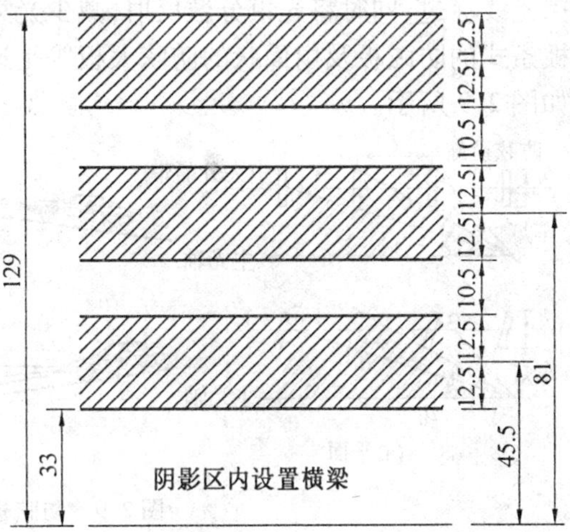

图2.8　桥梁护栏高度要求(单位:cm)

2.2　防眩设施

2.2.1　概述

眩光是指在视野范围内,由于亮度的分布或范围不适宜,在空间或在时间上存在极端的亮度对比,导致驾驶员的视觉机能或视距降低的现象。

在道路交通中,产生眩光的光源主要有对向来车的前照灯、太阳光、道路照明光源、广告或标志照明、路面反光镜或其他物体表面的反射光。对太阳光,可在驾驶员座位前安装可折叠的遮阳板,在早晨或傍晚正向太阳方向行驶时将其打开,或者配戴太阳镜;对道路照明光源,可采用截光型或半截光型的灯具来调整光源光线的分布,以减小眩光影响;对广告或标志照明,可采用发光表面柔和的低压荧光灯、外部投光照明或内部照明;而对于对向车辆前照灯带来的眩光影响，就需要设置专门的防眩设施。

防眩设施能够防止夜间行车受对向车辆前照灯眩目影响，保证行车安全并提高行车舒适性。防眩设施设置在高速公路、一级公路的中央分隔带上。

2.2.2　防眩原理

防眩设施既要有效地遮挡对向车辆前照灯的眩光，也应使横向通视好，能看到斜前方，以减小对驾驶员的心理影响。相会两车非常接近（纵向距离小于 50 m）时，对向车辆前照灯的光线不会影响视距，但当两车纵向距离达到某一数值时，眩光会对视距产生较大的影响。因此，防眩设施不需要把对向车辆前照灯的光线全部遮挡，采用部分遮光原理即可。相反，若采用完全遮光，则缩小了驾驶员的视野，产生压迫感，同时影响巡逻管理车辆对对向车道的通视。

常用的防眩设施有防眩板、防眩网和植树防眩等。防眩网通过网股的宽度和厚度阻挡光线穿过，同时将光束分散反射，减少光束强度而达到防止对向车前照灯眩目的目的。板条式的防眩板及扇面状的防眩大板等是通过其宽度部分阻挡对向车辆前照灯的光束，如图 2.9 所示。

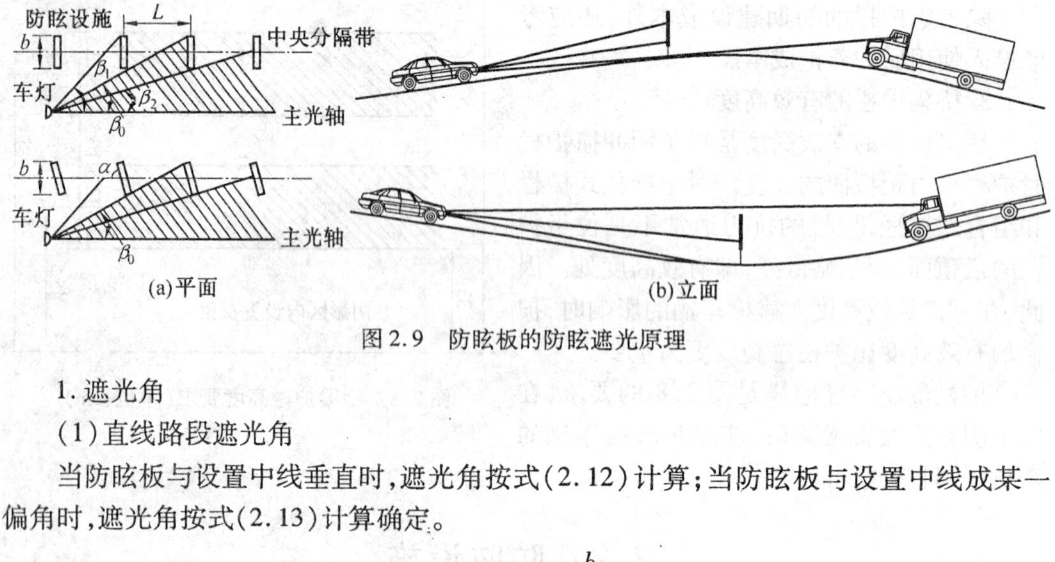

图 2.9　防眩板的防眩遮光原理

1. 遮光角

（1）直线路段遮光角

当防眩板与设置中线垂直时，遮光角按式（2. 12）计算；当防眩板与设置中线成某一偏角时，遮光角按式（2. 13）计算确定。

$$\beta_0 = \arctan \frac{b}{L} \tag{2.12}$$

$$\beta_0 = \arctan \frac{b\sin\alpha}{L - b\cos\alpha} \tag{2.13}$$

式中　β_0—— 直线路段的防眩遮光角，(°)；

b—— 防眩板的宽度，m 或 cm；

L—— 防眩板的间距，m 或 cm；

α—— 防眩板的偏转角，(°)。

显然，当与前照灯主光轴的水平夹角小于 β_2 的光线照射到防眩板上时，光线将被全部遮挡；而当水平夹角大于 β_1 时，部分光线将穿过防眩板。

（2）平曲线路段遮光角

在平曲线路段,车辆前照灯的光线沿曲线切线方向射出,因而内侧车道车辆的前照灯光线将直接射向外侧车道,使外侧车道上的驾驶员产生严重的眩光现象。一般地,照射到外侧车道上驾驶员眼睛的光量与平曲线的曲度成正比。为了在弯道上获得和直线路段一样的遮光效果,应增大弯道上防眩设施的遮光角。由

$$\frac{\cos\theta}{R-B_3}=\frac{\cos\beta_0}{R} \tag{2.14}$$

有

$$\theta=\arccos\left(\frac{R-B_3}{R}\cos\beta_0\right) \tag{2.15}$$

式中 θ—— 平曲线路段的防眩遮光角,(°);

R—— 平曲线半径,m;

B_3—— 车辆驾驶员与防眩设施的横向距离,m。

在式(2.15)中,当 R 值大于不设超高的最小半径时,由于 $(R-B_3)/R$ 的比值趋近于1,故可不考虑平曲线曲率的变化对遮光角的影响。

(3)遮光角取值标准

遮光角是一个非常重要的技术参数,它是防眩设施设计的重要依据。根据遮挡光线的效果、经济性和横向通视的要求,直线段上防眩设施的遮光角宜采用8°,平、竖曲线路段遮光角宜采用8°~15°,采用植树防眩时遮光角以10°为宜。

2. 防眩设施安装高度

防眩设施的最小高度可按几何关系计算得到,计算图示见图2.10。

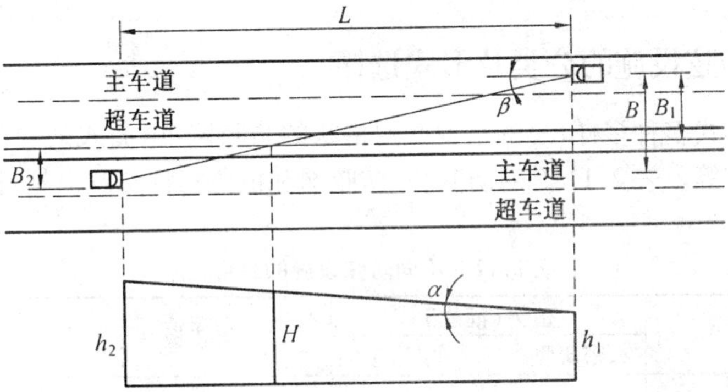

图2.10 防眩设施最小高度计算图示

当在中央分隔带中心位置设置防眩设施时,防眩设施的最小高度可按式(2.16)或(2.17)计算确定。

$$H=h_1+(h_2-h_1)B_1/B \tag{2.16}$$

$$H=h_2-(h_2-h_1)B_2/B \tag{2.17}$$

式中 H—— 防眩设施最小高度,m;

h_1—— 汽车前照灯的高度,m,见表2.9;

h_2—— 驾驶员视线高度,m,见表2.9;

B_1,B_2—— 分别为行车道上车辆距防眩设施中心线的距离,m;

B——B_1 与 B_2 之和,m。

表 2.9 h_1 和 h_2 建议值

车种	前灯高度 h_1/m	驾驶员视线高度 h_2/m
大型车	1.0	2.0
小型车	0.8	1.30

由上述可知,防眩设施的高度与车辆的前照灯高度、驾驶员视线高度、道路状况和车型组合等因素有关。在确定防眩设施高度时,一般只要使组合频率较高的小车和小车、小车和大车相遇时具有良好的遮光效果即可。平直路段适宜的防眩设施高度一般为1.60~1.70 m。表 2.10 列出了不同车辆组合时平直路段上防眩设施最小高度的理论值,可参考使用。

表 2.10 不同车辆组合时防眩设施的最小高度

超车道	主车道	防眩设施高度/m
小型车 小型车		1.09
小型车	大型车	1.27
大型车 大型车		1.50
小型车 大型车		1.40
	大型车 大型车	1.50
大型车	小型车	1.62
小型车	小型车	1.16
大型车	大型车	1.68

2.2.3 防眩设施的分类及形式选择

防眩设施形式多种多样,总的来说有网格状的防眩网、扇面式的防眩栅、板条式的防眩板及植树防眩等。表 2.11 是对防眩板、防眩网和植树三种防眩设施进行综合比较的结果。

表 2.11 不同防眩设施的综合比较

特点	植树(灌木)		防眩板	防眩网
	密集型	间距型		
美观	好		好	较差
对驾驶员心理影响	小	大	小	较小
对风阻力	大		小	大
积雪	严重		轻微	严重
自然景观配合	好		好	不好
防眩效果	较好		好	较差
经济性	差	好	好	较差
施工难易	较难		易	难
养护工作量	大		小	小
横向通视	差	较好	好	好
阻止行人穿越	较好	差	较好	好

目前在高速公路上广泛应用的防眩设施结构形式主要是防眩板，其次是植树、防眩网。防眩板是一种经济美观、对风阻挡小、积雪少、对驾驶员心理影响小的比较理想的防眩结构形式。图2.11为防眩板的一种结构图示。

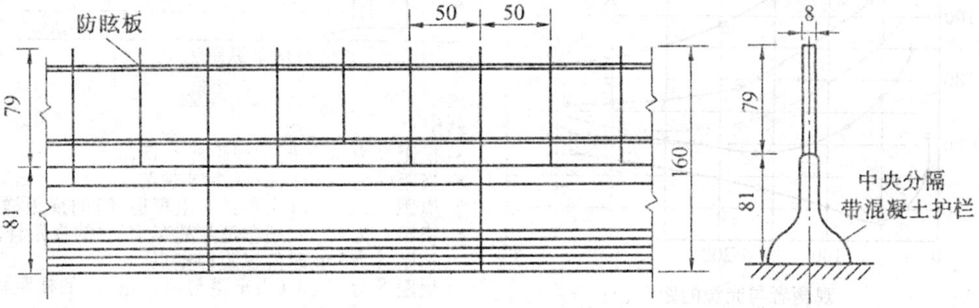

图2.11　设置于混凝土护栏上的防眩板(单位:cm)

2.2.4　防眩设施设置方法

1. 设置依据

防眩设施可防止对向车辆前照灯的眩目，改善夜间行车条件，增大驾驶员的视距，消除驾驶员夜间行车的紧张感，降低事故发生率。防眩设施还可以改善道路景观，诱导驾驶员视线，克服行车的单调感。下列情况可作为考虑设置防眩设施的依据：

① 夜间相对白天事故发生率较高的路段；

② 夜间交通量大，特别是货车等大型车混入率较高的路段；

③ 不寻常的夜间事故(尾撞、碰撞路侧结构物或从弯道外侧越出路外)较多的路段；

④ 中央分隔带宽度小于3 m的路段；

⑤ 平曲线半径小于一般最小半径的路段；

⑥ 夜间事故较集中的凹型竖曲线路段；

⑦ 道路使用者对眩光程度的评价。

2. 设置原则

(1)不需设置防眩设施的条件

防眩设施应设置在高速公路、一级公路的中央分隔带上，最好与护栏有效配合使用。有些情况下，对向来车产生的眩光影响小，可以不设置防眩设施，具体地有：

① 中央分隔带宽度大于9 m。在道路上两车相会时，驾驶员受眩光影响的程度与两车的横向距离有很大的关系。相关研究成果中最有影响的是英国运输与道路研究实验室(TRRL)的“相对两车前照灯对视距的影响”(见图2.12)。

从图2.12可见，驾驶员由于受对向车辆前照灯的眩目，视距受到影响，这种影响与两车的横距S及纵距L有关，特别是横距S对视距的影响更大。S值越小，视距下降越大。如当$S=3$ m，对向车纵距$L=350$ m时，视距降低到60 m；当两车纵距接近到50 m时，几乎什么都看不见；如果再接近，则视距有所恢复。当两车横距较大($S=15$ m)时，两车纵距越小，视距越大，特别是两车很接近时，视距显著增加。当横距$S=40$ m时，视距几乎与纵距无关。

交通部公路研究所进行的防眩试验也表明，当相会两车横向距离达14 m以上时，相会两车灯光不会使驾驶员眩目，这一结果和英国试验结果是一致的。

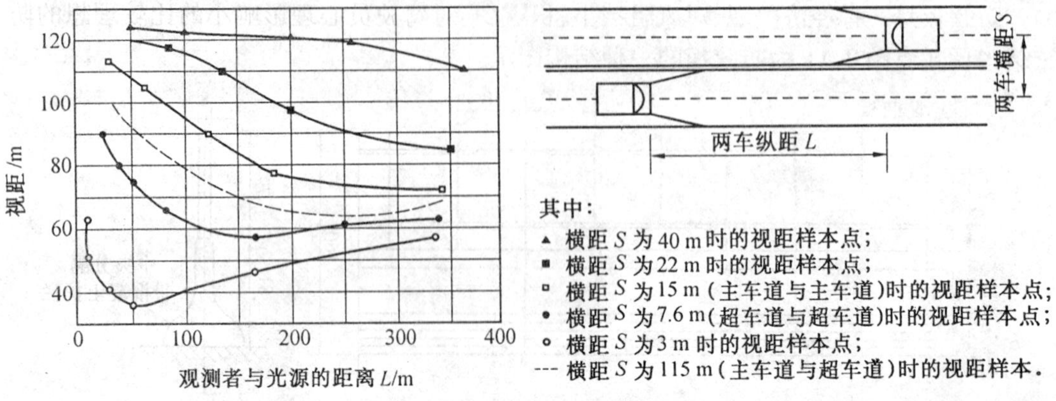

图 2.12　前照灯对视距的影响

国内外的研究者普遍认为：提供足够的横向距离以消除对向车辆前照灯眩目是理想的防眩设计。国外 6 车道的高速公路，除满足日间的交通量需求外，夜间左侧车道（靠近中央分隔带的车道）上几乎没有或很少有车辆行驶，甚至中间车道的车辆也不多。这样，两车相会时有足够的横向距离，消除了对向车辆前照灯的眩目。

② 上下行车道中心高差大于 2 m。当公路路基的横断面为分离式断面，上下行车道不在同一水平面时，理论计算和实际应用的经验都表明，会车时眩光对驾驶员的影响就很小了。且在这种情况下，一般都应在较高的行车道旁设置路侧护栏，而护栏（除缆索护栏外）也起到遮光的作用，因而此时不必设置专门的防眩设施。

③ 路段有连续照明设备。在有连续照明设施的路段，车辆夜间一般都以近光灯行驶，会车时眩目影响甚微，可以不设置防眩设施。

（2）设置防眩设施的条件

高速公路、一级公路凡符合下列条件之一者，应设置防眩设施：

① 中央分隔带宽度小于 9 m 的路段；

② 夜间交通量较大，服务水平达到二级以上的路段；

③ 圆曲线半径小于一般最小半径的路段；

④ 凹型竖曲线半径小于一般值的路段；

⑤ 公路路基横断面为分离式断面，上下车行道高差小于或等于 2 m 时；

⑥ 与相邻公路或交叉公路有严重眩光影响的路段；

⑦ 连拱隧道进出口附近。

3. 平曲线路段防眩设施的设置

在平曲线路段，除了要考虑遮光角的调整，还要考虑防眩设施对视距的影响。

在曲线半径较小且中央分隔带较窄的弯道上，设置防眩设施可能会影响曲线外侧车道的视距。因此，在设置防眩设施前应进行停车视距分析，判断在停车视距范围内防眩设施是否阻挡外侧车道的视距。确保视距可采用下列方法：

① 在不满足停车视距要求的平曲线路段，不设防眩设施或将中央分隔带加宽；

② 降低防眩设施的高度，使驾驶员可以从防眩设施上缘通视本车道。高度降低后的防眩设施应能阻挡对向车前照灯的大部分灯光，使驾驶员在白天能看到前方车流中尾车

的顶部,这一高度一般为1.20 m;

③ 曲率半径较大的平曲线路段,可把防眩设施的设置位置向曲线内侧适当偏移。

4. 竖曲线路段防眩设施的设置

(1)凸型竖曲线路段

在凸型竖曲线路段上,驾驶员可在一定范围内从较低的角度看到对向车辆前照灯的灯光,随着两车的接近,视线上移,眩光才会被防眩设施的遮光部分所遮挡。所以,防眩设施遮光部分的下缘将成为控制指标,应使其接近或接触地面,以防止下缘漏光,可采用以下几种方法:

① 防眩设施和混凝土护栏配合使用时,其下缘和护栏顶面接触,可完全遮光;与波形梁护栏配合时,护栏本身有一定宽度,可计算确定其宽度能否满足阻挡对向车前照灯光线的要求。若不能满足要求,可考虑采用②、③方法;

② 防眩设施和护栏高度不变,在中央分隔带上种植密集式矮灌木;

③ 降低防眩设施的下缘高度。

凸型竖曲线路段防眩设施设置的范围至少为凸型竖曲线顶部两侧各120 m。

(2)凹型竖曲线路段

在凹型竖曲线路段,驾驶员显然可从较高的角度看到对向车前照灯的灯光,因而宜根据凹型竖曲线的半径和前后纵坡的大小,适当增加凹型竖曲线路段防眩设施的高度。一般可通过计算法或计算机绘图求出凹型竖曲线内各典型路段相应的防眩设施高度值,最后取一平均数值作为整个凹型竖曲线段防眩设施的设置高度。具体步骤如下:

① 根据凹型竖曲线的半径及长度大小,将整个凹型竖曲线部分长度划分为4~12个路段作为典型路段;

② 在各典型路段内选一点计算其相应的防眩高度,并将其作为该典型路段的设置高度;

③ 为方便加工制作及今后的维护,可取各典型路段计算的平均值或稍大一点的数值,作为整个凹型竖曲线路段的设置高度。

由于各点的高度是变化的,这给防眩设施的材料加工和安装带来很多困难,实施中可采用以下方法:

① 根据防眩设施高度的变化,加宽中央分隔带的宽度,种植足够高的树木;

② 若防眩设施高度变化幅度较小,可取某一平均高度作为整个凹型竖曲线路段防眩设施的高度;

③ 在凹型竖曲线路段底部种植树篱,美化环境并与自然景观配合。

为使防眩设施的高度能与公路的横断面比例协调,不使防眩设施受冲撞后倒伏到行车道上,及减少行驶的压迫感,防眩设施的高度一般不宜超过2 m。显然,在凹型竖曲线路段种植足够高的树木是比较理想的防眩形式。

5. 注意事项

① 设置防眩设施后,不应减少车辆的停车视距;

② 防眩设施所用材料不得反光;

③ 防眩设施的设置应考虑设施的连续性,避免在两段防眩设施中间留有短距离的间隙;

④ 长距离设置防眩设施时,防眩设施的形式或颜色宜有一定的变化;

⑤ 防眩设施的设置应注意与公路周围景观的协调;

⑥ 防眩设施与各种护栏配合设置时,应针对不同地区,结合防风、防雪、防眩的综合要求,考虑组合结构的合理性。

2.3 隔离封闭设施

2.3.1 公路隔离封闭设施

隔离设施又称隔离栅,是阻止人畜进入公路、防止非法占用公路用地的基础设施。它可有效地排除横向干扰,避免由此产生的交通延误或交通事故,保障公路效益的发挥。

1.结构形式及选择

(1)结构形式

隔离栅有金属网、刺铁丝网和常青绿篱三大类。金属网按网面材料的不同又可进一步分为电焊网、钢板网、编织网等形式。常青绿篱在南方地区与刺铁丝网配合使用,具有降低噪声、美化路容和节约投资的功效。隔离栅的分类见表2.12。

表2.12　隔离栅的分类

类型		埋设条件	支撑结构
金属网	电焊网	混凝土基础或直埋土中	钢支撑
	钢板网		
	编织网		
刺铁丝		混凝土基础或直埋土中	钢筋混凝土支柱或钢支柱
常青绿篱		土中	——

(2)形式选择

隔离栅的形式选择必须考虑其性能、造价、美观、与周围环境的协调、施工条件及养护维修等因素,并应与公路的设计标准相适应。

金属网隔离栅是一种结构合理、美观大方的结构形式,但造价较高,故主要适用于:

① 城镇及城镇郊区人烟稠密的路段两侧;

② 风景区、旅游区、名胜古迹等美观性要求较高的路段两侧;

③ 互通式立交、服务区和通道的两侧;

④ 编织网比较适宜于地势起伏不平的路段,而钢板网和电焊网适用于地势平坦路段。

刺铁丝网隔离栅是一种比较经济适用的结构形式,但美观性较差,故主要适用于:

① 人烟稀少的路段,山岭地区的高速公路;

② 郊外的公路保留用地;

③ 郊外高架构造物下面;

④ 路线跨越沟渠且需封闭的地方。

在互通式立交区域、服务区、停车区、收费站、管理(局)所等处及设置刺铁丝网隔离栅的路段,隔离栅的设置宜与绿化相配合,选择合适的小乔木或灌木,在管辖地界范围内形成绿篱,以有效地增强该区域的景观。

2. 设置原则

(1)除特殊地段外,高速公路、需要控制出入的一级公路沿线两侧必须连续设置隔离栅,其他公路可根据需要设置。

(2)凡符合下列条件之一的路段,可不设隔离栅:

① 高速公路、需要控制出入的一级公路的路侧有水渠、池塘、湖泊等天然屏障,不用担心有人、畜进入或非法侵占公路用地的路段;

② 高速公路、需要控制出入的一级公路的路侧有高度大于1.5 m的挡土墙或砌石陡坎,人、畜难以进入的路段;

③桥梁、隧道等构造物的两侧,除桥头或洞口需与路基上隔离栅连接以外的路段。

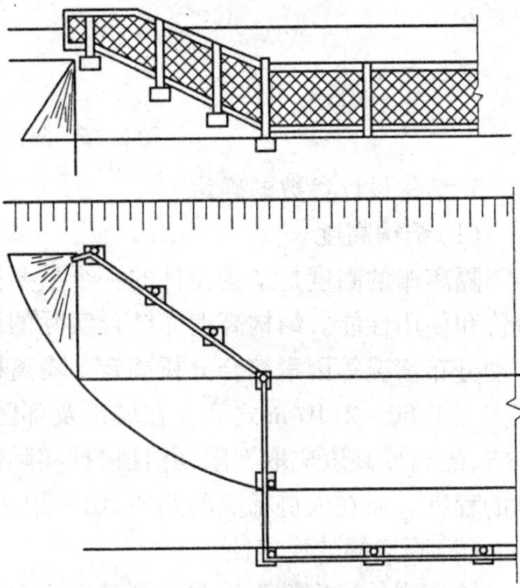

图2.13　隔离栅端部处理示意图

(3)隔离栅一般沿公路用地界线以内20~50 cm处设置。

(4)隔离栅在遇桥梁、通道时应朝桥头锥坡或端墙方向围死,不应留有让人、畜可以钻入的空隙,如图2.13所示。

(5)隔离栅与涵洞相交时,如沟渠较窄,隔离栅可直接跨过,如图2.14所示;如沟渠较宽,隔离栅难以跨越时,可采取图2.13的处理方式。

(6)由于地形的原因,隔离栅前后不能连续设置时,就以该处作为隔离栅的端部,并处理好端头的围封。

(7)地形起伏较大,隔离栅不易施工的路段,可根据需要把隔离栅设计成阶梯的形式,如图2.15所示。

(8)隔离栅宜根据管理养护的需要在适当的地点设置开口,凡在开口处均应设门,以便控制出入。

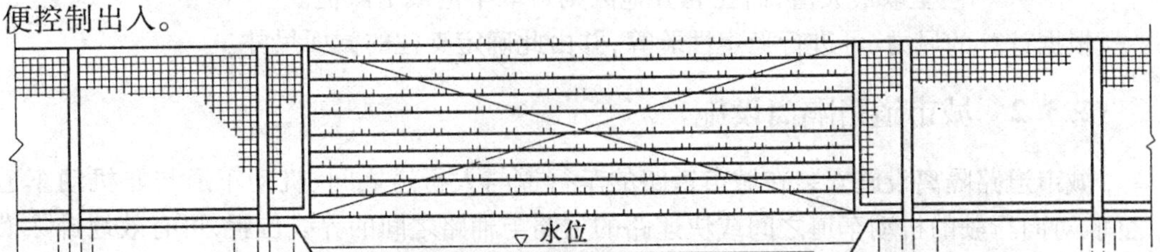

图2.14　隔离栅跨沟渠处理示意图

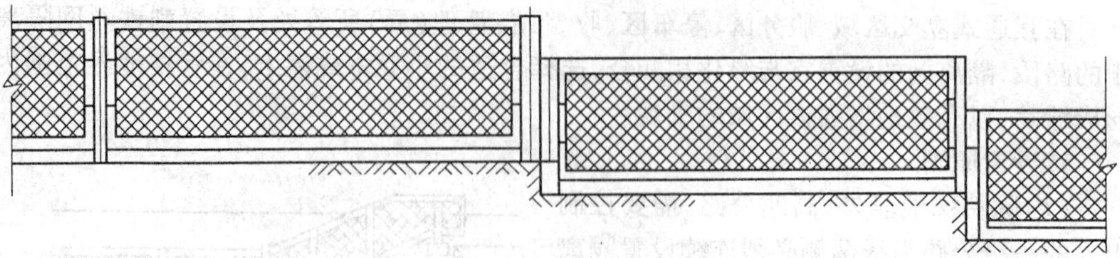

图2.15　隔离栅以阶梯形式设置

3. 结构设计参数的确定

(1)结构高度

隔离栅的高度是结构设计的一个重要指标,该指标的取值大小直接影响工程的单位造价和使用性能。结构高度需结合实际的地形地物,道路两侧的人口稠密程度及人口的流动分布情况等因素综合分析确定。隔离栅的高度主要以成人高度为参考标准,其取值范围在1.50~2.10 m之间。在城市及郊区人口密度较大的路段,特别是青少年较集中的地方,隔离栅高度应取上限,并且根据实际需要,可从高度和结构设计上做到使人无法攀越的程度。而在人迹稀少的路段、山岭地区和公路保留用地,隔离栅的高度值可取下限。

(2)隔离栅的稳定性

隔离栅的稳定性直接关系到其使用效果和使用年限,其设计荷载主要考虑风力,同时也考虑人畜的破坏作用。

风力可按下式计算

$$P = \rho W_0 S = SW \tag{2.18}$$

$$W = \rho W_0 \tag{2.19}$$

式中　P—— 设计风力,N;

W—— 设计风压,Pa;

W_0—— 基本风压,Pa,按《公路桥涵设计通用规范》规定取值;

S—— 迎风面积,m^2,为每片隔离栅的外轮廓线面积;

ρ—— 隔离栅为网孔结构的折减系数,一般$\rho = 0.50 \sim 0.85$,$\rho_{max} = 1.0$。ρ值的确定,主要考虑隔离栅网面网孔率的大小,其次考虑隔离栅设置后,一般均有野外牵藤植物依附,维护清除又有困难,故在南方枝叶常青地区宜取上限,甚至取最大值,而在北方地区则可取中值或下限值。

根据计算的风力,可进行稳定性验算,并由此确定支柱的截面尺寸。

2.3.2　城市道路隔离设施

城市道路隔离设施安装在城市道路的车行道与人行道之间、机动车道与非机动车道之间、对向行驶的机动车道之间或快速路的主路与辅路之间的界线位置,可有效地排除横向交通干扰,避免由此产生的交通延误或交通事故。

城市道路隔离设施按设置时间长短,可分为临时性隔离设施和永久性隔离设施两类;按材料及外形不同,可分为铸铁格栅式隔离设施、钢管护栏式隔离设施及混凝土墩座链条式隔离设施等。

城市道路隔离设施的设置与否应根据道路等级、交通组成及干扰程度等确定，一般快速路都应设置；主干路原则上应该设置；非机动车，特别是人力三轮车较多的路段，可设机非隔离设施。

2.4　视线诱导设施

视线诱导设施是沿车行道两侧设置，用于明示道路线形、方向、车行道边界及危险路段位置，诱导驾驶员视线的设施。车辆在道路上行驶需有一定的通视距离，以便掌握道路前方的情况，尤其在夜间行驶时，仅依靠汽车前照灯照明来弄清道路前方的线形、明确行驶的方向是有一定困难的。因为汽车前照灯的照明范围是有限的，要想达到白天的通视距离，就要依赖于视线诱导设施。

视线诱导设施按功能可分为轮廓标、分合流诱导标和线形诱导标，轮廓标以指示道路线形轮廓为主要目标；分合流诱导标以指示交通流分合为主要目标；线形诱导标以指示或警告改变行驶方向为主要目标。它们以不同的侧重点来诱导驾驶员的视线，使行车更趋于安全、舒适。

2.4.1　轮廓标

轮廓标是用来指示道路方向、车行道边界的设施，其结构按设置条件可分为独立式和附着式两种。在高速公路、一级公路的主线，以及互通立交、服务区、停车场的进出匝道或连接道，应连续设置轮廓标。轮廓标在公路前进方向的左右两侧对称设置。

1. 设置间隔

在直线段，其设置间隔为50 m，当附设于护栏上时，其设置间隔可为48 m。在主线或匝道的曲线段上，其设置间隔可按表2.13的规定选用。在道路宽度变化及有其他危险的路段上，应适当加密轮廓标的间隔。

表2.13　曲线段轮廓标的设置间隔

曲线半径/m	<30①	30～89①	90～179	180～274	275～374	375～999	1 000～1 999	>2 000
设置间隔/m	4	8	12	16	20	30	40	50

注：①一般指互通立交匝道曲线半径。

2. 独立式轮廓标

独立式轮廓标设置于土中，其构造如图2.16所示。独立式轮廓标由柱体、反射器组成，柱体为空心圆角的三角形截面，顶面斜向车行道，柱身为白色，在柱体上部有25 cm长的一圈黑色标记，黑色标记的中间镶嵌一块18 cm×4 cm的反射器。反射器分白色和黄色两种，白色反光片安装于道路右侧，黄色反光片安装于道路左侧或中央分隔带上。轮廓标采用混凝土基础，柱体与基础的连接可采用装配式安装。

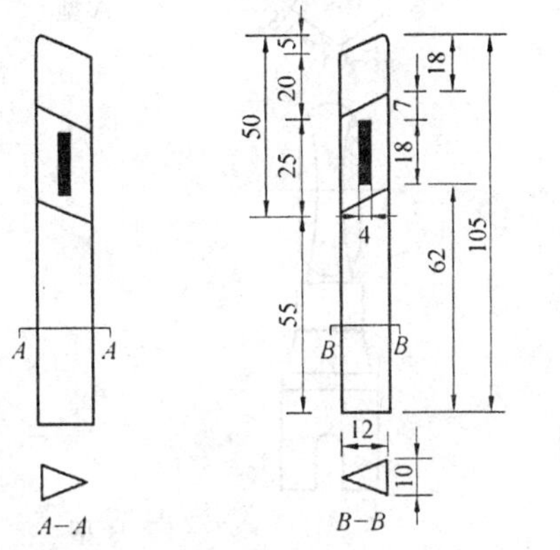

图2.16　独立式轮廓标（单位：cm）

3. 附着式轮廓标

附着式轮廓标附着设置在各类建筑物上，由反射器、支架和连接件组成。可根据建筑物的种类及附着的部位采用不同形状的轮廓标和不同的连接方式。

轮廓标附着于波形梁护栏波形板中间的槽内时，反射器的形状为梯形，支架做成封闭式，固定在护栏与立柱的连接螺栓上，如图 2.17 所示。

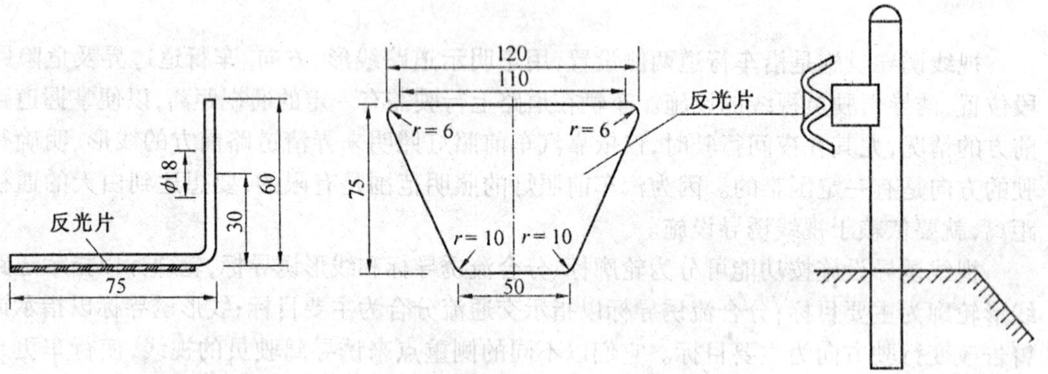

图 2.17　附着于波形梁护栏上的轮廓标(单位:mm)

在经常有雾、风沙、阴雨、雪的地区，可采用较大的反射器（如 φ100 的圆形），并将轮廓标安装于波形梁护栏的立柱上。这种轮廓标可以分为单面反射（A 型）和双面反射（B 型）两种，B 型适用于需要为对向车道提供视线诱导的场合（如中央分隔带），如图 2.18

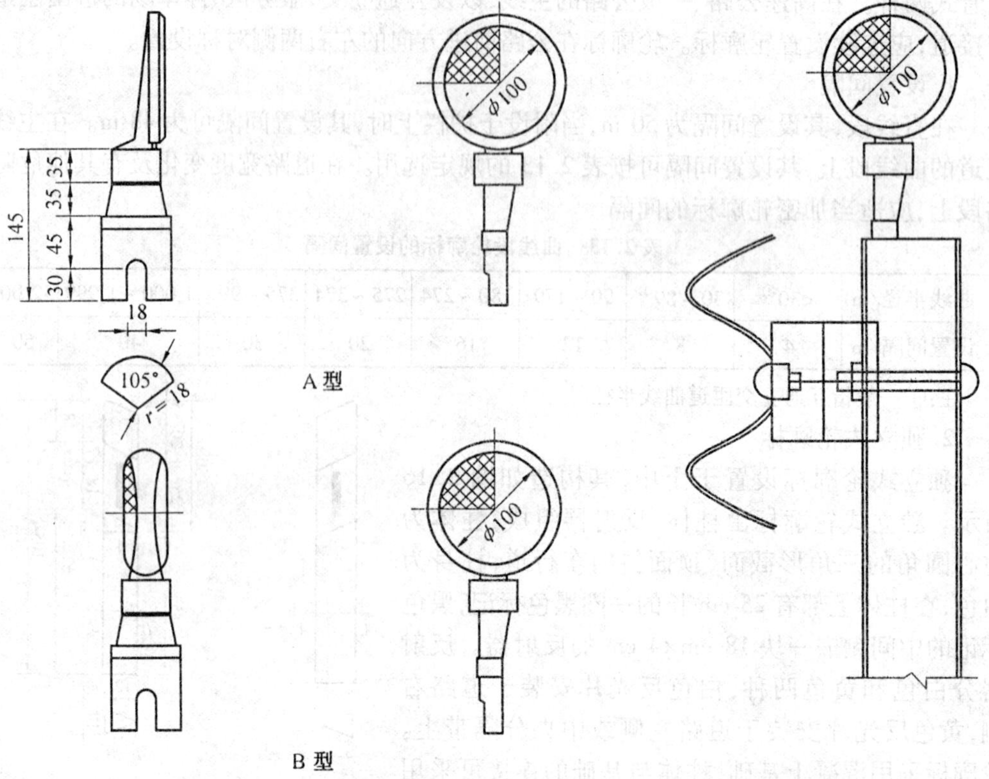

图 2.18　轮廓标安装于波形梁护栏立柱上(单位:mm)

所示。也可将圆形反射器装在波形护栏板的上缘，这种轮廓标，通过专门加工的支架把轮廓标固定在波形梁上，如图 2.19 所示。

轮廓标柱体应采用聚乙烯树脂、玻璃纤维增强塑料、聚碳酸酯树脂、氯乙烯树脂等强度高、耐候性好、耐温性好、耐蚀性好、加工成型方便的材料制造。

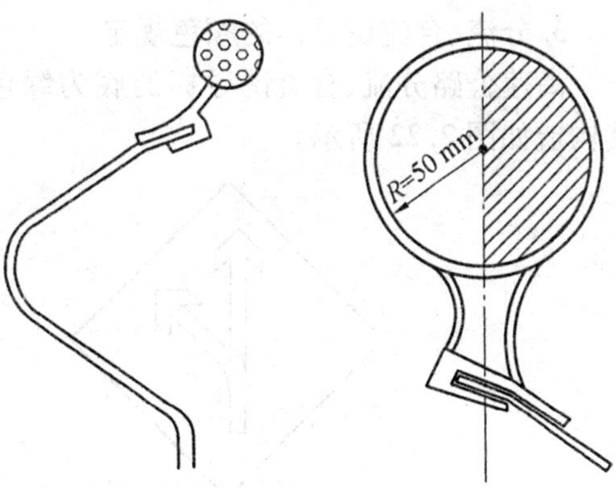

图 2.19　固定于波形梁上缘的轮廓标

2.4.2　分、合流诱导标

分流或合流诱导标是指设置于交通分流或合流区段的设施，它可以引起驾驶员对高速公路进、出口匝道附近的交织运行情况的注意。原则上应在有分流、合流的互通立交进、出口匝道附近设置。分流诱导标设在减速车道起点和分流端部，合流诱导标设在加速车道终点和合流端部。

分、合流诱导标是以反射器制作符号黏贴在底板上的标志，汽车在高速公路上行驶，在分、合流标的诱导下，无论在白天还是黑夜，驾驶员都可以非常清楚地辨认交通流的分、合流情况。除反射器外，其他材料可按标志材料的技术要求处理。

分、合流诱导标，分为设置于土中和附着于护栏立柱上两种。

1. 设置于土中的分、合流诱导标

设置于土中的分、合流诱导标由反射器、底板、立柱、连接件和基础等组成。可以按标志的计算方法，计算出所需的立柱截面大小及基础尺寸，主要考虑的外力是风力。反射器与底板可黏结或用螺栓连接。底板与立柱用抱箍、滑动槽钢通过螺栓连接。混凝土基础尺寸为 50 cm×50 cm×50 cm，如图 2.20 所示。

2. 附着式分流、合流诱导标

附着于护栏立柱上的分流、合流诱导标，其构造如图 2.21 所示。反射器、底板与埋置于土中的相同，立柱则附设在护栏立柱上，可直接用抱箍的形式与护栏立柱连接。

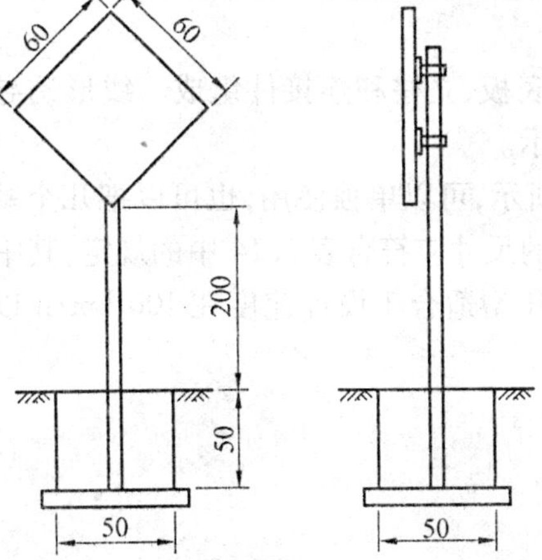

图 2.20　独立式分、合流诱导标的构造（单位：cm）

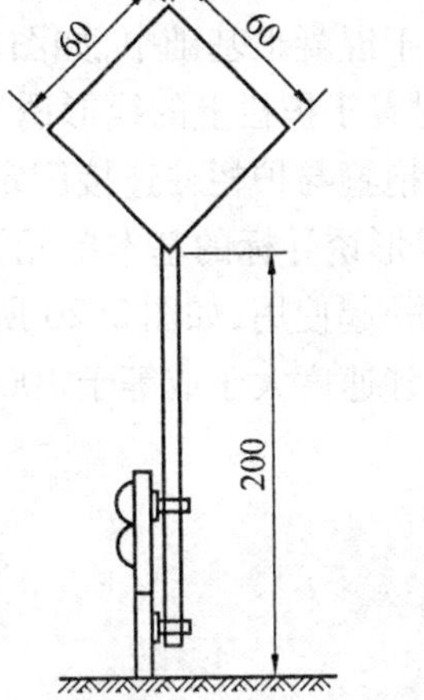

图 2.21　附设于护栏上的分、合流诱导标的构造（单位：cm）

3. 分流、合流诱导标的颜色规定

高速公路分流、合流诱导标的底为绿色，其他公路为蓝色，诱导标的符号均为白色。其构造如图 2.22 所示。

(a)分流诱导标

(b)合流诱导标

图 2.22 分、合流诱导标的图案

2.4.3 线形诱导标

线形诱导标是指设置于急弯或视距不良的路段，用来指示道路改变方向，或设置于施工、维修作业路段，用来警告驾驶员改变行驶方向的设施。可分为指示性线形诱导标和警告性线形诱导标两类。

1. 线形诱导标的设置

① 指示性线形诱导标应设置在半径小于一般最小半径或通视较差、对行车安全不利的曲线外侧；

② 警告性线形诱导标应设置在道路局部施工或维修作业等需临时改变行车方向的路段。

线形诱导标至少在 150 m 远处就能看见，其设置间距应保证使驾驶员能至少看到两块线形诱导标，或能辨明前方将进入弯道运行。

2. 线形诱导标的构造

① 设置于土中的线形诱导标由反射器、底板、立柱、连接件和基础等组成。反射器可以用黏结剂贴在底板上，也可采用螺栓连接；底板与立柱用抱箍、滑动槽钢通过螺栓连接；立柱埋置于混凝土基础中，如图 2.23 所示。

② 附着于护栏上的线形诱导标由反射器、底板、立柱和连接件组成。线形诱导标的立柱通过抱箍与护栏柱连接固定，如图 2.24 所示。

③ 线形诱导标的基本单元符号如图 2.25 所示，可以单独使用，也可以把几个基本单元组合在一起使用，如图 2.26 所示。基本单元的尺寸应符合表 2.14 中的规定，其中，I 型适合于设计速度大于或等于 100 km/h 的道路，II 型适合于设计速度在 100 km/h 以下的道路。

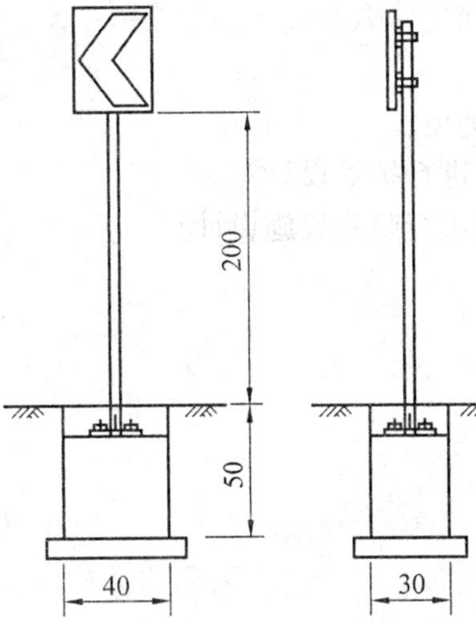

图2.23　埋置于土中的线形诱导标(单位:cm)

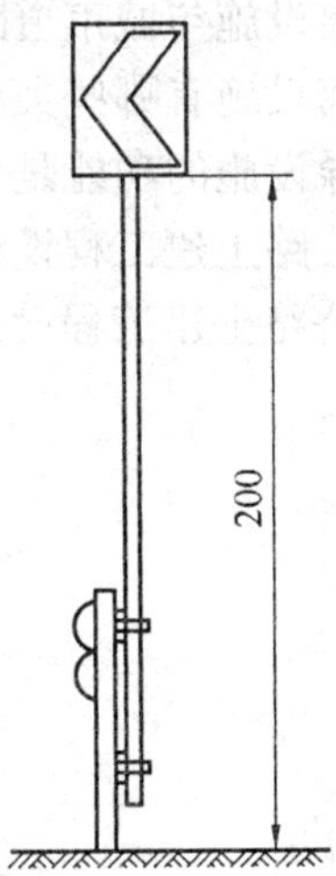

图2.24　附设于护栏上的线形诱导标(单位:cm)

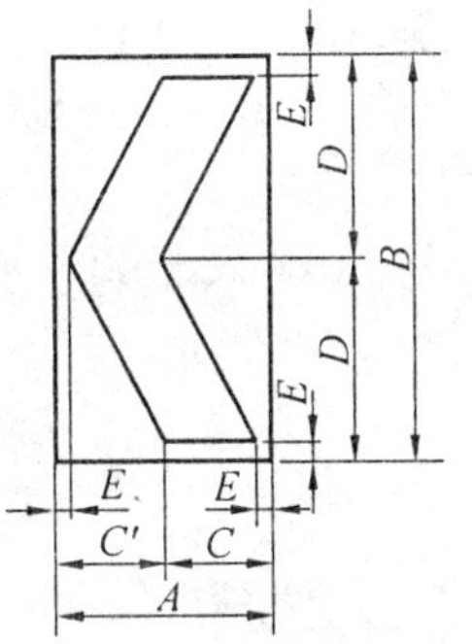

图2.25　线形诱导标基本单元

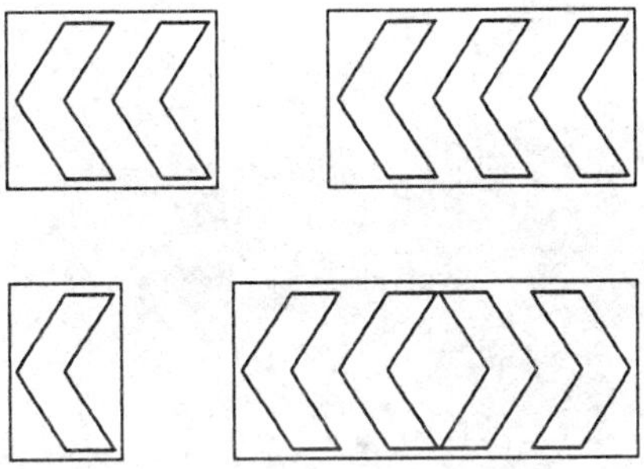

图2.26　线形诱导标组合

表2.14　线形诱导标的尺寸

类别	尺寸/mm					
	A	B	C	C′	D	E
Ⅰ型	600	800	300	300	400	30
Ⅱ型	220	400	100	120	200	15

④ 线形诱导标的颜色规定。指示性线形诱导标为白底蓝图案,警告性线形诱导标为白底红图案。

思考题

1. 交通安全设施主要包括哪些类型?
2. 护栏的功能是什么?
3. 护栏依据碰撞能量的大小是如何分级的?设计时如何确定护栏的防撞等级?
4. 防眩设施有哪些类型?在选择时需考虑哪些因素?

5. 公路隔离设施与城市道路隔离设施的作用分别是什么?
6. 公路隔离设施有哪些类型? 如何进行选择?
7. 视线诱导设施的功能是什么? 主要有哪几种类型?
8. 在给定公路土建工程设计资料的基础上,如何进行护栏设计?
9. 在给定公路土建工程设计资料的基础上,如何进行防眩设施设计?

第3章 道路交通标志与标线

道路交通标志是用图形、符号、颜色和文字向交通参与者传递特定信息，用于管理交通的设施；道路交通标线是由标划于路面上的各种线条、箭头、文字、立面标记、突起路标和轮廓标等所构成的交通安全设施，可以与交通标志配合使用或单独使用以管制和引导交通。道路交通标志与标线是交通组织与交通管理的“硬件”，是交通执法的依据。合理设置的道路交通标志与标线，可以平滑交通、提高道路通行能力、减少交通事故、防止交通阻塞、节省能源、降低公害、美化路容。交通信号灯是一种利用灯色来指挥交通，对不同类型、方向的交通流进行时间分离的交通控制设施。本章主要介绍交通标志、交通标线及交通信号控制设备。

3.1 道路交通标志

3.1.1 交通标志的分类

交通标志依据功能可分为主标志和辅助标志两大类。主标志包括警告车辆、行人注意危险地点的警告标志，禁止或限制车辆、行人交通行为的禁令标志，指示车辆、行人行进的指示标志，传递道路方向、地点、距离信息的指路标志，提供旅游景点方向、距离的旅游区标志和通告道路施工区通行的道路施工安全标志。辅助标志附设在主标志下，起辅助说明作用，通常不单独使用。

依据交通标志的支持方式，还可将标志分为路侧式、悬臂式、门式和附着式四类。

3.1.2 交通标志三要素

为了获得较理想的标志设计，世界各国的交通工程师、工程心理学家长期以来进行了大量的试验研究，包括对标志的颜色、形状、字符等编码成分的研究，对标志的可见性、易读性、亮度、设置位置的研究以及对标志效能的评价和测试方法的研究等。所有这些研究工作，为标志设计提供了充分的理论依据。

1. 颜色

人眼可以看见的色光波长范围在380～780 nm之间。不同的波长引起不同的颜色感觉，如短波范围470 nm产生蓝色感觉，中波范围530 nm产生绿色感觉，长波范围700 nm产生红色感觉。此外，在各波长间还有各种中间色，如橙黄色、黄绿色等。

颜色是标志的重要构成因素，因为颜色可以使标志从它所处的背景中显现出来，增加驾驶员对标志的注意，并可帮助驾驶员迅速识别标志的种类和含义。标志的视觉清晰度与它的颜色和背景的对比度有很大关系，为了在标志板和符号之间获得最大的对比度，一般采用亮色与暗色搭配，在这种情况下标志的视认清晰度最佳。人眼对不同颜色的感受性是不同的，这种差异可以通过在一定的观察距离下，不同颜色获得等效视觉清晰度所需要的面积来表示，表 3.1 是在观察距离为 230 m 时，可以探测出不同颜色的最小面积。

表 3.1　人眼对颜色的探测能力

颜色	观察距离/m	可探测的最小面积/m^2
黄	230	1.3
白	230	1.5
红	230	1.7
蓝	230	1.9
绿	230	2.0
黑	230	3.3

辨别颜色的正确性还依赖于染色面积的大小。一般说来，表面积越大，颜色辨认得越准确。根据英国的研究，在郊外背景条件下，每 30 m 观察距离最小需要约 0.3 m^2 的白板面积。

根据颜色的视觉规律，道路交通标志多用红、黄、绿、蓝、黑等颜色，不用中间色。但是，道路交通标志不仅考虑上述因素对视认性的影响，还要考虑颜色所能表达的抽象含义。色彩具有直观和联想作用，红色可以产生一种具有危险感的强刺激，因此将其作为"禁止"、"停车"的信号；黄色具有警戒的感觉，作为"注意危险"等警告信号；黑色和白色出现在大部分标志中，主要是利用其较好的对比度；绿色使人产生和平、安全的联想，作为"安全"、"行进"的信号；蓝色使人产生沉静、安宁的感觉，作为"指示"的信号。

2. 形状

驾驶员在道路上认读标志是从它的形状、颜色判别开始的，因此交通标志的设计赋予其形状和颜色以一定的意义，增加了传递信息的内容。驾驶员发现标志后，首先可根据其形状和颜色判别出其属于哪一类，可以提前做些准备。

根据对交通标志形状视认性的研究成果，在同等面积条件下，三角形的视认效果最好，其次是菱形、正方形、圆形、六角形、八角形等。这说明具有同等面积的不同形状的标志，其视认性是不同的。不过在决定道路交通标志的形状时，除考虑其形状对可辨性的影响外，还要考虑标志牌的可利用面积的大小（即可容纳的信息量的多少），以及过去使用的习惯等因素。根据国际标准草案 DIS 3864.3《安全色和安全标志》中关于几何图形的规定，正三角形表示"警告"，圆形表示"禁止"和"限制"，正方形和矩形表示"提示"。参考联合国及很多国家的交通标志标准，除美国、日本、澳大利亚、加拿大、墨西哥等少数国家的警告标志的形状为菱形外，绝大多数国家的警告标志采用正三角形。

3. 符号

在低亮度、快速行进等困难的视觉条件下，图符信息无论在辨认速度还是在辨认距离上均比文字信息要优越。此外，用图形来表征信息还不受语言和文字的限制，只要设计的图案形象、直观，不同国家、民族和不同语言文字的驾驶员都可理解、认读。因此，以符号为主的标志受到联合国的推荐，并被世界上绝大多数国家采用。

工程心理学中采用视角来表示图形的大小，视角的大小由图形尺寸和观察距离决定。

同样尺寸的图形,观察距离近,则视角大,反之则视角小。视角大者看得清楚,视角小者则看得模糊,视角低于一定的阈值者,则看不清楚。

人借助于视觉器官完成一定视觉任务的能力通常称为视觉功能,反映视觉功能的基本指标包括视敏度(区分对象细节的能力)和分辨力(辨别对比的能力),其中观察距离、细节尺寸及细节间的间隔等对分辨力影响较大。

3.1.3　交通标志板面及符号尺寸

1. 警告标志

警告标志用来向道路使用者提供道路沿线存在的危险或应该注意的路段,提高警觉并准备防范措施。

警告标志的内容大多与道路的几何线形、构造物有关,如道路交叉、急弯、陡坡、窄路、隧道、渡口、驼峰桥等;其余的警告标志多与道路沿线的环境有关,如行人、儿童、信号灯、村庄、牲畜等。

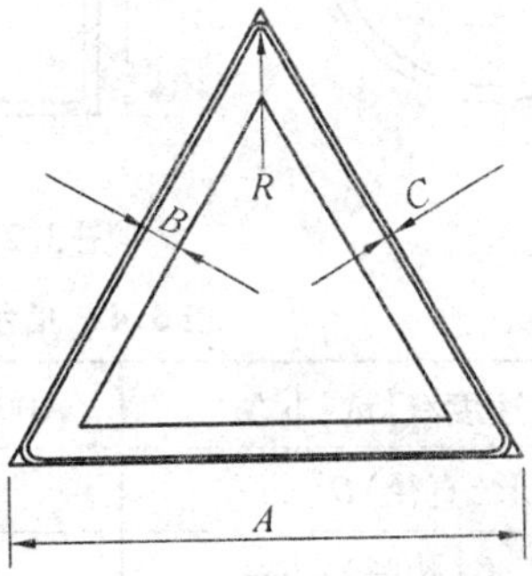

图 3.1　警告标志尺寸代号

警告标志的颜色为黄底、黑边、黑图案;形状为顶角朝上的正三角形,其尺寸代号如图 3.1 所示,三角形边长、黄色边框宽度的最小值及其他细部尺寸应视道路的设计速度而定,可按表 3.2 选取。

表 3.2　警告标志尺寸与设计速度的关系

设计速度/($km \cdot h^{-1}$)	100～120	71～79	40～70	<40
三角形边长 A/cm	130	110	90	70
黑边宽度 B/cm	9	8	6.5	5
黑边圆角半径 R/cm	6	5	4	3
衬底边宽度 C/cm	1.0	0.8	0.6	0.4

警告标志与危险地点之间的距离,应根据设计速度确定,可参见表 3.3。若受实际地形条件限制,可适当调整,但其设置位置必须明显,且不能小于停车视距。

表 3.3　警告标志到危险地点的距离

设计速度/($km \cdot h^{-1}$)	100～120	71～79	40～70	<40
标志到危险地点的距离/m	200～250	100～200	50～100	20～50

2. 指示标志

指示标志是用来指示道路使用者行进的信息,常设于行车道的入口处。指示标志主要用来指示准许行驶的方向,如向左(或右)转弯、靠右(或左)侧道路行驶等;也可用来表示机动车道或非机动车道、步行街等。

指示标志的颜色为蓝底、白图案,其形状分为圆形、长方形和正方形,指示标志的尺寸代号如图 3.2 所示,其各部尺寸的最小值应视道路设计速度而定,可按表 3.4 选取。

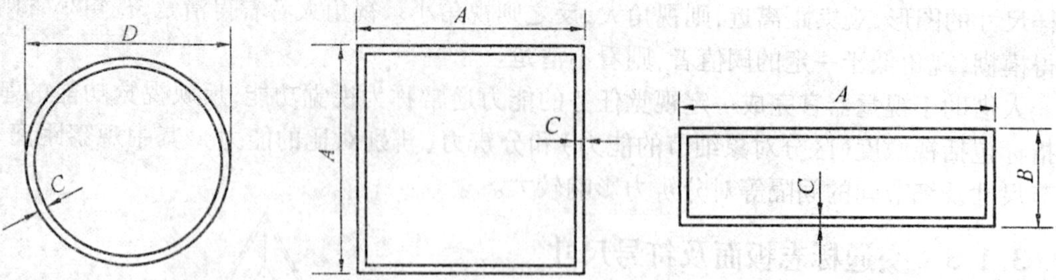

图 3.2　指示标志各部尺寸代号

表 3.4　指示标志的尺寸与设计速度的关系

设计速度/(km · h^{-1})	100 ~ 120	71 ~ 79	40 ~ 70	<40
圆形(直径)D/cm	120	100	80	60
正方形(边长)A/cm	120	100	80	60
长方形(边长)$A \times B$/cm	190×140	160×120	140×100	—
单行线标志(长方形)$A \times B$/cm	120×60	100×50	80×40	60×30
会车先行标志(正方形)A/cm	—	—	80	60
衬底边宽度 C/cm	1.0	0.8	0.6	0.4

3. 禁令标志

禁令标志用来向道路使用者表示交通之“禁行”、“禁止”、“限制”等规定，必须严格遵守。禁令标志有对行驶路线的限制，如禁止驶入、禁止通行等；有对行驶方向的限制，如禁止左转、禁止直行等；有对某种车辆行驶的限制，如禁止机动车通行、禁止大型客车通行等；有对某种驾驶行为的限制，如禁止超车、禁止调头、禁止停车等；有对交叉口控制方式的限制，如停车让行标志、减速让行标志；有对行人的限制，如禁止行人通行等。

禁令标志设于禁止事项前的适当地点，一般需设置在最醒目的地方，并随标志设置目的而改变标志内容。

禁令标志的颜色，除个别标志外，为白底、红圈、红杠、黑图案，图案压杠。禁令标志的形状为圆形、八角形、顶角向下的等边三角形，其尺寸代号如图 3.3 所示，各部尺寸的最小值应视道路设计速度而定，可按表 3.5 选取。

4. 指路标志

指路标志用来向道路使用者提供沿线道路经由的地名、方向和距离，或与之相交道路的编号、名胜古迹、游乐休息或服务区等。

指路标志的颜色，一般道路为蓝底、白图案，高速公路为绿底、白图案。

指路标志的形状，除地点识别标志、里程碑、分合流标志外，为长方形和正方形。

指路标志的汉字采用标准黑体(简体)。汉字高度应符合表 3.6 的规定，字宽与字高相等。指路标志中的阿拉伯数字、拼音字、拉丁字或少数民族文字的高度应根据汉字高度确定，与汉字高度的关系应符合表 3.7 的规定。指路标志的汉字或其他文字的间隔、行距等应符合表 3.8 的规定。指路标志外边框和衬底边的尺寸如图 3.4 所示。

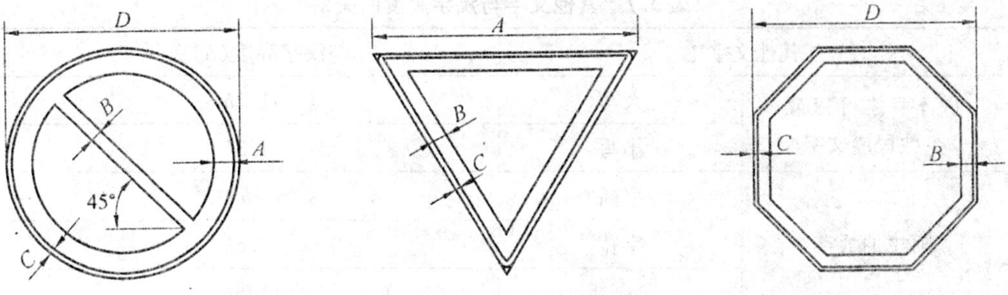

图 3.3　禁令标志各部尺寸代号

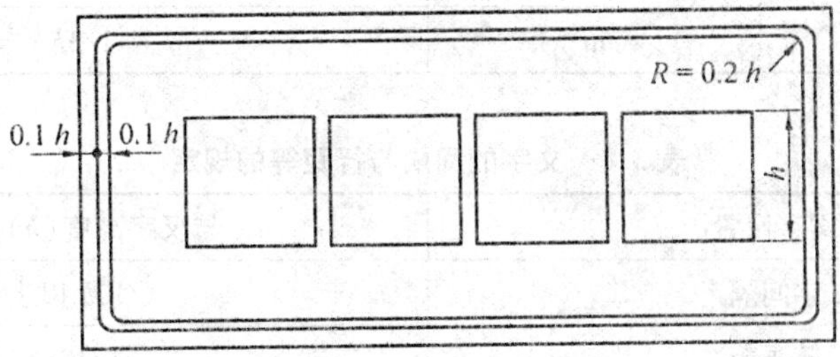

图 3.4　外边框和衬底边尺寸

表 3.5　禁令标志尺寸与设计速度的关系

设计速度/(km·h^{-1})		100~120	71~99	40~70	<40
圆形标志	标志外径 D/cm	120	100	80	60
	红边宽度 A/cm	12	10	8	6
	红杠宽度 B/cm	9	7.5	6	4.5
	衬边宽度 C/cm	1.0	0.8	0.6	0.4
三角形标志	三角形边长 A/cm	—	—	90	70
	红杠宽度 B/cm	—	—	9	7
	衬边宽度 C/cm	—	—	0.6	0.4
八角形标志	标志外径 D/cm	—	—	80	60
	白边宽度 B/cm	—	—	3.0	2.0
	衬边宽度 C/cm	—	—	0.6	0.4

表 3.6　汉字高度与设计速度的关系

设计速度/(km·h^{-1})	100~120	71~99	40~70	<40
汉字高度/cm	60~70	50~60	40~50	25~30

表 3.7　其他文字与汉字高度的关系

其他文字		与汉字高度(h)关系
拼音字、拉丁字或少数民族文字	大写	$1/2h$
	小写	$1/3h$
阿拉伯数字	字高	h
	字宽	$0.6h$
	笔画粗	$1/6h$
公里符号	k	$1/2h$
	m	$1/3h$

表 3.8　文字的间隔与行距等的规定

文字设置	与汉字高度(h)关系
字间隔	$1/10h$ 以上
笔画粗	$1/10h$
字行距	$1/3h$
距标志边缘最小距离	$2/5h$

5. 旅游区标志

为吸引和指示人们从高速公路或其他道路上前往邻近的旅游区，应在通往旅游景点的交叉口设置一系列旅游标志，使旅游者能方便地识别通往旅游区的方向和距离，了解旅游项目的类别。

旅游区标志分为指引标志和旅游符号两大类。其中，指引标志提供旅游区的名称、有代表性的图案及前往旅游区的方向和距离，设在高速公路出口附近及通往旅游区各连接道路的交叉口附近；旅游符号提供旅游项目类别、具代表性的符号及前往各旅游景点的指引，设在高速公路或其他道路通往旅游景点的交叉口附近，或在大型服务区内通往各旅游景点的路口。也可在指路标志上附具代表性的旅游符号，让旅游者了解景点的旅游项目。旅游符号下可附加辅助标志以指示前进方向或距离。

旅游区标志的颜色为棕色底、白色字符。旅游指引标志为矩形，其尺寸应根据速度确定字高，再根据字数和图案确定版面大小。旅游符号为正方形，尺寸一般采用 60 cm×60 cm，也可根据需要放大或缩小。

6. 道路施工安全标志

道路施工安全标志包括阻挡车辆及行人前进或指示改道的路栏；与路栏配合，用以阻挡或分离交通流的锥形交通路标；设于夜间施工路段附近，用以警告车辆驾驶人前方道路施工，应减速慢行的施工警告灯；设在公路沿线较小交叉路口两侧，用来提醒主线车辆提高警觉，防范小路口车辆突然出现的道口标志；设在道路施工、养护等路段前适当位置，用以通告高速公路及一般道路交通阻断、绕行等情况的施工区标志；以及悬挂于工程车辆及机械之后部，用以警告前方道路有作业车正在施工，车辆驾驶人应减速或变换车道行驶的移动性施工标志。

7. 辅助标志

在主标志无法完整表达或指示其规定时，为维护行车安全与交通畅通之需要，应设置辅助标志。辅助标志安装在主标志下面，紧靠主标志下缘，颜色为白底、黑字、黑边框，形状为长方形。其尺寸由字高、字数确定，按字高 10 cm 为下限值；字的间隔、行距等按表 3.7的规定执行，如有需要可增加辅助标志板的尺寸。内容包括表示时间、车辆种类、区域或距离、警告、禁令理由或上述内容的组合，但组合的图案不宜多于三种。

8. 可变信息标志

可变信息标志是一种因交通、道路、气候等状况的变化而改变显示内容的标志。一般可用作速度限制、车道控制、道路状况、气象状况及其他内容的显示，主要用于高速公路、城市快速路的信息显示。可变信息标志的显示方式有多种，如高亮度发光二极管、灯泡矩阵、磁翻板、字幕式、光纤式等，可根据标志的功能要求、显示内容、控制方式等进行选择。可变信息标志的板面应进行专门设计，其图案、文字应符合 GB 5768—1999 的有关规定。

3.1.4　交通标志布设

1. 交通标志的设置原则

① 应通盘考虑，整体布局。做到连贯性、一致性，给道路使用者提供全面资讯，满足各种道路交通信息的需要；

② 应确保行驶的安全、快捷、通畅。应以完全不熟悉周围路网体系的外地驾驶员为设计对象，通过标志的引导，能顺利、快捷地抵达目的地，不允许发生错向行驶；

③ 应给使用者提供正确、及时的信息。防止出现信息不足或过载的现象，对于重要的信息应给予重复显示的机会；

④ 应根据标志类别确定标志的设置位置。应充分考虑道路使用者对标志感知、识别、理解、行动的特性，根据速度和反应时间确定合适的设置地点；

⑤ 注意标志的视认性。道路附属设施（如上跨桥、照明设施、监控设施等）及路上构造物（如电杆、电话、消防栓、广告牌、门架等）对标志视认性的影响要给予高度重视，在布设标志时要随时注意上述设施对标志板面的遮挡，以免影响标志的视认性。对行道树及中央带绿篱，在枝叶生长茂密的季节，必须注意枝叶对标志视认性的影响；

⑥ 静态的交通标志应该与动态的可变标志相配合。二者应相辅相成，互相配合，统一布局，形成整体；

⑦ 应避免在交叉路口标志林立，影响驾驶员视野。交叉口处一般以设置指路标志和禁令标志为多，对于指路标志，可采用前置预告的方法，把位置错开。驾驶员通过交叉口后，可以看到确认标志，使驾驶员知道他现在行驶的方向是否正确。禁令标志可采用组合方式或采用加辅助标志的办法，以减少标志数量；

⑧ 路上的标志具有法律效力，设置标志是一件严肃、认真的工作，必须尽力避免由于标志设置不当对交通流造成不利影响或给管理带来麻烦。为此，应根据交通管理法规及有关标准，正确地设计和设置标志；

⑨ 标志不得侵占道路建筑限界。标志牌不应侵占路肩或人行道，应确保侧向余宽和净空高度；

⑩ 多块标志在同一地点组合设置时应注意信息量及排布顺序。同一地点需要设置两种以上标志时,可以安装在一根标志柱上,但最多不应超过四种,且应避免出现互相矛盾的标志内容。解除限制速度标志、解除禁止超车标志、干路先行标志、停车让行标志、减速让行标志、会车先行标志、会车让行标志应单独设置。多个标志牌在一根支柱上并设时,应按警告、禁令、指示的顺序,先上后下、先左后右的顺序排列。

2. 设置方式及其选择

(1)路侧式

路侧式标志不应侵入公路建筑限界以内,标志内边缘距路面或土路肩边缘不得小于0.25 m,标志牌下缘距路面的高度为1.0～2.5 m。中小型尺寸的"警告"、"禁令"、"指示"等标志牌安装在一根立柱上,即采用单柱式,如图3.5(a)所示,长方形的指示标志或内容单一、信息量少的指路标志安装在两根立柱上,即采用双柱式,如图3.5(b)所示。

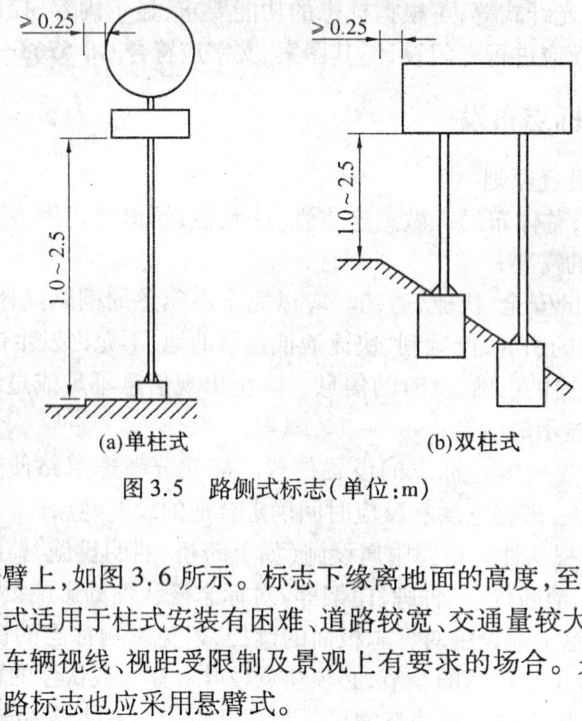

图3.5 路侧式标志(单位:m)

(2)悬臂式

标志牌安装于悬臂上,如图3.6所示。标志下缘离地面的高度,至少按该道路规定的净空高度设置。悬臂式适用于柱式安装有困难、道路较宽、交通量较大、外侧车道大型车辆阻挡内侧车道小型车辆视线、视距受限制及景观上有要求的场合。另外,信息量多、导向沿线重要地点的指路标志也应采用悬臂式。

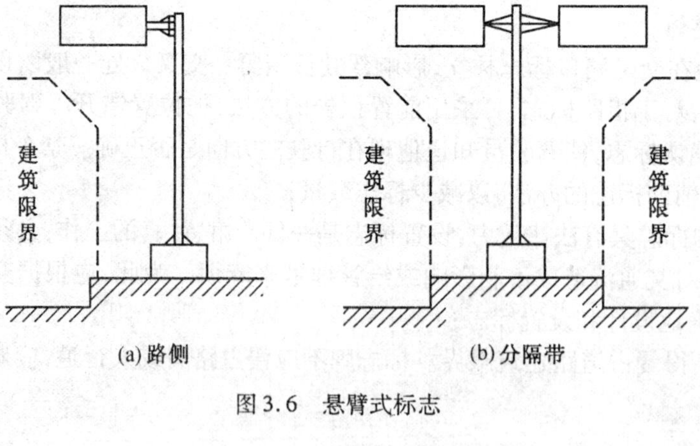

图3.6 悬臂式标志

(3)门式

标志牌安装在门架上,如图3.7所示。标志下缘距路面的高度,至少按该道路规定的净空高度设置。

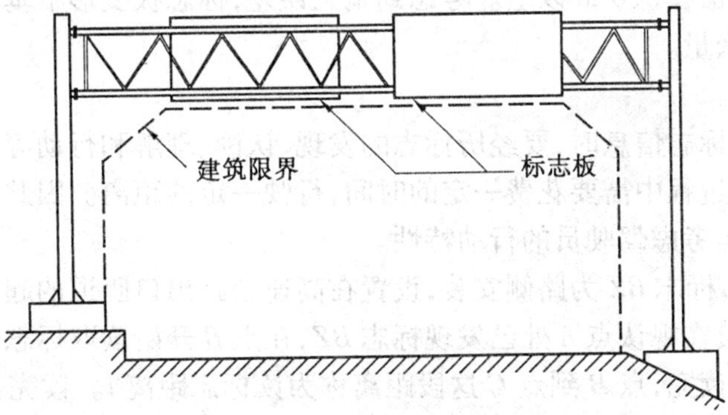

图3.7 门式标志

门式标志适用于:

① 多车道道路(同向三车道以上)需要分别指示各车道去向时;

② 道路较宽、交通量较大、外侧车道大型车辆阻挡内侧车道小型车辆视线时;

③ 互通式立交间隔距离较近、标志设置密集之处;

④ 受空间限制,柱式、悬臂式安装有困难时;

⑤ 车道变换频繁,出口匝道为多车道时;

⑥ 景观上有要求时;

⑦ 信息量多、导向沿线重要地点的多车道道路。

(4)附着式

附着式标志将标志板安装在上跨桥和附近构造物上,如图3.8所示。

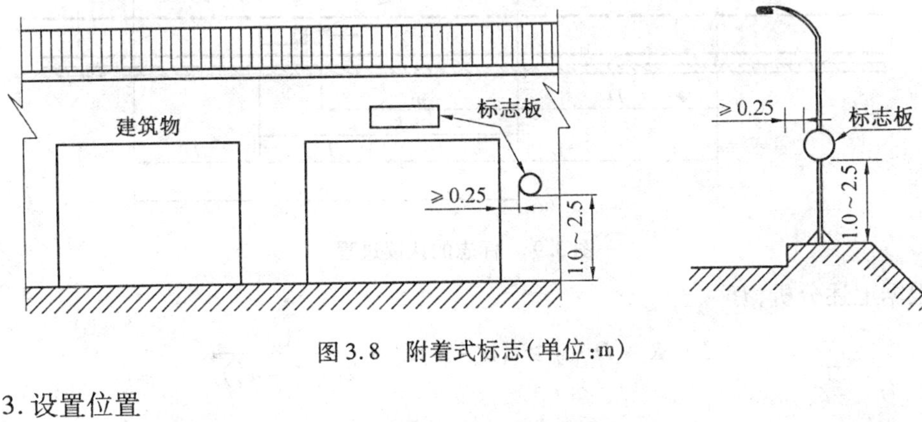

图3.8 附着式标志(单位:m)

3. 设置位置

(1)横向与竖向位置

在横向上,各种安装形式的标志都应该满足建筑限界的规定。

对路侧安装的标志,在人行道、分隔带、安全岛设置标志时,应遵守不得侵入建筑净空的规定。路侧安装的标志一般均设在道路的土路肩以外,标志板内缘距路肩边缘不得小于0.25 m。一般情况下,标志牌下缘距路面的高度为1.0~1.25 m,在人行道的宽度对行人交通量显得十分紧张的地方，或人行道宽度小于 1.5 m、自行车道小于 2.0 m 时，为了减少设置标志对人、自行车通行的障碍，标志的设置高度应大于 2.5 m。

一般道路，悬臂式安装标志下缘到路面的净空高度必须确保在 4.5 m 以上，高速公路的净空高度必须确保在 5.0 m 以上。考虑到施工误差，标志板变形下垂，路面加罩面等因素，一般需留一定余量。

(2)纵向位置

驾驶员在读取标志信息时，要经历标志的发现、认读、理解和行动等过程，在判断标志并采取相应行动的过程中需要花费一定的时间，行驶一定的距离。因此，在确定标志的纵向设置位置时，应当考虑驾驶员的行动特性。

如图 3.9 所示，标志 BZ 为路侧安装，设置在高速公路出口匝道的起点附近。通常，在驾驶过程中，驾驶员在视认点 A 处已发现标志 BZ，在点 B 开始读取标志的信息，到点 C 可以把标志内容完全读完，点 B 到点 C 这段距离称为读标志距离 l。读完标志后，应作出采取行动的判断，这段距离称为判断距离 j。然后开始行动，这时，车辆已行驶到点 G，从开始行动点 G 到行动完成点 F(该点一般在出口匝道的分岔部、交叉路口或危险点等) 的距离称为行动距离 L。驾驶员在这段距离内必须安全顺畅地完成必要的动作，如变换车道、改变方向、减速或停车等。

从点 B 到标志 BZ 的距离，称为视认距离 S；从点 C 到标志 BZ 的距离称为读完后到标志的距离 K，如果 K 比消失距离 m 短，就意味着不能从容读完标志，点 C 在消失距离范围内，驾驶员不能准确判读标志内容。因此，标志的设置地点必须满足 $K > m$ 的要求。

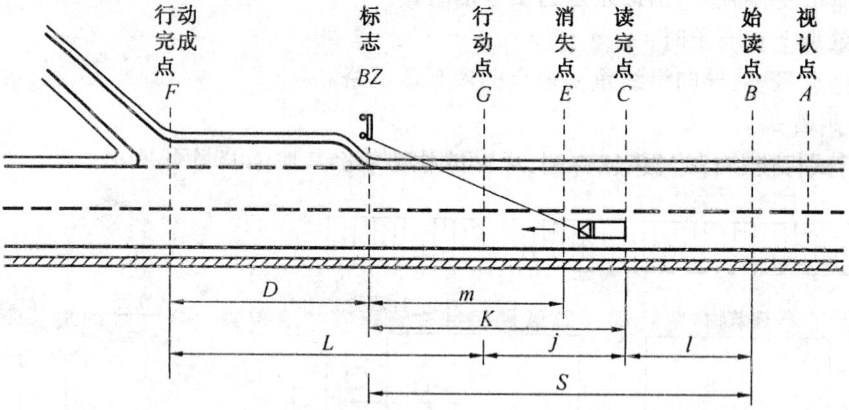

图 3.9　标志的认读过程

根据上述分析，有

$$L = K + D - j \geqslant (n-1)L' + \frac{1}{2a(v_1^2 - v_2^2)} \tag{3.1}$$

$$L \geqslant m = \frac{d}{\tan\theta} \tag{3.2}$$

式中　D—— 标志的前置距离，m；

n—— 车道数；

L'—— 变换一次车道所需的距离，m，则 $(n-1)L'$ 为变换车道所需的距离；

a—— 减速度，m/s²，一般为 0.75 ~ 1.5 m/s²，85% 位车速时 $a = 1.0$ m/s²；

v_1—— 驶入匝道处的车速,m/s,可使用85% 位车速或速度限制值;

v_2—— 到达匝道处的车速,m/s,则$\frac{1}{2a(v_1^2 - v_2^2)}$为减速所需的距离;

j—— 判断距离,m,数值上等于驶入匝道处的车速与判断时间(t')的乘积,判断时间 t' 一般为2 ~ 2.5 s;

d—— 驾驶员视高(1.2 m)到标志的侧距(路侧安装标志)或到标志上方的高度(标志安装在道路上方),如图3.10所示,m;

θ—— 消失点与路侧标志或与道路上方标志的夹角(一般路侧标志 $\theta = 15°$,道路上方标志 $\theta = 7°$)。

整理式(3.1)和式(3.2)可得

$$D \geqslant (n-1)L' + \frac{1}{2a(v_1^2 - v_2^2)} + t'v_1 - K \tag{3.3}$$

$$d \leqslant L\tan\theta \tag{3.4}$$

因此,标志的设置地点必须满足式(3.3)和式(3.4)的要求。

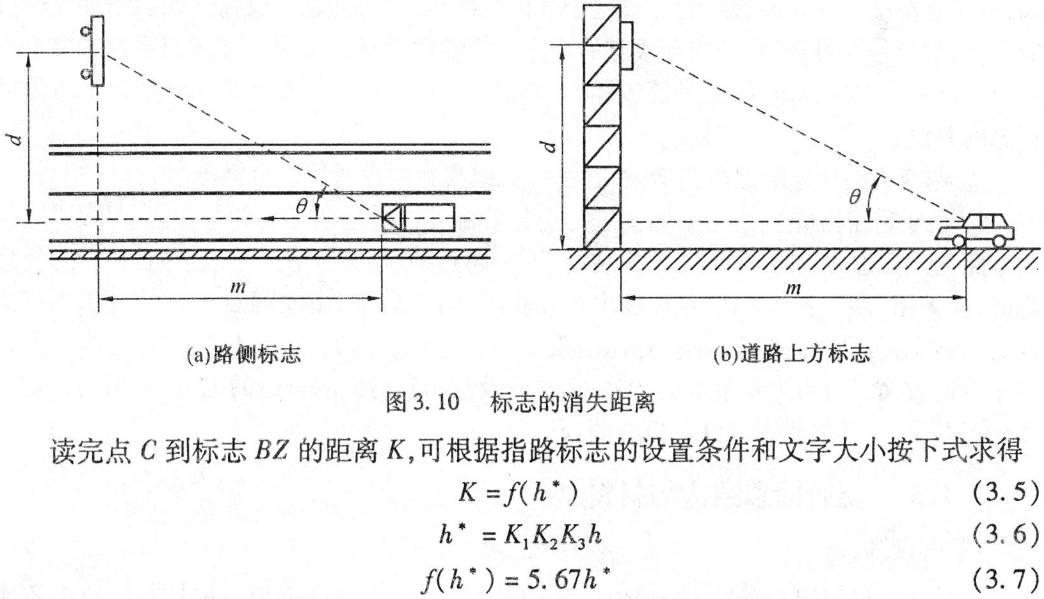

图3.10　标志的消失距离

读完点 C 到标志 BZ 的距离 K,可根据指路标志的设置条件和文字大小按下式求得

$$K = f(h^*) \tag{3.5}$$

$$h^* = K_1K_2K_3h \tag{3.6}$$

$$f(h^*) = 5.67h^* \tag{3.7}$$

式中　h^*—— 有效文字高度;

h—— 实际文字高度;

K_1—— 文种修正系数,对于9画以内的汉字,$K_1 = 0.6$,对于拉丁字母,$K_1 = 1.2$;

K_2—— 汉字复杂性修正系数,汉字的笔画少于10时,$K_2 = 1$,10 ~ 15画时,$K_2 = 0.9$,超过15画时,$K_2 = 0.85$;

K_3—— 行车速度修正系数,按表3.9选取。

表3.9　行车速度修正系数(K_3)值

速度/(km·h^{-1})	徒步	20	30	40	50	60	70	80	90	100
K_3	1	0.96	0.94	0.91	0.89	0.87	0.85	0.82	0.79	0.77

4. 安装角度

路侧式标志应尽量减少标志板面对驾驶员的眩光，板面应尽可能与道路中线垂直或成一定角度，一般禁令或指示标志为0 ~ 45°，指路和警告标志为0 ~ 10°，如图3.11所示。

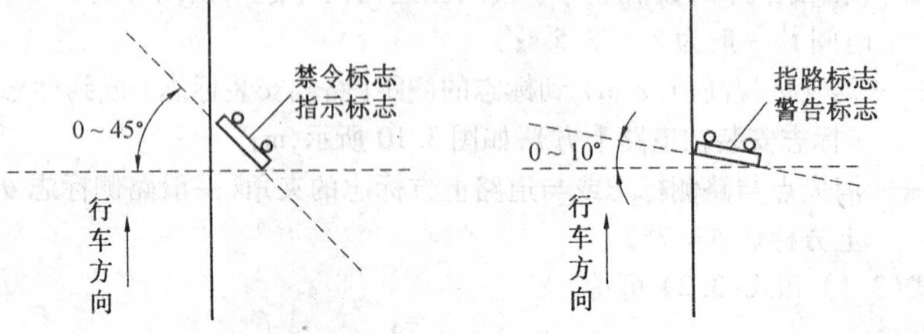

图3.11　标志的安装角度

5. 标志板并设

驾驶员在驾驶过程中读取标志信息，在极短的时间内理解含义、作出判断、并采取行动，在正常情况下应该能够顺利完成这个过程。但是，多块标志并设在一起会增加驾驶员的负担，如果信息过载，有可能导致有的标志不能发挥应有的效用，因此，交通标志要避免并设。同种类型的标志，特别是警告标志，原则上不应并设。但在下述两种情况下可考虑标志的并设：

① 原有道路标志附近需要增设新的标志，或需新增设两块以上标志时；

② 由于道路构造上的原因，需要进行交通限制，必须把警告标志和禁令标志并设时。

路侧式标志并设时，采用上下安装时，不宜超过两层，如果在一根立柱上并设三块标志时，应采用"品" 字形布置，且按标志重要程度，由上到下、由左到右布置。对于悬臂式或门式标志，若是指路标志，则按标志的重要性自道路的内侧向外侧依次布置；若是专指某车道的去向或指明为专用车道，则各标志应设在与其对应的车道的上方，如果与其他种类标志并设，则其他标志应设在最右端。

3.1.5　交通标志结构与材料

(1) 标志底板

标志底板可用铝合金板、合成树脂类板材材料制作。铝合金板材的抗拉强度应不小于289.3 MPa，屈服点不小于241.2 MPa，延伸率不小于4% ~ 10%。应采用牌号为2024，T4状态的硬铝合金板。大型标志的板面结构，宜采用挤压成型的铝合金板拼装而成，推荐的挤压成型标志底板断面如图3.12所示。

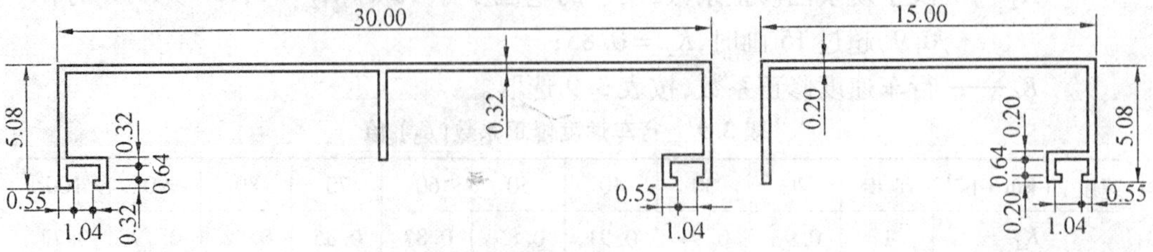

图3.12　挤压成型标志底板断面图(单位:cm)

标志板背面可选用美观大方的颜色，铝合金板可采用原色。挤压成型铝合金板的厚度按图 3.12 的规定执行，其他材料的标志板厚度可参照 GB 5768—1999 相关规定采用。一般结构的标志板，应采用滑动槽钢加固，以方便与立柱连接。

(2) 标志立柱

交通标志立柱可选用 H 型钢、槽钢、钢管及钢筋混凝土管等材料制作，临时性标志立柱的可用木柱。钢柱应进行防腐处理，钢管顶端应加柱帽。标志柱应考虑与基础的连接方式。

钢制立柱、横梁、法兰盘及各种连接件，可采用热浸镀锌。立柱、横梁、法兰盘的镀锌量为 550 g/m^2，紧固件为 350 g/m^2。

各种标志立柱的断面尺寸、连续方式、基础大小等，应根据设置地点的风力、板面大小及支撑方式由计算确定。

(3) 标志板和立柱的连接

标志板和立柱的连接方式应根据板面大小确定，在设计连接部件时，应遵循安装方便、连接牢固、板面平整的原则。

(4) 立柱埋设深度

各种标志立柱的埋设深度，决定于板面承受外力的大小及地基的承载力。一般应浇注混凝土基础。立柱的金属预埋件应进行防腐处理。

3.1.6　交通标志的反光和照明

1. 交通标志的反光

(1) 反光材料的种类及性能

用于标志面的反光材料按其结构的不同可以分为透镜埋入型、密封胶囊型、微棱镜型等品种。其反光原理为：射向标志面的光线应沿入射光线的反方向返回光源。由于标志位置和车辆行驶条件的不同，用于标志面的反光材料应具有优良的广角性和逆反射性能。在不同入射角（汽车前照灯光线与标志表面法线之间的夹角）、不同观测角（汽车前照灯光线与标志反射回驾驶者眼睛的光线间的夹角）的条件下，用于标志面的反光膜的逆反射系数值应符合 JT/T 279—2005 的规定。

(2) 反光材料的应用与选择

① 各级道路的交通标志原则上均应采用反光材料制作标志面。

② 高速公路、一级公路及城市主干路的交通标志宜采用一 ~ 三级反光膜；二、三级公路及一般城市道路的交通标志宜采用四级以上的反光膜。四、五级反光膜可用于四级公路和交通量很小的其他道路。

③ 高速公路、一级公路、城市快速路上的曲线段标志，及城市地区的多路交叉路口标志，宜采用三级以上反光材料。

④ 高速公路、城市快速路上的门架标志和悬臂标志，为获得与路侧标志相当的反光效果，宜选用比路侧标志所用反光膜等级高的反光材料，或把门架标志和悬臂标志上的字符改用反射器，以改善其夜间视认性。在有条件的重要路段，也可采用照明标志。

2. 交通标志的照明

(1) 内部照明标志

内部照明标志板内装照明装置，采用半透明材料制作标志面板，有单面显示和两面显示两种。内部照明标志可根据标志板的大小，承受的风力进行结构设计。确保标志面照度均匀，在夜间具有 150 m 的视认距离。灯箱结构合理，金属构件经防腐处理，防雨防尘，电器元件耐久可靠，检修方便。

（2）外部照明标志

外部照明标志采用外部光源照亮标志板面。外部照明标志的光源应进行专门设计。照明灯具及其影阴不能影响标志认读。外部光源在标志面上的照度不得有明显不均匀，均匀度（最大照度／最小照度）需在 4 以下，确保在夜间具有 150 m 的视认距离。外部照明光源不能给路上司机造成眩目。

支撑灯具的构件应进行防锈处理，照明器件耐久可靠，性能优良，检修方便。

3.1.7　交通标志的结构设计

交通标志的结构设计，要充分考虑在外界荷载作用下的强度、刚度和稳定性。另外，交通标志作为道路景观的重要组成部分，还需要考虑其美学特性。

交通标志的结构设计主要包括下述 5 方面内容：

① 荷载的计算与组合；

② 立柱与横梁的设计和强度验算；

③ 立柱与横梁的变形验算；

④ 立柱与横梁的连接螺栓、立柱与基础的地脚螺栓的设计与强度验算；

⑤ 基础的设计与验算。

1. 基本假设

① 风载方向。交通标志所受外荷载主要为风载，假设仅考虑风载方向与标志板平面垂直的情况；

② 双柱式标志。假设两立柱分别承受一半的风载，据此，双柱式标志的计算可简化为单柱式形式；

③ 悬臂式标志。横梁多于一根时，假设风载由各横梁平均承担，对于双悬臂标志，假设两标志板板面相同；

④ 门架式标志。假设门架式标志结构所受荷载关于其中心线对称；

⑤ 标志基础。标志的混凝土基础埋深较小（一般小于 3 m），假设基础四周土的摩阻力和弹性抗力忽略不计。

2. 荷载的计算与组合

交通标志所受的荷载包括永久荷载和可变荷载两部分，其中，永久荷载即交通标志结构的自重，可变荷载主要为风载。

（1）标志板所受的风载

$$F_{wb} = \gamma_0 \gamma_q \left[\left(\frac{1}{2} \rho C v^2 \right) \sum_{i=1}^{n} \left(W_{bi} \times H_{bi} \right) \right] / 1\,000 \tag{3.8}$$

式中　F_{wb}—— 标志板所受的风载，kN；

γ_0 —— 结构重要性系数，取 1.0；

γ_q —— 可变荷载（主要为风载）分项系数，采用 1.4；

ρ—— 空气密度，一般取 $1.225\ 8\ \mathrm{N \cdot s^2/m^4}$；

C—— 风力系数，对于标志板 $C = 1.2$；

v—— 风速，应选用当地比较空旷平坦的地面上离地 10 m 高处统计所得的 30 年一遇 10 min 平均最大风速，v 值不得小于 20 m/s，当无风速记录时，可查阅《全国基本风压分布图》的基本风压 ω_0(kPa) 来代替式中的 $\frac{1}{2}\rho Cv^2/1\ 000$；

n—— 标志板的数量；

W_{bi}—— 第 i 块标志板的宽度，m；

H_{bi}—— 第 i 块标志板的高度，m。

（2）立柱与横梁所受的风载

$$F_{wp} = \gamma_0\gamma_q\left[\left(\frac{1}{2}\rho Cv^2\right)\sum_{i=1}^{n}(W_p \times H_{pn})\right]/1\ 000 \tag{3.9}$$

式中　F_{wp}—— 单根立柱（横梁）所受的风载，kN；

C—— 风力系数，圆管形立柱 $C = 0.8$，薄壁矩形立柱 $C = 1.4$，其他型钢及组合型立柱 $C = 1.3$；

n—— 标志板的数量；

W_p—— 立柱或横梁的迎风面宽度，m；

H_{pn}—— 立柱或横梁的迎风面高度，应扣除被标志板遮挡的部分，m。

3. 立柱与横梁的设计和强度验算

（1）柱式、双悬臂式标志的立柱设计与验算

立柱在这类结构中承受横向力作用，在其横截面上将产生正应力和剪应力，应分别进行验算。另外，还应对处于复杂应力状态下的危险点进行验算，然后根据形状改变比能理论（亦称为第四强度理论），建立强度条件。

（2）悬臂式标志的横梁设计与验算

与立柱相比，横梁在设计与验算时，还应考虑其自重（永久荷载）的影响，由于重力与风力的作用方向不同，因此应对其进行组合或叠加。

相应的，横梁根部所承受的剪应力也有两个，一个是由风载引起的（Q_w），一个是由自重引起的（Q_G），由于不同方向、不同力产生的最大剪应力值或同一位置由不同力产生的剪应力值有一定差距，因此在进行验算时，应取其最大值。

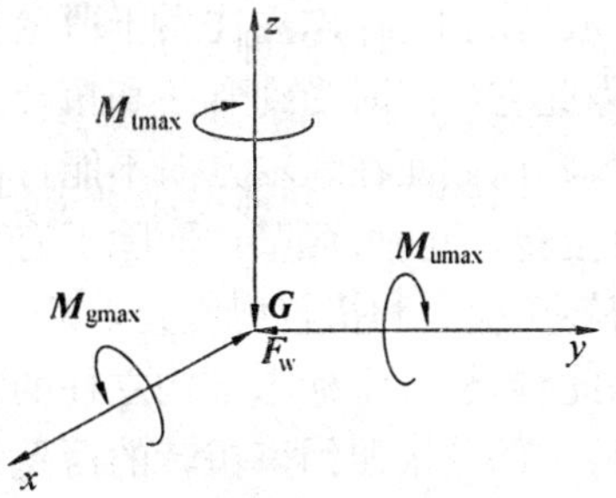

图 3.13　单悬臂标志立柱根部受力图

横梁根部危险点的位置与立柱相同，在计算危险点的正应力和剪应力时，应注意作用力的组合或叠加，最后根据第四强度理论建立强度条件。

（3）单悬臂式标志的立柱设计与验算

单悬臂式标志的立柱根部受到两个力和三个力矩的作用，如图 3.13 所示。

风力为

$$F_w = F_{wb} + F_{wp} + F_{whp} \times n_{beam} \tag{3.10}$$

重力为

$$G = \gamma_0 \gamma_G [\sum_{i=1}^{n_w} (W_{bi} \times H_{bi} \times T_{bi} \times u_{bi}) + H_{hp} \times n_{beam} \times u_h + H_p \times u_p] \tag{3.11}$$

由风载引起的弯矩为

$$M_{umax} = F_{wb} \times [H_p - (\sum_{i=1}^{n_h} H_{bi})/2] + F_{wp} \times H_p/2 \tag{3.12}$$

由风载引起的扭矩(大小等于所有横梁根部承受的弯矩)为

$$M_{tmax} = F_{wb} \times [H_{hp} - (\sum_{i=1}^{n_w} W_{bi})/2] + F_{whp} \times [H_{hp} - (\sum_{i=1}^{n_w} W_{bi})/2] \tag{3.13}$$

由横梁和标志板自重引起的弯矩为

$$M_{gmax} = \gamma_0 \gamma_G \{ \sum_{i=1}^{n_w} [W_{bi} \times H_{bi} \times T_{bi} \times u_{bi} \times (H_{hp} - H_{bi})/2] + H_{hp} \times u_h \times (H_{hp}/2) \times n_{beam} \} \tag{3.14}$$

式中 F_{whp}——单根横梁所受的风载,kN;

n_{beam}——横梁的数目;

n_w——沿横梁长度方向的标志板数量;

T_{bi}——第 i 块标志板的厚度,m;

u_{bi}——第 i 块标志板的比重,kN/m^3;

H_{hp}——单根横梁的长度,m;

H_p——立柱的高度,m;

u_h, u_p——横梁、立柱单位长度的质量,kN/m;

n_h——沿立柱高度方向的标志板数量;

γ_G——永久荷载(结构重量)分项系数,$\gamma_G = 1.2$。

一般情况下,标志立柱属于薄壁杆件。由于单悬臂标志所受外力不通过截面的剪力中心,因此它将同时受到弯曲和扭转的共同作用,并且,除圆管形立柱外,其他形式的立柱受扭后,其横截面在纵轴方向不能自由地凸凹翘曲,纵向纤维有了轴向变形,这种扭转称为约束扭转。此时,薄壁截面除了有弯曲应力外,还将产生可以与基本应力达到相同数量级的扭转正应力和扭转剪应力。

因此,单悬臂型标志结构立柱的强度验算分为两部分,一部分按横力弯曲的方法进行计算,另一部分按照约束扭转的薄壁杆理论进行计算(圆管型立柱除外),然后将结果进行叠加。

(4) 门架式标志的立柱与横梁的设计与验算

由于门架的各杆轴线均在同一平面内并根据有关假设,风载垂直于该平面。因此,平面刚架将承受垂直于门架平面的剪力和扭矩。由于该结构为三次超静定,采用力法进行计算。内力求出后,即可按叠加法求得各横梁和立柱的弯矩、扭矩和剪力等内力,然后再根据前述方法进行横梁和立柱的设计和验算。

门架式标志的结构形式较多,以图 3.7 所示双横梁双立柱形式的门架为例,在永久荷载作用下,门架的任一截面上将只产生绕门架法线方向的弯矩和门架平面内的轴力、剪力;在风载作用下,门架的任一截面上只有三种内力:绕位于门架平面内的主轴的弯矩、垂直于门架平面的剪力和扭矩。根据结构的对称性,选择图3.14为基本结构,采用力法进行计算。

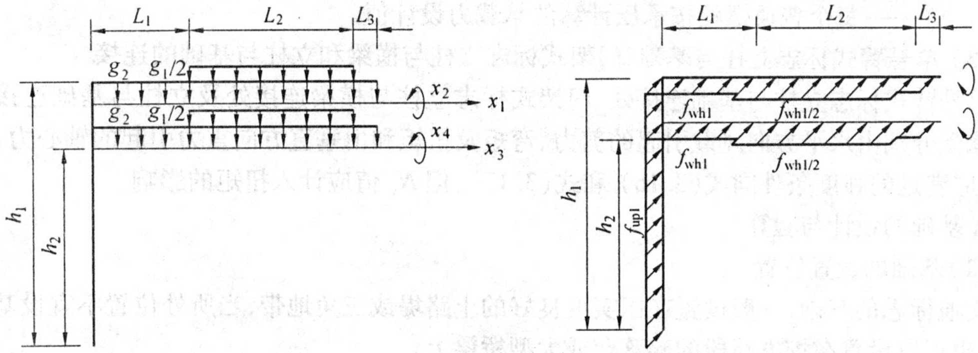

图3.14　双横梁双立柱形式的门架标志立柱与横梁受力分析

4. 立柱与横梁的变形验算

根据经验,按照强度条件设计的标志立柱或横梁截面往往过于单薄,此时,刚度条件可能起控制作用。因此,对于各类交通标志的结构,构件的变形验算是必不可少的,这也是其有别于其他土建结构物的一个显著特点。对于悬臂式和门架式标志,由于在自重作用下,横梁会自然下垂,因此变形的验算也可为横梁预拱度的设计提供依据。

在工程实践中,立柱或横梁的挠度容许值通常用容许的挠度与其跨长的比值(υ/H_p)作为标准。

土建工程方面,υ/H_p 的值常限制在1/100～1/1 000范围内。根据标志结构的具体特点,υ/H_p 的值在1/100～1/150范围内选择,既能满足基本使用要求,又不至于造价过高。

立柱或横梁的变形验算,可分别求得每项荷载单独作用下梁的挠度 υ 和转角 θ,然后按照叠加原理进行叠加。

5. 连接螺栓与地脚螺栓的设计和强度验算

作为连接件的普通连接螺栓和地脚螺栓均将承受拉力的作用,应使其所承受的最大拉力满足承载力设计值的要求。

(1) 柱式、双悬臂式标志立柱与基础的连接

立柱根部承受轴心力(自重)和力矩(由风载引起的弯矩)的作用,应使

$$N_{max} \leqslant N_t^b \tag{3.15}$$

式中　N_{max}——单个地脚螺栓所承受的最大拉力值;

N_t^b——单个地脚螺栓的承载力设计值。

(2) 悬臂式标志立柱与横梁的连接

横梁根部承受由水平方向风载引起的剪力和弯矩,由垂直方向重力引起的剪力和弯矩。不同方向的剪力和弯矩经组合后,应满足

$$\sqrt{\left(\frac{N_v}{N_v^b}\right)^2 + \left(\frac{N_{max}}{N_t^b}\right)^2} \leqslant 1 \tag{3.16}$$

$$N_v \leq N_c^b \tag{3.17}$$

式中 N_v—— 每个普通螺栓所承受的剪力平均值；

N_v^b—— 每个普通螺栓按受剪计算的承载力设计值；

N_c^b—— 每个普通螺栓按承压计算的承载力设计值。

(3) 单悬臂式标志立柱与基础、门架式标志立柱与横梁和立柱与基础的连接

单悬臂式标志立柱与基础连接处、门架式标志立柱与横梁连接处及立柱与基础连接处将承受分别由水平方向风载引起的剪力、弯矩及扭矩和由垂直方向重力引起的轴心力、弯矩，应满足的强度条件同式(3.16) 和式(3.17)，但 N_v 值应计入扭矩的影响。

6. 基础的设计与验算

(1)基础的设置位置

交通标志的基础，一般设置在压实度良好的土路堤或三角地带，当所处位置不宜设基础时，也可以设置在挖方路段的碎落台或大型桥梁上。

(2)基础设计

交通标志的基础，埋深一般小于 3 m，属于浅基础，可以设计成不必配置受力钢筋的刚性基础；位于桥梁上的标志，应通过计算配置必要的受力钢筋；当刚性基础过于庞大或标志位置处于土质不良地段时，可以考虑设计桩基础。

(3)基础的验算

① 基底应力计算。确定基础的埋置深度和构造尺寸后，先根据最不利情况下的荷载组合计算基底的应力，应尽量避免基底出现负应力(基底负应力面积不大于全部面积的1/4)，否则应考虑基底应力的重分布。基底发生的应力不超过地基持力层的强度，即地基容许承载力；

② 基底合力偏心距验算。基底合力偏心距应不超过基底的核心半径，使基底应力尽可能分布比较均匀，以免基底两侧应力相差过大，基础产生较大的不均匀沉降；

③ 基底倾覆稳定性验算。应使抗倾覆稳定系数大于 1.3；

④ 基础滑动稳定性验算。应使抗滑动稳定系数大于 1.3。

3.2 道路交通标线

道路交通标线是交通安全设施的重要组成部分，由标划于路面上的各种线条、箭头、文字、立面标记、突起路标和轮廓标等构成，是引导驾驶员视线、管制驾驶员驾驶行为的重要设施。因此，对标线的可见性、耐久性、施工性等有严格的要求。车辆行驶时，无论是白天或黑夜，都能由于光泽和色彩的反衬而清晰地识别和辨认路面标线。无论是沥青路面或水泥混凝土路面标线涂料必须保持与路面之间的紧密结合，在一定时期内，不会因为车辆和行人来往通行而剥落。标线涂料应具有优良的耐久性，能经受车轮长久的磨耗，不会产生明显的裂缝。标线涂料应具有很好的防滑性能，车辆驶过标线时产生较小的噪声和振动。标线涂料的原料容易获得，价格便宜，涂敷作业要安全、无毒、无污染。反光标线的回归反射性能在相当长的使用期内不应显著下降。标线应颜色均匀，不会因气候、路面材料等作用而变色。标线涂料应具有快干性，涂敷作业应尽量减少对交通的干扰。标线涂料应具有良好的施工性能，画出的标线边缘整齐，表面平整，不会产生涂料流淌、表面产生

沟槽和气泡等缺陷。

3.2.1 交通标线的分类

1. 按功能分类

交通标线按功能可分为指示标线、禁止标线和警告标线三类。

(1)指示标线

指示标线是用于指示车行道、行车方向、路面边缘、人行道位置等的标线。指示标线的种类及形式见表3.10。

表3.10 指示标线种类及其形式

序号	标线名称	标线形式	所属类别	序号	标线名称	标线形式	所属类别
1	双向两车道路面中心线	黄色虚线	纵向	8	港湾或停靠站标线	白色斑马线	其他
2	车行道分界线	白色虚线	纵向	9	收费岛标线	黄黑相间斜线	其他
3	车行道边缘线	白色实线或虚线	纵向	10	导向箭头	白色箭头	其他
4	人行横道线	白色平行实线	横向	11	路面文字标记	黄色、白色文字	其他
5	距离确认线	白色平行实线	横向	12	左弯待转区线	两弧形白色虚线	其他
6	高速公路出入口标线	直接式、平行式	其他	13	左转弯导向线	白色弧形虚线	其他
7	停车位标线	白色实线	其他				

(2)禁止标线

禁止标线是用于告示道路交通的遵行、禁止、限制等特殊规定，车辆驾驶人及行人需严格遵守的标线。禁止标线的种类及形式见表3.11。

表3.11 禁止标线种类及其形式

序号	标线名称	标线形式	所属类别	序号	标线名称	标线形式	所属类别
1	禁止超车线	黄色双实线、黄色虚实线或黄色单实线	纵向	8	非机动车禁驶区标线	黄色虚线	其他
2	禁止变换车道线	白色实线	纵向	9	导流线	白色单实线、V型线、斜纹线	其他
3	禁止路边临时或长时停车线	黄色实线	纵向	10	中心圈	白色实线	其他
4	禁止路边长时停车线	黄色虚线	纵向	11	网状线	黄色网格线	其他
5	停止线	白色实线	横向	12	专用车道线	黄色虚线、文字	其他
6	停车让行线	白色平行实线	横向	13	禁止掉头线	黄色实线	其他
7	减速让行线	白色平行虚线	横向				

(3)警告标线

警告标线是用于促使车辆驾驶人及行人了解道路上的特殊情况,提高警觉,准备防范应变措施的标线。禁止标线的种类及形式见表3.12。

表3.12　禁止标线种类及其形式

序号	标线名称	标线形式	所属类别	序号	标线名称	标线形式	所属类别
1	车行道宽度渐变段标线	白色实线或黄色斑马线	纵向	4	减速标线	白色虚线	横向
2	路面障碍物标线	颜色同中心线,V型线、斜纹线	纵向	5	立面标线	黄黑相间倾斜线条	其他
3	近铁路平交道口标线	白色交叉线、文字	纵向				

各种标线的形式、施划位置与尺寸详见《道路交通标志和标线》(GB 5768—1999)。

2. 按设置方式分类

交通标线按设置方式可分为以下三类:

① 纵向标线。沿道路行车方向设置的标线;

② 横向标线。与道路行车方向成角度设置的标线;

③ 其他标线。字符标记或其他形式标线。

3. 按标线形态分类

交通标线按形态可分为以下四类:

① 线条。标划于路面、缘石或立面上的实线或虚线;

② 字符标记。标划于路面上的文字、数字及各种图形符号;

③ 突起路标。安装于路面上用于标示车道分界、边缘、分合流、弯道、危险路段、路宽变化、路面障碍物位置的反光或不反光体;

④ 路边轮廓标。安装于道路两侧,用以指示道路的方向、车行道边界轮廓的反光柱或反光片。

3.2.2　交通标线的设计原则

1. 颜色选择

路面标线一般为白色或黄色,以白色为主,特殊需要也可采用红色。白色表示“指示”、“控制”意义;黄色表示“禁止”、“警告”意义。缘石标线一般用黄色,也有用红色、白色的;立面标线采用黑白、黑黄或红白相间的条纹。为提高标线的夜间视认性,可根据需要采用反光标线、路钮,立面标线可增设照明、闪光灯等设备。

白色标线的反射性要比黄色标线高53%。在有雾的情况下,与白色标线相比,黄色标线可见性要降低20%;黎明和黄昏时,也会明显地降低可见性。因此,白色标线的适用性比黄色广泛。

2. 宽度选择

国外大量研究表明,纵向标线的宽度对交通状况和驾驶员心理影响不大。一般认为宽的标线具有强调作用,但标线过宽,会增加标线的费用以及车轮在标线上打滑的危险,因此，对标线宽度范围进行了规定。GB 5768—1999 规定纵向标线的宽度为 10 ~ 15 cm，高速公路边缘线宽度为 15 ~ 20 cm，一般采用下限值，在需要强调的地方可采用上限值。

横向标线宽度应比纵向标线宽。驾驶员在行车中发现横向标线往往是由远及近，尤其在距横向标线较远的时候其视角范围很小，加上远小近大的原理，因此加宽横向标线是很有必要的。一般横向标线宽度为 20 ~ 40 cm，斑马线为 40 ~ 45 cm。

3. 虚线的短线与间隔长度比例选择

根据心理学家的研究，虚线中的实线段与间隔长度比例和车辆的行驶速度直接相关。实线段与间隔距离太近，会造成闪现率过高而使虚线出现连续感，对驾驶员产生过分的刺激；但若实线段与间隔距离太远，闪现率太低，使驾驶员在行驶中获得的信息量太少，起不到标线应有的作用。

确定虚线的短线与间隔长度比例时，既要考虑驾驶员的心理、生理因素，也要考虑尽量减少每公里标线的面积。在郊外公路上的闪现率不大于 4 次/s 被认为是可以接受的，闪现率为 2.5 ~ 3.0 s 时效果最佳；在城市道路上的闪现率不大于 8 次/s 被认为是可以接受的。根据透视原理，规定纵向标线的最小宽度为 10 cm，纵向标线虚线的短线最小长度为 2 m。

主要标线的颜色、宽度和虚线的短线与间隔长度见表 3.13。

表 3.13　标线的尺寸规定

标线名称			颜色	线宽/cm	短线长/cm	间隔长/cm
纵向标线	车行道中心线	中心虚线	白	10 ~ 15	400	400
		中心实线	黄	10 ~ 15	—	—
		中心双实线	黄	10 ~ 15 或 15 ~ 30	—	—
		中心虚实线	白	10 ~ 15 或 15 ~ 30	200 或 600	400 或 900
	车道分界线	一般道路虚线	白	10 ~ 15	200	400
		高速公路、快速路虚线	白	10 ~ 15	600	900
	车行道边缘线	虚线	白	10 ~ 15	200	400
		实线	白	10 ~ 15	—	—
	导向车道线	实线	黄	10 ~ 15	—	—
横向标线	停止线		白	20、30、40	—	—
	减速让行线		白	20、30、40	60	30
	人行横道线		白	40	≥300	60

4. 导向箭头形式选择

驾驶员在驾驶过程中需要辨认路面上的导向箭头，由于受视线高度的限制，箭头平面形状应与观察距离成正比例拉长。所以，施划在路面上的箭头形状同正常的箭头形状有很大的不同。

为寻求导向箭头的最佳形式，需要对各种直行、转弯、直行与转弯组合的箭头进行比较。其形式是根据认读速度和错误率试验的统计分析结果的平均值来确定的，如图3.15所示。最好的直行箭头的宽度约为箭杆宽度的3倍，箭头长度要比箭杆短；转弯箭头是在不对称的行驶过程中显示方向，要求保持箭头的转弯部分清晰。

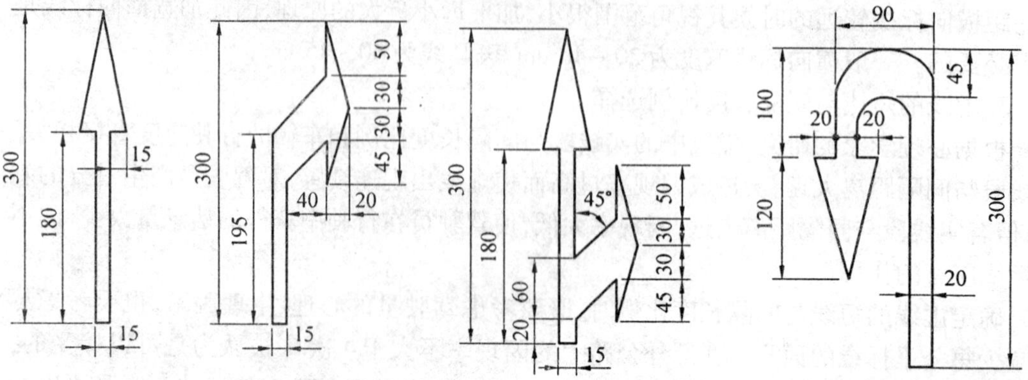

图3.15　设计速度小于或等于40 km/h时的导向箭头尺寸(单位：cm)

3.2.3　交通标线的设置原则与标准

1.标线设置的一般要求

① 应以道路设计、交通特性、交通组织及其他交通设施的情况为依据，合理利用道路有效面积；

② 应确保线形流畅、规则，符合车辆行驶轨迹要求，路段和交叉口标线的衔接应科学、合理；

③ 色彩鲜明，在照明条件较差、能见度较低的情况下，也能有较好的视认性；

④ 强度性能好，有较强的附着力，耐磨、耐腐蚀、耐高温、耐严寒，使用寿命长；

⑤ 防滑性好，有一定的粗糙度，车轮压上时不致打滑，尤其是在雨雪天气和冰霜路面条件下，能保持一定的附着系数；

⑥ 经济实用，用料来源充足，价格低廉，施工简单，实用和维修方便，无毒、无污染。

2.标线设计

(1)标线设计说明

标线设计说明一般应包括以下内容：

① 标线设计的依据、原则；

② 标线材料技术要求及施工工序；

③ 标线数量汇总。

(2)标线平面设计图

标线平面设计图应包括下列内容：

① 标线类型及内容；

② 标线在道路平面图中的设置位置、宽度；

③ 平面交叉路口、出入口、导流岛等处复杂标线大样图。

(3)车道宽度标划

① 城市快速干道的路段上每条机动车道的宽度一般为3.75～4 m；城市主干路、城市

次干路、支路的路段上每条机动车道宽度一般为3.25～3.5 m；

② 平面交叉路口进口道受现有道路宽度限制时，每条机动车道宽度可采用2.75～3.5 m，当大型车辆混入率小于15%时可取下限，特殊情况其宽度不应小于2.5 m；

③ 平面交叉路口出口道每条机动车道宽度不应小于3 m，但出口道只有一条车道时不应小于3.25 m；

④ 标划的非机动车道最小宽度不低于2.5 m。

《城市道路交通标志标线设置指南》规定车道宽度的计算界限为车行道中心双实线以一侧单实线线宽的中心计，中心单实线、车行道分界线和车行道边缘线均以线宽的中心计，如图3.16所示。

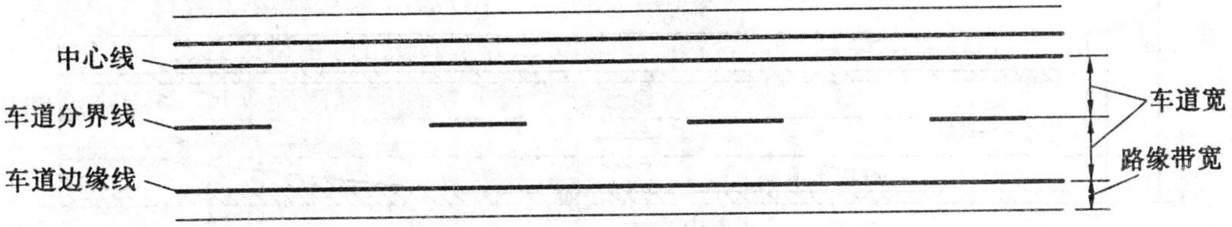

图3.16　车道宽度计算界限

(4)车道数

车道数应根据道路横断面设计、平面交叉路口设计、现有道路宽度以及道路宽度变化情况确定。

(5)平面交叉口标线

根据平面交叉路口的形状、交通量、车行道宽度、转弯车辆的比率及交通组织等情况，应合理设置路口标线，具体包括车行道中心线、人行横道线、停止线、导向箭头、禁止变换车道线等，如图3.17所示。

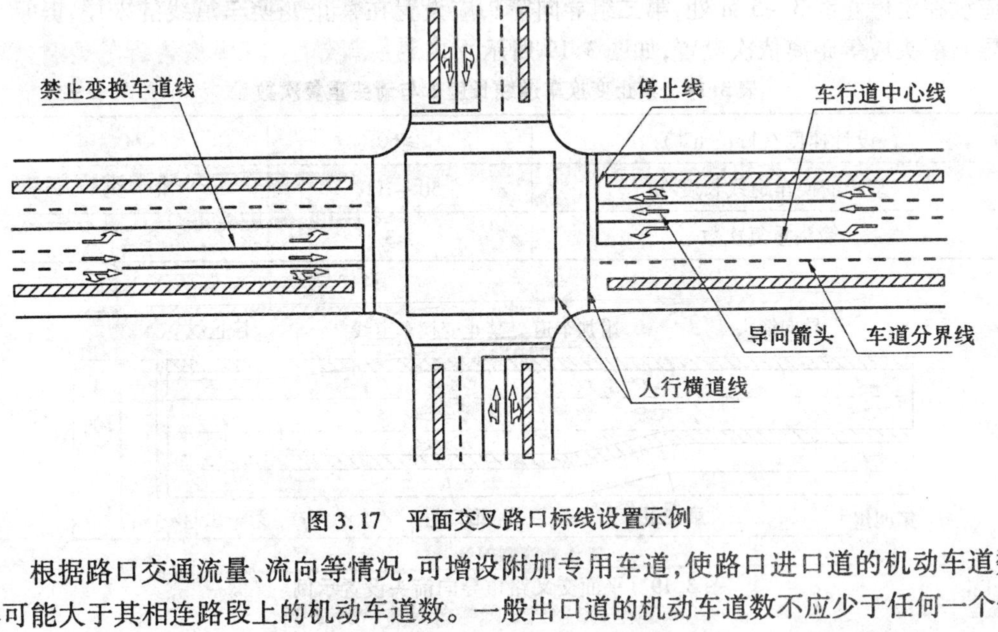

图3.17　平面交叉路口标线设置示例

根据路口交通流量、流向等情况，可增设附加专用车道，使路口进口道的机动车道数尽可能大于其相连路段上的机动车道数。一般出口道的机动车道数不应少于任何一个信号相位进口道与其对应方向的机动车道数，无专用右转信号控制的右转车流不计。

附加专用车道的长度是停止线前等候车辆排队长度与减速变换车道渐变段长度之和,如图 3.18 所示,其计算方法如下

$$L = L_s + L_t \tag{3.18}$$

式中　L——附加专用车道的长度,m;

L_s——停止线前等候车辆排队长度,m,$L_s \geqslant 2MS$,其中 M 为平均一个周期的红灯和黄灯时间内到达等候车道的车辆数,S 为等候车辆平均车头间距(一般小型车 6 m、大型车 12 m、铰接式公交车辆 17 m);

L_t——渐变段长度,$L_t \geqslant VB/3$,V 为进口道行车速度,km/h,B 为附加车道宽度,m。

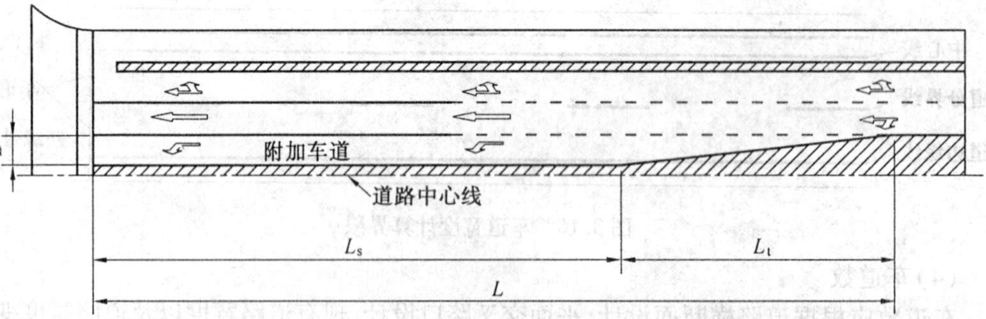

图 3.18　路口附加专用车道长度设计图

进口道应设置禁止变换车道线,其长度应以等候信号放行车辆排队的平均长度为依据,也可按表 3.14 选取。

进口道的车道内应设置导向箭头。导向箭头应重复设置,重复设置的次数及间距可按表 3.14 的规定选取,导向箭头的间距一般采用禁止变换车道线的长度。第一组导向箭头应设在距停止线 3 ~ 5 m 处,第二组导向箭头应设置在禁止变换车道线的末尾,其后各组导向箭头应等距离依次设置,如图 3.19 所示。

表 3.14　禁止变换车道线长度 L 与箭头重复次数

设计速度/($km \cdot h^{-1}$)	≥60	<60
禁止变换车道线长度/m	50 ~ 100	30 ~ 50
箭头重复次数	≥3	≥2

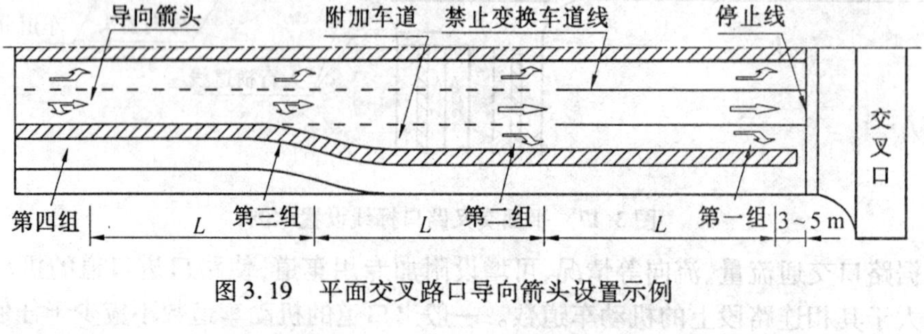

图 3.19　平面交叉路口导向箭头设置示例

进口道的车行道中心线、禁止变换车道线、机动车道边缘线等均应设置到停止线为止;出口道的车行道分界线和机动车道边缘线应设置到停止线的延长线为止;T 型路口无横向交叉道路的一侧,其车行道边缘线应连续设置。

有人看守的铁路道口应设中心实线、实线边缘线和停止线;无人看守的铁路道口,应设置铁路平交道口标线,其标线由交叉线、停止线、禁止超车线、横向虚线及铁路文字标记组成。

3.2.4　道路标线材料

1. 标线材料的分类

路面标线涂料可分为常温溶剂型、加热溶剂型和熔融型三类。常温型和加热型(50 ~80 ℃)属于溶剂型涂料,呈液态供应。加热型涂料固体成分略多一些,黏度也高。熔融型涂料呈粉末状供应,需加高温(180 ~220 ℃)使其熔融才可涂敷于路面。

除涂料用作标线材料外,还有各种黏贴材料,如贴附成型标带、突起路标、分离器等。

预成型标带材料是在合成橡胶或合成树脂中,加上颜料制成薄膜,在背面涂上黏结剂。施工时,通过其背面预涂胶层或在路面另涂胶结剂,使成型标带贴附于沥青或水泥路面上。在正常路面温度条件下,借助车辆行驶的压力,可使该标带与路面紧密结合。预成型标带的厚度除胶层外不应低于 1.5 mm;对于有突起断面的成型标带,其未突起部分厚度应不小于 0.5 mm。路面标线材料的分类见表 3.15。

表 3.15　路面标线材料的分类

序号	分类			施工条件
1	标线涂料	溶剂型	常温涂料	常温施工
			加热涂料	加热施工
		熔融型	热熔涂料	熔融施工
2	贴附材料	贴附成型标带		黏贴施工
		热融成型标带		加热施工
		铝箔标带		黏贴施工
3	标线器	突起路标		黏贴或埋入施工
		分离器		螺栓固定施工

2. 涂料原料及作用

常温溶剂油漆由合成树脂(15% ~20%)构成涂膜,并黏合其他各种原料成分,包括 15% ~20% 的颜料、15% ~38% 的体质颜料、2% ~5% 的添加剂和 30% ~40% 的溶剂。其中,颜料主要作用是着色及遮盖;体质颜料是充填料,用来增加机械强度和耐磨耗性能;添加剂的作用是促进快干,防止沉降、结皮、分散,增加稳定性;溶剂赋予油漆流动性,调整黏度。

热熔型涂料中的树脂必须是热塑性的,要求与各物质相溶性好,酸性低,色泽浅,耐热性和耐候性好。热溶涂料添加剂有增塑剂、防沉降剂、抗污染剂和抗紫外线变色剂等。为增加标线夜间反光性，还预混玻璃微珠和面撒玻璃珠。

3. 标线涂料的特性

标线涂料的特性见表3.16。其中贴附材料、标线器（包括突起路标、分离器）均属于标线的范畴，它们是标线的派生物，由于具有独特性能而受到重视，应用范围逐步扩大。但由于它们是一种新型材料，尚缺乏相关标准，故未作为比较对象列于表3.16中。

表3.16 标线涂料的特性

特征	常温型	加热型	熔融型
主要成分	合成树脂、清漆、体质颜料、骨材	着色颜料、添加剂、溶剂	合成树脂、着色颜料、体质颜料、骨材、添加剂、玻璃珠
树脂组成的代表物	醇酸系、丙烯酸系、乙烯基系、氯化橡胶系	醇酸系、丙烯酸系、聚酯系	石油树脂系、松香醇系、聚酯系
涂料状态	液状	液状	粉块状
相对密度	1.3~1.6	1.4~1.7	1.8~2.3
加热后剩余物	>60%	>65%	>99%
涂敷时底漆	不需要	不需要	需要
涂料温度	常温	加温（50~80 ℃）	加热熔融（180 ~ 220 ℃）
涂敷方法	辊筒、刷子、喷射	空气喷射、无气喷射	料斗（槽）划线（人工标记）、自动式机械、无气法、离心法
操作熟练程度	无特殊要求	必须经培训合格	必须经培训合格
夜间反射性	由于玻璃珠的撒布和混入的多少而影响反射性的大小		
白色	良	优	良~优
黄色	良	优	良~优
黏结力（稳定度）	强	中；黏结度高、在水泥混凝土路面上有时黏结不良	中；不宜在龟裂多的水泥混凝土路面上施工
干燥速度（开放交通）	慢 一般为3~20 min	中 3~15 min	快 1~3 min
白色程度	强	中；玻璃珠撒布量过大，昼夜均呈黑色	中
夜间反射（玻璃珠的效果）	中	好	好
尘土污染度	中	大	中

续表 3.16

特征	常温型	加热型	熔融型
湿润时的防滑阻力	中	中	中
耐磨耗性	弱	中	强
对清除积雪作业的影响	无	无	几乎没有影响(总的来看,施工后有些凸起)
耐气候性(含变色)	强	强	中
有效寿命	4~8个月	8~15个月	10~20个月
对各种标线的适应性	大;适用于各种路面标线	小;适用于路面纵向标线	中;适用于斑马线、文字符号,也适用于横向、纵向标线
施工中对轮胎和尘土的附着度	有	有	少
施工性	好	差	中
厚度的调整范围(一次施工)	小 0.12~0.2 mm	小 0.2~0.3 mm	大 1~2.5 mm
施工速度	中;用涂敷机进行纵向标线施工速度快,其他标线速度较慢	快;仅指路面纵向标线施工速度快	快;纵向标线施工速度较快,斑马线、文字符号等速度慢
妨碍交通的程度	大	中	小;有的施工机械影响较大

4. 标线涂料适用范围

由于各种标线涂料的特性不同,因而导致各自的耐久性和养护时间也各不相同。所以,在标线施工时,最重要的是根据道路条件、交通条件、气象等环境条件,尤其是冬季汽车使用钉齿轮胎、轮胎防滑链的情况以及考虑施工性和经济性,选择高效的施工方法。根据不同的道路交通条件,标线涂料的选择可参照表3.17执行。需要指出的是,表3.17中所列为一般情况,在选择标线涂料时,要认真考虑现场的实际情况,根据涂料来源、设备情况、施工技术力量等因素做出选择。

5. 标线涂膜的主要缺陷及对策

(1)涂膜纵向有长的起筋或拉槽

原因:烧焦的涂料或小石子等粒状物堵在画线机斗槽出口处,画线时出现拉槽;涂料的熔融温度不够,流动性差,或划线车斗加热不够,也会造成涂料流动性差,画线时出现起筋。

对策:清除堵在划线机斗槽出口处的粒状物;提高涂料熔融温度,增加流动性;或对斗槽继续加热,不致使熔融涂料通过斗槽而降温太多;彻底清理斗槽口。

(2)涂膜表面有气泡或小孔

原因:路面微小空隙内空气的膨胀冲破未硬化涂膜成孔;由于水泥混凝土路面表层的游离水分汽化膨胀;由于底漆未干,致使挥发造成汽化、膨胀。

对策:待路面充分干燥;在不影响黏结力的情况下,适当降低涂料温度,使底漆充分干燥。

(3)沥青渗入涂膜使线变色

原因:在简易沥青路面上涂敷标线后,软化并溶解下部沥青,造成沥青与涂料交溶;当底漆过剩且未干时,底漆中溶解有大量沥青,待涂上涂料时就渗入沥青。

表 3.17　标线涂料的适用性

道路分类	路面状况及路面标线的划分		温暖地带		寒冷地带	
			交通量大	交通量小	交通量大	交通量小
一般道路	一般路面	纵向标线	M	M,H	M,H	H
		横向标线、文字记号	M	M	M	M
	临时路面	纵向标线	C	C	C	C
	龟裂多的路面	纵向标线	H,C	H,C	H,C	H,C
	石、砖路面	纵向标线	C	C	C	C
高速公路	一般路面	纵向标线、横向标线、文字记号	H,M	H	H	H
	立面标记		C	C	C	C

注:C—常温型;H—加热型;M—熔融型。

对策:使用不侵害沥青的稀释剂,其用量不超过制造商的规定;严格执行有关涂料加温控制的规定。

(4)裂纹

原因:路面产生裂纹致使涂膜产生裂纹;在简易沥青路面上画标线,路面比涂膜软,则涂膜显出脆性,出现龟裂;新修沥青路面大多产生裂纹,涂膜也产生相应的裂纹;路面收缩而涂膜不能应变时亦产生裂纹;漆膜厚度不均匀时,固化速度不同产生温度应力而开裂;涂料和玻璃珠撒布不当,涂膜表面再现细微裂纹。

对策:由于路面裂纹致使涂膜产生裂纹,宜选择能适合环境和条件的涂料。新浇筑沥青路面,保养时间需 2 周以上;注意不使用长期库存的原料;涂料一定要搅拌均匀,控制好温度;涂敷时厚度要均匀,保持规定的涂敷量;玻璃珠撒布适当,要均匀且不过量。

(5)涂膜上出现凹坑

原因:涂料黏度与划线机不匹配造成凹坑;不连续进行涂敷作业造成涂膜局部凸起;在凹凸不平的路面上也容易产生凹坑。

对策:涂料黏度与划线机不匹配时,应控制涂料温度,使黏度符合要求;检查涂敷机械,修整斗槽口;路面不平的道路可使用较柔软的涂料,避免使涂膜过硬、过厚,尽量做到涂膜均匀,适当控制施工温度。

(6)条痕

原因:涂料流动性不好;画线机斗槽口有涂料屑;斗槽口边缘不平,有碰伤、毛刺等;在粗糙路面上划线机上下跳动所致。

对策:调整涂料黏度;清除斗槽口的涂料屑;修整斗槽口。

(7)夜间反光不良

原因:玻璃珠撒布不均或撒布量不足,局部重涂标线玻璃珠反光不良;涂料熔融温度过高,玻璃珠下沉于涂膜内。

对策:玻璃珠撒布应均匀、量足;控制涂料熔融温度及玻璃珠撒布时间。

(8)剥落

原因:底部处理不好,路面不清洁,路面上有水,低温时施工;残余防冻材料和浮浆没有清除干净;在已丧失黏合力的旧标线上重涂;车轮对标线材料的破坏。

对策:彻底清洁路面,去除混凝土路面灰浆皮及养护膜;待路面干燥后再涂标线;很好地清除旧标线后再重划新线;避免气温在5 ℃以下施工;寒冷地区防止履带车、防滑链车压标线。

3.2.5　标线的施工

① 标线施工前,应熟悉平面设计图、了解气象气候状况、维护车辆机械设备、根据设计要求选定标线材料等前期准备工作;

② 施工前应设置相应的施工安全设施,彻底清扫标线施工范围内的路面,并按设计或原有的线形要求放样;

③ 漆画各种标线或底漆后,应放置锥型路标等护线物体,加强护线措施,不应有车轮带出涂料、压漆的现象出现;

④ 检查涂敷后标线的色泽、厚度、宽度、玻璃珠撒布的质量和数量以及线形等,对不符合要求的标线进行修整,并将残留物清除干净;

⑤ 标线施工完毕后,必须按设计要求验收,移交竣工资料。

3.2.6　突起路标

突起路标是固定于路面上起标线作用的突起标记块,可在高速公路或其他道路上用来标记中心线、车道分界线、边缘线,也可用来标记弯道、进出口匝道、导流标线、道路变窄、路面障碍物等危险路段。

1. 突起路标分类

突起路标可分为反光和不反光两大类。反光突起路标根据不同的反光原理有棱镜型、透镜型等结构。不反光的可用瓷片、塑钢等多种材料制作。突起路标有多种形状,较典型的如图3.20所示。

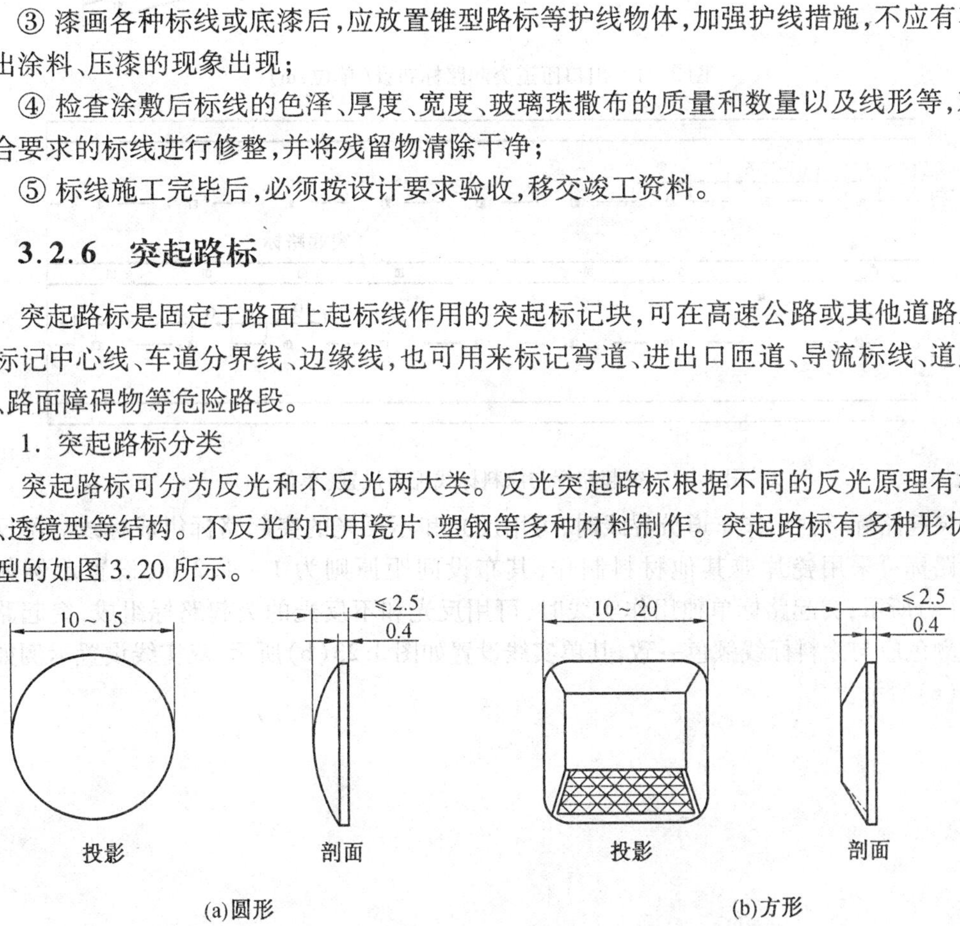

图3.20　突起路标的形状(单位:cm)

2. 突起路标布设

突起路标与涂料标线配合使用时，应选用定向反光型突起路标，其颜色与标线颜色一致。其布设间隔为6～15 m，可根据标线情况选定。一般突起路标应设置在标线的空当中。边缘线和中心单实线，突起路标应设置在标线的一侧，其间隔应与在车道分界线设置的间隔相同，设置示例如图3.21、图3.22所示。突起路标与进出口匝道标线、导流标线、道路变窄标线、路面障碍物标线等配合使用时，应根据实际线形进行布设，力求夜间轮廓明显，清晰可见。

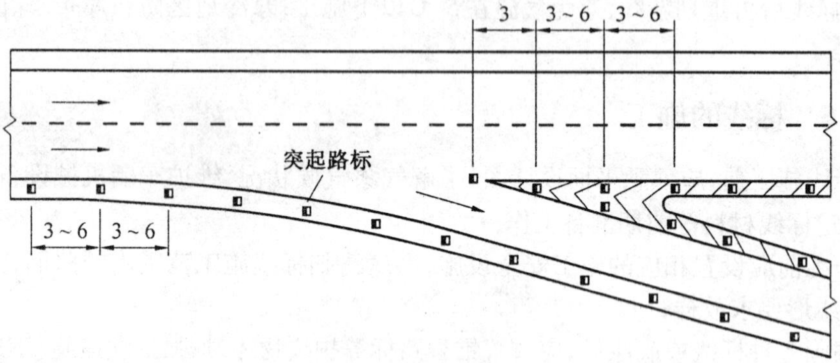

图3.21　出口匝道突起路标布设（单位：m）

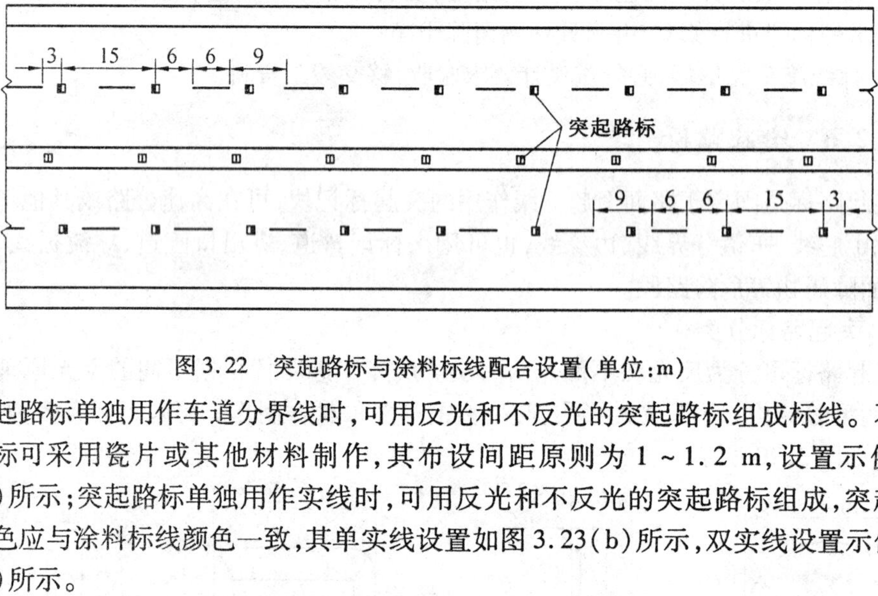

图3.22　突起路标与涂料标线配合设置（单位：m）

突起路标单独用作车道分界线时，可用反光和不反光的突起路标组成标线。不反光突起路标可采用瓷片或其他材料制作，其布设间距原则为1～1.2 m，设置示例如图3.23(a)所示；突起路标单独用作实线时，可用反光和不反光的突起路标组成，突起路标壳体颜色应与涂料标线颜色一致，其单实线设置如图3.23(b)所示，双实线设置示例如图3.23(c)所示。

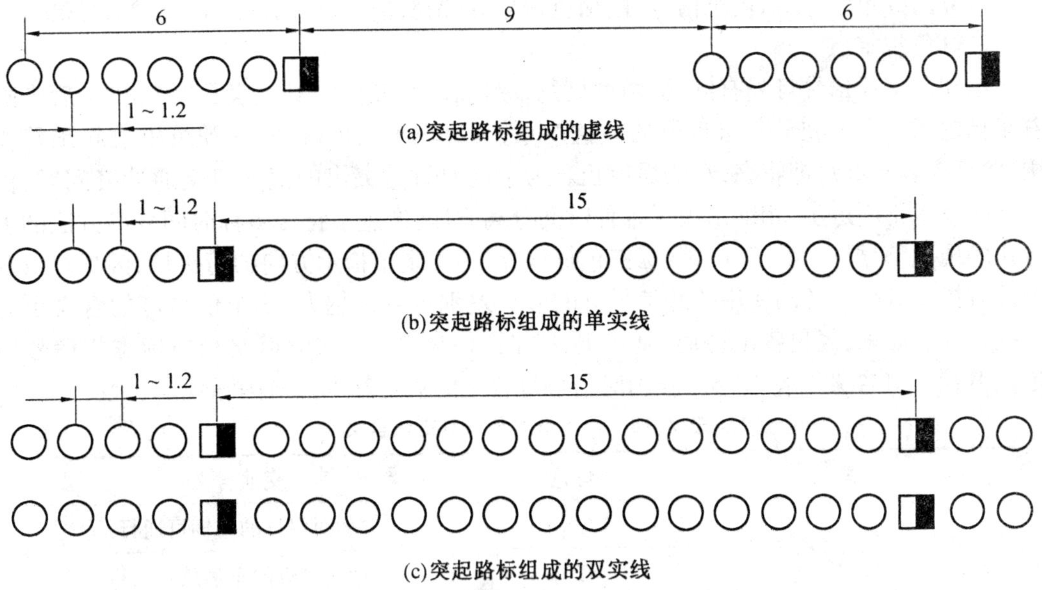

图 3.23　突起路标组成的标线(单位:m)

3.3　交通信号控制设备

在道路上,凡是用来传送具有法定意义、指挥车辆通行或停止的灯光、声响、手势,都是交通信号。道路上常用的交通信号有灯光信号和手势信号,灯光信号借交通信号灯的灯色来指挥交通;手势信号由交通管理人员用法定的手臂动作或指挥棒指向来指挥交通。手势信号现在仅在交通信号灯出现故障时或在无交通信号灯的地方起临时指挥交通的作用。本节对交通信号控制的硬件设备进行论述,不讨论交通信号的设置条件与配时方法。

3.3.1　概述

1. 交通信号灯的分类

(1)按用途分类

可分为车辆交通信号灯、行人交通信号灯和特种交通信号灯三种。其中,特种交通信号灯包括方向交通信号灯,吊桥、窄桥、隧道信号灯,道路、铁路平交道口信号灯和闪光警告信号灯。

(2)按操作方式分类

可分为定周期控制信号灯和感应式控制信号灯。其中,感应式控制信号灯又可细分为半感应式和全感应式两种。

(3)按控制范围分类

可分为单个交叉口控制信号灯(简称点控)、干道联动控制信号灯(简称线控)和区域交通控制信号灯(简称面控)。其中,干道联动控制信号灯又可分为有电缆线控制信号灯和无电缆线控制信号灯两类。

(4)按色光分类

可分为红色信号灯、黄色信号灯、绿色信号灯、箭头信号灯、闪烁灯和及时信号灯。

2. 灯色规定

早期的交通信号灯只有红、绿两种灯色，绿色表示“允许”，红色表示“禁止”。后来随着车辆的增多和驾驶员争道现象的日益严重，又出现了黄色灯，对驾驶员争道起预警作用，黄灯亮表示红灯即将亮，车辆需停止。为了应对日益突出的交叉口交通冲突问题，信号配时技术不断进步，相继出现了各种时间分离方法，产生了符合多种时间分离方法的多样化的现代信号灯。除了红、黄、绿三色灯以外，还出现了指示方向的箭头灯、闪烁灯以及倒计时指示灯等。各国使用这些信号灯的方法差别也越来越大，赋予信号灯的含义也有一些差异。后来，经过各国协商，基本上认同了 1974 年的《欧洲道路交通标志相信号协定》，其信号灯含义见表 3.18。我国对信号灯含义的规定基本上与国际规定一致。

表 3.18　信号灯灯色及其交通含义

类型	灯色	交通含义
非闪灯	绿灯	面对绿灯的车辆可通行
	红灯	面对红灯的车辆禁止通行
	黄灯	即将亮红灯，车辆需停止
闪烁灯	红灯闪	警告车辆不许通行
	黄灯闪	车辆可通行，但要特别小心
箭头灯	绿色箭头灯	车辆只允许沿箭头所指的方向通行
	红色或黄色箭头灯	只对箭头所指方向起红灯或黄灯的作用
专用于自行车的信号灯	应在信号灯的基础上加有自行车的图案	
专用于行人的信号灯	应在信号灯的基础上加有人形图案	

3. 信号灯的形式与灯色排列

各种信号灯的安装次序有统一的规定，以便于驾驶员分辨；信号灯次序安排的原则是将重要的灯色放在重要的位置，其次序安排有竖式和横式两种。

(1) 竖式

① 普通信号灯。灯色排列自上而下依次为红灯、黄灯、绿灯。

② 带有箭头灯的信号灯。可分为单排式信号灯和双排式信号灯两种类型。对于单排式，一般自上而下依次为红灯、黄灯、绿灯、直行箭头灯、左转箭头灯、右转箭头灯，中间可省掉不必要的箭头灯；当同时装有直、左、右三个箭头灯时，可省掉普通绿灯。对于双排式，一般在普通信号灯里侧加装左转箭头灯，或左转和右转箭头灯，或左转、直行、右转三个箭头灯。

(2) 横式

① 普通信号灯。灯色排列由里向外依次为红灯、黄灯、绿灯。

② 带有箭头灯的信号灯。对于单排式，一般由里向外依次为红灯、黄灯、左转箭头灯、直行箭头灯、右转箭头灯；或红灯、黄灯、左转箭头灯、绿灯；或红灯、黄灯、绿灯、右转箭头灯。对于双排式，一般在普通信号灯下方，由里向外依次为左转箭头灯、直行箭头灯、右

转箭头灯，中间可省掉不必要的箭头灯。

3.3.2　信号灯的安装位置与要求

交通信号灯的安装，应按其各自的功能和不同的用途以及设置地点的环境条件进行合理的安排。特别是各种功能信号灯的灯色要严格按规定使用，如交通控制信号灯的红色和绿色不能与车辆引导灯的红色和绿色混同，应在浓淡和亮度甚至色调上有所区别。其他如施工、事故现场警示灯等更应与交通控制信号灯的颜色保持较大差别，以免出现灯色混淆的情况。不同种类的信号灯绝对不能在一个平面中出现，应尽量保持一定距离。

交通信号灯的安装，要求最严的是交通控制信号灯和人行横道灯两种。交通信号灯中最主要的就是交通控制信号灯，故一般就将其称为交通信号灯，其安装要求可分以下几点。

1. 交通信号灯的安装位置

交通信号灯安装位置的形式有A式、B式和C式三种，如图3.24所示。

(1)A式交通信号灯

A式交通信号灯应安装在道路右边进入路口转角圆曲线的起点，并尽量使信号灯的位置前移以缩小路口范围，便于车辆迅速通过路口。在设有机动车与非机动车隔离设施的路口，灯杆应置于隔离设施处，灯架的伸臂不必加长，但在非机动车道必须设立非机动车用的交通信号灯。

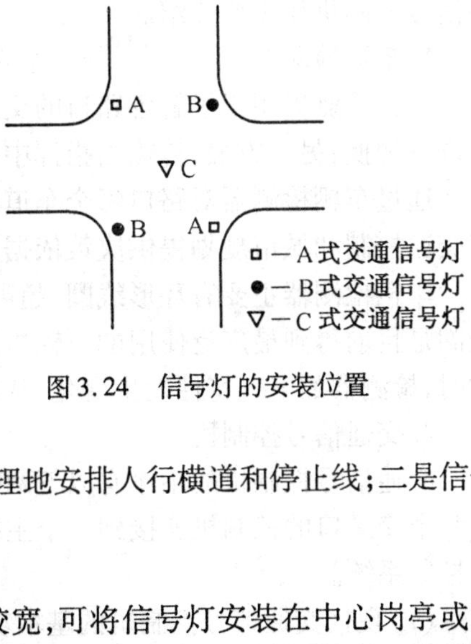

图3.24　信号灯的安装位置

(2)B式交通信号灯

B式交通信号灯安装在道路右边的正对面路口处。这种安装位置的优点在于：一是便于合理地安排人行横道和停止线；二是信号灯前没有树木遮挡的影响，便于识别。

(3)C式交通信号灯

C式交通信号灯安装在路口中心。如果路口较宽，可将信号灯安装在中心岗亭或岗台顶部；在较窄的路口可采用悬吊方法。吊灯制作简单、安装方便、价格也便宜。这种安装位置的优点是：可减小驾驶员在观察信号中的视线偏心角，有利于信号的识别，也有利于对其他情况的观察。

人行横道信号灯应安装在人行横道两端，灯面正对人行横道。

2. 交通信号灯的安装要求

(1)加设遮光罩

信号灯的每个灯头上方应设置遮光罩并涂以黑色，用来吸收外来光线及避免反光。

(2)要有足够的亮度

为使驾驶员在150 m以外能辨清信号，在使用透镜直径为25 cm的信号灯时，红色灯需有310 cd(坎德拉)的光强度、绿色灯有360 cd的光强度，方可达到其亮度要求。

(3)要有适当的高度和角度。

信号灯的安装高度应该满足建筑限界的规定。一般道路，信号灯最低处到路面的净空高度必须确保4.5 m,高速公路的净空高度必须确保在5.0 m以上。考虑到施工误差,路面加罩面等因素,需留一定的余量。

信号灯的角度应与车行道距停车线150 m处相对,较宽(单向2～3个车道)的道路,应与中心线有2°～3°的转角。

非机动车信号灯和人行横道信号灯,其高度最低处应距地面2.5 m左右;弯道处的信号灯一般采用横向水平式,其他要求与交通控制信号灯相同。

3.3.3　交通信号控制设备简介

现代交通信号控制系统由软件和硬件两大部分设施所组成。信号配时方案、信号控制的总体设计方案、系统的交通仿真与优化及其有关的系统程序、控制程序、操作程序,包括数据管理系统、系统维护运行手册、程序说明与框图等软性设施,都属软件设施。现代交通控制系统中的装备,如信号灯、交通检测器、信号控制机、中央控制计算机、信息传输设施、情报设施、显示装置、电视监视设施等实际装备,叫做硬件设施。下面对车辆检测器和信号控制机作简要介绍。

1. 车辆检测器

车辆检测器用于了解各路口的交通量情况,它一方面提供给本地信号控制机,对各相位进行切换;另一方面,传输给指挥中心,以便发布诱导信息,对阻塞路段进行交通流量调节。通过车辆检测器对路口每个车道的车流数据进行自动采集、处理和存储,可为改善城市交通控制和城市规划提供决策依据。

车辆检测器主要有环形线圈、超声波、雷达、视频识别器等。在交通控制系统中,环行线圈是目前得到最广泛使用的车辆检测器,一般被埋设在停车线上游60 m处,当车辆通过时,检测器的电气特性发生变化,从而可测定相应的交通信息。

2. 交通信号控制机

交通信号控制机的用途有以下两个方面:一是操纵一个或几个交叉口的信号灯;二是把几个交叉口的控制机连接到一个主控制机或主控计算机上,从而形成干道线控制或区域控制系统。

(1)现代交通信号控制机的基本功能

① 根据预先设定的配时方案或感应控制方案操纵信号灯色的变换;

② 处理接收检测器送来的脉冲信号,并根据这些信息按预先设定的方案操纵信号灯;

③ 接收从主控制机或主控计算机发来的指令,并根据指令按预先设定的方案操纵信号;

④ 用小型计算机或微处理机的信号控制机,还可以收集检测器的交通信息,处理并存储这些数据,或根据命令把这些数据传送给主控计算机。

(2)信号控制机分类

信号控制机按其不同控制方式主要可分为定时信号控制机、半感应信号控制机和全感应信号控制机三类。

① 定时信号控制机

定时信号控制机是最简单、最经济的一种控制机。把定时信号配时方案在这种控制机内设定之后，这种控制机即以设定的配时方案操纵信号灯，以固定的周期及各灯色时间轮流启闭各向信号灯。定时信号控制机又可分为机电型和电子型两类。

机电型控制机由同步电动机、定时刻度盘、定时键、控制周期时长的齿轮、凸轮轴、凸轮、凸轮启动装置等部件组成。周期时长设定在周期齿轮上，由电动机带动周期齿轮，周期齿轮又带动定时刻度盘转动。定时键分布在刻度盘的槽内，刻度盘槽上以百分数刻度，定时键在槽内标定各相位各灯色时间的起始点；绿时差键在度盘的内圆上，标定各交叉口间的绿时差。定时键带动凸轮轴转动，改换信号灯色。这种控制机一般装有 1 ~3 个刻度盘，每个刻度盘上设置一套配时方案，故最多可设置 3 套配时方案，通常用于上午高峰期、下午高峰期和非高峰期。这种类型的信号控制机使用可靠、易于维护。

电子型控制机把各功能部分都做成集成电路板插入板座内，总机运行时实现各项操作功能。定时信号的配时方案做成线路板，并使用插销式、数字键盘式或字轮式等各种配时盘来设置配时方案，把销钉插入选定配时的槽内，按不同编码的数字键盘或用拇指旋转字轮，都可设定所要的配时方案，从而使设定配时更精确、更方便。集成电路信号控制机一般都做成多功能控制机，使控制机的设计更为灵活，只要增、减线路板，即可设计不同类型的控制机。这种类型的信号控制机维护十分方便，发生故障时，只要把故障线路板换下即可。

② 半感应信号控制机

半感应信号控制机有机电式和集成电路式两种，但大都采用后者。半感应信号控制机随检测器设置的位置提供感应控制。一种是对主要道路之外的所有信号相位提供感应控制，对次要道路不执行感应控制，因为次要道路没有车辆或已经达到次要道路的最大配时时间时，道路通行权总要转给主要道路这一方。另一种半感应信号控制机，使用对次要道路有感应作用的定时信号控制机，次要道路方向来车的信号，在车辆通过后通行权归还主要道路。这种信号控制机包括了定时信号控制机的一切特点，还增加了几个继电器以提供相位跳过功能。

③ 全感应信号控制机

全感应信号控制机对所有信号相位都执行感应控制，可以对一个简单的十字交叉口进行控制，也可以对四个进口均有左转专用车道的十字交叉口或有四个以上入口的复杂交叉口进行控制。全感应信号控制机有多种形式，但其工作原理是相似的，即对交叉口所有进口道的检测器进行交通检测，并根据各个进口道的车辆要求安排道路通行权。

(3) 主控制机与智能信息机

① 主控制机

主控制机也称为中心控制机，在线控或面控系统中用于操纵其他交叉口控制机。为此，在主控制机同其操纵的控制机之间必须有通信联系，把各交叉口的交通数据传送到主控制机，主控制机接收到数据作出控制决定后，把控制指令再下达到各交叉口控制机。所以也把这种控制机称为上位机，而把受它操纵的控制机称为下位机。

② 微处理器信号控制机

微处理器信号控制机是第三代的智能信号机，具有交通量检测、环境监测、多时段多相位、自适应协调、通信联网功能与路况信息发布功能的综合系统。其大部分功能由软件来完成，通常用键盘输入编制的程序，配时程序储存在随机存取存储器内，其他编程数据和控制机本身的操作程序储存在可编程序只读存储器(EPROM)内。所以这些软件修改十分方便,即使有些固化在只读存储器内的专用软件,也易于通过更换只读存储器芯片来改变,使得其灵活性和扩展性大为提高,所以多做成多功能的通用控制机。此外,这种控制机都具有信号冲突与设施故障自检与显示的功能,可靠性高、体积小,性价比超过集成电路控制机。

前述多功能集成线路控制机及微处理控制机大多可用作主控制机。

思考题

1. 道路交通标志依据功能可分为哪些类型？各类标志的颜色和形状是如何规定的？
2. 交通标志的安装方式有哪几种,如何进行选择？
3. 如何确定交通标志在分流点、交叉口等处的前置距离？
4. 在进行交通标志结构设计时,一般要进行哪些验算？
5. 路段与平面交叉口一般要施划哪些标线？
6. 路面标线材料分成哪几种类型？各自有什么特点,适用于哪些类型标线的施划？
7. 交通信号机的安装方式有哪些？各自的特点与适用性如何？
8. 交通信号控制设备有哪些？

第4章　静态交通设施

静态交通是指车辆在非行驶状态下的交通形式。为静态交通使用及服务的所有设施总称为静态交通设施，包括停车场、汽车站、加油站、保养场、修理厂等设施。本章主要介绍机动车停车场和公共交通汽车站的设计。

4.1　概　　述

静态交通设施规划以服务需求为依据，确定设施的规模并进行总体布局；而就设施的具体设计而言，要以设计车型及其外廓尺寸、最小转弯半径、行驶性能及荷载等为依据，确定设施的细部尺寸及结构强度等。

4.1.1　车辆类型及其外廓尺寸

车辆的外廓尺寸是静态交通设施设计的基本依据，图4.1以小汽车为例，给出了机动车外廓尺寸图示；表4.1给出了设计车型的划分及相应的外廓尺寸。

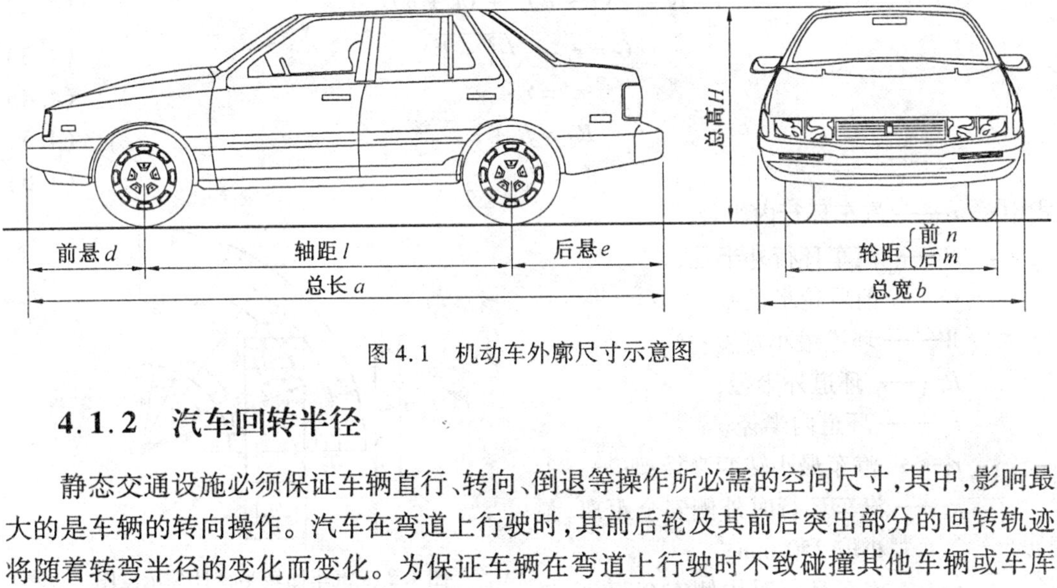

图4.1　机动车外廓尺寸示意图

4.1.2　汽车回转半径

静态交通设施必须保证车辆直行、转向、倒退等操作所必需的空间尺寸，其中，影响最大的是车辆的转向操作。汽车在弯道上行驶时，其前后轮及其前后突出部分的回转轨迹将随着转弯半径的变化而变化。为保证车辆在弯道上行驶时不致碰撞其他车辆或车库墙、柱等，其弯道宽度应按计算要求进行加宽。

(1)计算方法

图4.2为汽车回转半径计算图示，有

表 4.1　设计车型及其外廓尺寸

道路性质	设计车型		总长 a/m	总宽 b/m	总高 H/m	前悬 d/m	轴距 l/m	后悬 e/m
公路	小客车		6	1.8	2	0.8	3.8	1.4
	载重车		12	2.5	4	1.5	6.5	4
	鞍式列车		16	2.5	4	1.2	4 + 8.8	2
城市道路	机动车	小型汽车	5	1.8	1.6	1	2.7	1.3
		普通汽车	12	2.5	4.0	1.5	6.5	4.0
		铰接车	18	2.5	4.0	1.7	5.8 + 6.7	3.8
	非机动车	自行车	1.93	0.60	2.25	—	—	—
		三轮车	3.40	1.25	2.50	—	—	—
		板车	3.70	1.50	2.50	—	—	—
		兽力车	4.20	1.70	2.50	—	—	—

注：公路设计中，自行车外廓尺寸为：宽 0.75 m，高 2.0 m；自行车总高是指骑车人头顶至地面的距离，其余非机动车指载物高度。

$$r = \sqrt{r_1^2 - l^2} - \frac{b + n}{2} \tag{4.1}$$

$$R = \sqrt{(l + d)^2 + (r + b)^2} \tag{4.2}$$

$$G = r_1 - \sqrt{r_1^2 - l^2} \tag{4.3}$$

$$r_2 = r - y \tag{4.4}$$

$$R_0 = R + x \tag{4.5}$$

$$W = R_0 - r_2 \tag{4.6}$$

式中　r——汽车环行内半径；

R——汽车环行外半径；

G——前后轮半径差；

W——环道最小宽度；

R_0——环道外半径；

r_2——环道内半径；

r_1——汽车最小转弯半径；

x——汽车环行时外侧安全距离，最小取 250 mm；

y——汽车环行时内侧安全距离，最小取 250 mm。

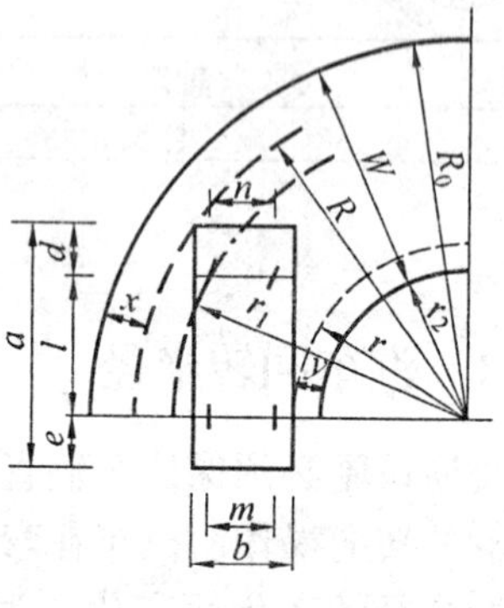

图 4.2　汽车回转半径计算示意图

（2）汽车回转最小半径

根据汽车回转半径计算公式及设计车型的外廓尺寸，可以计算得到不同设计车型的车库内汽车最小转弯半径，见表 4.2。

表 4.2　车库内汽车的最小转弯半径

车型	微型车	小型车	轻型车	中型车	大型车	铰接车
最小转弯半径 /m	4.50	6.00	6.50 ~ 8.00	8.00 ~ 10.00	10.50 ~ 12.00	10.50 ~ 12.50

4.1.3　回转及倒向场地

1. 通道宽度计算方法

通道是连接停车泊位与停车场出入口的场内道路，其宽度取决于车型、停放角度和停发方式，应根据一定设计车型的转弯半径等有关参数，用公式法或几何作图法求出不同停发方式下通道的最小宽度。根据停发方式的不同，通道宽度计算可分为前进停车、后退发车与后退停车、前进发车两种情况。

(1) 前进停车、后退发车

$$W_d = R_e + Z - \sin\alpha[(r+b)\cot\alpha + e - L_r] \tag{4.7}$$

$$L_r = e + \sqrt{(R+S)^2 - (r+b+c)^2} - (c+b)\cot\alpha \tag{4.8}$$

$$R_e = \sqrt{(r+b)^2 + e^2} \tag{4.9}$$

式中　W_d—— 通车道宽度；

R_e—— 汽车回转中心至汽车后外角的水平距离；

Z—— 行驶车辆与停放车辆或墙之间的安全距离，可取 0.5 ~ 1.0 m；

S—— 出入口处与邻车的安全距离，可取 0.3 m；

c—— 车与车的间距，可取 0.6 m；

α—— 汽车停车角度。

公式(4.7) ~ (4.9) 适用于 α 在 60° ~ 90° 范围内；$\alpha \leqslant 45°$ 时，可用作图法求通道宽度。

(2) 后退停车、前进发车

$$W_d = R + Z - \sin\alpha[(r+b)\cot\alpha + (a-e) - L_r] \tag{4.10}$$

其中

$$L_r = (a-e) - \sqrt{(r-S)^2 - (r-c)^2} + (c+b)\cot\alpha \tag{4.11}$$

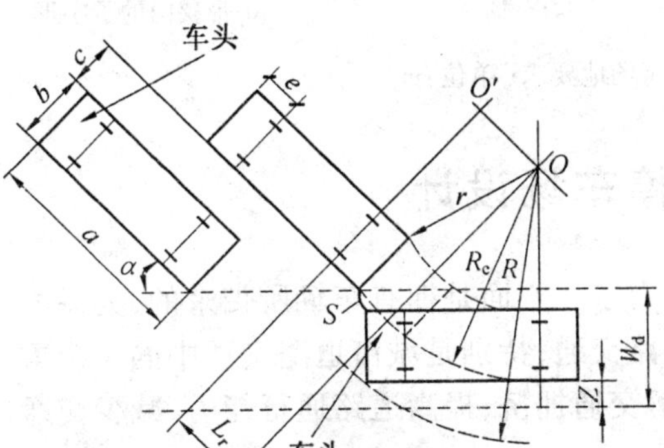

图 4.3　前进停车、后退发车通道宽度计算图示

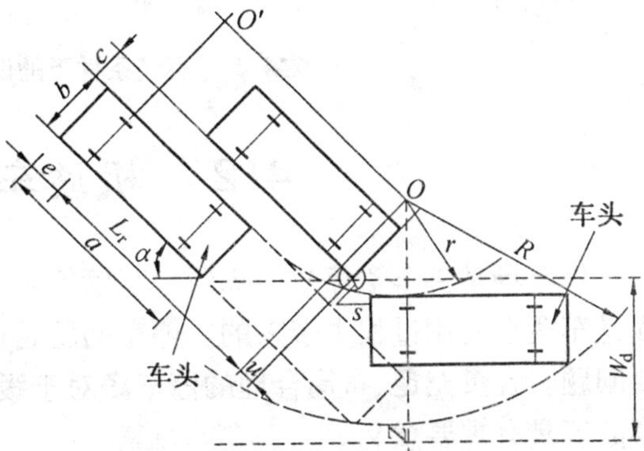

图 4.4　后退停车、前进发车通道宽度计算图示

2. 汽车回转场地

汽车在不同形式的场地条件下会采取不同形式的回转操作，如直通、90° 回转、180° 回转等。相应的回转场地尺寸可采取公式法、几何作图法或两者相结合的方法得到。图 4.5 给出了几种常见条件下，汽车回转所要求的场地尺寸。

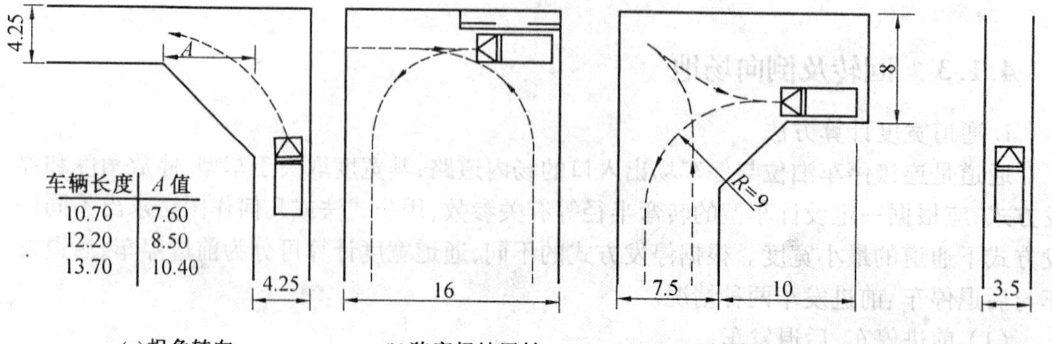

(a)拐角转向　(b)狭窄场地回转　(c)狭窄拐角回转　(d)直通

图 4.5　不同条件下的回转场地要求(单位:m)

3. 汽车倒向场地

汽车在不同形式的场地条件下会采取不同形式的倒向操作，如先后退再前进、先前进再后退等。相应的倒向场地尺寸可采取公式法、几何作图法或两者相结合的方法得到。图 4.6 给出了几种常见通道或进出口条件下，汽车倒向所要求的场地尺寸。

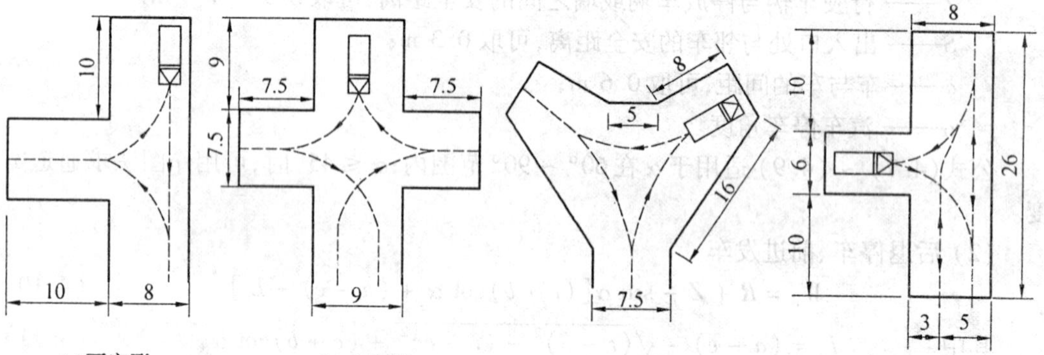

(a)丁字形　(b)十字形　(c)Y 形　(d)带狭门的丁字形

图 4.6　不同条件下的倒向场地要求(单位:m)

4.2　机动车停车场设计

停车场是供车辆停放的场所。车辆停放的需求一方面是拥有车辆所带来的，另一方面是车辆在使用过程中带来的。停车问题是道路交通，特别是城市道路交通中的一个重要问题。容量充足、布局合理的停车场对于缓解交通拥挤、提高道路通行能力、减少交通事故等具有重要意义。

停车场规划应与城市总体规划和综合交通规划相协调，根据城市的用地条件、出行特征、服务对象等进行停车需求预测，确定停车场的性质与规模，结合停车场用地的性质和面积，确定停车场的形式。然后，根据设计车型、设计泊位数等进行场内综合布置以及设计场内路面结构、绿化、照明、排水、竖向等，对于专用停车场，还应根据不同的情况，设置相应的附属设施。

4.2.1 停车场类型

1. 按用地性质分类

(1) 路内停车场

是指道路红线内划定的供车辆停放的场地，一般包括车行道边缘、公路路肩、较宽的隔离带、高架路及立交桥下的空间等。

(2) 路外停车场

是指在道路红线外专辟的停车场地，包括汽车库及各类大型公共建筑物附设的停车场。一般由停车泊位、停车出入口通道、计时收费等管理设施及其他附属设施组成。

2. 按停放车辆性质分类

(1) 机动车停车场

机动车停车场主要是汽车停车场，可分为小汽车停车场、公共汽车停车场、货运汽车停车场、出租汽车停车场等。

(2) 非机动车停车场

非机动车停车场主要指自行车停车场，包括各种类型的自行车停放处。

3. 按停车场服务对象分类

(1) 公用停车场

公用停车场又称社会停车场，可分为大型集散场所的停车场、商业与服务业的停车场、生活居住区的停车场，其显著特点是供公众使用。

(2) 专用停车场

专用停车场主要指机关、企事业单位、公共汽车公司和汽车运输公司专用的停车场，主要停放自用车辆。

4. 按空间位置分类

(1) 地面停车场

地面停车场指布置在地面的露天停车场。

(2) 汽车库

汽车库又可分为停车楼和地下汽车库。此外，根据与地面建筑的关系，汽车库还可以分为单建式和附建式两种。其中，单建式汽车库是指独立的停车楼或地面上没有建筑物的地下汽车库；附建式汽车库是利用地面上多层或高层建筑物及其裙房的地下室或(和)地面上底部的若干楼层布置的专用汽车库。

5. 按构造分类

(1) 坡道式

坡道式停车场也称为自驶式停车场，是人工将车辆驾驶到达且停放到泊位的停车场。

(2) 机械式

机械式停车场又可分为全自动机械式和半自动机械式两类。其中，全自动机械式停车场是指完全利用机械设备将车辆运送且停放到指定泊位或从指定泊位取出的停车设施,即汽车的竖向和水平移动都是机械化的;半自动机械式停车场是指停车场内安装有机械停车设备,并通过驾驶员自行驶入和驶出停放车辆的停车设施,即汽车仅在楼层之间的竖向移动是机械化的。

4.2.2　停车特性

(1) 停车需求与供应

停车需求是指给定停车区域内特定时间间隔的停放吸引量,停车供应是指一定的停车区域内按规范提供的有效车位数。

(2) 停车场容量

停车场容量是指给定停车区域或停车场有效面积上可用于停放车辆的最大泊位数。

(3) 停车目的

停车目的是指车主停放车辆后的活动目的,包括上班、购物、娱乐、公务等。了解停车目的对合理规划与管理停车场很有利,如限时停车和确定收费标准等。停车目的的相对比率可根据各城市的停车调查或停车起终点调查确定,它与停车地点、停车场容量、停车持续时间和停车费用密切相关。通常比重最大的是公务停车,其次是购物等生活出行停车。随着经济和文化的发展,商业中心区和旅游区的停车需求量将会增大。

(4) 停车时间

车辆实际停放时间是衡量停车场交通负荷与周转效率的基本指标之一。其分布与停车目的、停放点土地使用等因素有关。确定平均停车时间和停车时间范围,有助于制定合理的收费标准。

对停车时间进行调查与分析,发现停车时间服从负指数分布。约 80% 的车辆停放时间为 0.5 ~ 3.0 h。随着城区规模的增大,平均停车时间显著增加,并且停车时间分布偏向长时停车。

(5) 累积停车数

累积停车数也称为实际停车量是指在调查期间内,调查对象区域内的实际停放车辆数量。

(6) 延停车数

延停车数也称为累计观测停车量是指在调查期间内,调查对象区域内在各调查时段观测到的停车数量的总和。延停车数除以调查时段数量就可得到调查期间停车场的平均停放车辆数。

(7) 停车周转率

停车周转率是指单位停车位在某一间隔时段(一日、一小时或几个小时) 内的停放车辆次数,为实际停放车累积次数与停车泊位数之比,是评价停车场利用率的指标之一。停车场的利用率指标也可用停车利用率来表示,停车利用率在数值上等于一天内总停放车次数与平均停放时间的乘积与停车泊位和营业时间的乘积之比值。

(8) 停车密度

停车密度是停车负荷的基本度量单位,可以作两种定义:一是指停放吸引量(累计存放量) 大小随时间变化的程度(时变规律);二是指同一时段,在不同吸引点上停车吸引量的大小程度(空间变化规律)。了解车辆停放量的分布特性,将有助于改进和完善停车场的规划与管理。例如对停车需求量大的停车场或在停车的高峰期间可以采取加倍收费和限时停放措施,以加快停车周转,缓解停车需求大于停车容量的矛盾。

(9) 停放车指数

停放车指数也称为停放饱和度、占有率，是指某时段内实际停车数量或停放吸引量与停车场容量之比，是反映停车场地拥挤程度的指标。

(10) 步行距离

步行距离是指存车后至目的地的实际步行距离，用以反映停车场布设的合理程度，是停车场规划的重要控制因素之一。一般能承受的最大步行距离为400 ~ 500 m，步行距离随城市规模的增大而增加。研究停车的可达性可以考虑停车者的心理要求并据此合理布设停车场。

4.2.3　停车场规划

1. 停车场规划指导原则

① 停车场的设施应符合城市总体规划、规划期停车数和道路交通组织的需要，大、中、小型停车场相匹配，路上停车场、路外停车场、停车楼、地下汽车库相结合，形成一个合理的停车场系统。

② 各个停车场的规划，应根据城市的总停车需求量，并考虑各个停车场的服务对象、性质和用地条件等因素合理确定。

③ 应结合城市公共交通场站规划，布设不同交通方式之间的换乘停车场，以方便乘客换乘，形成合理的交通结构。

④ 为对外交通服务的停车场，应在市区边缘地区易于换乘交通的位置布设，面向各对外公路，减少不必要的车辆进入市区内部。

⑤ 在城市繁华地区，一般空余场地较少，修建大型停车场有困难，可根据某一范围内的停车数量，结合城市改造，分散布设几个小型停车场或建停车楼；在城市的非繁华地区，按主要交通汇集点设置停车场。

⑥ 停车场内必须按不同的车型分别设置停车区，至少应将微型车和小型汽车与其他车型分开，以利场地充分使用和出入方便，也利于交通组织和管理。

⑦ 专用和公共建筑配建的停车场原则上应在主体建筑用地范围之内，以方便停车场的使用者。

⑧ 专用停车场应紧靠使用单位布置，并与使用单位在道路的同一侧，步行距离应控制在 300 m 以内，最大不得超过 500 m；公共停车场在全市应尽量均衡分布，其服务半径 (100 ~ 300 m) 应能覆盖城市的大部分地区；大型集会的场所最好按分区就近布置的原则确定停车场的位置，以利于车辆在短时间内迅速疏散。

⑨ 进出停车场的车辆应不妨碍道路上的交通，停车场不宜靠近干道交叉口；为了便于组织车辆右行，可在停车场周边开辟辅路，由停车场进出的车辆，通过辅路绕过交叉口或右行至交叉口，减少交叉，便于管理。

2. 停车需求预测

停车需求预测的目的是为规划泊位预留提供依据。停车需求预测能够为停车用地规划提供基础参数，为停车需求与供给战略选择提供基础，为城市交通需求管理提供依据。

一般而言，停车需求可分为两大类，一类称为车辆拥有的停车需求，另一类称为车辆使用过程的停车需求。前者为夜间停车需求，主要为居民或单位车辆夜间停放服务，根据车辆在各个区域的注册情况很容易估算出来；后者为日间停车需求，主要是由社会、经济活动所产生的各种出行所形成。停车需求预测模型主要有三类：基于类型分析法的产生率模型、基于相关分析法的多元回归模型、基于停车与车辆出行关系的出行吸引模型。

(1) 产生率模型

产生率模型的基本原理是建立土地使用性质与停车产生率的关系模式。例如,对一个办公大楼,其停车需求可以用每 100 m^2 需要若干个停车位来表示,也可以用每个就业岗位(雇员)配备若干停车位来表示。此模型的数学表达式为

$$P_{di} = \sum_{j=1}^{n} R_{dij} L_{dij} \tag{4.12}$$

式中 P_{di}——第 d 年 i 区高峰时间停车需求量,即泊位数;

R_{dij}——第 d 年 i 区 j 类土地单位停车需求产生率;

L_{dij}——第 d 年 i 区 j 类土地使用量,单位面积或雇员数;

n——土地种类。

我国公安部与建设部于 1988 年颁布了《停车场规划设计规则(试行)》,其规定的停车需求发生率指标见表 4.3。

表 4.3　停车需求产生率规划指标

建筑类型			停车需求车位指标：机动车(标准小汽车)	停车需求车位指标：自行车
商业、办公(每 100 m^2 建筑面积泊位数)	旅馆	大城市	0.08 ~ 0.20	—
		中等城市	0.06 ~ 0.18	—
	商业场所		0.30	7.5
	办公楼	一类(中央、涉外)	0.40	0.4
		二类(一般)	0.25	2.0
饮食业(每 100 m^2 营业面积泊位数)			1.7	1.5
展览馆、医院(每 100 m^2 建筑面积泊位数)			0.20	1.5
游览场所(每 100 个座位泊位数)	古典园林、风景名胜	市区	0.80	0.50
		市郊	0.12	0.20
	一般性城市公园		0.02	0.20
文体场所(每 100 个座位)	体育馆	座位数 ≥ 4 000	2.5	20
		座位数 < 4 000	1.0	20
	体育场	座位数 ≥ 1.5 万	2.5	20
		座位数 < 1.5 万	1.0	20
	影剧院	省、市级	3.0	15
		一般	0.8	15
大车站(泊位数/高峰日每千名旅客)			2.0	4.0

续表4.3

建筑类型		停车需求车位指标	
		机动车（标准小汽车）	自行车
码头(泊位数/高峰日每百名旅客)		2.0	2.0
住宅(每户泊位数)	涉外高级住宅	0.5	—
	普通住宅	—	1.0

近年来，我国机动车拥有量大幅度提高，特别是私人小汽车的拥有和使用使得城市停车需求大幅度提高，表4.3中规定的机动车停车位配建指标已明显偏低。各大城市，如广州、上海、长沙、深圳等，进行停车规划时，对于建筑类别划分更加详细，机动车停车场的配建指标有不同幅度的提高。深圳市2004年4月1日起施行的《深圳市城市规划标准与准则》规定的配建停车场(库)的停车位指标见表4.4。

表4.4 深圳市主要项目配建停车场(库)的停车位指标

用途	分类	单位	① 标准 ② 特例或中心区补充标准 ③ 上下客或装卸货泊位
住宅	单元式住宅、单身宿舍	车位/100 m^2 建筑面积	① 0.6～1.0；② 对小户型的住宅取低限；③ 专门或利用内部道路为每幢楼设置1个装卸货泊位及1个上下客泊位
	独立式住宅	车位/100 m^2 建筑面积	① ≥1.0
商业	商业区	车位/100 m^2 建筑面积	① 小于等于2 000 m^2 部分取2.0，超过2 000 m^2以上部分取0.4～1.5；② 公共交通发达的中心区取0.4～0.6；③ 每1 000 m^2建筑面积设1个装卸货泊位
	独立购物中心、专业批发市场	车位/100 m^2 建筑面积	① 0.8～2.0；② 公共交通发达的中心区取0.8～1.2；③ 每1 000 m^2 建筑面积设1～2个装卸货泊位
	酒店、餐厅	车位/客房 车位/10座	① 0.2～0.5车位/客房，0.8～2.0车位/10座；② 公共交通发达的中心区、商业区，取0.2～0.3车位/客房，0.8～1.0车位/10座；③ 每100间客房设1个装卸货泊位、1个小型车辆港湾式停车位、0.5个旅游巴士上下客泊位
办公	行政办公楼	车位/100 m^2 建筑面积	① 0.4～2.0；② 公共交通发达的中心区内取0.4～0.8；③ 每2 000 m^2 建筑面积设1个装卸货泊位、1个小型车辆港湾式停车位
	其他办公楼	车位/100 m^2 建筑面积	① 0.3～1.0；② 公共交通发达的中心区内取0.3～0.5；③ 每2 000 m^2 建筑面积设1个装卸货泊位、1个小型车辆港湾式停车位

续表 4.4

用途	分类	单位	① 标准 ② 特例或中心区补充标准 ③ 上下客或装卸货泊位
工业	厂房	车位/100 m^2 建筑面积	① 0.2～0.6；② 近市区的厂房取高限，所提供的车位半数应用作停泊客车，其余供货车停泊及装卸货物之用；③ 在面积不少于 45 m×40 m的地盘除设一般货车使用的装卸货泊位外，应另设大货车装卸货泊位，供货柜车使用；对面积少于 45 m×40 m 的地方单独考虑
	仓库	车位/1 000 m^2 建筑面积	① 0.4～0.6
公园	综合公园、专类公园	车位/1 000 m^2 占地面积	① 0.5～1.5
	其他公园	车位/10 000 m^2 占地面积	需进行专题研究
文体设施	大型体育场馆	车位/100 座	① 3.0～4.0；②进行专题研究
	小型体育场馆	车位/100 座	① 2.0～3.0
	市级影剧院	车位/100 座	①4.5～5.5；② 每 100 个座位设 1 个小型车辆港湾式停车位
	一般影剧院	车位/100 座	①2.0～3.0；② 每 200 个座位设 1 个小型车辆港湾式停车位
	博物馆、图书馆	车位/100 m^2 建筑面积	① 0.5～1.0
	展览馆	车位/100 m^2 建筑面积	① 0.7～1.0；②需进行专题研究
	会议中心	车位/100 座	① 3.0～4.5；②需进行专题研究
医疗设施	区以下医院	——	① 每 1 诊室设 1～2 个小汽车泊位；② 1 个以上有盖路旁港湾式停车位供救护车使用；1 个以上路旁港湾式停车位供其他车辆使用
	区以上医院	车位/病床	① 0.4～0.8；② 每 50 张病床设 1 个路旁港湾式小型客车停车位，另设 2 个以上有盖路旁停车处，供救护车使用
教育设施	中学	车位/100 学生	① 0.7～1.5，校址范围内至少设 2 个校车停车处；② 每 3～5 个课室设 1 个路边港湾式小型客车停车位
	小学	车位/100 学生	① 0.5～1.2，校址范围内至少设 2 个校车停车处；② 每 2 个课室设 1 个路边港湾式小型客车停车位
	幼儿园	车位/100 学生	① 0.5～1.2，校址范围内至少设 2 个校车停车处；② 每 2 个课室设 1 个路边港湾式小型客车停车位

(2)多元回归模型

根据城市停车需求的本质与因果关系可发现,停车需求与城市经济活动、土地使用等因素相关。美国道路研究委员会(HRB)提出的数学模型如下

$$P_{di} = K_0 + K_1(EP_{di}) + K_2(PO_{di}) + K_3(FA_{di}) + K_4(DU_{di}) + K_5(RS_{di}) + K_6(AD_{di}) + \cdots \tag{4.13}$$

式中　P_{di}—— 第 d 年 i 区高峰时间停车需求量,泊位;

EP_{di}—— 第 d 年 i 区就业岗位数,个;

PO_{di}—— 第 d 年 i 区人口数,人;

FA_{di}—— 第 d 年 i 区楼地板面积,m^2;

DU_{di}—— 第 d 年 i 区累计单位(企业)数,个;

RS_{di}—— 第 d 年 i 区零售服务业数,个;

AD_{di}—— 第 d 年 i 区小汽车拥有数,辆;

K_i—— 回归系数。

上述模型应根据若干年所有变量的资料,用回归分析计算出回归系数值,并经过统计检验而得到。只要将有关变量的未来预测值代入回归式中,即可预测未来高峰时间的停车需求量。值得注意的是需将模型中的参数 K 作适时的修正,才能符合未来情况的变化。该法所需资料的精度比产生率模型低,资料较易收集,是一种简单易行的方法。

上海市对中心区路内外机动车停车需求曾建立了如下二元线性回归模型

$$P_{\mathrm{d}} = -297.962\,2 + 1.264\,1T_{\mathrm{t}} + 0.842\,6T_{\mathrm{p}} \quad (\text{相关系数 } R = 0.901\,2) \tag{4.14}$$

式中　P_{d}—— 日实际社会停车总需求量(标准车次);

T_{t}—— 白天 12 h 货车出行吸引量(车次),取值范围为 244 ~ 2 050(标准车次);

T_{p}—— 白天 12 h 客车出行吸引量(车次),取值范围为 230 ~ 2 310(标准车次)。

(3) 出行吸引模型

停车需求与地区的经济、社会活动强度有关,而经济、社会活动强度与该地区吸引的出行车次多少有关。该模型建立的基础条件是开展城市综合交通规划调查。根据各交通小区的车辆出行分布模型和各小区的停车吸引量建立数学模型,由此推算获得停车车次的预测资料;在此基础上,根据城市人口规模和每一停车车次所需高峰时刻停车泊位数关系,计算各交通分区高峰时间的停车泊位需求量。

4.2.4　停车场设计

1. 设计车型

一般选用停车使用比例最大的车型作为设计标准,我国有几百种车型,根据车型的外廓尺寸,归并成微型汽车、小型汽车、中型汽车、大型汽车和铰接车五类,将设计车型定位为小型汽车。机动车停车场车位配建指标就是以小型汽车为计算当量。在设计时,应将其他类型车辆泊位数乘以换算系数换算成当量车型泊位数,以当量车型泊位数核算车位总指标。表 4.5 给出了不同车型的外廓尺寸和换算关系。

表 4.5　停车场设计车型外廓尺寸和换算系数

车辆类型	各类车型外廓尺寸/m			车辆换算系数
	总长	总宽	总高	
微型汽车	3.20	1.60	1.80	0.70
小型汽车	5.00	1.80	1.60	1.00
中型汽车	8.70	2.50	4.00	2.00
大型汽车	12.00	2.50	4.00	2.50
铰接车	18.00	2.50	4.00	3.50

2. 停放方式

车辆的停放方式按其与通道的关系可分为平行式、垂直式和斜放式三种。停放方式不同，所要求的通道宽度、单位停车面积也不同。

① 平行式。车辆平行于通行道的方向停放，如图 4.7(a) 所示。这种方式的特点是：所需停车带较窄，驶出车辆方便、迅速，但占地最长，单位长度内停放的车辆数最少。

② 垂直式。车辆垂直于通行道的方向停放，如图 4.7(b) 所示。此种方式的特点是：单位宽度内停放的车辆数最多，用地比较紧凑，但停车带占地较宽，且在进出停车位时，需要倒车一次，因而要求通道至少有两个车道宽。布置时可两边停车，合用中间一条通道。

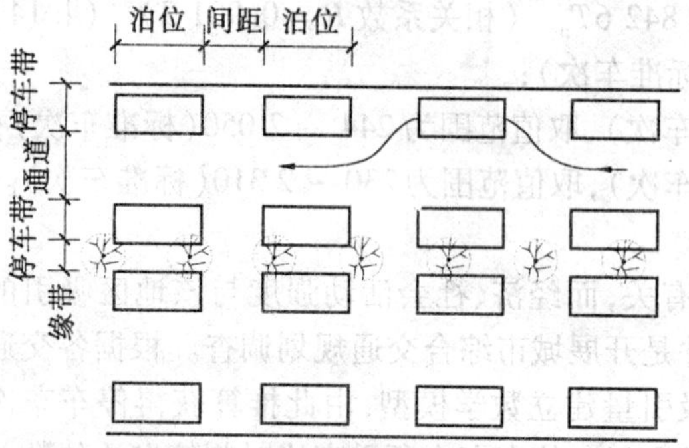

(a) 平行式

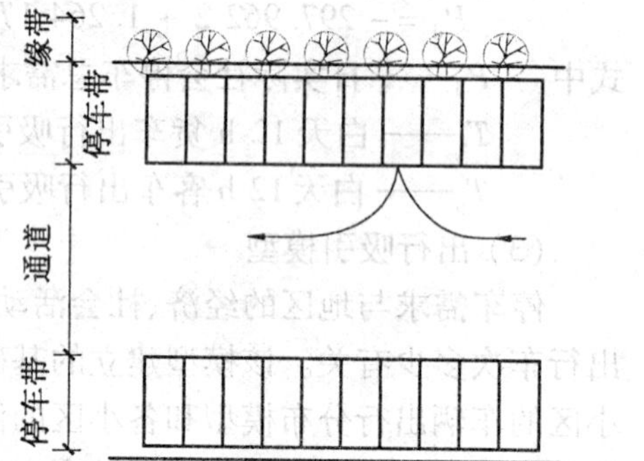

(b) 垂直式

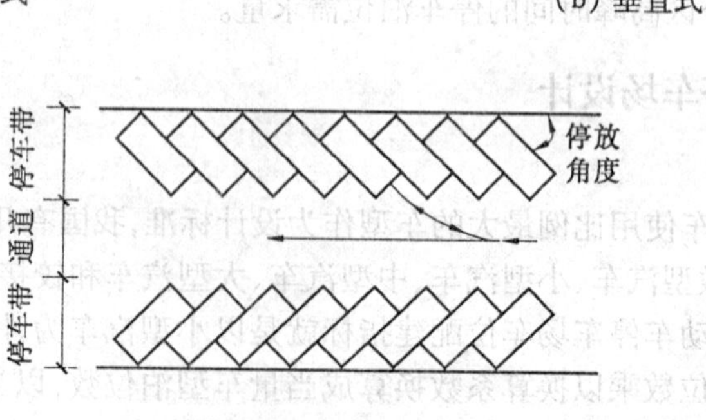

(c) 斜列式

图 4.7　停车方式

③斜列式。车辆与通道成一定角度停放,如图 4.7(c) 所示。此种方式一般按 30°、45°、60° 三种角度停放。其特点是:停车带的宽度随车身长度和停放角度不同而异,适宜于场地受限制时采用。这种方式车辆出入及停车均较方便,故有利于迅速停置和疏散。其缺点是:单位停车面积比垂直停放方式要多,特别是 30° 角度停放,用地最费,故较少采用。

以上三种停放方式各有优缺点,选用何种方式布置,则应根据停车场的性质、疏散要求和用地条件等因素综合考虑。目前我国一些城市较多采用平行式和垂直式两种停车方式。

3. 停发方式

停发方式即车辆进出停车位的方式。如图 4.8 所示,停发方式通常有三种,即前进式停车、后退式发车,后退式停车、前进式发车,前进式停车、前进式发车。其中,后退式停车、前进式发车,发车迅速方便、占地也不多,采用得较多。

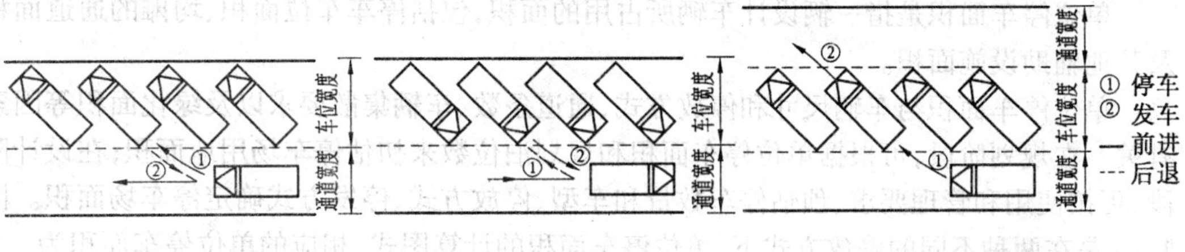

(a)前进停车、后退发车　(b)后退停车、前进发车　(c)前进停车、前进发车

图 4.8　车辆的停发方式

4. 通道

通道形式的确定要综合停车场位置、出入口位置、停车位布置等因素确定,图 4.9 为几种常见的通道形式。通道宽度按设计车型、停放方式查表 4.6 确定。通道的数量要保证一组连接的停车位不超过 50 个,各组之间无通道时,应留出 ≥6 m 的防火道。通道的平、纵线形限制见表 4.7。

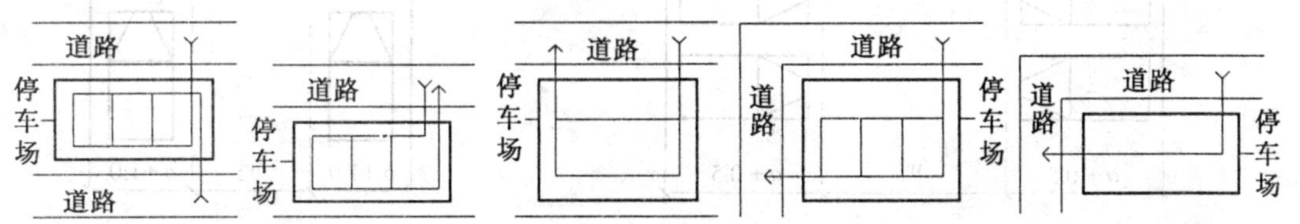

图 4.9　常见的通道形式

表 4.6　通道宽度　m

停放与停发方式		微型汽车	小型汽车	中型汽车	大型汽车	铰接车
平行式	前进停车	3.0	4.0	4.5	4.5	5.0
斜列式	前进停车 30°	3.0	4.0	5.0	5.8	6.0
	前进停车 45°	3.0	4.0	6.0	6.8	7.0
	前进停车 60°	4.0	5.0	8.0	9.5	10.0
	后退停车 60°	3.5	4.5	6.5	7.3	8.0
垂直式	前进停车	6.0	9.5	10.0	13.0	19.0
	后退停车	4.2	6.0	9.7	13.0	19.0

表 4.7　停车场线形限制值

车 型	直线纵坡 /%	曲线纵坡 /%	最小转弯半径 /m
微型汽车	8	6	7.0
小型汽车	10	8	7.0
中型汽车	12	10	10.5
大型汽车	15	12	13.0
铰接车	15	12	13.0

5. 单位停车面积

单位停车面积是指一辆设计车辆所占用的面积,包括停车车位面积、均摊的通道面积及其他辅助设施面积。

单位停车面积与车辆尺寸和停放方式、通道条数、车辆集散要求以及绿化面积等因素有关。在规划阶段,可根据单位停车面积和规划泊位数来初估停车场用地面积;在设计阶段,可按使用和管理要求、预估停车数量和车型、停放方式、停发方式确定停车场面积。图 4.10 是在两种不同的停放方式下,单位停车面积的计算图式,相应的单位停车面积为

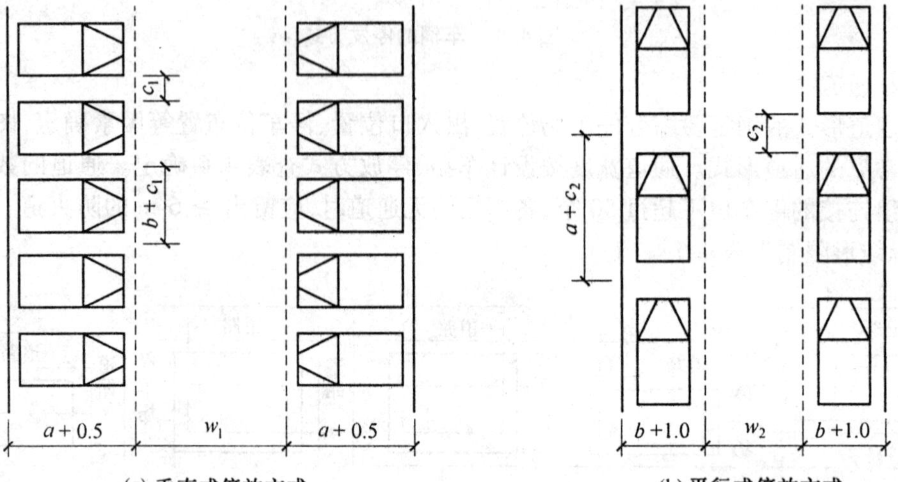

图 4.10　单位停车面积计算图式

$$A_1=(a+0.5)(b+c_1)+(b+c_1)\frac{w_1}{2} \tag{4.15}$$

$$A_2=(a+c_2)(b+1.0)+(a+c_2)\frac{w_2}{2} \tag{4.16}$$

式中　A_1, A_2—— 分别为垂直式、平行式停放方式下的单位停车面积, m^2;

a—— 总长,m;

b—— 总宽,m;

c_1—— 垂直停放时两车车厢之间净距,m;

c_2—— 平行停放时两车车厢之间净距,m;

w_1，w_2—— 分别为垂直式、平行式停放方式下的停车通道宽度，m。

其中，车辆停放的纵、横净距见表4.8。按上述方法，对不同的设计车型、停放方式、停发方式等，计算单位停车面积并制成表格（表4.9），在规划、设计中可直接查表选用。但需要注意的是，表4.8、4.9所列数据都是针对路外停车场的，而对城市中心的路边停车，其单位停车面积要小于上述标准。

表4.8　车辆停放纵、横净距　m

设计车型		微型汽车、小型汽车	中型汽车、普通汽车、铰接车
车间纵向净距		2.0	4.0
背对停车时车间尾距		1.0	1.0
车间横向净距		1.0	1.0
车与围墙、护栏及其他构筑物间距	纵向净距	0.5	0.5
	横向净距	1.0	1.0

表4.9　单位停车面积　m^2

停放与停发方式		微型汽车	小型汽车	中型汽车	大型汽车	铰接车
平行式	前进停车	21.3	33.6	73.0	92.0	132.0
斜列式	前进停车30°	24.4	34.7	62.3	76.1	78.0
	前进停车45°	20.0	28.8	54.4	67.5	89.2
	前进停车60°	18.9	26.9	53.2	67.4	89.2
	后退停车60°	18.2	26.1	50.2	62.9	85.2
垂直式	前进停车	18.7	30.1	51.5	68.3	99.8
	后退停车	16.4	25.2	50.8	68.3	99.8

6. 出入口

① 公用停车场的停车区距所服务的公共建筑出入口的距离宜采用50～100 m。对于风景名胜区，当考虑到环境保护需要或用地受限制时，距主要入口可增至150～250 m；对于医院、疗养院、学校、公共图书馆与居住区，为保持环境宁静，减少交通噪声和空气污染的影响，应使停车场与这类建筑物之间保持一定距离。

② 停车场的出入口不宜设在主干路上，可设在次干路或支路上并远离交叉口；不应设在人行横道、公共交通停靠站以及桥隧引道处。出入口的缘石转弯曲线切点距铁路道口的最外侧钢轨外缘应不小于30 m，距人行天桥应不小于50 m，距离交叉路口需大于80 m。

③ 停车场泊位数大于50个时，出入口不得少于2个；泊位数大于500个时，出入口不得少于3个；出入口之间的净距需大于10 m。条件困难或泊位数小于50辆时，可设一个出入口，但其进出通道的宽度宜采用9～10 m。

④ 双向行驶出入口宽度不得小于7 m，单向行驶的不小于5 m。

⑤ 出入口应退后红线 10 m 以外，且应有良好的视野。

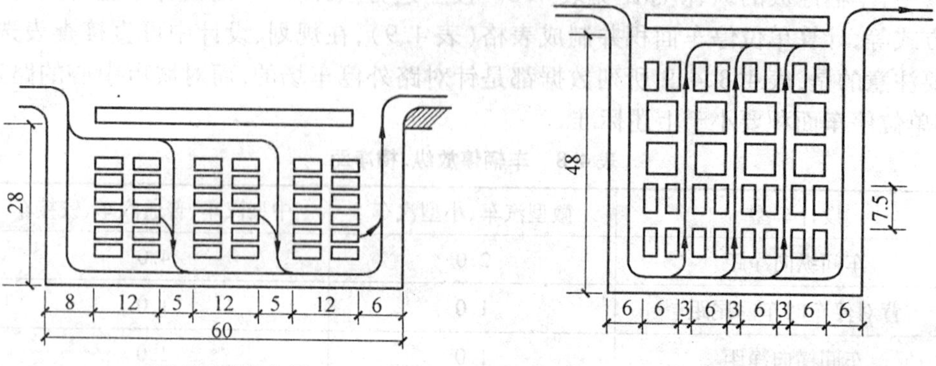

图 4.11　停车场布置形式(单位:m)

7. 平面综合布置

当停车场面积较大、泊位与出入口较多时，为了便于停车场的使用、管理和疏散，通常要进行平面综合布置，特别是针对既定位置和形状的场地，合理的平面布局对于场内车流的运行和土地资源的有效利用，显得尤为重要。

在城市道路中，常将路外停车场布置在与道路毗邻而又在车行道以外的专用场地上。图 4.11 给出了常见的三种停车场布置形式。

4.3　汽车库设计简介

国外一些汽车交通发展较早的城市，停车设施的建设经历了几个发展阶段，最初为路边停车，随后开辟了一些路外露天停车场，后来，由于汽车数量迅速增长，而露天停车场占地过多，又开始大量修建多层汽车库和地下单层汽车库。近些年来，我国城市的汽车保有量急剧增加，这不仅给动态交通带来日益严峻的交通拥堵，而且也给静态交通带来了很多难题。突出的问题是停车空间不足，城市用地紧张，导致城市的动态交通进一步恶化。而缓解这一矛盾的一个重要措施就是建设泊位充足、布局合理的停车场，减少违章停车对动态交通的影响。在用地条件受限的城市中心地区、对外交通枢纽（候机楼、火车站、码头）

或换乘枢纽、大型公共建筑附近及停车密度较高的住宅区等处，可因地制宜地建设立体、多层汽车库。

汽车库虽然工程结构复杂、投资大、工期长，但具有突出的优点。首先，停车容量受到的限制小，可在地面空间相当狭窄的情况下提供大量的停车泊位；其次，汽车库的位置受到的限制小，有可能在地面空间无法容纳的情况下，满足停车场合理服务半径的要求，这一点在用地紧张、停车密度大的城市中心区尤为重要；第三是节省用地，如果以露天停车场占地面积为1计，则3层坡道式汽车库占地面积为0.65,6层机械式汽车库占地面积为0.32,12层机械式汽车库占地面积为0.26，地下坡道式汽车库占地面积仅为0.15。汽车库的这些突出的优点使其成为解决静态交通拥挤的主要方法，也是今后停车场规划与设计的主要研究方向。

4.3.1　汽车库规划布局

1. 库址选择

① 汽车库库址选择应符合城市总体规划、城市道路交通规划、城市环境保护及防火等要求；

② 特大、大、中型汽车库库址，应邻近城市道路；

③ 城市公共设施集中地段，公用汽车库库址距主要服务对象不宜超过500 m；

④ 专用汽车库库址宜设在专用单位用地范围内；

⑤ 地下汽车库库址宜结合城市人防工程设施选择，并与城市地下空间开发相结合；

⑥ 汽车库库址应避开地质断层及可能产生滑坡等现象的不良地质地带。

2. 总平面布局

① 特大、大、中型汽车库总平面应按功能分区，由管理区、车库区、辅助设施区及道路、绿化等组成。其中，管理区应有行政管理室、调度室、门卫室及回车场；车库区应有室外停车场及车轮清洗处等设施；辅助设施区应有保养、洗车、配电、水泵等设施；库址内车行道与人行道应严格分离，消防车道必须畅通；库址绿化率不应低于30%，库址内噪声源周围应设隔声绿化带等绿化设施。

② 总平面布局的功能分区应合理，交通组织应安全短捷，环境应符合国家现行《城市容貌标准》(CJ/T 12—1999)的规定。

③ 总平面布局、防火间距、消防车道、安全疏散、安全照明、消防给水及电气等规划建设，应符合现行国家标准《汽车库、修车库、停车场设计防火规范》(GB 50067—1997)的规定。

④ 大中型汽车库的库址，车辆出入口不应少于2个；特大型汽车库库址，车辆出入口不应少于3个，并应设置人流专用出入口。各汽车出入口之间的净距应大于15 m。出入口的宽度，双向行驶时不应小于7 m，单向行驶时不应小于5 m。

⑤ 对于公用汽车库，当需设置办理车辆出入手续的出入口时应设候车道。候车道的宽度不应小于3 m，长度可按办理出入手续时需停留车辆的数量确定。但不应小于2辆，每辆车候车道长度应按5 m计算。

⑥ 各单位用地范围内的专用汽车库，其停车泊位数大于10个，且当车辆出入必须通过主体建筑人流的主出入口时，应设置候车道，候车数量可按停车泊位数的1/10计算。

⑦ 特大、大、中型汽车库的库址出入口应设于城市次干道，不应直接与主干道连接。

⑧ 汽车库库址的车辆出入口，距离城市道路规划红线不应少于 7.5 m，并保证必要的出入口视距离，如图 4.12 所示。

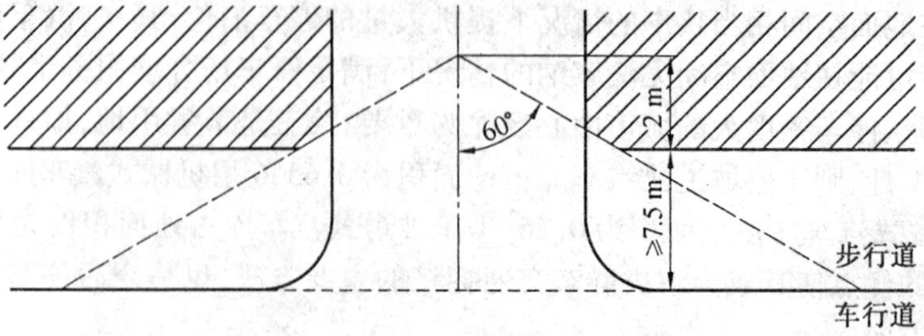

图 4.12　停车场出入口通视要求

4.3.2　坡道式汽车库

1. 坡道式汽车库类型

坡道式汽车库依据坡道的形式可以划分为直坡道式、斜坡楼板式、错层式和螺旋坡道式四种类型，如图 4.13 所示。

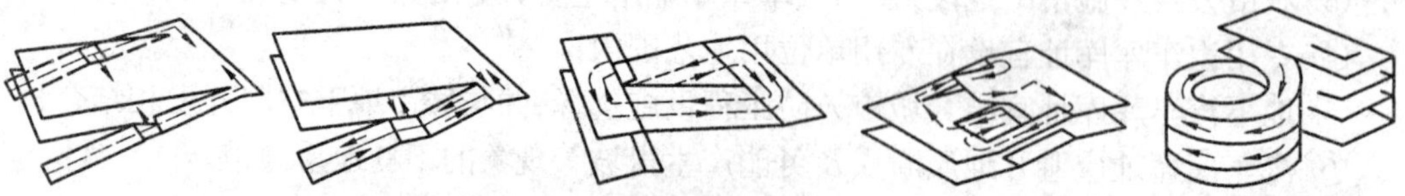

(a) 单行库外直坡道　(b) 双行库外直坡道　(c) 双行斜楼板　(d) 单坡道错层　(e) 单行螺旋坡道

图 4.13　坡道式汽车库的类型

（1）直坡道式汽车库

停车楼面水平布置，每层楼面之间用直坡道相连，坡道可设在库内，也可设在库外，可单行布置，也可双行布置。直坡道式汽车库布局简单整齐，交通路线明确，但单位停车面积较大。

（2）斜坡楼板式汽车库

停车楼板呈缓坡倾斜状布置，利用通道的倾斜作为楼层转换的坡道，因而无需再设置专用的坡道，所以用地最为节省，单位停车位占用面积最少。但由于坡道和通道的合一，交通路线较长，对车辆进出停车位普遍存在干扰。斜坡楼板式汽车库是常用的汽车库类型之一，建筑外立面呈倾斜状，具有汽车库的建筑个性。

（3）错层式汽车库

错层式是由直坡道式发展而来，停车楼面分为错开半层的两段或三段楼面，楼面之间用短坡道相连，因而大大缩短了坡道长度，坡度也可适当加大，错层式汽车库用地较节省，单位停车位占用面积较少，但交通路线对部分停车位的进出有干扰，建筑外立面呈错层形式。

（4）螺旋坡道式汽车库

停车楼面采用水平布置，基本停车部分布置方式与直坡道式相同，楼层之间用圆形螺旋式坡道相连，坡道可单向行驶（上、下行分设）或双向行驶（上、下行合一，上行在外侧，下行在内侧）。螺旋式坡道汽车库布局简洁，交通路线明确，上下行坡道干扰小，速度较快，但螺旋式坡道造价较高，单位停车面积较大，是常用的一种类型。

2. 坡道的位置

坡道在汽车库的位置取决于库内水平交通的组织情况和库内与地面之间的交通联系，以及地面上的交通状况等因素。概括起来，坡道在汽车库中的位置基本有两种情况，即坡道在车库主体建筑之内和在主体建筑之外，在一定条件下，这两种情况也可以混合使用，如图 4.14 所示。

坡道在主体建筑之内的主要优点是：节省用地、上下联系方便，但由于坡道的存在使主体建筑的柱网和结构复杂化，对出入口部位实行防护也较困难。坡道在主体建筑之外时，坡道与主体建筑分开，比较容易处理，也便于进行防护；但当场地狭窄时，总平面布置可能会有困难，可采用螺旋形坡道或折线形坡道以适应基地条件。

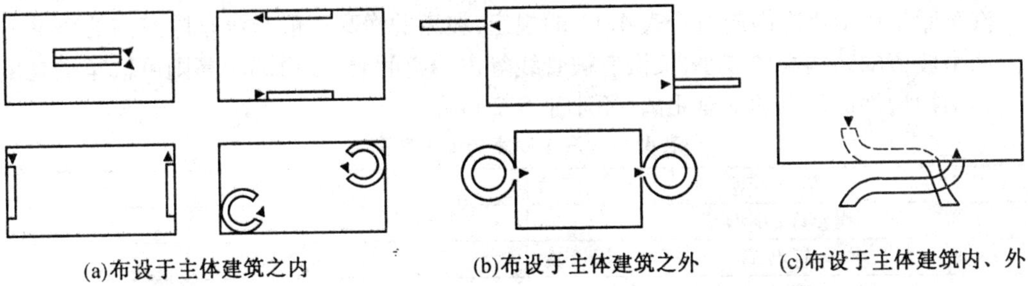

图 4.14　坡道平面位置布设形式

3. 坡道几何设计

（1）纵坡

坡道的纵坡度应综合考虑车辆的爬坡能力、废气产生量和场地大小等因素确定。最大纵坡限制值参考表 4.7。当坡道纵坡大于 10% 时，坡道与上、下方平地连接处应设置缓坡段，以防止汽车的前端或后端擦地，其坡度为正常坡段的一半，长度一般为 4 ~ 8 m。

（2）长度

坡道的长度取决于坡道升降的高度和所确定的纵坡度，一般由水平段、缓坡段、正常坡段及挡水段几个部分组成，如图 4.15 所示。

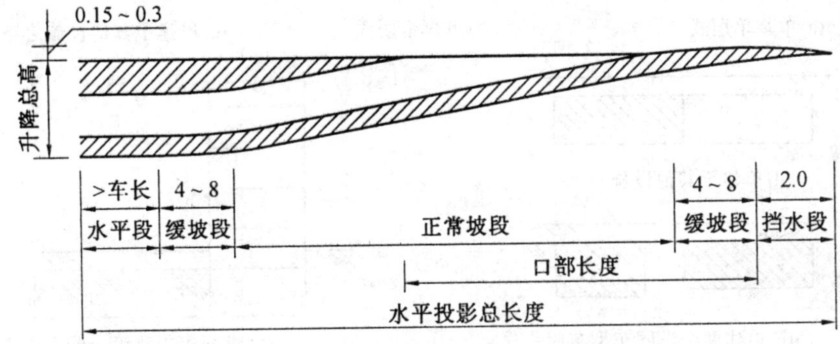

图 4.15　直线坡道的分段组成（单位：m）

(3) 宽度

坡道的宽度一方面影响到行车的安全,另一方面对坡道的面积也有较大影响,因此过窄或过宽都是不合理的。直线单车道坡度的净宽度应为车辆宽度加上两侧距墙的必要安全距离(0.8~1.0 m),双车道坡道的净宽度还要加上两车之间的安全距离(1.0 m)。曲线坡道的宽度为车辆以最小转弯半径在弯道上行驶时所需的最小宽度加上安全距离(1.0 m)。我国的坡道最小宽度的建议值见表4.10。

表4.10　汽车库坡道的最小宽度　　m

坡道类型 设计车型总宽	直线单车道坡道	直线双车道坡道	曲线单车道坡道	曲线双车道坡道	
				里圈	外圈
1.8	3.0~3.5	5.5~6.5	4.2~4.8	4.2~4.8	3.6~4.2
2.5	3.5~4.0	7.0~7.5	5.0~5.5	5.0~5.5	4.4~5.0

(4) 坡道及库内高度

汽车库室内最小净高应符合表4.11的规定,坡道的净高一般与汽车库室内的净高一致。如果坡道的结构高度较小,又没有被管线等占用空间时,坡道的净高则可取车辆高度加上到结构构件最低点的安全距离(不小于0.2 m)。

表4.11　汽车库室内最小净高

车　　型	最小净高/m
微型车、小型车	2.20
轻型车	2.80
中、大型、铰接客车	3.40
中、大型、铰接货车	4.20

注:净高指楼地面表面至顶棚或其他构件底面的距离,未计入设备及管道所需空间。

4. 汽车库建筑布置

(1) 单建式地下汽车库

布置方式见图4.16。其中,图4.16(a)为单建单层汽车库,体型、柱网结构均比较简

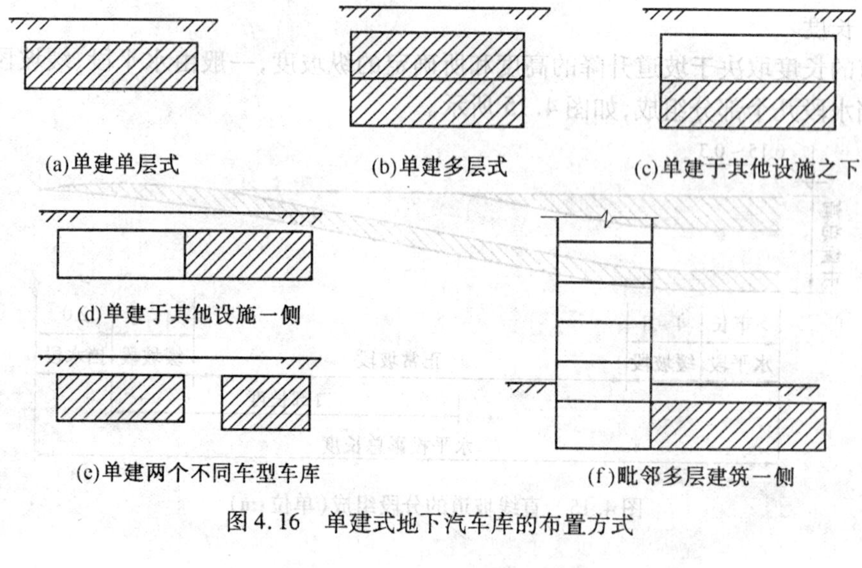

图4.16　单建式地下汽车库的布置方式

单;图4.16(b)为单建多层汽车库,容量较大;图4.16(c)为综合布置方式,地下1层布置商业设施,地下2层为汽车库;图4.16(d)也是一种综合布置方式,只是汽车库在商业设施的一侧;图4.16(e)为将小型车车库与中型车车库单独布置,适用于停车车型差别较大的情况;图4.16(f)是毗邻多层或高层建筑地下室的单建式地下汽车库。

(2) 附建式地下汽车库

布置方式见图4.17。其中,图4.17(a)是汽车库完全附建在多层或高层建筑地下室中,平面轮廓和柱网与上部建筑一致,容量不可能很大;图4.17(b)是地下汽车库完全附建在高层建筑裙房的地下室中,平面形状和柱网都不受高层建筑的限制,规模可以较大。

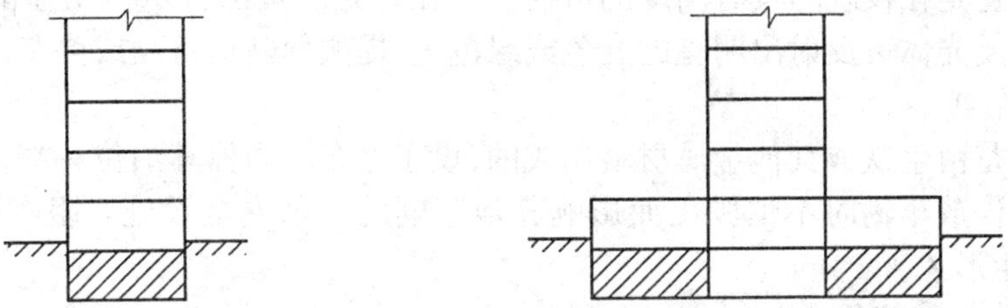

(a)附建于高层建筑地下室　(b)附建于高层建筑裙房中

图4.17　附建式地下汽车库的布置方式

(3) 单建与附建混合式地下汽车库

布置方式见图4.18,其中,图4.18(a)是汽车库一部分附建在多层或高层建筑地下室中,另外相当大一部分则单建于天井或庭院地下;图4.18(b)是地下汽车库一部分单建于建筑物的一侧或两侧。

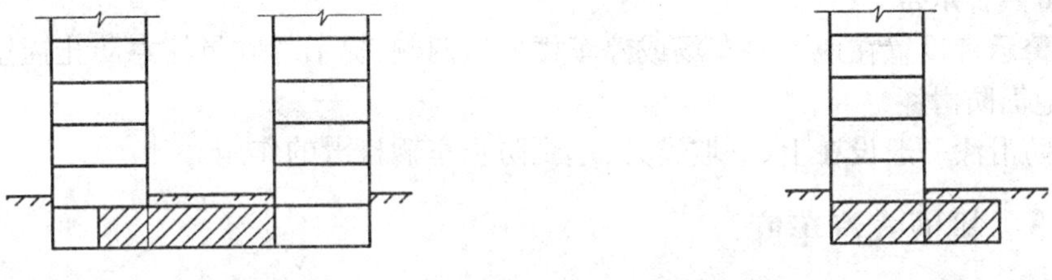

(a)部分附建于高层建筑地下室，部分单建于天井下　(b)部分附建于高层建筑下，部分单建

图4.18　单建与附建混合式地下汽车库的布置方式

5. 停车场管理系统

停车场管理系统由两大部分组成,一部分为停车场管理的设备、仪器等“硬件”,另一部分为停车收费标准、运营管理模式等“软件”。一般来说,停车场管理硬件系统可分为场内管理系统和场外管理系统,场外管理系统主要是停车场导引系统,如路边的停车场导引电子牌和车载停车场导引设备;场内管理系统包括路内停车场的收费电子咪表,手持式车辆管理系统等;公共停车场和配建停车场使用的停车场出入口设备(栏杆机、车牌识别系统、自动出票检票机等)、停车场导引系统、停车位检测指示系统、停车设备运行管理系统等。停车场管理系统的应用有利于停车场管理的规范化、自动化,大大提高了停车场运行效率。

6. 停车场内部安全设施

为了保证车辆在停车场内停行的便利与安全,在停车场内部需要设置适当的安全设

施,主要包括如下类型:

(1)减速垄

减速垄由橡胶、金属材料或水泥混凝土制成。根据不同环境、气候及不同用户需求可分为黄黑橡胶双向减速垄、黄黑水泥双向减速垄和黄黑铁制及混凝土双向反光减速垄。

减速垄设于停车场出入口和内部转弯处,目的是使进入、驶出停车场的车辆或完成转向的车辆减速,确保行车安全。橡胶减速垄形状为人字型,两边设斜坡,减速单元只有50 mm高,可使车速减至5 ~15 km/h。减速垄单元采用特殊的高强、耐老化橡胶,可承受20 t的重量。由橡胶材料制成的减速垄,价格便宜,安装方便,车辆通过无撞击感和噪声,无论在白天还是在夜晚均具有高度的可视性。在日光下黄黑警示色明显醒目,夜晚减速垄内镶嵌的反光体可反射出明亮的红色或绿色光,提醒驾驶员行驶或停车。

(2)阻车器

阻车器是由生铁或其他金属材料制成的,设于停车场内停车泊位一端,起到阻止停放车辆溜车或停放车辆时不慎驶出而影响其他车辆的一种安全设施。阻车器横断面为圆形、梯形或矩形。

(3)反光橡胶护角

反光橡胶护角嵌于停车场隔墙及柱体边角,用于警示驾驶员,并可在车辆意外碰撞时保护墙体和车辆不受损坏。

(4)色带

色带设于通道两侧,目的是醒目、保持美观,有利于行车安全。

(5)禁停网格线

禁停网格线施划于禁止车辆在出入口或停车场内转弯处。

(6)黄黑警示带

黄黑警示带设置在地下停车场或停车楼坡道两侧,提示驾驶员注意防止撞壁。

(7)地面防滑漆

地面防滑漆一般设在上、下坡道处,起到防止车辆打滑的作用。

4.3.3 机械式汽车库

机械式汽车库是指使用机械设备运送或运送且停放汽车的汽车库,主要由机械停车设备和运送器组成。根据机械停车设备类型的不同,可分为升降横移式、垂直循环式、巷道堆垛式、垂直升降式和简易升降式等机械式汽车库形式。与坡道式汽车库相比,机械式汽车库的主要优点是:占地面积小、泊位多、污染小、节省行驶消耗及通风设备费用、经济性较好。缺点是:机械受电源控制,电梯的运营费用较高。

1. 发展概况

针对停车难问题,欧美国家和亚洲国家采取的措施有所不同,但立体化停车是各个国家都积极采取的措施,机械式汽车库由于土地(空间)利用率极高和可实现全部自动化管理的特点,早已在一些发达国家得到应用与推广,尤其在日本和韩国等一些人多地少、汽车工业发达、技术先进的国家得到了广泛的使用。

日本从20 世纪60 年代初就开发并使用可最大限度地利用空间的机械式停车设备,当时日本全国汽车保有量约为500 万辆,采用的大多是垂直循环式停车设备。80 年代开始向韩国和我国出口产品和技术。90 年代初,其汽车保有量达到6 200 万辆,机械式停车设备也得到了高速发展,年递增率达到30% 以上,品种也从单一的垂直循环式发展为多种形式，至今已开发生产出九大类近百个品种，还包括停放自重不大于13 t的大型客车、载货汽车、自卸车、工程车等车辆的机械式停车设备。在日本，机械式停车场已超出了单纯的停车功能，发展成为与城市环境融为一体，具有较强的实用性、观赏性和经济开发价值的城市建筑。日本从事机械式汽车库及其设备开发、制造的公司约有200多家，其中生产机械式停车设备的公司有100多家，目前每年投运的机械式停车设备在10万个车位以上。

韩国机械式停车设备行业的发展历程比较平稳，20世纪70年代中期为起步阶段，80年代为引进阶段，90年代为供应使用阶段。由于这几个阶段受到了政府的高度重视，各种机械式停车设备得到了普遍的开发和利用，年递增率达到30%；2000～2010年为发展阶段，自动化停车设备随供应量不断地扩大而得到迅猛发展。

我国应用机械式汽车库是在20世纪80年代，但当时的品种单一、价格高。进入90年代后，随着汽车保有量的高速增长和房地产业的高速发展，停车需求急剧增大，机械式停车设备得到了快速发展。目前机械式汽车库已在全国20多个省、市、自治区应用，产量从1997年的1 038个车位，到2004年车位数达到51 125个，全国安装的车位总数已达13万个，近几年以每年40%以上的速度递增。目前从事停车设备制造的企业约有100家，其中主机生产企业超过50家。生产技术水平有了很大的提高，许多设备采用了当前机械、电子、液压、光学、磁控和计算机等领域的先进技术，如采用交流变频调速系统，使运行高速、平稳、省电，减少振动和噪声；控制形式有按钮式、IC卡式、触摸屏式、密码钥匙式、遥控式等，有些设备还采用了总线控制技术；传动装置采用内藏式，以增大停车空间并保护各传动元件不受污染和腐蚀，提高了设备的耐久性；机械结构中采用了模块化设计，便于组合使用，易于安装拆卸，缩短施工周期；还采用一些新材料、新工艺，如采用H型钢作钢梁，采用组合镀锌板或一体成型镀锌板作载车板；安全保护方面采用了声光引导及定位装置、自动消防灭火系统等。

目前我国机械式停车设备的主体市场是为解决基本停车位的房地产市场和商场、商务楼等配建的停车场，已经投入使用的机械式停车位有97%是围绕此主体市场的。随着机动车保有量的提高、城市土地资源的紧缺及对路内停车的控制，必然要为解决公共停车而建立公共汽车库，机械式停车设备的公共汽车库市场也将启动。人们普遍认为机械式停车设备行业发展前景良好，并已被誉为21世纪最热门的行业之一。

我国的台湾地区在20世纪60和70年代，公共停车场和民间停车场分别有80%和70%是地上和地下的平面停车场，机械式停车还不为人知。20世纪80年代开始与日本合作，引进技术，进入起步阶段；1980年引进日本日精技术，建造了第一座垂直循环式汽车库；1982年生产了第一台双层式停车设备。1981～1991年，制造企业达到了35家。到90年代初，随着汽车进口的开放，小汽车的大量进口，机械式停车设备制造业得到了快速发展。1992年企业数量增加到65家，到1996年登记在案的制造企业总数暴增到644家，停车设备行业进入了发展高峰阶段。但从1996年下半年起，台湾房地产普遍萧条，股市暴跌，停车设备行业出现滑坡，经优胜劣汰后，此行业进入稳步发展的阶段。

2. 类型与结构

将汽车搬运或存放到停车位使用的机械设备统称为机械化停车设备，主要由钢结构、传动系统、控制系统等几个部分组成。根据机械行业标准《机械式汽车库设备类别、形式与基本参数》(JB/T 8713—1998)，机械式停车设备可分为升降横移类、垂直循环类、水平循环类、多层循环类、平面移动类、巷道堆垛类、垂直升降类和简易升降类8种类型。

(1)升降横移类机械式汽车库(图4.19)

采用载车板作升降或横移来存取车辆。此类汽车库将载运和存放汽车的载车板与专用升降机等升降装置组合在一起使用,构成立体存车的方式,依照汽车的前后方向(纵向)或左右方向(横向)来设置存车室又分为纵向式和横向式两种。升降横移类机械式立体汽车库多为中、小型车库,可以设置在地面,也可设置在地下室,停放车辆数目从几辆至几十辆不等,一般采用2~5层结构。多层升降横移类机械式立体汽车库由两层升降横移类机械式立体汽车库扩展而成,其顶层只升降,底层只横移,而中间层既升降又横移。它既有两层式构造简单、便于安装组合、容易控制等优点,又比两层式节省土地。其他如安装调试、消防、地基及外装修方面的投资很少,因此广泛应用于住宅小区、公共场所和机关单位等各类场合。

(2)垂直循环类机械式汽车库(图4.20)

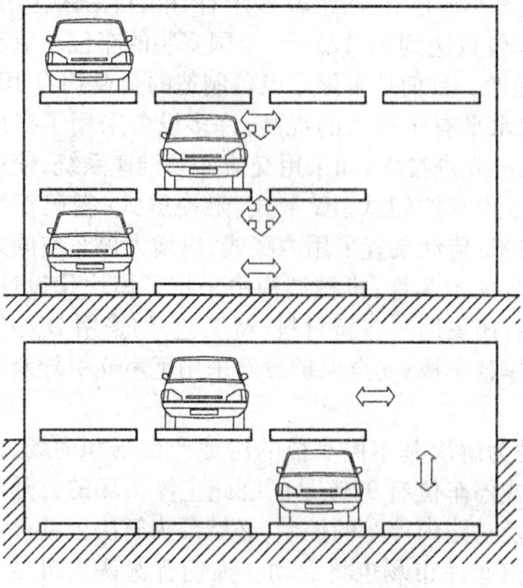

图4.19　升降横移类汽车库示意图

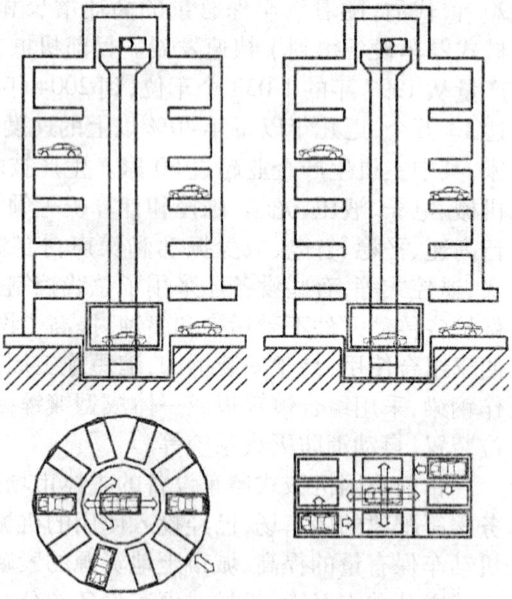

图4.20　垂直循环类汽车库示意图

采用一个垂直循环运动的车位系统来实现存取车辆,根据汽车驶入存车装置位置的不同分为下部驶入式、中部驶入式和上部驶入式三种形式。一般情况下既有把存车装置组装在独立的塔形构造内,也有将存车装置组装在大楼等建筑物内某个部分的构造形式。垂直循环类塔形机械式立体汽车库的主体是垂直回转链式输送机,车辆停放在呈圆形或长圆形配置的托盘上,由做垂直循环运动的链条带动,在平动机构控制下保持车位水平。这种车库由单一大型电机驱动,电气控制系统简单,但其平动机构存在导轨易磨损的问题。垂直循环类塔形立体汽车库停车数量受驱动电机功率及结构等因素限制,一般可停10~40辆车。该类汽车库的最大优点是:运动关系和电器控制简单,但其缺点也很明显:传动噪声大、结构易变形、存取车速度慢、停车室狭小、环境差、能耗高,已呈逐步淘汰之势。

(3)水平循环类机械式汽车库(图4.21)

采用一个水平循环运动的车位系统来实现存取车辆,根据其运动形态可分为圆形循环式和箱形循环式。其主体结构为一水平放置的链式输送机，车辆停放在链式传送带的托盘上，随着车辆的入出库，所有车辆同时按固定次序作循环运动，整套系统由一大型电机单独驱动。该类汽车库外形狭长，通过采用两层停车结构，可以有效地提高狭长地段的土地利用率。由于整个车库只有一个水平循环动作，因此电气控制系统简单，便于维护。但是由于其平动机构导轨易于磨损，因而增加了维护工作量。水平循环式机械式立体汽车库停车数量受到单一驱动电机功率和结构的限制，一般在十几辆左右，可以通过多套设备组合，来达到所需的停车数量。

(4)多层循环类机械式汽车库(图4.22)

停车场采用多层配置，作循环运动；在两层运送器的两端之间，由运送器的升降形成层间循环运动。依据场地条件，汽车出入口处装设内藏型汽车旋转台，采用正面出入车，可提高安全性。若建造在楼房的地下室中，车位可占满整个地下室的空间，人不必进入车库，既节省空间，又确保人身安全。

(5)平面移动类机械式汽车库(图4.23)

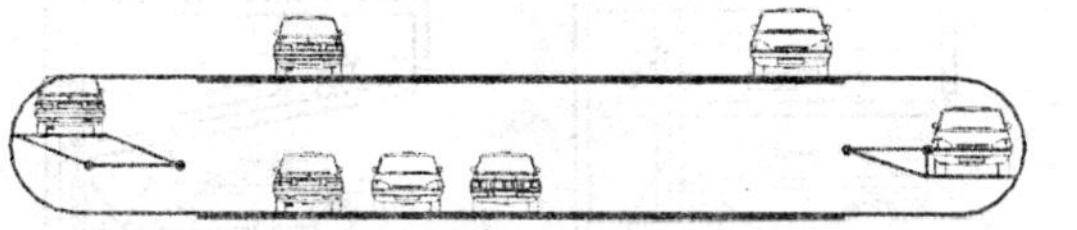

图4.21　水平循环类汽车库示意图

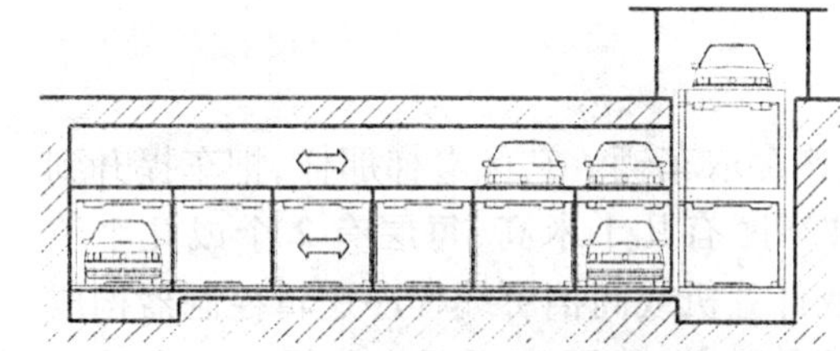

图4.22　多层循环类汽车库示意图

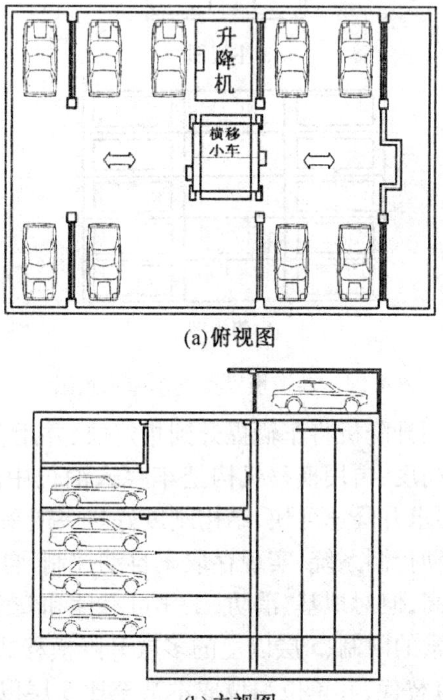

(a)俯视图

(b)主视图

图4.23　平面移动类汽车库示意图

放置汽车的载车板是一种横向小车，通过控制带操作移动，汽车可以自由驶入，自由移动的停车载车板将汽车从中央通道的平台运送到停车位的电梯或出口。通过增加升降机可多层设置平面往返式汽车库。停车量大，出车速度快。

(6)巷道堆垛类机械式汽车库(图4.24)

用巷道堆垛机或桥式起重机，将进到搬运器的车辆水平且垂直移动到泊车位并用存取机构存取车辆，巷道堆垛类机械式立体汽车库是由停车位与升降装置立体组合而成的停车设备，升降装置可整体横向移动或升降装置的搬运器可横向移动，停车位设在升降装置升降道的两侧。这种车库类似于立体仓库，最早出现在美国，为电梯附加行走机械而成,其容车数量一般在100辆以上,从升降装置向停车室运送车辆的方式有车辆自行和由运送装置自动运送两种。德国这类汽车库实现了单侧并行存放两辆车的结构,大大提高了库容率。

(7)垂直升降类机械式汽车库(图4.25)

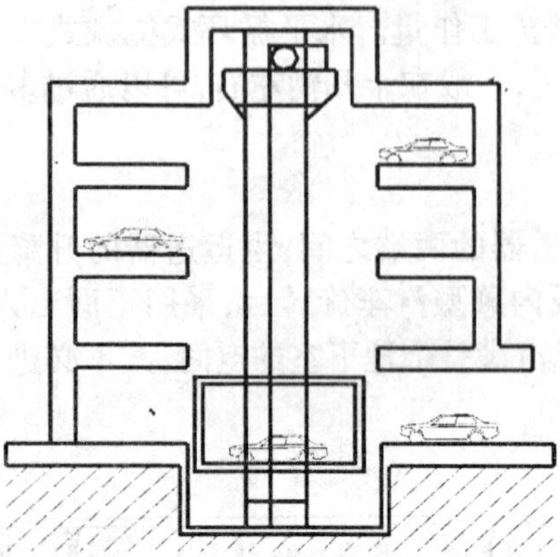

(a)主视图

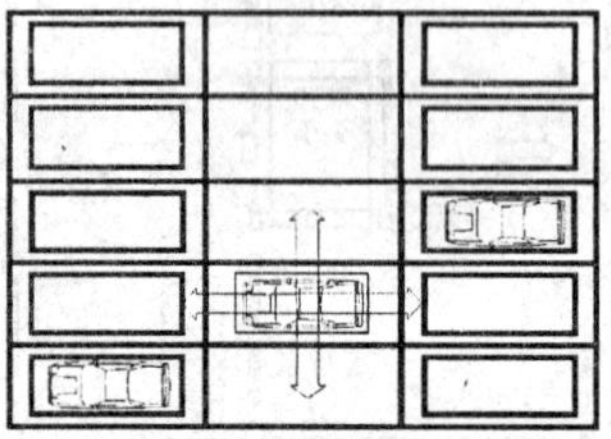

(b)俯视图

图4.24　巷道堆垛类汽车库示意图

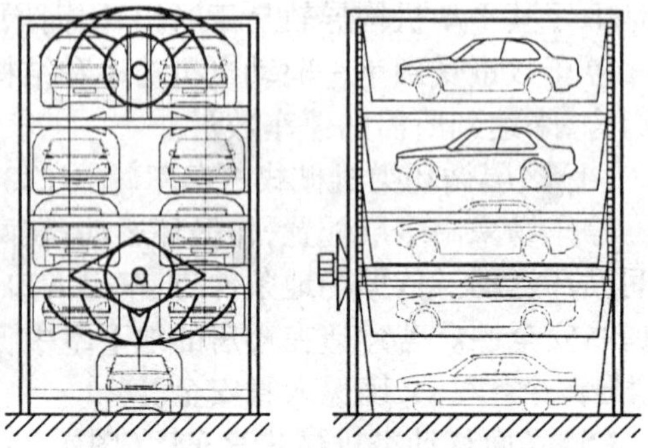

图4.25　垂直升降类汽车库示意图

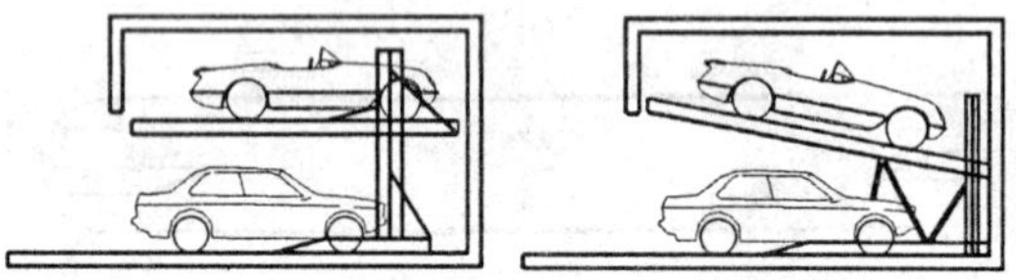

(a)升降机式　　(b)悬臂式

图4.26　简易升降类汽车库示意图

用升降机将车辆提升到指定层,并用存取机构存取车辆。它像电梯那样,把车提升到一定高度,再用横移机构把车存入泊位中。这种车库有几十米高,每层有2个或几个泊位,要求升降速度快,结构刚度好。一般采用工业计算机或高档可编程序逻辑控制器构成其自动控制系统,实现存取车自动控制、自动计费等功能,也可实现无人化操作。土地利用率高,但对地基、消防、工作可靠性和安全性等要求高,单位泊位成本高。受存取车时间等因素的限制,5层以上的多层升降横移式车库成本显著增加。若用多层垂直升降式(电梯式)替代,其单位泊位成本甚至比5层以下的多层升降横移式还要低,存取时间比多层升降横移式少。与同规格的竖直循环式相比,结构刚度好,存取车效率高,底层存取车室环境好、功耗低、噪声小。由于其土地利用率高,是繁华地带和商业中心首选的形式之一,是发展前景较好一种机械式立体停车设备。

(8)简易升降类机械式汽车库(图4.26)

通过移动平台上下停放的车辆(用电动或液压泵为动力操作)使停车空间增加一倍,室内、室外均可使用,设备构造简单,造价相对便宜,使用维修方便,占地面积小,灵活方便;但出车时存在相互干扰,若上层车位要出车,必须移开下层车位。常见的有简易双层汽车库、沉箱式汽车库、简易升降横移式汽车库等类型,根据机械设备不同可分为升降机式和悬臂式(液压传动)汽车库。

3. 基本参数

(1)设计车型及其质量

从目前的使用需求看,机械式汽车库主要停放除特别加长加大型轿车外的普通轿车及中小型客车(旅游车等),但这些车型的外廓尺寸和质量仍然有很大的差异。为了使机械式停车设备能满足使用要求,将适合于在机械式汽车库停放的车辆划分为6个组(见表4.12),停车设备中车位尺寸及车辆的质量,可按该设备适停的最大组别的车辆参数确定;超出这些参数的机械式停车设备可作为非标准产品进行设计与制造。

(2)存容量

根据经济合理、使用方便的原则,确定单套机械式停车设备的最多存车数(即存容量),《机械式汽车库设备类别、形式与基本参数》(JB/T 8713—1998)给出了推荐值(表4.13)。对一个机械式汽车库而言,可以装有多套机械式停车设备,此时,整个汽车库的泊位数是各套机械式停车设备存容量的总和。

表4.12　机械式停车设备适停车辆外廓尺寸及质量分组

组别代号	外廓尺寸/m			质量/kg
	总长	总宽	总高	
X	≤4.4	≤1.75	≤1.45	≤1 300
Z	≤4.7	≤1.8	≤1.45	≤1 500
D	≤5.0	≤1.85	≤1.55	≤1 700
T	≤5.3	≤1.90	≤1.55	≤2 350
C	≤5.6	≤2.05	≤1.55	≤2 550
K	≤5.0	≤1.85	≤2.05	≤1 850

表4.13　单套机械式停车设备的存容量推荐值

类　别	存 容 量/辆
简易升降类	123
垂直升降类	7~56
升降横移类	3~43
垂直循环类	5~50
水平循环类	10~40
多层循环类	4~46
巷道堆垛类	12~1 000
水平移动类	12~400

(3)单车进出最大时间

机械式汽车库的单车进出最大时间,是指从给出一个进车(或出车)指令开始,将车停放到该机械式停车设备的最不利位置或将车从最不利位置取出,直至该停车设备能进行下一个进出车指令为止所需的时间(不包括驾驶员将汽车开到载车板或入库台,从载车板或出库台将车开出,以及驾驶员离开汽车关门出车库等辅助时间),单车进出最大时间应根据使用要求合理选定,也可参考表4.14。

表4.14 机械式停车设备单车最大进出库时间

类别	单车最大进出库时间/s
简易升降类	30~110
垂直升降类	45~210
升降横移类	35~170
垂直循环类	60~130

4. 机械式汽车库设计要点

下面以升降横移类汽车库为例,说明机械式汽车库设备组成及设计要点。

(1)设备组成

升降横移类机械式停车设备主要由钢结构部分、载车板部分、传动系统、控制系统、安全防护措施5大部分组成,如图4.27所示。

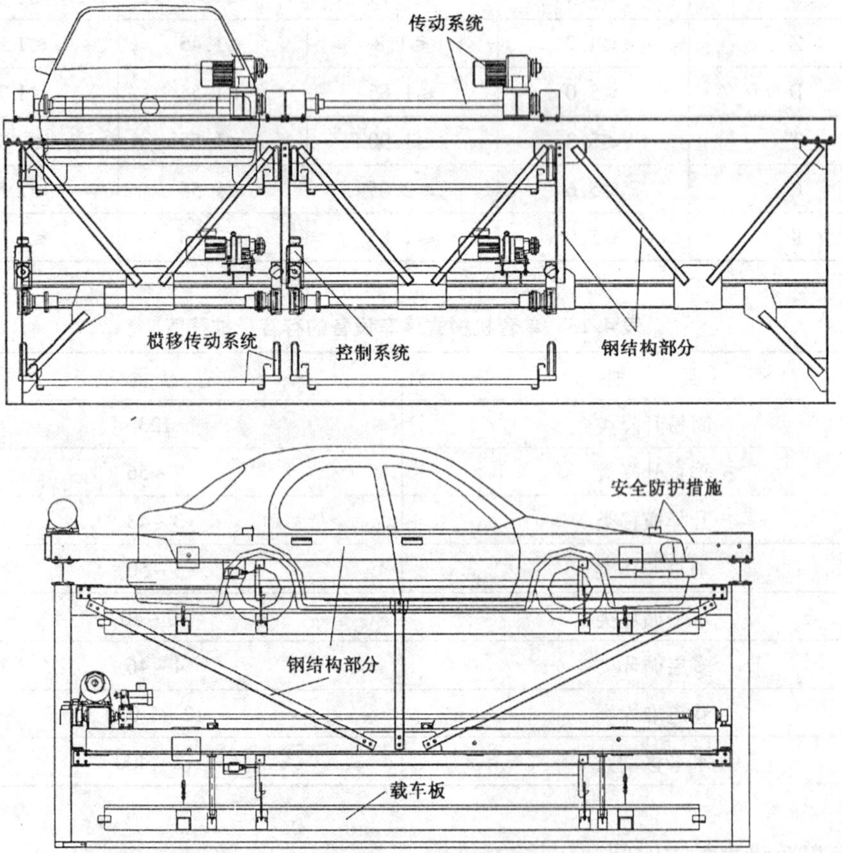

图4.27 升降横移类停车设备主要组成部分

① 钢结构部分。停车设备的钢结构主要采用热轧 H 型钢、槽钢、角钢、钢板焊接成型，用高强度螺栓连接成框架结构，具有较好的强度和刚度。根据不同的结构要求，有单柱形式、跨梁形式、后悬臂形式等。

② 载车板部分。载车板用来承载库存车辆，按结构形式有框架式和拼板式两种。框架式载车板用型钢和钢板焊接成承载框架，且多数采用中间凸起结构，在两侧停车通道和中间凸起的顶面铺设不同厚度的钢板，其优点是：可按需要设置行车通道宽度，并具有较好的导入功能，适合车型变化较多的小批量生产。拼板式载车板用镀锌钢板或钢板一次冲压或滚压成组装件，咬合拼装成载车板，用螺栓紧固连接，拼装前可以先对组件进行各类表面处理（如电镀、烤漆等），使载车板轻巧、美观，其优点是：运输方便、通用性好、适合批量生产。

③ 传动系统。可分为升降传动机构、横移传动机构及升降横移机构。升降传动机构有四点吊挂式、二点吊挂式附平衡机构、后悬二点吊挂式等。横移传动机构一般由电机减速机、驱动轮和从动轮、地面铺设的导轨组成。升降横移机构则为升降传动机构与横移传动机构的结合。传动动力系统即主机一般有电机减速机、油缸液压马达等，其中，电机减速机必须设有制动系统。

④ 控制系统。控制系统主要由主回路和控制回路组成。主回路主要控制载车板的升降、横移，其设备有电机减速机、液压马达等。控制回路主要是针对人、车的安全而设计的各种控制回路。

控制系统主要运行方式有自动运行方式、手动或点动运行方式。

自动运行方式。操作人员只要输入进、出车库的密码和车位号码（或只需输入车位号码），再按一下确认键（或启动键），所有升降、横移动作都会自动完成，指定车位就会到达出入库层地面，驾驶员即可将车开到该停车位的载车板上，或从该车位的载车板上把车开出。自动方式主要为正常的使用者使用，常用的存取车方式有按车位号存取车方式、密码存取车方式、IC 卡（分接触式和非接触式）存取车方式等。一般操作盒的显示部分有按键式、智能触摸屏式等。

手动或点动运行方式。手动运行方式是操作人员可单独操作某一个运行动作的连续运转，如单独升降、单独横移等。点动运行方式是操作人员可单独操作一个运行动作为断续运转，即按住按钮运行，放开停止。这两种方式一般是在调试、检修时用。其运行方式中可能部分安全回路无效。

⑤ 安全防护措施。根据《机械式停车设备通用安全要求》（GB 17907—1999）的要求，升降横移类机械式停车设备一般装有的安全防护装置包括紧急停止开关（在发生异常情况时能使停车设备立即停止运转）、防止越限运行装置（在定位开关出现故障时使设备停止工作，起超程保护作用）、汽车车长检出装置、阻车装置（安装在载车板上）、人车误入检出装置、防止载车板坠落装置及警示装置（设备运行警示，一般为警灯）等。

（2）停车设备的形式及选择依据

按照车位的布置形式，升降横移类停车设备可分为全地上布置、半地下布置和重列式布置 3 种形式。

① 全地上布置。有 2 层、3 层、4 层、5 层，一般不超过 5 层。这种形式由于整套停车设备安装在地面上，因此安装十分方便。2 层的形式在室外或地下室均可建设，因 2 层形

式对层高要求不高，只需梁下净高 3.5 ~ 3.65 m，且存(取)车快捷，一般一次存(取)车最大的时间不超过 1 ~ 1.5 min，尤其是停放在下层的车辆，存取时既不要升降，也不要横移，可以直接存取。对建在地下室的汽车库来说，车辆的疏散能力很好。3 层以上形式大多设在室外。车库层数的选择主要决定于空间高度的允许程度，车库高度是否会影响其他建筑物的采光、日照。《机械式汽车库设备类别、形式与基本参数》(JB/T 8713—1998)将升降横移类停车设备限定在 5 层，对超过 5 层的，必须在设计中对钢结构的强度、刚度，车库运行的稳定性和存取车时间等作特别的考虑。

② 半地下布置。由于半地下布置形式的升降横移停车设备可以比全地上布置形式增加一些停车位，因此当地上布置受到高度限制，地下又可下挖基坑的时候，可以采用这种形式。地下层多为 1 层、底坑净深在 2 m 左右，一般不超过 2 层。该种布置形式的设计中要特别注意防水。

③ 重列式布置。对于只能设置 1 个车道，或设置 2 个车道太浪费，但有能停放两排或两排以上车辆长度的停车位置时，可采用重列式布置的升降横移停车设备。重列式比单列式停车数量要增加 1 ~3 倍。重列式较常用的形式是驾驶员穿过前排设备的空车位将车开到后排的载车板上，或从载车板上将车开出。为了减少驾驶员存取后排车时受穿越的困扰，也可用机械形式将后排载车板前移至第一排，但这种形式的装置尺寸宽度要求较大。

升降横移类汽车库的配置要满足车库选型配置的总原则，又要根据车库的大小，停车位的多少，存取车时间的要求，选择配置的形式，组合成不同的配置方案。

(3)汽车库的设计条件

① 对出入口及车道的要求

升降横移类汽车库供轿车通行，要求车道宽度不小于 6.0 m。

供轿车通行双车道宽度不应小于 6.0 m，单车道宽度不应小于 3.5 m，回转车道应保证回转半径不小于 3.5 m，宽度不应小于 4.0 m。

出入口应设置于空地上，其宽度及深度要求位于汽车出入道路中心线上一点至道路中心线两方各 60°以上范围内无阻碍视线的障碍物。

当泊位数小于 100 时，出入口不得少于 2 个双车道或 2 个单车道的出入口；当泊位数小于 25 时，宜设置双车道出入口，也可设置 1 个单车道的出入口，但必须完善交通信号和安全设施，出入口外应设置不少于 2 个的等候车位。

泊位数大于或等于 100 且小于 200 时，应设置不少于 2 个单车道的出入口。

泊位数大于或等于 200 且小于 500 时，应设置不少于 2 条车道进、2 条车道出的出入口。

泊位数大于或等于 500 时，应设置不少于 3 个双车道的出入口。

② 对土建的要求

升降横移类汽车库要求导轨面对角线误差为±5 mm。

二层升降横移类汽车库对楼板要求为活动荷载 5.396 kPa 左右，三层升降横移类汽车库对楼板要求为活动荷载 8.339 kPa 左右，其他多层升降横移类汽车库对楼板要求依厂商提供的荷载量定。

供轿车通行直线纵坡不大于 15%，曲线纵坡不大于 12%；且在上、下两侧均应设置截水沟，以保持地下室干燥。

设置在停车设备四周的人行通道宽度应大于0.6 m，净空高度应大于1.8 m。

汽车库的人员紧急出口和车辆疏散出口应分开设置。

汽车库楼板面应采用强度大、易清洁、易冲洗的不燃烧材料，并应具有耐磨、耐水、耐油和防滑的功能。

③ 对电气的要求

汽车库应采用双路供电。若采用单路供电，则应配备备用电源，两个电源或两条线路之间采用自动切换装置。

一般升降横移类汽车库应在设备区左后侧位置提供三相五线制动力线。

汽车库内应设置事故照明和疏散指示标志，蓄电池备用电源的连续供电时间不应小于20 min。

各种消防用电设备的配电线路必须与动力、照明等一般配电线路分开，并采取必要的防火措施。消防用电设备的两个电源或两条线路应在最末一级配电箱处自动切换。

④ 对消防的要求

升降横移类汽车库泊位数大于50时，应设置防火墙或防火隔墙进行分隔。

升降横移类汽车库应设置自动喷水灭火系统，并且应按现行国家标准《自动喷水灭火系统设计规范》(GB 50084—2001)的规定执行。

⑤ 对照明的要求

装有升降横移类设备的汽车库的环境应具有良好的照明和应急照明。一般不应低于表4.15的规定。

表4.15　汽车库内的最低照度

地　点	最低照度/lx
出入口	30
通道路面	30
停车泊位	20(人不进入者除外)
控制室	150
管理办公室	75
机　房	50

⑥ 对通风的要求

装有升降横移类设备的汽车库的环境应具有良好的通风换气装置，面积超过2 000 m^2的地下汽车库应设置机械排烟系统，并可与人防、卫生等排气、通风系统合用。

⑦ 对排水的要求

为保证汽车库内部及下部不积水，应配备完善有效的排水设施。有底坑的汽车库应设集水坑、地漏或其他排水设施，以保证底坑干燥。

4.4　城市公共交通汽车站

优先发展公共交通是我国城市交通的一项基本政策。城市的公共交通是否发达和完善，将直接影响城市居民，特别是每天需要乘公共车辆上、下班的广大职工的出行。

公共交通是城市交通的重要组成部分。公共交通包括公共电、汽车、出租车、轨道交通、缆车索道和轮渡等方式。城市道路主要涉及公共电、汽车。公共电、汽车在城市道路交通中具有明显的特点，它车型较大、动力性能较差，但实载率大，而且还要经常停靠以便乘客上下。因此，公共电、汽车对城市道路交通的干扰较严重，应合理地处理好公共电、汽车的有关问题。本节主要讨论公共交通站点及停靠站的布置问题。

4.4.1　公共电、汽车站点的种类

城市公共电、汽车的站点分为起终点站、枢纽站和中间停靠站三类。

1. 起终点站

各种公共电、汽车在起终点处都需要有回头（调头）的场地。通常在市区要找一块专用的场地比较困难。当道路较宽时可以利用车行道回车，要求宽度不小于公共交通车辆最小转弯半径的两倍，这时，公共汽车要求车行道宽度为 20 ~ 30 m，无轨电车要求车行道宽度为 30 ~ 40 m；也可利用交叉口回车或绕街坊回车。最好在路边另设专用停车场地（图 4.28），当客运负荷处于低峰时，路线上有部分车辆需要暂时停歇。另外，车辆加水、清洁、保养和小修工作也需要有一定的场地面积。

终点回车如采用绕街坊行驶，需注意道路上的交通状况。公共汽车绕街坊行驶可顺时针或逆时针回转，一般以顺时针回转为宜，它只有右转弯，但要注意第一次左转弯应设在哪个交叉口为好（图 4.29（a））。至于无轨电车，为了减少架空线接触的交叉，应采用逆时针方向绕行（图 4.29（b））。

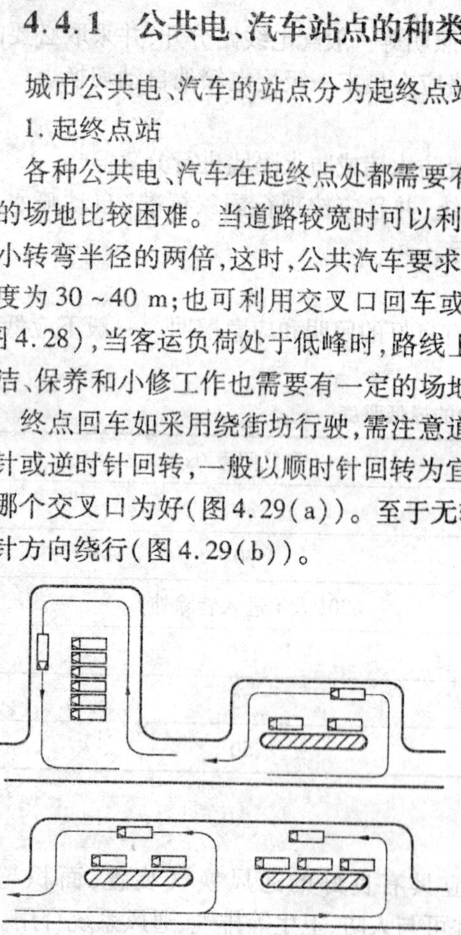

图 4.28　路边终点站回车场

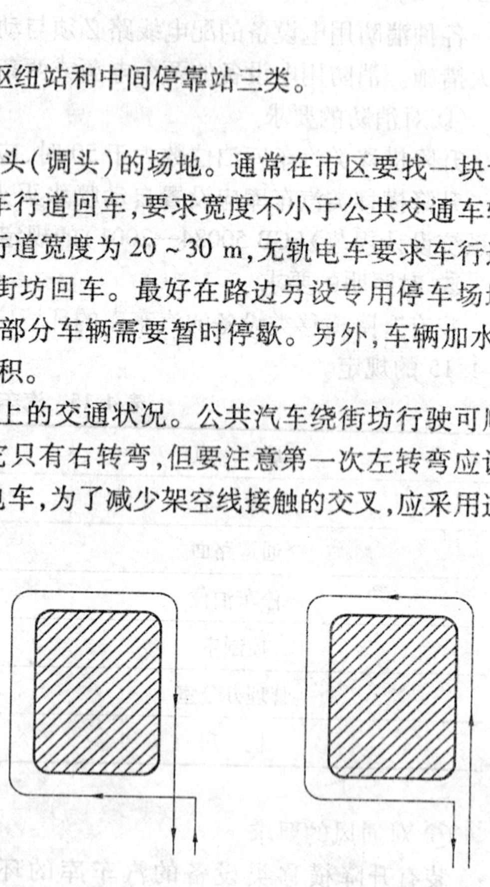

(a)顺时针绕行　　(b)逆时针绕行

图 4.29　车辆绕街坊进行回车

2. 枢纽点

在公交客流大量集散处，常有多条公交线路经过，此处上下车和换乘的乘客多。为了方便乘客，各条线路的站点常设得比较集中，相互紧密配合，这种站点称为枢纽点，又称集散点。有时为了使客运能力与客运负荷相协调，常需要在此停备一些公交车辆，以便做区

间调头之用。所以，在这些枢纽点的路边宜另辟场地，至少应将附近的人行道拓宽，以便乘客换车和候车。进行枢纽点布局时，应注意保证乘客、行人和车辆的安全，并使换车乘客尽量不穿越车行道且步行距离最短。

3. 中间停靠站

中间停靠站一般是靠近交叉口设置的，其位置又分交叉口上游和交叉口下游两种。实践经验认为停靠站处于交叉口上游有利于交通安全，因为车辆在穿越交叉口时刚刚启动，速度较慢，此外，已停靠的车辆可在看到绿灯后再启动行驶，从而减少在前方交叉口处遇到红灯而再次停车的可能。其缺点是：在交通繁忙尤其是车行道狭窄的交叉口，车辆停靠会阻碍右转车辆的通行和其他车辆的视线。相比之下，停靠站设置在交叉口下游能节约时间，但往往会影响后来车辆的停靠，导致出现车辆排长队的现象，甚至使交叉口阻塞。

如果乘客集中在街道的一端，则两个方向的停靠站最好能设在同一个路口上，方便乘客的同时也减小了过街乘客对交通的影响。

中间停靠站越靠近交叉口对乘客越方便，但考虑安全和交通流畅，一般至少应距离交叉口 20 ~ 50 m。近年来，大家认识到，从保证交叉口交通流通畅角度考虑，停靠站的位置应尽量避开交叉口。

当无轨电车与公共汽车在同一处设站时，一般无轨电车站设在公共汽车站前面，因为无轨电车起动快，可免去超车。对有些站点，虽有两条或两条以上的路线经过，但如果车辆不多上下乘客也不多（车辆停靠时间不超过全天线路营业时间的 10% ~ 20%），那么，它们可以合用一个站台停靠，站牌可挂在一根杆柱上。如果乘客量相差很大，则应分开设站，乘客少的设在前面，乘客多的设在后面；前后站牌的间距视有无超车而定，允许超车时，间距应有 20 ~ 25 m（即在停靠车辆间约有 10 m 的净距，以便后面车辆出站），不允许超车时，只要 15 ~ 25 m（便于大型或带拖挂车的公交车停靠）即可。

4.4.2　最合适的平均站距

公共交通停靠站的设置间距应以方便乘客、节省乘客出行时间及提高站间行车速度为原则。停靠站间距小，设站过多，增加乘客的乘车时间，车辆速度不高，且频繁制动、起动，轮胎与燃料消耗大；如果停靠站间距过大，虽然车辆运行速度提高，乘客的乘车时间减少，但增加乘客的步行时间，乘车不便。

1. 公交乘客出行时间

公交乘客出行时间由步行时间、靠站时间和路上行车时间三部分组成。

（1）步行时间

步行时间是指乘客从居住地步行到最近的停靠站，以及到站后下车步行到目的地所用的时间。

$$T_{步} = \frac{\frac{d}{4}}{V_{步}} \cdot 2 \cdot P \cdot 60 \tag{4.17}$$

故

$$T_{步} = \frac{30 \cdot d \cdot P}{V_{步}} \tag{4.18}$$

式中　$T_{步}$ —— 全部乘客的平均步行时间，min；

d—— 平均站距,km;

P—— 乘客上车人数,人;

$V_{步}$ —— 步行速度,km/h。

(2) 靠站时间

公共电、汽车辆沿线的靠站时间等于每个站点的平均停靠时间乘以站点数目,即

$$T_{停} = t_{停} \cdot \frac{l}{d} \cdot Q \tag{4.19}$$

式中 $T_{停}$ —— 公共电、汽车沿线停靠时间,min;

$t_{停}$ —— 每个站点的平均停靠时间包括公共交通车辆减速进站、乘客上(下)车、加速离站等三部分时间,min;

l—— 平均乘距,km;

d—— 平均站距,km;

Q—— 上下车人数,人。

(3) 路上行车时间

路上行车时间是指乘客从停靠站点上车后到达下车站点所需的车上出行时间,该时间除车辆运行时间外,还包括中途经由站点的停靠时间。

路上行车时间与站距无关,为使乘客出行时间最少,站距的布置应使步行时间与靠站时间之和为最小。

2. 平均站距

设 $V_{步}$ = 5 km/h, $t_{停}$ = 0.5 min, l = 4 km, 则可得出如图4.30所示的平均站距(d)与乘客出行时间(T)的关系曲线。当 $T = (T_{步} + T_{停})$ 为最小值时(图4.30中 T = 7.7 min),相应的平均站距则是最合适的(图4.30中相应的 d 值为0.52 km)。

从图4.30所示的 $d - T$ 关系曲线中可以明显看出:

当 $T_{步} = T_{停}$ 时,则 $T = (T_{步} + T_{停})$ 的数值取最小值,故得

$$\frac{30 \cdot d \cdot P}{V_{步}} = t_{停} \cdot \frac{l}{d} \cdot Q \tag{4.20}$$

即

$$d = \sqrt{\frac{1}{30} \cdot t_{停} \cdot l \cdot V_{步} \cdot \frac{Q}{P}} \tag{4.21}$$

通常 $P \approx Q$,则最合适平均站距 d 为

$$d = \sqrt{\frac{1}{30} \cdot t_{停} \cdot l \cdot V_{步}} \tag{4.22}$$

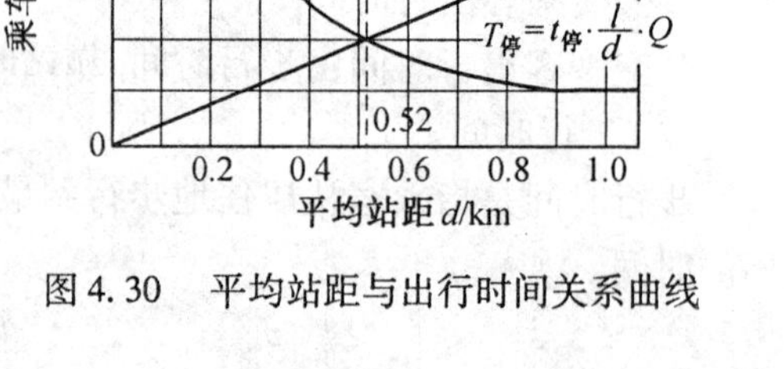

图4.30 平均站距与出行时间关系曲线

式(4.22)只是按乘客出行时间最小计算的平均站距,但实际上乘客的心理是愿意少走点路,在车上多待一些时间。因此,选用的平均站距应比式(4.22)算出的理论值小一些,在城区站距一般为500~600 m;郊区站距一般为1 000 m左右。

求出最合适的平均站距后,在具体设置站点时,还应根据居民点、商店、工厂、学校、娱乐场所、交叉口等人流较集中的地点进行合理布置。

4.4.3　公共电、汽车停靠站的布置方式

公共电、汽车停靠站台的布置方式与道路横断面形式有关，主要有沿人行道边设置和沿分隔带设置两种。

(1)沿人行道边设置的站台

沿人行道边设置的站台应用得比较普遍，其构造简单，只需在人行道上辟出一定的用地作为站台，供乘客候车和上下车即可，如图4.31所示。站台高度最好能有30 cm，并予以铺砌。这种站台对乘客上下车最安全，但与非机动车相互影响较大。为了减小停靠站对车行道宽度的挤占，来往方向的站点应错开15～30 m。

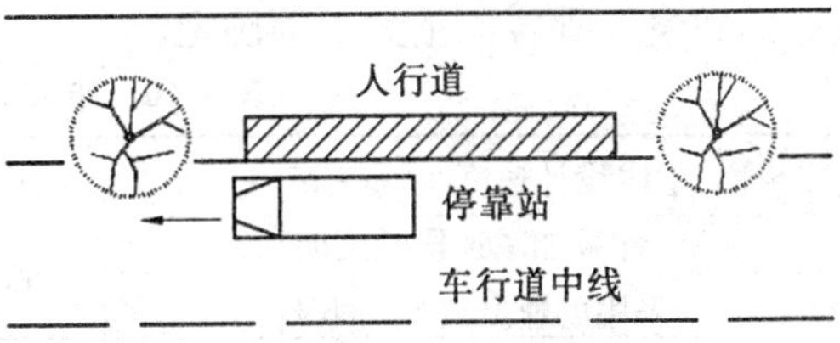

图4.31　沿人行道边设置停靠站台

在机动车与非机动车混行的一块板或两块板道路上，沿人行道边设置停靠站台，公交车辆在进出停靠站台时要穿越非机动车流，相互有影响。为了避免这种影响，在一些单向交通的道路上，则可组织机动车与非机动车分向行驶(图4.32)，实践证明，这样可以提高车速和保证交通安全。

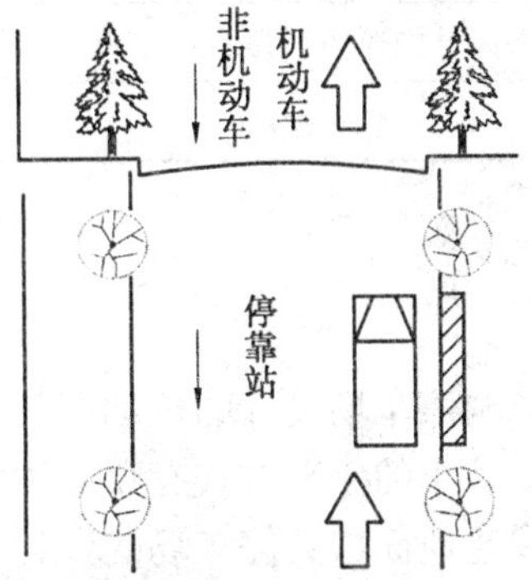

图4.32　机动车与非机动车分向行驶

(2)沿分隔带设置的站台

沿分隔带设置的站台对非机动车影响较小，只有上下乘客穿行非机动车道的影响。为使乘客上下车和候车方便、安全，分隔带至少应有1 m宽。如果分隔带为绿地，在此段改为硬地硬质铺装，其长度根据停靠的车辆数确定，如图4.33所示。其布置方式的主要缺点是：对最外侧机动车道的通行能力影响较大。最为理想的设计是在具有较宽分隔带的三块板横断面上，在分隔带上布置港湾式停靠站(图4.34)，车辆停靠时不影响车行道的通行能力；此外，宽分隔带还能兼作自行车停放场地，且利于绿化、布置美观。兼作港湾式停靠站的分隔带宽度不宜小于4 m，最好为5～7 m。港湾式停靠站各部分尺寸应符合表4.16的规定。

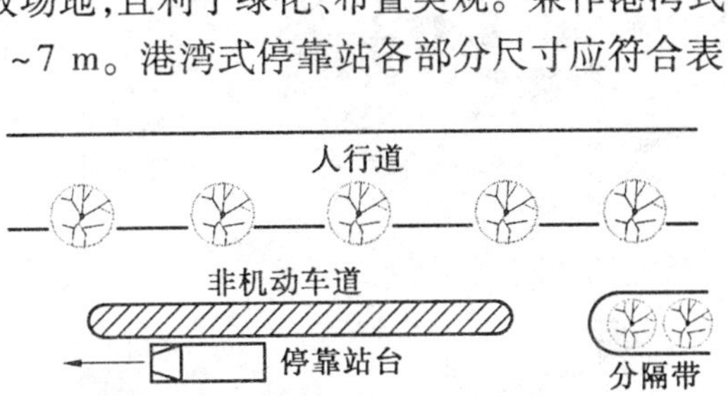

图4.33　沿车道分隔带设置停靠站

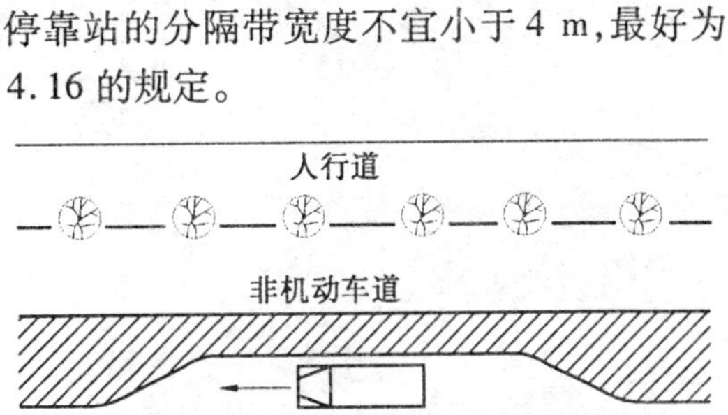

图4.34　港湾式停靠站

在布置停靠站时，应注意以下几点：

① 交叉口附近的站位，宜安排在交叉口上游，距交叉口 50 ~ 100 m 为宜；

② 港湾式停靠站出入口的缘石应圆顺，停靠站范围内的路拱坡度应符合其规定值要求，纵坡度应不大于 2%，地形困难路段应不大于 3%；

③ 各类停靠站台上均应铺装，铺装的最小宽度为 1.5 m，长度可根据停靠的公共交通线路的数量及乘客流量大小等确定。

表 4.16　港湾式停靠站各部尺寸

主线设计速度/(km · h^{-1})	80	60	50	40	30	20
计算加减速段长度时采用的速度/(km · h^{-1})	60	50	40	35	30	20
减速段长度/m	90	65	40	30	25	10
站台长度/m	20	20	20	20	20	20
加速段长度/m	140	95	60	45	35	15
总长度/m	250	180	120	95	80	45

思考题

1. 影响停车场设计的机动车外廓尺寸有哪些？
2. 机动车的停车方式有哪几种？各种方式的特点是什么？
3. 试述地面露天停车场的设计要点与设计步骤。
4. 坡道式立体汽车库的交通方式有哪些？
5. 机械式汽车库有哪几种类型？
6. 以升降横移式汽车库为例，试述机械式汽车库的设计要点。
7. 城市公共电、汽车站点有哪些类型？

第5章　道路收费与服务设施

征收车辆通行费，用以偿还贷款，补偿道路交通基础设施建设所耗巨额资金，维持养护管理费用支出，是当今世界上多数国家发展道路交通的通用做法，亦是近年来我国各地自行摸索并得到国家明确肯定的行为。车辆通行费的征收及收费制度的逐步完善，给道路交通的发展注入了新的生机和活力，具有十分重要的意义。

道路服务设施主要指设置在公路上，为公路使用者提供服务的服务区。服务项目少的称为停车区，总体上也称服务区。它以高质量、热情周到、讲究信誉的服务，使旅客得到卫生的食品和安静、舒适的休息场所，使车辆加油和维修更迅速、安全、方便，从而解除驾驶员的后顾之忧，增加道路使用者的安全感和舒适感。

5.1　道路收费系统

5.1.1　概述

1. 收费道路与收费系统

为偿还道路工程建设贷款、筹集道路运营养护费用或以道路建设作为商业投资目的，对过往车辆征收通行费的道路，称为收费道路。一般按道路的长度、性质、过往车辆的类型、地区属性等对车辆进行收费，并在适当的位置设置收费站。

道路收费系统是由执行国家、地方制订和颁布实施的道路收费法规、政策的道路收费管理机构、收费站、收费中心、收费设备、收费人员和收费对象等共同组成的系统。虽然收费方式各种各样，但一般来说收费系统应具备以下几个主要功能：具有相对公平的费率；尽量减少延误，提高收费车道的通行能力和不降低道路的服务水平；避免或杜绝漏收和作弊行为，保证收费的准确性和完整性；减轻收费人员的劳动强度，提高劳动效率；具有一定的统计功能；具备报警及自检功能；具有分析收费信息等其他功能。

2. 收费道路的分类

由于收费目的的不同，收费道路可以划分为收费还贷道路、收费经营道路和收费控制道路三种类型。

(1)收费还贷道路

收费还贷道路是指依靠贷款修建的道路，其收费的目的是在贷款偿还期内筹措足够的资金用于偿还贷款本息。由于修建道路所需的贷款一般由政府出面筹措或政府担保并指定某事业单位执行，因而收费还贷实质上是政府行为。对于收费还贷公路而言，收费站(点)设置必须符合下列公路技术等级和规模之一，并经省级人民政府批准后方可设置。

①高速公路长10 km以上；

②新建连续里程20 km以上或改建连续里程40 km以上的一级公路；

③新建连续里程 40 km 以上或改建连续里程 80 km 以上的二级公路；

④500 m 以上的独立桥梁、隧道。

(2)收费经营道路

收费经营道路是指由国家特许某法人组织负责建造和经营，以获利为目的的收费道路。对于收费经营公路而言，主要包括两种形式：建设-运营-管理方式和收费有偿转让方式。

建设-运营-管理方式，即 BOT 方式(build-operate-transfer)，是指公司得到特许后，投资建设、拥有，并在规定期内运营管理，规定期结束后移交政府管理部门的收费经营方式。收费有偿转让方式是指由国家投资建设，建成后某特许公司从国家管理部门收购现成的公路，并在规定运营期内收费。

国内外经济组织投资建设经营的公路，必须符合下列技术等级和规模之一：

①高速公路 10 km 以上；

②新建连续里程 20 km 以上或改建连续里程 40 km 以上的一级公路；

③500 m 以上的独立桥梁、隧道。

实施收费经营权转让的公路，必须符合下列技术等级和规模之一：

①连续里程 40 km 以上的高速公路；

②连续里程 60 km 以上的一级公路；

③500 m 以上，四车道以上的独立桥梁、隧道；

④1 000 m 以上的独立桥梁、隧道。

(3)收费控制道路

由于高等级道路具有较高的级差效益而使大量交通从一般道路向高等级道路转移，高等级道路交通量不断增加，从而造成高等级道路使用成本增加；相形之下，与高等级道路平行的一般道路则会因交通量损失而得不到合理利用。解决这一矛盾的有效措施是实施控制收费，从而使整个区域交通量在道路网上得到合理的分配，最大限度地提高道路网的使用效益。目前，道路拥挤收费的政策还主要适应于大城市拥挤的中心市区。

3. 我国收费道路的发展方向

基于我国道路建设资金不足的实际情况，目前我国道路多数是利用贷款修建的。因此，收费还贷模式还将是今后发展的重要模式之一。由于修建道路所需的贷款一般是由政府部门出面筹措或政府担保委托某事业单位筹措的，所以贷款修路并没有在实质上减少政府部门还贷的压力。相比较而言，收费经营道路具有下列优势：道路股份有限公司可以通过发行股票将社会资金永久地转变为道路资本；通过道路经营权的有偿转让，国家可以有效地将建设和经营道路的风险转嫁给经营者。因此，在未来一定时期内收费经营模式在缓解资金不足、加快道路建设方面将发挥着重要的作用。

展望未来，随着我国道路网络化的不断深入和联网收费技术的不断完善，作为有效配流手段的收费控制模式将会出现，并成为重要的发展方向。

5.1.2　收费制式与收费方式

1. 收费制式

收费系统通常采用以下几种收费制式：全线均等收费制(简称均一式)、路段均等收费制（简称开放式）、按实际行驶里程收费制（简称封闭式）和开放式与封闭式相结合的混合式收费系统。基本收费制式的收费站在高速公路上的布设形式如图 5.1 所示。为简化起见，互通立交画成喇叭形或菱形。

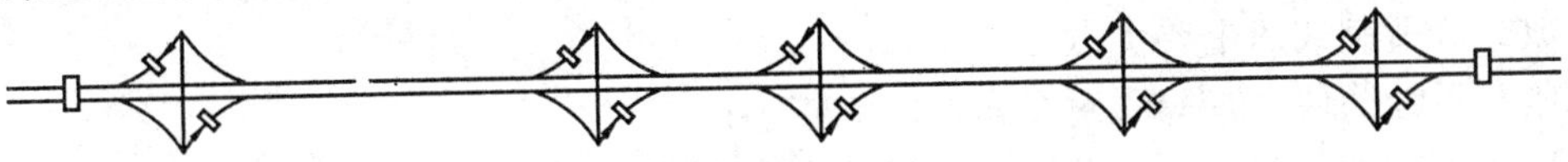

(a) 均一式收费

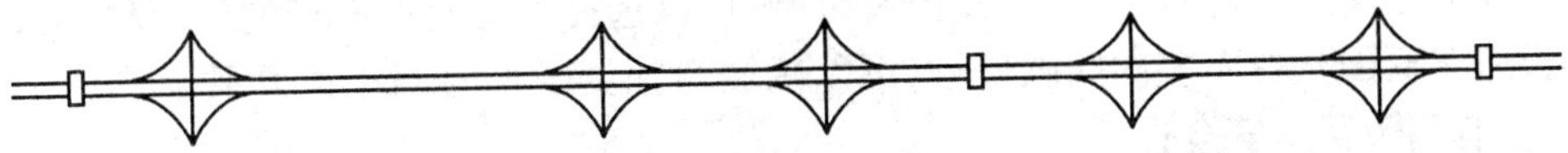

(b) 开放式收费

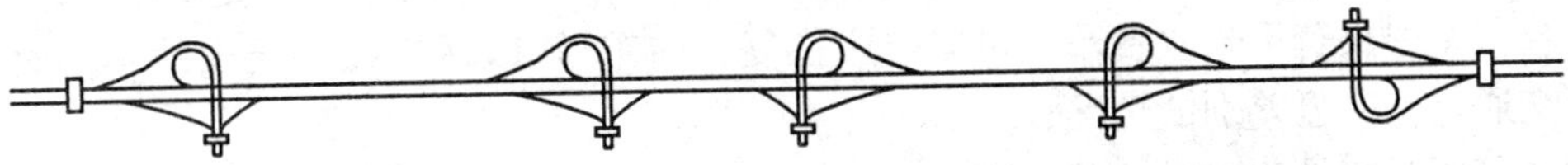

(c) 封闭式收费

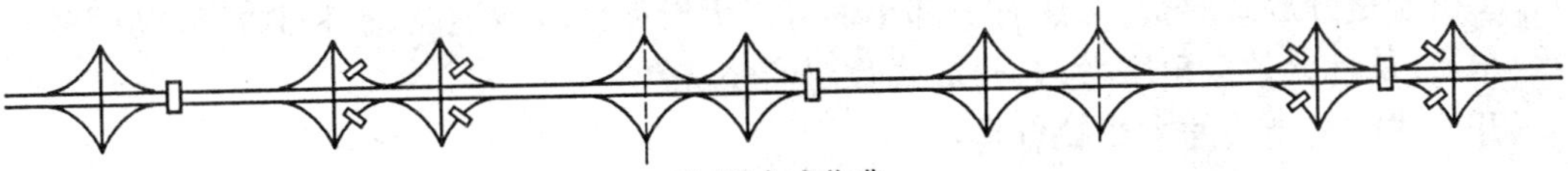

(d) 混合式收费

图 5.1　基本收费制式收费站布设示意图

(1)均一式收费制式

均一式是最简单的一种收费制式，其收费站一般均设置在收费道路的各个入口处（包括主线两端入口和各互通立交入口），而主线和匝道的出口都不再设站。车辆在出入时只要在一个收费站停车交费后，就可以在收费道路内自由行驶，不再受拦阻（收费站全部设在出口亦然）。

均一式的收费标准仅根据车型一个因素确定，不考虑行驶里程，而且各个收费站都取同一收费标准。

均一式收费制式的主要优点是：

①不会出现漏收情况；

②车辆只需一次停车交费且收费标准单一，收费手续简便、效率高，对交通影响小；

③由于只在入口建收费站，所以对道路和互通立交的限制不是很严格，而且由于收费效率高，只要较小规模的收费广场就可以保证车辆不致排队等待，这样既节省了土建投资，也节省了运营费用；

④可兼顾入口交通管理，当主线交通量趋于饱和时，可以通过限制通过量或关闭部分或全部收费车道来实现道路的驶入控制。

由于均一式实行入口一次收费，如果道路里程较长，车辆行驶里程的差距较大，交纳同样的通行费就显得不够公平合理。因而，均一式收费制式比较适合于道路出入口（互通式立交）多而且间距小，车辆行驶里程差距不大，而交通量很大的道路。

(2)开放式收费制式

开放式收费又称栅栏式收费或路障式收费。这种收费制式的收费站建在道路主线上，距离较长的道路可以建多个收费站，间距一般在 40 ~ 60 km 不等。各个互通立交的出入口不再设站，这样车辆可以从互通立交自由进出，不受控制，道路对外界呈“开放”状态。

每个收费站的收费标准和均一式收费制式一样，仅根据车型不同而变化，但各站的标准则因收费站的管辖距离不等而有所区别，这方面和均一式收费制式不同。

开放式收费制式的主要优点是：

①收费手续简便，效率高，对交通的影响较小；

②所需修建的收费站和收费车道数量较少，即收费系统的规模较小；另外由于收费广场不建在互通立交上，因而对立交形式没有限制，可以选择满足交通需求的最简单形式；

③长途车辆因交费而多次间歇停顿，可以减缓驾驶员因长时间单调驾驶而产生的困倦，客观上有利于行车安全；

④主线收费站可以获取道路相应路段的交通情报，如分车型的上下行交通量等；

⑤收费站中央若干条收费车道可以建成往复变向车道，以适应在一天内的不同时段上下行交通量有明显差别的情况；

⑥当需要时容易改造成免费道路；

⑦由于是开放式收费，必然有一部车辆可以无偿使用收费道路，这种制式可以更多地吸引车流；从社会效益角度考虑，开放式收费的经济性较好。

开放式收费制式的主要缺点是：

①当在两个收费站之间设有两个以上互通立交时，会出现漏收情况，这将影响收入和还贷计划的实现；

②由于不能严格地按行驶里程收费，因此收费标准的制定不能做到很准确、合理，存在多收、少收现象；

③不能兼顾收费道路出入口的交通管理；

④长途车辆需多次交费，开始时使用者可能会不习惯，甚至反感。

开放式收费制式适用于较短的或互通立交比较稀少的道路，通常独立的桥梁、隧道收费均采用这种方式。

(3)封闭式收费

封闭式收费是在道路的起、终点建主线收费站，在所有互通立交的出、入口建匝道收费站。车辆进出道路都要两次经过收费站，道路对外界呈“封闭”状态。

国内出现过两种封闭式收费的管理方法。一种是入口发卡、出口交费式管理方法。即车辆驶入收费道路，通过入口车道时领取一张通行券，上面记录着车型、入口收费站名称、进入的时间等信息。当车辆通过出口车道驶离时，交验通行券，收费员根据车型和行驶里程计价收费。另一种是入口收费、出口验票式管理方法。车辆驶入收费道路通过入口车道时，收费人员根据驾驶员所述去向，按车型和里程计价收费，并发给通行费票据(此票据应为双联)，票据上记录入口站号。车辆驶离收费道路通过出口车道时，驾驶员交验票据，收费员检查所缴费额是否与驶出地相符，一致放行，不一致则补缴。

“入口发卡、出口收费”的方式是主要的收费方式。“入口收费、出口验票”的方式是针对人工收费时少数车辆行驶收费道路却不缴纳通行费的现象而出现的管理模式，属人工收费方式，随着半自动收费方式的广泛使用，这种形式已不多见。

封闭式收费制式的主要优点是：

①严格按车型和行驶里程收费，公平合理；

②没有漏收现象;

③可兼顾收费道路出入口的交通管理;

④借助通行券上记录的信息,可获得多种交通情报,如各出入口交通量、全线各互通式立交的交通分配量,进而可以推算各路段交通量和路段平均车速等。

封闭式收费制式的主要缺点是:

①出入口均需停车,入口处理效率较高,每辆车平均服务时间为 6~8 s。但出口需验卡收费,手续复杂,效率较低,平均服务时间在 14 s 以上(14~18 s),对交通影响较大;

②收费站数量与均一式收费制式相当,但因出、入口均需修建收费车道,出口效率低,所需收费车道约为入口的 1.5~2 倍,所以收费站的规模大、投资大,而且运营时所需费用也多;

③由于要实行出入控制,收费站要建在互通式立交的匝道上。为了便于收费管理和交通管理,希望将立交的四条匝道(上下行驶入、驶出匝道各一条)归拢在一处建收费广场,这就对互通立交的形式提出了严格要求。目前普遍采用的喇叭形互通式立交虽然能比较好地适应以上要求,但其占地面积较大,喇叭内圈的通行能力较差;

④由于收费依据车型和里程两个因素,因此内部和外部可能作弊的途径也比单一因素(车型)多。为防止作弊,封闭式制式要采取更多的措施,比如服务区和停车区的设施要实行上下行严格隔离,不能共用等;

⑤封闭式收费必须有通行券,通行券携带有车型、入口地址、时间等信息。为了保证尽可能准确、快速地处理通行券上的信息,提高通行能力和防止作弊,收费车道设备要尽量采用最新技术,并具有完善的功能。这就使得封闭式收费系统的设备复杂、昂贵,初期投资和运营维护费用都比较高。

一般说来,封闭式收费制式适应于道路距离较长、互通立交较多、车辆行驶里程差距较大的场合。目前,这种制式在我国应用较多。

(4)混合式收费

混合式收费是取开放式收费和封闭式收费两者之所长,又能做到基本合理收费的一种比较实用的收费制式。这种制式在主线上设一定数量的收费站,间距大于 40 km,同时为减少不合理收费现象,在两主线站之间的部分匝道设收费站。每个站的收费标准不同,但对每一个站来说仅根据车型不同而变化,各站同一类型车辆的收费额根据收费区间的不同而有所区别。在减少漏收和不合理收费的前提下,收费区间要认真分析确定。

混合式收费系统中,在一个区界内行驶的车辆只需停车一次,长途行驶车辆的停车次数可能多于两次。

混合式收费制式的主要优点是:

①收费手续简单、效率高、对交通的影响小,这一点与均一式、开放式收费制式相同;

②收费站比封闭式收费制式少,因而建设期相关土建、设备和配套设施少,投资省;

③运营期人员少,运营、维护费用低;

④对沿线服务设施无特殊要求;

⑤不设收费站的互通立交,可根据交通流特点选择经济合理的立交形式,不受收费制式的限制;

⑥与均一式、开放式收费制式相同,混合式收费制式为通过一次收费一次,所以无通

行券，且票据简单，运营成本低；

⑦适应分段收费的要求。中长距离收费公路往往是跨省、市行政区的，借贷还款也往往由各省、市自行负责，这就要求各自收取管辖路段内的通行费。混合式收费制式可以根据这一要求划分区段控制里程，并选取适当位置建主线收费站，实现分别收费。

混合式收费制式的主要缺点是：

①每个互通立交不一定均设收费站，因此无法准确按里程收费，收费标准只能做到基本合理；

②不能兼顾收费道路所有出入口的交通管理；

③道路里程长时，行驶全程的车辆需停车两次以上。

混合式收费制式适用于距离长、互通立交间距大、长途行驶车辆较多的道路。

2. 收费方式

(1)人工收费方式

人工收费方式是指通过对进入收费道路的车辆发给通行卡以及出口处验卡收费等程序，全部由手工操作完成的收费方式。典型的收费操作程序分为目测识别车型、验看通行券并手工收取通行费、发放收据和开起栅栏放行车辆四个步骤。人工收费所需设备简单，资金投入少，但管理复杂，少收、漏收、作弊、闯口现象严重。

(2)半自动收费方式

半自动收费方式是指由人工完成收费和找零工作，由计算机或人工完成车型判别，由计算机完成计算费额、打印票据、数据积累汇总等工作的收费方式。半自动收费方式是在人工收费方式基础上发展起来的，具有抑制作弊能力强、管理水平高、运营成本低等优点，适合我国当前国情。目前，我国大部分收费道路采用的是半自动收费方式。

(3)全自动收费方式

全自动收费方式是指利用微波技术的不停车电子收费方式。根据收费形式的不同可分为硬币式、磁卡式和IC卡式。全自动收费方式的自动化程度高，既可减少大量收费人员，又可减轻收费人员的工作强度，同时有利于资金回收和还贷。不停车电子收费方式在经济发达国家正在大力发展，大有取代半自动收费方式的趋势，且已取得了良好的社会和经济效益。电子收费也将是我国收费方式的发展方向，我国已经掌握了全自动收费管理技术。但作为发展中国家，我国的国情与发达国家还存在着较大的差别，比如我国金融系统还不够完善，还不具备通过识别车牌直接从车辆使用者账户扣取通行费的条件。此外，我国车辆构成复杂，并且全国统一划分车型的标准也未出台，这给自动识别车型造成了很大困难。

5.1.3 道路使用效益分析

道路建设项目的经济效益一般是指项目对整个国民经济所作的贡献。与此不同，在收费研究中所涉及的道路使用效益，是反映道路使用者所获得的效益。此效益是通过与其他运输方式相比较形成的，所以又可称之为道路级差效益。由于道路使用效益在很大程度上制约着收费标准的制定，所以科学地界定与合理地衡量道路使用效益就成为收费管理的一项重要内容。

道路使用效益一般包括：运行成本降低的效益、运输里程缩短的效益、运输时间节约的效益、运输生产效率提高的效益、减少行车事故的效益、减少拥挤的效益、提高运输质量的效益。其中，道路用户体会较深刻且容易计量的效益有：运行成本降低的效益、运输里程缩短的效益和运行时间节约的效益。

1. 运行成本降低的效益

运行成本一般包括燃料成本、轮胎成本、维修成本和折旧成本等。车辆的运行速度、道路几何线形和路面条件等因素影响着运行成本的高低。车辆的运行速度主要影响运行成本中的燃料成本；而道路的几何线形又对车辆的运行速度有着重要的影响；路面条件影响着车辆所需克服的摩擦阻力，从而进一步制约着运行成本的高低。其中，燃料成本、保养小修成本等受路面条件影响较为显著。

运行成本降低的效益可按下式测算

$$B_1 = \sum AC_0 \times L_1 \times G \tag{5.1}$$

式中　B_1—— 某型车运行成本降低的效益，元；

AC_0—— 对于新建道路项目，指无此项目时，平行竞争道路的平均车公里成本，对于扩建道路项目，指道路未扩建时的平均车公里成本，元/(车·km)；

L_1—— 车辆在收费道路上的行驶里程，km；

G—— 车辆在收费道路上行驶时某项成本降低的百分比，%。

可采用抽样调查、技术测定、专家评价等方法来分别测定由于道路等级、路面条件等变动对车辆运行成本中相关成本项目的影响。

2. 运行里程缩短的效益

高等级道路的线形设计一般对道路坡度、转弯半径等有特殊的要求，以适应车辆行驶的需要。因此，相对于旧路而言，往往可以在一定程度上缩短道路里程。运输里程的缩短可以给运输者带来可观的成本降低效益。此效益可按下式测算

$$B_2 = AC_0 \times \sum \Delta L \tag{5.2}$$

式中　B_2—— 某型车运输里程缩短的效益，元；

AC_0—— 某型车在平行竞争道路或原有道路上的平均车公里成本，元/(车·km)；

ΔL—— 道路缩短里程长度，km。

3. 运输时间节约的效益

运行时间节约的效益是道路建设项目级差效益的重要组成部分。在市场经济条件下，追求时间节约的效益是高等级收费道路得以快速发展的重要原因之一。在道路建设项目国民经济评价中，运行时间节约的效益包括货运时间节约的效益和客运时间节约的效益。与此不同，在收费研究中，运行时间节约的效益只考虑司机和旅客运行时间节约的效益。

在我国现行收费实践中，绝大多数收费道路实行将客、货车综合分类的方法。按照稳健的原则，客货车均只考虑运行时间节约对司机的影响。运行时间节约的效益一般可用下式测算

$$B_3 = T_n \times V \tag{5.3}$$

其中

$$T_n = \frac{L_0}{S_0} - \frac{L_1}{S_1} \tag{5.4}$$

式中　B_3—— 某型车运行时间节约的效益,元;

T_n—— 全程节约时间,h;

V—— 单位时间价值,元/h;

L_0—— 平行竞争道路或原有道路的里程,km;

S_0—— 平行竞争道路或原有道路的车辆平均行驶速度,km/h;

L_1—— 收费道路通车里程,km;

S_1—— 收费道路车辆平均行驶速度,km/h。

在运行时间节约的效益中最难以确定的是单位时间价值,在实践中,一般可采用以下三种方法来确定。

(1) 生产法

此方法认为,道路使用者可以利用节约出来的在途时间从事新的运输生产活动。这样便可在原有运营条件不变的情况下,通过增加运营次数来增加利润,提高运输劳动生产率。因此,单位时间价值取决于平均单车公里净利、全程节约时间、在收费道路上的运行速度以及时间利用系数。

(2) 产值法

此方法认为,道路使用者既可利用节约出来的在途时间从事新的运输生产活动,也可从事其他获利性经营活动或创收活动。因此,单位时间价值应当更多地受当地人均国民收入或国民生产总值的影响,而不是仅仅受某种经营活动所得收益的影响。目前,在进行时间节约的效益分析时,产值法是一个比较合理、应用比较广泛的方法。

(3) 费用法

此方法的理论依据是时间节约的效益取决于旅客或司机为节约在途时间而支付货币的意愿。费用法一般用下式测算单位时间价值为

$$V = \frac{\Delta E}{\Delta T} \tag{5.5}$$

式中　ΔE—— 费用增量,元;

ΔT—— 时间增量,h。

4. 道路级差效益

道路级差效益主要是由运行成本降低的效益、运输里程缩短的效益和运行时间节约的效益组成。道路使用者所获得的级差效益,可用下式测算

$$B = B_1 + B_2 + B_3 \tag{5.6}$$

如果收费道路的平行竞争道路或原有道路也征收车辆通行费,则级差效益可改写成

$$B = B_1 + B_2 + B_3 + F \tag{5.7}$$

式中　F—— 收费道路的平行竞争道路或原有道路全程征收的车辆通行费,元。

[例5.1]　某高速公路全长85 km,利用贷款和集资修建。全线设3个主线收费站,7个匝道收费站,建成后实行全封闭收费。进行级差效益分析时按40%的降低率来估计运行成本降低的效益。与原有道路相比,此新建高速公路全程缩短5 km。经调查,该地区人均国民生产总值为3 650元(人民币),如果平均每人每天工作8 h,那么每小时的时间价值为1.25元。不同车型在旧路上的运营成本与缴纳的通行费见表5.1。试计算该高速公路的级差效益。

表 5.1　旧路运营成本及交纳通行费表

车型	小型	中型	大型	特型
旧路成本/(元·车$^{-1}$·km^{-1})	0.95	1.75	2.75	3.40
车辆通行费/元	17	25	30	35

解　1. 计算运行成本降低的效益

运行成本降低的效益计算见表 5.2。

表 5.2　运行成本降低的效益计算表

车型	旧路运行成本/(元·车$^{-1}$·km^{-1})	成本降低率/%	运行成本降低效益/(元·车$^{-1}$·km^{-1})	效益合计/元
小型	0.95	40	0.38	32.30
中型	1.75	40	0.70	59.50
大型	2.75	40	1.10	93.50
特型	3.40	40	1.36	115.60

2. 计算运输里程缩短的效益

全程里程仅缩短了 5 km，运输里程缩短的效益较低，因而对收费标准高低的影响也是有限的。运输里程缩短的效益计算见表 5.3。

表 5.3　运输里程缩短的效益计算表

车型	旧路运行成本/(元·车$^{-1}$·km^{-1})	全程缩短里程/km	运输里程缩短效益/(元·km^{-1})	效益合计/元
小型	0.95	5	0.06	4.75
中型	1.75	5	0.10	8.75
大型	2.75	5	0.16	13.75
特型	3.40	5	0.20	17.00

3. 计算运行时间节约的效益

在本算例中，采用产值法计算运行时间节约的效益。这是因为产值法所确定的效益较客观、较稳健，容易被接受。运行时间节约的效益计算结果见表 5.4。

表 5.4　运行时间节约的效益计算表

车型	定员人数/(人·车$^{-1}$)	全程节约时间/h	单位时间价值/(元·h^{-1})	时间节约的效益/元
小型	1	2	1.25	2.5
中型	1	2	1.25	2.5
大型	1.5	2	1.25	3.75
特型	2	2	1.25	5.00

根据上述分析,此高速公路的级差效益见表5.5。

表5.5　级差效益计算表

车型	运行成本降低效益/元	运输里程缩短效益/元	运行时间节约的效益/元	平行路收费额/元	总效益/元	平均效益/(元·车$^{-1}$·km^{-1})
小型	32.30	4.75	2.5	17.00	56.55	0.67
中型	59.50	8.75	2.5	25.00	95.75	1.13
大型	93.50	13.75	3.75	30.00	141.00	1.66
特型	115.60	17.00	5.00	35.00	172.60	2.03

道路级差效益对收费标准的制定具有重要影响。下一节将对收费标准的确定方法进行详细介绍。

5.1.4　收费模式与收费标准

1. 收费模式

(1)收费还贷模式

收费还贷模式适用于收费还贷道路。利用贷款修建的道路,其收费的目的是偿还贷款和集资本息,并非收回全部建设成本,不是为了获得利润。所以收费还贷道路的收费期限,原则上应以还清贷款和集资的本息为限。一般而言,收费期限最长也不超过15年。收费还贷道路所确定的收费标准应能保证在规定期限内偿还全部贷款和集资本息。根据这一要求,还贷收费道路的收费数学模型为

$$\sum_{t=0}^{n} NCF_t(1+i)^{-1} - D = 0 \tag{5.8}$$

式中　n—— 收费期限,年;

NCF_t—— 第t年还贷回收额,元;

i—— 贷款或集资的平均年利率,%;

D—— 贷款或集资本息,元。

收费还贷道路所确定的收费标准应保证实际贷款偿还期低于或等于规定的贷款偿还期。收费标准与还贷收入之间存在着下式所述的关系

$$NCF_t \leqslant \sum f \cdot Q \cdot L \cdot (1-T) - C \tag{5.9}$$

式中　f—— 某型车的收费标准,元/(车·km);

Q—— 某型车的交通量,辆/年;

L—— 收费道路全长,km;

T—— 营业税金及附加,%;

C—— 平均每年道路养护与管理费用,元。

上述公式界定了分车型收费标准的下限。

(2)收费经营模式

收费经营模式适用于收费经营道路,收费经营道路收费的目的在于收回投资并获得预期的利润。根据国家的有关规定,收费经营道路的收费期限,按照收回投资并有合理回

报的原则确定,最长不得超过30年。因而,在特许经营期内回收全部的投资并实现预期投资收益率的要求,就成为制约收费经营道路收费标准的关键因素。收费经营道路的收费数学模型为

$$\sum_{t=0}^{n} NCF_t(1+IRR)^{-1} - I = 0 \tag{5.10}$$

式中　n——收费期限,年;

NCF_t——第 t 年投资回收额,元;

IRR——投资内部收益率,%;

I——投资现值,元。

收费费率与投资回收额之间的关系为

$$NCF_t \leqslant \sum f \cdot Q \cdot (1-T) - C \tag{5.11}$$

式中　f——平均标准费率,元/辆;

Q——平均交通量,辆;

2. 车辆分类

在实施收费前应对车辆加以分类,这是制定收费费率和收费标准的基础。车辆分类的原则是:公平合理性和简单明确性。

(1)公平合理性

车辆分类的主要目的是保证通行费征收的公平合理,并能有效吸引交通量。征收的通行费应反映出不同车辆对道路的使用和破坏情况,此外,还要考虑收费道路的车型构成比例、车辆分类检测手段、车辆对道路的占有情况及车辆的运营效益等。

(2)简单明确性

在尽可能按公平合理的原则进行车辆分类的同时,还要考虑到车型判别的简明性(适用于人工判别或机器自动判别或不停车收费的机器自动判别),以保证营运高效、可靠,并降低营运成本。

2003年4月23日发布实施的行业标准《收费公路车辆通行费车型分类》(JT/T 489—2003)将收费公路车辆分为五类。

第一类:小于等于7座的客车、小于等于2 t的货车;

第二类:8~19座的客车、大于2 t小于等于5 t的货车;

第三类:20~39座的客车、大于5 t小于等于10 t的货车;

第四类:大于等于40座的客车、大于10 t小于等于15 t的货车以及20英尺(1 m=3.280 8英尺)集装箱车;

第五类:15 t以上的货车以及40英尺集装箱车。

当单车拖曳另一辆车时,该组合车辆按照高于主车的一个类别来确定车型。

由于我国的车型种类较多,部分临界车和改装车的存在给车辆分类带来了一定的困难。各地区根据自身的不同情况,制定了各自收费车辆分类标准。表5.6给出了我国部分高速公路车辆分类和收费标准。

3. 分车型收费系数

分车型的收费系数,亦称收费费率,就是各车型收费标准的比例关系。

表 5.6　我国部分高速公路车辆和收费标准

高速公路名称	车辆分类/收费档次	1(A) 小型车		2(B) 中型车		3(C) 大型车		4(D) 特种车					5(E) 重型车
		货车	客车	货车	客车	货车	客车						
京津塘高速公路	吨位/t	<1		1~7		7~15		>15					
	座位/座		<7		8~19		20~40	>40					
	收费标准/(元·车$^{-1}$·km^{-1})	0.25		0.35		0.45		0.6					
沈大高速公路	吨位/t	<2.5		2.5~7		7~15		>15~40	40~60	60~80	80~100	>100	
	座位/座		<19		20~40		>40						
	收费标准/(元·车$^{-1}$·km^{-1})	0.15		0.20		0.25		0.4	0.6	0.8	1.0	1.2	
沈阳-桃仙机场高速公路	吨位/t	<2.5		2.5~7		7~15		>15~40	40~60	60~80	80~100	>100	
	座位/座		<19		20~40		>40						
	收费标准/(元·车次$^{-1}$)	2.0		4.0		6		8	10	12	14	16	
广佛高速公路	吨位/t	<2		2~5		5~20		20~40					
	座位/座		<5		5~40								
	收费标准/(元·车次$^{-1}$)	5		15		20		30					
广州市环城高速公路	吨位/t	<2.5		2.5~7		7.5~20		>20					
	座位/座		<19		20~49		>50						
	收费标准/(元·车次$^{-1}$)	5.0		10		15		22					
京石高速公路	吨位/t			1~7		7~14		>39					14~39
	座位/座		<7		7~28		>28						
	收费标准/(元·车$^{-1}$·km^{-1})	0.178		0.267		0.445		0.05					0.536
沪嘉高速公路	吨位/t	<2		2~5		5~10		10~25	25~40	>40			
	座位/座		<22		23~40		>40						
	收费标准/(元·车次$^{-1}$)	2		4		8		14	20	增加 10 t 增加 5 元			
西临高速公路	吨位/t	<2.5		2.5~7		7~15		超过 15 t 每吨加收 2 元					
	座位/座		<19		20~40		>40						
	收费标准/(元·车次$^{-1}$)	2		5		10							

(1)影响收费系数确定的因素

①分车型交通量的收费弹性。收费弹性研究表明,小型车交通量基本上不受费率高低的影响,具有较小的收费弹性。中型车收费费率高低对交通量有一定影响。大型车和特型车收费费率高低对交通量有较大影响,具有较大的收费弹性。从收费弹性的规律来看,对小型车可根据需要,在级差效益范围内采用较高的收费标准。

②各车型对道路的占用和磨损。相比较而言,重型和特大型车辆在运行过程中所占用的空间和对道路的破坏程度较大,因而收费标准相对较高。

(2)收费系数的确定

从理论上说,大型车的费率应当高一些。根据从对道路的占用和磨损测算得出的高速公路费率关系见表5.7。从表中可以看出,一个集装箱车辆的通行费将是16辆小客车的费用。一旦采用这种费率,则集装箱车的吸引通行量一定很小。在确定收费费率时,既要考虑车辆的占有率、对道路的破坏程度,还要鼓励大型车的通行。因此,费率应做相应的调整,调整时应着重以A、B型车为主,同时不轻视C型车。

表5.7　以小客车为标准的费率

小客车	大客车	货车	集装箱车
1	2	3.3	16.67

如果将小型车的费率定为1,特大型车D采用2.74,那么高速公路上较合理的费率见表5.8,这是在借鉴国内外高速公路费率资料的基础上综合取得的。按照这一费率确定收费标准,增加了道路对车辆的吸引,交通量可望达到预期的效果。

表5.8　我国高速公路上收费系数推荐值

小型车A	中型车B	大型车C	特大型车D
1	1.5	1.7	2.74

4.收费标准

本书仅介绍以还款付息为目的的新建高速公路收费标准的确定方法。目前,国内外对该收费标准的确定主要有成本反算法、类比法、消费水平测算法、级差效益法、收费弹性系数法五种方法。

(1)成本反算法

成本反算法是根据贷款额、贷款利率、贷款偿还期年限及道路养护管理成本、大中修成本等计算收费额,然后根据不同年份和不同车型的交通量进行反算确定收费标准方案。此方法最为直观,因此是目前使用最广泛的收费标准确定方法。

该方法是以预测交通量不变为前提条件的,而未来年份的交通量与预测交通量之间会有一定的偏差。因此,这种"固定不变的"的假设可能会出现不切实际的情况。

[例5.2]　某高速公路采用收费还贷方式建设,规定还贷期限为9年。确定1992年通车,里程为142.5 km,当年外汇汇率比价为5.029,银行利率为4.2%。折算开通年A型车年平均日交通量为12 054辆,还款计划见表5.9和表5.10。在此期间,资金折现率为9%,收费标准只因时间价值的改变而改变。试确定收费标准。

表 5.9　×××高速公路还款计划表(养护管理费按4%递增)　　万美元

年度	本金	利息	收入	养护管理费	还本付息
1992	17 724.5	—	2 030.65	424.5	1 606.15
1993	16 118.35	744.43	2 213.41	441.5	1 771.93
1994	15 090.85	676.97	2 412.62	459.1	1 953.52
1995	13 814.30	633.81	2 629.75	477.5	2 152.25
1996	12 295.86	580.20	2 866.43	496.6	2 369.83
1997	10 506.23	516.43	3 124.41	516.5	2 607.91
1998	8 414.75	441.26	3 405.60	537.1	2 868.50
1999	5 987.51	353.42	3 712.11	558.6	3 153.51
2000	3 187.42	251.48	4 019.79	580.9	3 438.89
2001	0	133.87			

表 5.10　×××高速公路还款计划表(养护管理费不变)　　万美元

年度	本金	利息	收入	养护管理费	还本付息
1992	17 724.50	—	1 982.90	424.5	1 558.40
1993	16 166.10	744.43	2 161.36	424.5	1 736.86
1994	15 123.67	678.98	2 355.88	424.5	1 931.38
1995	13 871.26	635.19	2 567.91	424.5	2 143.41
1996	12 363.04	582.59	2 799.03	424.5	2 374.53
1997	10 571.10	519.25	3 050.94	424.5	2 626.44
1998	8 463.91	443.98	3 325.52	424.5	2 900.82
1999	6 007.07	355.48	3 624.82	424.5	3 200.32
2000	3 162.23	252.30	3 839.03	424.5	3 414.53
2001	0				

解　根据还款计划,可估算出第一年通行费收入。再根据下列四个收费标准公式计算出各车型收费标准。在还款计划中,最后一年应根据具体还款情况进行适当调整,使收费标准既能满足还贷要求,又能被道路使用者所接受。

$$\text{A 型车的收费标准}=\frac{\text{第一年通行费收入}\times\text{外汇汇率比价}\times 10^4}{\text{第一年年平均日交通量}\times 365\times\text{总公里数}} \tag{5.12}$$

$$\text{B 型车的收费标准}=\text{B 收费系数}\times\text{A 型车的收费标准} \tag{5.13}$$

$$\text{C 型车的收费标准}=\text{C 收费系数}\times\text{A 型车的收费标准} \tag{5.14}$$

$$\text{D 型车的收费标准}=\text{D 收费系数}\times\text{A 型车的收费标准} \tag{5.15}$$

收费标准的高低取决于高速公路交通量的大小,而交通量在高速公路未开通前只能靠预测获得。由于交通量不稳定,为了可靠起见,应计算在几种交通量情况下的收费标准,结果见表 5.11。

表5.11　×××高速公路在几种交通量情况下的收费标准　元/(车·km)

交通量情况	方案							
	养护管理费不变				养护管理费每年按4%递增			
	A	B	C	D	A	B	C	D
基本情况下的交通量	0.159 0	0.238 6	0.270 4	0.435 8	0.162 9	0.244 3	0.276 9	0.446 3
交通量减少20%	0.198 8	0.298 3	0.338 0	0.544 8	0.203 6	0.305 4	0.346 1	0.557 8
交通量减少50%	0.318 0	0.477 2	0.540 8	0.871 6	0.325 8	0.488 6	0.553 8	0.892 6

①基本情况下的交通量，将交通量预测结果折算成A型车的年平均日交通量，再根据还款计划，由公式计算养护管理费不变及养护管理费按比例递增后各车型收费额标准。

②交通量下降20%的情况下，养护管理费不变及养护管理费按比例递增后各车型收费额标准。

③交通量下降50%的情况下，养护管理费不变及养护管理费按比例递增后各车型收费额标准。

由于交通量的不稳定性，因此选择交通量下降20%、养护管理费按每年4%递增的收费标准作为最终标准。同时将费额化零为整，以简化收费手续。由此得出该高速公路各个收费站的区间收费标准为：A型车=0.20元/(车·km)，B型车=0.30元/(车·km)，C型车=0.35元/(车·km)，D型车=0.55元/(车·km)。

(2)类比法

类比法是参照已建成道路的收费标准，按地区发展水平、交通量的大小、投资结构等进行类比分析，并经调整后确定的收费方案。该收费标准具有一定的实践依据，但在很大程度上含有经验和主观判断的成分，因此，其准确性和可靠性较难量化。

(3)消费水平测算法

消费水平测算法是按人们的收入水平对收费的承受能力(也称收费负担度)测算并确定收费标准的方法。收费负担度等于收费收入与人均收入之比。消费水平测算法将使用收费道路看成一种消费活动，试图站在消费者的角度将收费标准定位于市场价格的范畴。但私家车作为一种高档消费品，在我国还不十分普及，因此，车辆出行中大量的还是生产性、公务性和公交性的出行行为，与个人消费不存在明显的相关关系。因此，此法目前在实际应用上有较大困难。

(4)级差效益法

级差效益法根据用户收益价值的大小确定收费标准。收费道路的级差效益界定了分车型收费标准的上限。世界银行建议选取使用者所获得的总效益的30%~50%作为收费道路的车辆通行费标准，亚洲开发银行建议收费标准不应超过使用者所获效益的30%。级差效益法计算简便，但考虑因素比较单一。

(5)收费弹性系数法

国外在确定道路收费费率时常以收费弹性(敏感度)为依据，即根据交通量随收费标准的变化情况，来确定收费标准。收费弹性系数法需要有较完善的收费历史、社会经济发展状况和道路使用者对费用的承担能力等方面的资料，因此，不太适合现阶段我国国情。

但就国外确定收费标准的经验来看,这种方法是较合理的。

5.1.5 收费车道数计算与收费站总体设计

1. 收费站通道数计算

设置收费站收取通行费是回收道路投资的重要措施,但是必须在保证道路运输效率的前提下进行此项工作才有意义。在车辆较多的情况下,收费站可能成为一个"瓶颈",影响道路上车辆的运行。因此,合理确定收费车道数是收费站设计的重要内容。收费车道数是根据设计交通量、服务方式、平均服务时间及服务水平,应用排队论通过计算确定的。

(1)收费站交通特性分析

收费站处的交通特性分析是确定收费站通行能力的基础。通常情况下,车辆进入和离开收费站的过程可以描述为:车辆减速进入收费站,寻找排队长度较短的或没有排队的收费车道来交款或领票。如果所选择的收费车道上有排队等候的车辆,则在队尾排队等候服务,接受服务后加速离开收费站。如果所选收费车道上无排队现象,则直接接受服务然后加速离开。

(2)收费排队系统的基本概念

①排队与排队系统

收费排队是指因要求通过收费站的车辆数超过收费站的容量,致使车辆得不到及时服务而出现的排队现象。排队不包括正在接受服务的车辆。收费排队系统是指要求通过收费站的车辆、正在接受收费服务的车辆与收费站的总称。

②排队系统的组成

排队系统由输入过程、排队规则及服务方式三部分组成。输入过程是指车辆到达收费站的规律,目前大部分研究都认为道路收费站的车辆到达服从泊松分布,其数学表达式为

$$P_n(t)=\frac{(\lambda t)^n}{n!}e^{-\lambda t} \tag{5.16}$$

式中 $P_n(t)$—— 时段 t 内有 n 辆车到达收费广场的概率;

λ—— 车辆到达收费广场的平均到达率。

排队规则是指车辆按什么规律接受服务,一般来说,收费排队系统按车辆到达的先后次序接受服务,即先到先服务。

服务方式是指同一时刻的收费站收费车道数及收费时间长度,收费站的收费车道一般有多个,服务时间一般服从负指数分布,其数学表达式为

$$f(t)=\mu e^{-\mu t} \tag{5.17}$$

式中 $f(t)$—— 车辆服务时间的概率密度函数;

μ—— 收费平均服务率,即单位时间内车辆接受服务完毕后离去的平均数。

有时也认为服务时间服从定长分布,即对车辆的服务时间是一个常数值,这样有利于简化计算。对于人工收费或半自动收费系统,当采用开放式制式时,平均服务时间为 6 s;当采用封闭式制式时,平均服务时间入口为 6 s,出口为 14 s;当采用混合式制式时,平均服务时间为 6 s;均一式制式时,入口为 8 s。

(3) 排队模型

对一般排队系统,通常采用肯道尔符号来表示排队模型,其表达式为:到达过程/服务过程/服务台数/系统容量/顾客源容量/排队规则。上述形式中去掉后两项或后三项可以简化为:$X/Y/Z/\infty$ 或 $X/Y/Z$。这两种形式默认系统与顾客源容量都为无限,即采用先到先服务的排队规则。

要解决收费排队问题,首先要确定收费排队属于哪种类型。根据前面的分析可以清楚地看出,收费排队系统属于到达、服务过程服从泊松分布,有 S 个服务台,系统与顾客源容量为无限,采用先到先服务的排队模型。

(4) 收费排队系统主要指标计算

由于排队系统中有 S 个服务台的服务率均为 μ,于是整个服务机构的最大服务率为 $S\mu$。只有当车辆平均到达率 λ 与最大服务率之比小于 1 时,才能使系统达到稳定状态而不致排成无限的队列。令

$$\rho = \frac{\lambda}{S\mu} \tag{5.18}$$

式中　ρ——系统的服务强度。

① 排队系统中没有车辆到达的概率 $P(0)$ 为

$$P(0) = \left[\sum_{n=0}^{S-1}\frac{1}{n!}\left(\frac{\lambda}{\mu}\right)^n + \frac{1}{S!\ (1-\rho)}\left(\frac{\lambda}{\mu}\right)^n\right]^{-1} \tag{5.19}$$

② 排队系统中有 n 辆车到达的概率 $P(n)$ 为

当 $n < S$ 时

$$P(n) = \frac{1}{n!}\left(\frac{\lambda}{\mu}\right)^n P(0) \tag{5.20}$$

当 $n > S$ 时

$$P(n) = \frac{1}{S!\ S^{n-S}}\left(\frac{\lambda}{\mu}\right)^n P(0) \tag{5.21}$$

③ 排队系统中平均等待车辆数 q 为

$$q = \frac{(S\rho)^S \rho}{S!\ (1-\rho)^2} P(0) \tag{5.22}$$

④ 排队中平均等待时间 $W(q)$ 为

$$W(q) = \frac{q}{\lambda} = \frac{(S\rho)^S \rho}{S!\ (1-\rho)^2 \lambda} P(0) \tag{5.23}$$

⑤ 排队系统中车辆平均逗留时间 $W(\gamma)$ 为

$$W(\gamma) = W(q) + \frac{1}{\mu} \tag{5.24}$$

⑥ 排队系统中平均顾客数 γ 为

$$\gamma = W(\gamma)\lambda = \frac{\lambda}{\mu} + \frac{(S\rho)^S}{S!\ (1-\rho)^2} P(0) \tag{5.25}$$

(5) 收费车道数计算

① 设计交通量。采用设计小时交通量 DHV,按下式计算为

$$DHV = K_{30} \cdot D \cdot AADT \tag{5.26}$$

式中　K_{30}——第 30 位小时交通量与 $AADT$ 之比值,$K_{30} = 0.12 \sim 0.14$;

D—— 道路方向分布系数，一般采用 0.6，主线终点采用 0.7，旅游点采用 0.75；

$AADT$—— 设计年平均日交通量，辆/d。

有当地实际资料时，K_{30} 和 D 采用实际数据。

② 单收费车道通行能力。单收费车道通行能力 C，按下式计算为

$$C=\frac{3\ 600}{W(y)+T} \tag{5.27}$$

式中　$W(y)$—— 某收费标准车辆在排队系统中平均逗留时间；

T—— 某收费标准车辆离去时间。

③ 收费车道数。所需收费车道数 K 由下式确定

$$K=\frac{DHV}{C} \tag{5.28}$$

按照以上公式，计算出不同车道数、不同服务时间下，可完成交费并通过的车辆数见表 5.12。表中的平均等待车辆数是将车辆平均分散到全部收费室上计算出来的，实际中车辆多集结到中心部位的车道上交费，故当车辆较多时，中间部位收费室的等待车辆数可能要比理论上的计算数多。

当入口和出口分开时，应按各自高峰时的交通量计算车道数；当入口和出口建在一起，同时中央部分的车道作为往复变向共用车道时，则服务时间长的一侧应按重交通方向的交通量，而服务时间短的一侧按车辆少的方向交通量分别计算车道数，然后加在一起作为总的车道数。

表 5.12　收费站每小时可处理的交费车辆数

车道数 \ 服务时间/s	6	8	10	12	14	6	8	10	12	14
	平均等待车辆:0.5 辆					平均等待车辆:1.5 辆				
1	198	148	118	99	85	372	274	219	186	157
2	688	512	410	344	292	912	684	548	456	390
3	1 260	945	756	630	540	1 530	1146	918	765	657
4	1 800	1 341	1 080	900	772	2 088	1 564	1 252	1 044	896
5	2 400	1 800	1 440	1 200	1 030	2 640	1 780	1 585	1 320	1 130
6	2 988	2 238	1 788	1 494	1 278	3 312	2 484	1 986	1 656	1 416
7	3 570	2 674	2 142	1 785	1 526	3 906	2 926	2 345	1 953	1 673
8	4 128	3 096	2 472	2 064	1 768	4 464	3 344	2 680	2 232	1 917
	平均等待车辆:1 辆					平均等待车辆:2 辆				
1	300	225	180	150	128	420	306	245	210	175
2	852	638	510	426	364	1 020	766	612	510	436
3	1 422	1 065	852	711	609	1 584	1 188	948	792	678
4	1 992	1 492	1 196	996	852	2 160	1 620	1 296	1 080	924
5	2 580	1 935	1 545	1 290	1 105	2 760	2 070	1 655	1 380	1 180
6	3 168	2 376	1 902	1 584	1 356	3 384	2 538	2 028	1 692	1 446
7	3 780	2 835	2 268	1 890	1 617	3 990	2 989	2 394	1 995	1 708
8	4 368	3 272	2 624	2 184	1 872	4 560	3 416	2 736	2 280	1 952

2. 收费站总体设计

(1)收费站类型

依据收费站设置位置的不同,可将收费站划分为主线收费站和匝道收费站两类。

①主线收费站

主线收费站是指设在主线上的收费站。封闭式收费系统一般是在收费道路两端各设一个主线收费站,其他收费站均设在匝道上。而开放式收费系统则多是沿收费道路每隔一定距离设置一座双向主线收费站。

当收费道路交通量较大时,主线收费极易因停车缴费而产生严重延误。为疏解这一状况,主线收费站可采用双向错位收费、单向收费、隔站错开收费和分支收费等四种布设方式。

双向错位收费是指两个方向的收费广场沿路中心线方向至少相互错开 120 m 以上,然后各自分成--个收费站。其优点是:可有效减少收费广场的宽度;缺点是:收费站的数目增加了一倍,增加了建筑及营运费用。

单向收费是指将现行各主线收费站的同一侧均改为与主线(单向)相同的正常车道数,其余空间均拨给对向作收费车道使用,全线只在该侧单向收费(费率提高一倍)。其优点是:不收费方向的收费延误完全消失,收费方向则因收费车道容量增加使收费不再是道路的“瓶颈”;其缺点是:收费方向交通量可能降低,通行费可能会短收,有失“使用者付费”原则。

隔站错开收费与单向收费大体类似,不同之处在于此方法仍然维持双向收费,只是双向收费站错开且用路人每隔一收费站缴费一次(费率提高一倍)。其优点是:除与单向收费相同外,尚能防止用路人逃避收费,因此短收费现象将减少,且两方向的交通需求仍能维持双向收费的水准;缺点是:可能产生转弯半径不足、收费站下游车流并入的渐变段长度不足等问题。

分支收费在收费站设置部分车道作为一般车道,而在收费站下游或上游约 90 ~ 135 m 处再设置分支收费站,使部分车辆在分支收费站缴费。其优点是:可以减少收费站横向拓展造成转弯半径不足的问题,亦可使车辆快速通过,增加收费站容量;缺点是:用地可能会有所增加。

②匝道收费站

匝道收费站是指设置在匝道上或连接线上的收费站,其布设方式可分为集中式与分散式两类。对于封闭式收费系统,集中式将同一立交每一进口匝道均引至一处,与地区道路相衔接,集中设置双向收费站。而对于均一式收费系统,只需将入口或出口匝道引至一处,集中设置单向收费站。分散式是指在同一立交的不同匝道上分别设置两个或两个以上的匝道收费站。

(2)收费站位置选择原则

收费站的设置位置应根据主体工程要求,结合主线和互通式立交匝道的交通量状况,进行优化选取,一般应遵循如下原则:

①开放式收费的高速公路,相邻收费站的间距在平原微丘区不得小于 40 km,山岭重丘区不得小于 20 km;国道主干线上每个收费站覆盖的距离不得小于 60 km。

②联网收费的两条高速公路相交处需要设置互通立交匝道收费站时,在满足立交使

用功能的前提下,宜采用双喇叭互通立交形式,在匝道上设置合建收费站。

③主线收费站宜设在直线段上,避免设置于凹型竖曲线最低处,不宜设于转弯半径过小、坡度过大之处,也力求避免设置于天气变化无常的地区。

④收费站距隧道出口至少在2 km以上,主线收费站与互通立交之间的距离在市区路段至少为1.6 km,郊区路段至少为3.2 km。

⑤设置收费站时应考虑对主线及地区交通的影响,避免在交通堵塞地点设置收费站。

⑥应考虑把沿线收费站建成一站一景,但不能单纯追求建筑风格的变化,而要根据投资和财力的具体情况,综合考虑。

⑦选择收费站址时,填土高度要综合考虑地形、地貌、排水、通道和地下管线等方面的要求。

(3)收费站平面与竖向布局要点

①视距条件

收费广场与连接道路间应有良好的视距条件,使驾驶员在到达收费站前足够的安全距离内就能看到收费广场的情况。在路线线形设计和互通式立交设计时,特别是在挖方路段设置收费广场时,必须做到路侧的各种障碍物都不妨碍驾驶员眼睛与通视目标的视线,必要时应拆除障碍物或开挖视距台。

②收费广场的平面线形

收费广场的平面线形最好选择一段直线,不得已采用曲线线形时,其曲线半径不宜小于250 m。收费站附近的坡度应尽量平坦一些,最好不要超过2%。

③车辆进出收费站

在布置收费站时,应根据地形地理情况,尽可能在收费站与被交道路之间设置联系道路或直接把收费站靠近被交道路布置,这样有利于车辆进出收费站。

④标高与填土高度

收费站的标高要与互通式立交的匝道标高相适应,在互通式立交设计时应兼顾收费站。收费广场的填土高度不宜太高,在南方多雨地区收费站的填土高度宜比原地面高1.0~1.5 m;在北方少雨地区也同样要防止水淹。

⑤收费广场排水

收费广场特别是主线收费广场,由于收费车道数多,收费广场宽度较大。对于南方多雨地区,在收费广场横断面设计时,宜采用较大的横坡,但横坡不宜超过2%。在纵坡方向,一般不期望有较大的纵坡,但为了防止路面水沿纵坡方向流到收费岛间的收费车道,可在收费广场标高较高的一侧设置截水沟。

(4)收费立体交叉

收费道路上的或需单独收费的立体交叉按收费立交设计。除了三肢立体交叉以外,其余形式收费立交至少需要两个收费站。一般应尽量减少收费站的个数,力求设备集中,管理方便,不干扰主要道路交通。一座立体交叉以一个收费站为宜。

①设置收费站的方法

如图5.2所示,距交汇道路交叉点适当的距离处另设一条连接线,在连接线的两端与正线交叉处各设置三肢立体交叉或平面交叉,使所有转弯车辆集中经由连接线行驶,只在连接线上设置一个收费站即可。

②收费立体交叉的形式

三肢立体交叉的所有形式都可直接作为收费立体交叉，只需一个设在连接线上的收费站，就能实现所有进出高速公路车辆的收费管理。多肢立体交叉一般是不收费的，只适用于不收费道路上使用。四肢收费立体交叉是收费道路上常用的形式，一般只需要一个收费站，个别情况可能采用两个收费站。

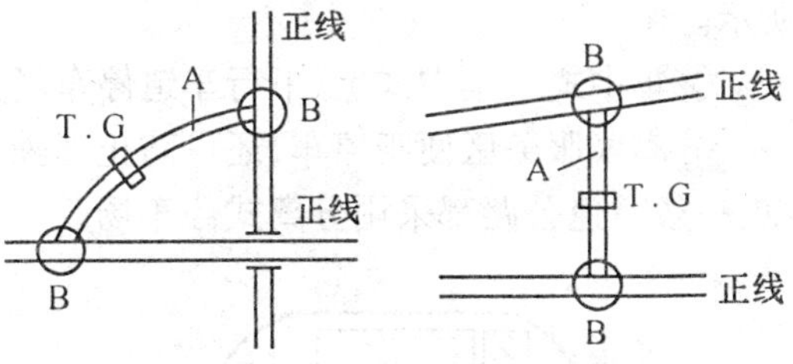

(a)连接线设置（一）　(b)连接线设置（二）

图5.2　收费立体交叉设置收费站的方法

A—连接线；B—三肢立体交叉或平面交叉；T.G—收费站

四肢收费立体交叉设两个收费站，多用于城市道路因场地条件限制不宜布设连接线而集中收费的情况，公路上一般很少采用。国内多用在部分苜蓿叶式收费立体交叉上，国外也用于变形的菱形收费立体交叉处。

四肢收费立体交叉只设一个收费站的形式，在收费道路上使用非常普遍。可采用的形式主要有：平交加菱形、平交加环形、平交加叶形、平交加喇叭形、平交加定向型、双菱形、菱形加环形、菱形加叶形、菱形加喇叭形、菱形加定向型、双环形、环形加叶形、环形加喇叭形、环形加定向型、双叶形、叶形加喇叭形、叶形加定向型、双喇叭形、喇叭形加定向型及双定向型等。部分收费立体交叉的形式如图5.3所示。

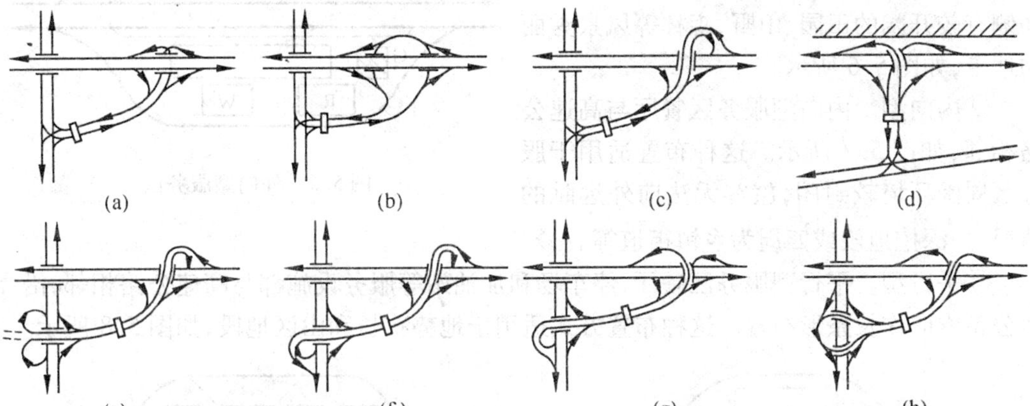

(a)　(b)　(c)　(d)　(e)　(f)　(g)　(h)

图5.3　设一个收费站的部分四肢收费立体交叉形式

5.2 道路服务设施

5.2.1 服务区的基本形式及总体布设

1.服务区的基本形式

服务区因其主要设施如停车场、餐厅和加油站等布置的位置不同，因而形式上也有所不同。

(1)按停车场的位置分类

①分离式。分离式服务区上、下行车道停车场分别布置在高速公路的两侧，如图5.4

所示。

②集中式。集中式上、下行车道停车场集中布置在高速公路的一侧，如图 5.5 所示。

分离式服务区便于停车，还可防止驾驶员互相交换通行卡和收费票证等作弊现象，所以，一般高速公路都采用分离式停车场。

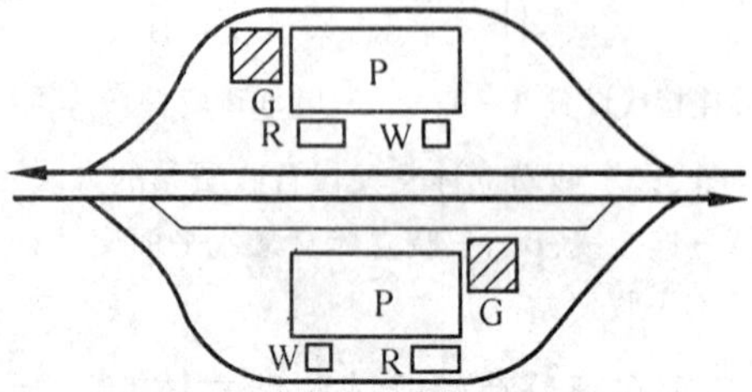

图 5.4　分离式服务区

P—停车场；G—加油站；

W—公共厕所；R—餐厅

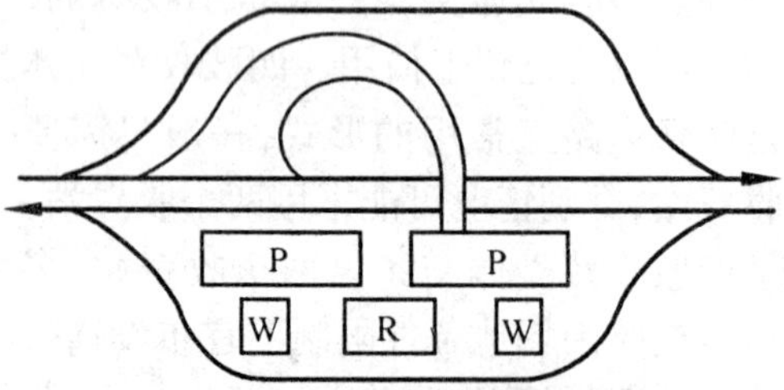

图 5.5　集中式服务区

(2)按餐厅的位置分类

①外向型。外向型服务区餐厅布置在远离高速公路的一侧。这种布置适用于服务区外侧有较开阔的田园、山野、森林等风景秀丽的地带，如图 5.6 所示。

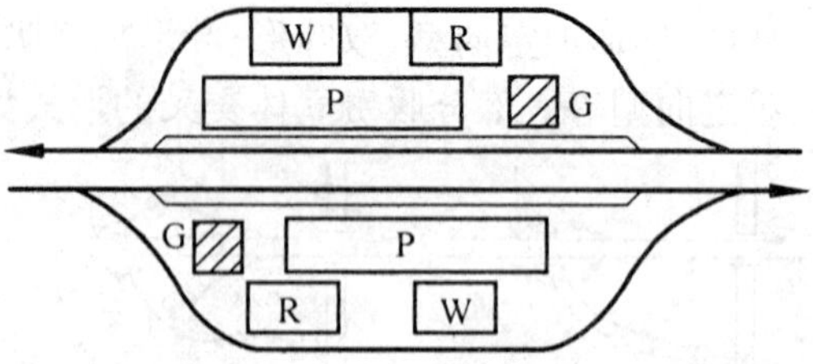

图 5.6　外向型服务区

②内向型。内向型服务区餐厅与高速公路相邻，如图 5.7 所示。这种布置适用于服务区周围环境较封闭，旅客无法向外远眺的情况，如深挖地段或四周为乡镇街道等。

③平行型。平行型服务区餐厅、停车场和加油站等服务设施都与高速公路相邻，沿高速公路方向作长条形布置。这种布置方式适用于地势狭长和山区地段，如图 5.8 所示。

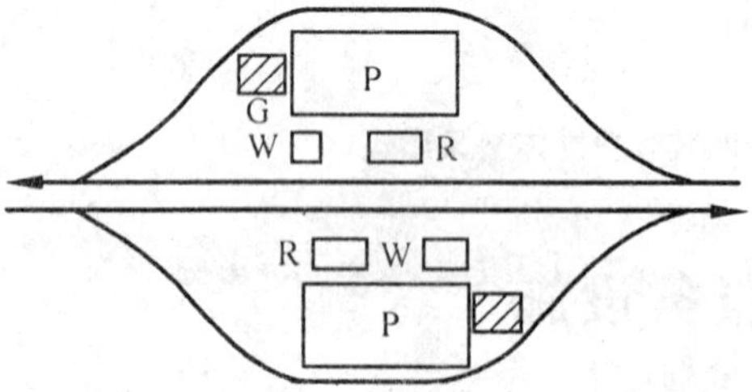

图 5.7　内向型服务区

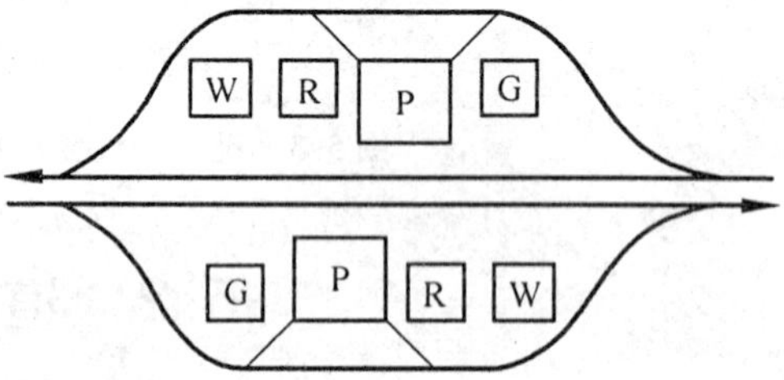

图 5.8　平行型服务区

外向型服务区便于停车，且旅客进入服务区可避开嘈杂的汽车声的干扰。因而，一般的都采用外向型的方案，只有在地形条件受限制时，才采用内向型或平行型的方案。

(3)按加油站的位置分类

①入口型。入口型服务区加油站布置在服务区的入口处，车辆一进入服务区就可以进行加油，如图 5.9 所示。

②出口型。出口型服务区加油站布置在服务区的出口处，车辆在休息后出服务区时再加油，如图5.10所示。

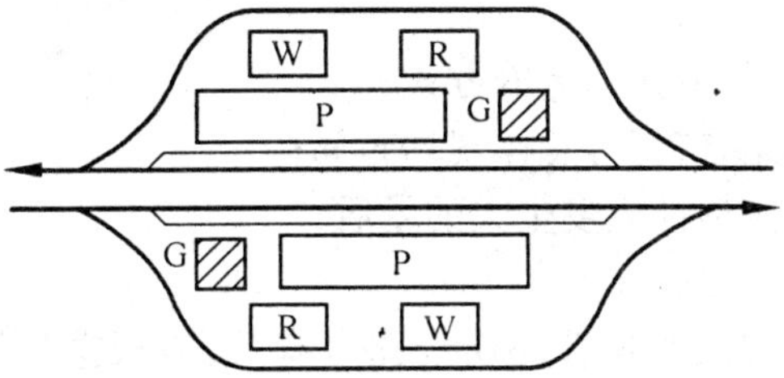

图5.9　入口型服务区

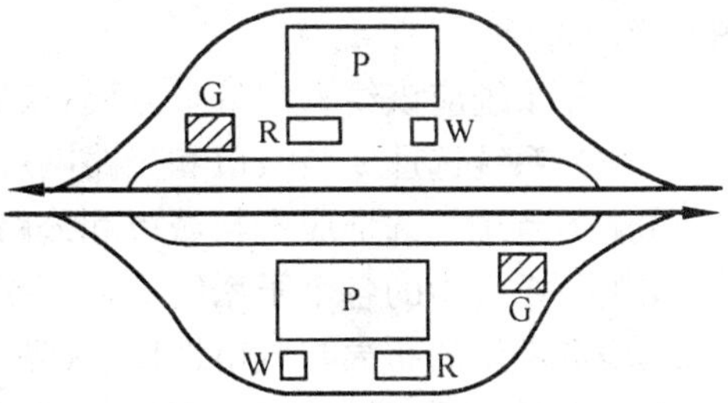

图5.10　出口型服务区

③中间型。中间型服务区加油站布置在服务区的中间，使用起来比较灵活。

由于停车场、餐厅、加油站、公共厕所等主要设施的布置与地形、地貌、沿线自然特征、土地利用、投资费用及管理条件等因素有关，实际上服务区的形式是通过对各种因素的综合分析比较，并且按照上述不同分类进行组合来确定的。

我国目前服务区常见的形式有：分离外向型（图5.6）、分离平行型（图5.8）和分离式餐厅单侧集中型。

国外还存在另外两种常见形式，一种是餐厅建在高速公路的上空，两侧可共同使用；另一种是中集聚型，服务区设在当中，高速公路到这里分成左右两侧分离式行驶。

2. 服务区布设的一般要求及基本原则

（1）服务区布设的一般要求

服务区布设时应满足以下几个方面的要求及规定：

①国家及省重要干线公路的服务设施应依据公路服务水平和交通量的增长情况，遵守"总体规划，分期实施"的方针，综合考虑地形、地物、景观、环保等，为用路者提供休息、服务场所；

②服务区设置间距为50 km，最大不得超过100 km；

③在服务区之间应交叉设置一处以上的停车区，相邻两处服务设施的间距不得大于30 km；

④在公路开通初期交通量较小时，部分服务区可先按停车区设置，待交通量增大后逐步配套完善；

⑤服务设施的征地面积（单侧）：大型综合性服务区不得大于10.0 hm^2，一般性服务区为4.0～6.7 hm^2；停车区为1.0～2.4 hm^2，最大不得超过3.4 hm^2。服务设施中停车场的面积不得小于整个场区用地面积的60%；

⑥国家及省干线公路应设置加油站，并配置厕所及一定的停车场等设施。

⑦加油站的间距宜为40～50 km，征地面积一般为0.4～1.0 hm^2，最大不得超过2.0 hm^2；

⑧公共汽车停靠站应设置在公路沿线居民出行集散地，其布设位置应保证旅客安全和乘行方便；

⑨服务设施内必须设置环保处理设施，生活污水等不得直接排放。

(2)服务区布置的基本原则

服务系统的性质和任务决定了它的建设必须围绕以人为本、可持续发展的原则，主要包括：

①服务系统应该给人们带来方便、快捷的出行方式和运输方式；

②服务系统选址要与城市和公路网规划相结合，符合总体规划布局；

③服务系统的选址应不与城市和公路沿线用地性质发生大的矛盾；

④服务系统中的各个子系统应合理配合和连接；

⑤服务系统的布局与城市性质、规划、地形以及高速公路所经路段有关，应根据具体条件合理布局，力保其服务范围最有效和最合理；

⑥服务系统拟定地址应具有必要的水源、电源、消防及排污等条件，不应选择在地质情况复杂的地震裂带、低洼积水地段以及有山洪、滑坡、沙流和沼泽的地段等。

3. 服务设施布设要点

(1)汽车维修站

①汽车维修站宜与加油站并排布置，便于提高共用通信设备、浴室、盥洗室及室外场地的利用率。但是，一定要注意按消防规范进行设计。

②汽车维修站与加油站分开设置时，维修站宜设在进口，加油站宜设在出口。驾驶员进入服务区后先维修车辆，然后休息，临走时再去加油。这样，使用顺当，而且较安全，不用采取特殊的消防措施。

(2)餐厅及商店

餐厅、旅店、商店、小卖部、办公用房等宜设在同栋综合服务楼内，以方便旅客，减少人流和车流的交叉，提高安全性。

(3)园林

①园林规划应考虑人能充分利用草坪休息或饮食等，并充分考虑排水；

②从停车场到小卖部和厕所的途中，要考虑利用园林引导使用者；

③原有树木中的保留景观，应不影响视线和交通流；

④停车场与其他建筑物有高差时，在设置台阶的同时，还应考虑无障碍通行；

⑤服务区的植树率原则上以7% ~15%为标准，植树以外部分用草皮、其他植物覆盖，绿化覆盖率达到40%；

⑥园林应配置在停车场、餐厅附近；

⑦外围园地的设计应使整个休息设施与外部景观协调，园地的宽度根据环境条件灵活处理；

⑧园地应能适应蔽荫、引导和景观改善等各种要求，树木和草坪组成的园地应既简单又有观赏性。

(4)公厕及其他

公共厕所宜靠近大型车辆停车场，便于大批旅客使用。厕所同时要靠近餐厅、旅社和商店。如服务区规模较大，可分设几个。

排水设施、供电设施、垃圾处理设施等应尽量设在较隐蔽的地方。

5.2.2　服务区规模与计算示例

1. 服务区规模

服务区的总体规模应由各组成设施的规模合在一起求得。与服务区一侧停车车位数相对应的标准建筑设施的规模见表5.13。

表5.13　与一侧停车车位数相对应的标准建筑设施规模(服务区)

一侧停车车位数/个	停车场/m^2	公共厕所/m^2	餐厅/m^2	免费休息室/m^2	小卖店/m^2	综合楼/m^2	加油站/m^2	附属设施/m^2
50	3 000	280	400	200	100	1 000	470	550
100	5 000	350	600	300	150	1 500	470	550
150	6 000	400	650	350	200	1 600	470	550
200	6 500	400	700	400	250	1 800	470	550

显然，在服务区规模计算中，关键是确定一侧停车车位数。停车车位数根据主线交通量与设施的利用率按下式求算，即

停车车位数(一侧)=一侧设计交通量×停留率×高峰率/周转率

一侧设计交通量/(辆·d^{-1})=通车第10年的一年中第35顺位前后的日交通量=假日服务系数×通车10年后的双向年平均日交通量/2

假日服务系数：一年中第35顺位前后日交通量与平均日交通量的比值系数，见表5.14。

停留率：停留车辆数(辆/d)/主线交通量(辆/d)。

高峰率：高峰时停留车辆数(辆/d)/停放车辆数(辆/d)。

周转率：1(h)/平均停车时间(h)。

表5.14　假日服务系数

年平均日交通量 Q(双向)/(辆·d^{-1})	假日服务系数
$0<Q\leqslant 2\ 500$	1.4
$2\ 500<Q\leqslant 5\ 000$	$1.65-Q\times 10^{-5}$
$Q>5\ 000$	1.15

随着休息设施的种类与位置的不同，其停留率、高峰率、周转率也有所不同。因此，在能够推算出交通量是某种程度下的车种的构成时，应分别按不同车种的停留率、高峰率、周转率算出不同车种所需要的停车车位数，分为小型车和大型车的车位数，然后再合计。

当车辆种类组成不明确或为小规模的服务设施时，可按合计交通量计算停车车位数，然后用简单方法将停车车位数按1：3左右的比例分成大型车和小型车的车位数。

不同车种的停留率、高峰率、周转率及平均停车时间可参见表5.15。

新建、改建等工程能够利用停留率等实际数值时，就用实际数值决定停车车位数。著名风景胜地或大城市近郊的服务区停车率有上升的趋势，因而在参照表5.15的数据时，应结合实际情况给予适当修正。

表 5.15　不同车种的停留率、高峰率、周转率及平均停车时间

设施种类	车种	停留率	高峰率	周转率	平均停车时间/min
服务区	小型车	0.175	0.10	2.4	25
	大型公共汽车	0.25	0.25	3.0	20
	大型载重车	0.125	0.075	2.0	30
停车区	小型车	0.10	0.10	4.0	15
	大型公共汽车	0.10	0.25	4.0	15
	大型载重车	0.125	0.10	3.0	20

2. 计算实例

现以河北省津保高速公路霸州服务区为例，说明服务区规模的计算方法和步骤。

(1)设计交通量计算

服务区的设计交通量是指服务区投入运营后 10 年的交通量，以运营后 15 年的交通量作为征地的规模控制。

服务区一侧设计交通量＝一年中第 35 顺位前后的交通量＝

假日系数×Q_{10}/2

停车车位数＝设计交通量×停车率×高峰率/周转率

各种车辆的分配系数见表 5.16。

表 5.16　车型分配系数

车　型	货车	小客车	大客车	拖车、集装箱	拖拉机
调查/%	46.9	25.6	6.2	6.4	14.9
调整数/%	47.9	30.6	15.1	6.4	0

注：货车包括大、中、小货车，调查的数据为 7.9、11.7、27.3。

由 OD 调查得知，该路段车型比例为

小客车：大客车：货车＝30.6：15.1：(47.9+6.4)＝ 30.6：15.1：54.3

路段一侧设计交通量经过计算为 9 450 辆/d。

(2)停车车位计算

小车停车位＝9 450×0.306×0.175×0.1/2.4＝21

大客车停车位＝9 450×0.151×0.25×0.25/3＝29.7＝30

货车停车位＝9 450×0.479×0.125×0.075/2＝21

拖车、集装箱停车位＝9 450×0.064×0.125×0.075/2＝2.8＝3

具体计算结果见表 5.17。

表5.17　车位数计算一览表

车型	车位数	载客数	周转率
小客车	21	3.3	2.4
大客车	30	46	3
货车	21	2.1	2
拖车、集装箱	3	2.1	2
合计	75		

(3)餐厅规模计算

按正常情况统计，每人用餐(快餐)时间为25 min，餐厅的每个席位所需要面积为1.5 m^2，厨房、仓库及办公等面积与餐厅所占面积相同，具体见表5.18。

表5.18　餐厅规模计算一览表

项目 车型	停车位数	载客人数	周转率	餐厅使用率	用餐人数/(人·h^{-1})	注
小客车	21	3.3	2.4	0.5	83	用餐人数=停车车位数×载客人数×周转率×餐厅使用率
大客车	30	46	3	0.08	331	
货车	21	2.1	2	0.5	44	
拖挂、集装箱	3	2.1	2	0.5	6	
合计	75				464	

所需的席位为　$464\div60\times25=193$

餐厅总建筑面积为　$S/m^2=193\times1.5\times2=579$

(4)公厕面积计算

根据调查及有关资料，使用厕所人数约占所有乘客人数的80%。

使用厕所人数/(人·h^{-1})=80%×(21×3.3×2.4+30×46×3+21×2.1×2+3×2.1×2)=80%×(166+4 140+88+13)=3 526

其中：男厕所使用周转率为60人/h；

女厕所使用的周转率为30人/h；

旅客使用大便器的人数为使用小便器的30%；

男女上厕所人数比例为2∶1；

则上男厕的人数/(人·h^{-1})=3 526×2/3=2 350；

设置小便器个数/个=2 350÷60=39；

设置大便器个数/个=39×0.3=12；

上女厕所的人数/(人·h^{-1})=3 526×1/3=1 175；

女厕所便器个数/个=1 175÷30=39。

根据有关建筑要求及规定，男蹲位(大小便)为3 m^2一处，女蹲位为4.5 m^2一处，残疾人专用面积为20 m^2。

厕所建筑面积 $S/m^2=(39+12)\times3+39\times4.5+20=$

$$153+176+20=349$$

根据调查，厕所面积考虑1.1～1.4的系数后，厕所建筑面积采用412 m²。其中：男蹲位(大)140 m²、(小)42 m²，女蹲位210 m²，残疾人专用面积20 m²。

(5)小卖部面积计算

据有关资料调查，到服务区的人员中有80%去小卖部，顾客在小卖部活动所需面积为2 m²/人，旅客停留时间为2 min。

所需建筑面积/m² = 2×3 526÷60÷2 = 58.77

免费休息室面积/m² = 250

休息室及小卖部建筑面积共计350 m²。

(6)宾馆规模计算

根据国内各地服务区的使用情况，每个房间平均建筑面积为35 m²，考虑到服务区在白沟附近，故暂设40间客房，并考虑采用1.2的扩大系数。

$$宾馆建筑面积/m^2=40\times35\times1.2=1\ 680$$

(7)其他面积计算

加油站：300 m²

修理间：400 m²

车库：200 m²

变配电室：157.52 m²

锅炉房：334 m²

污水处理：67.28 m²

职工宿舍：660 m²

职工食堂：340 m²

(8)总用地面积估算

①服务区建筑面积/m² = 9 000×1.1 = 9 900，建筑面积控制在10 000 m²以内。

②停车场面积/m² = 21×30+54×80 = 4 950。

③院内道路及放坡等面积占总面积的30%(即停车场的1.2倍)。

④建筑物面积为10 000 m²，占总占地面积的15%(即停车场的0.6倍)。

⑤绿化面积占总占地面积的30%～40%(即停车场的1.2倍)。

⑥公共汽车站占地10 000 m²。

⑦其他占地面积4 800 m²。

估算的总用地面积/m² = 10 000+4 950×(1+1.2+0.6+1.2)+10 000+4 800≈44 600

思考题

1. 收费道路有哪几类？实施收费经营权转让(BOT模式)的公路以及非经营性收费还贷公路，在技术等级及规模上应具备哪些条件？

2. 收费制式有哪几种？每种收费制式的优点、缺点及适用条件是什么？

3. 收费方式有哪几种？我国目前广泛应用的收费方式是什么？

4. 道路使用效益包括哪几个方面，对道路收费而言确定道路使用效益的目的和意义是什么?

5. 在确定收费标准时,车辆分类的原则是什么?确定分车型的收费系数(收费费率)时应考虑哪些因素?

6. 收费排队属于哪种排队类型?在计算收费车道数时,设计交通量及单收费车道的通行能力是如何确定的?

7. 收费站类型主要有哪几种?收费站位置选择的原则是什么?

8. 试述收费立体交叉中收费站的设置方法,以四肢收费立体交叉为例说明高速公路上常用的收费立交形式?

9. 高速公路服务区的基本形式有哪几种?各自的特点及适用条件是什么?

第 6 章　道路照明设施

道路照明设施是指,为保证夜间及白天低能见度下交通的正常运行,使道路使用者正确地识别路况及各种交通标志、预知道路的前进方向和几何线形条件,而设置于道路上的灯光照明设施。道路照明系统不仅包括一系列的光源、灯具及其附属设施,还包括照明与控制设备及节能措施等。道路照明既属于照明工程学的范畴,又是交通工程学的一个重要组成部分。

6.1　概　述

6.1.1　照明系统的功能

1. 交通工程功能

道路照明系统的交通工程功能包括:

①通过为驾驶员和行人提供快速、准确、舒适的视觉环境,保障道路交通安全;

②在车辆不使用前照灯的前提下提供人工照明,使驾驶员能够自身定位、获取前方道路线形与构造物信息并认清前方障碍及各类标志,从而改善交通运行状态,提高行车速度和道路利用率;

③在隧道及较长地下通道上设置的照明系统,可提供全日照明,从而保证车辆不论是夜间还是白天均可安全行驶,同时明显改善上述设施进出口处的视觉环境。

2. 其他功能

道路照明系统的其他功能包括:

①降低夜间街道上的犯罪率,提高市民的社会安全感;

②刺激夜间交通出行,缓和白天的交通拥堵;

③通过吸引夜间顾客及观众,促进商业尤其是零售业的发展,活跃夜间的社会活动;

④有助于驾驶非机动车、自行车等自身照明设备薄弱的出行者更好地完成夜间出行活动;

⑤改善城市景观,美化城市夜间空间环境。

6.1.2　照明基本概念

1. 光及其度量

(1)光(light)

一切温度高于绝对零度(−273.16 ℃)的物体会向外辐射电磁波,当波长为 380 ~ 760 nm的电磁波射入人眼时能产生明亮的感觉,这就是光,又称可见光。

(2)光通量(luminous flux)

光源在单位时间内向四周空间发射的辐射能值称为辐射能通量。人眼所能感觉到的那一部分辐射能，称为光通量（以 F 表示），单位是流明（lm）。一个流明就是单位时间内落入一平方英尺面积上的总的可视辐射能值。

（3）光出射度（luminous exitance）

单位面积被照面反射或透射的光通量，称为光出射度（以 M 表示），又可分为光反射度和光透射度，单位为 lm/m^2。

（4）发光强度（luminous intensity）

光源在某方向单位立体角内的光通量称为发光强度，即光通量的空间密度，简称光强（以 I 表示），单位是坎德拉（cd）。

（5）照度（illuminance）

由光源直接或间接照亮的被照面上入射的光通量与被照面面积之比，即单位被照面上的光通量，称为该表面的照度（以 E 表示），单位是勒克斯（lx）。人的视觉可以适应很大幅度的照度变化，从 100 000 lx 的盛夏阳光到 0.000 3 lx 的星光。一般来说，视力会随着照度的增加而提高，如图 6.1 所示。

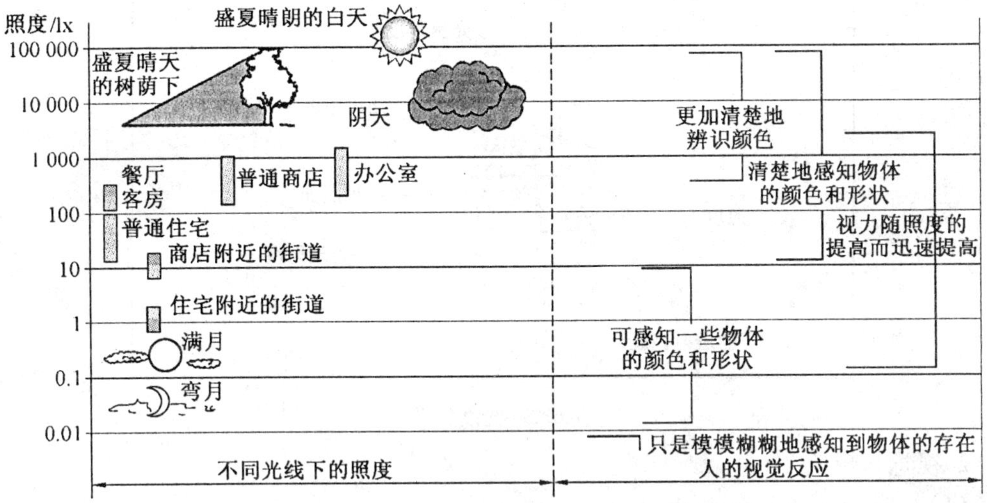

图 6.1　照度与人的视觉反应

（6）亮度（luminance）

照射到被照面上的光通量，一部分从被照面上反射回来，反映到人眼里便出现物体的像，反射到人眼的光通量越大，所引起的视觉就越清楚，这可用亮度来描述。亮度（以 L 表示）就是发光表面在一定方向上的发光强度与该方向的投影面面积之比值，单位为 cd/m^2。

（7）反射率（reflectance）

从一个微小表面上反射出来的总光通量与投射到其上的总光通量之比，称为反射率（以 ρ 表示）。$\rho = 0$ 相当于理想黑体，$\rho = 1$ 则相当于完全反射体。沥青混凝土路面 $\rho = 0.1 \sim 0.12$，水泥混凝土路面 $\rho = 0.3 \sim 0.4$。

光通量、发光强度、光出射度、照度及亮度的关系如图 6.2 及表 6.1 所示。亮度、照度及反射率三者间的近似关系为

$$L = \frac{\rho E}{\pi} \tag{6.1}$$

式中　π—— 圆周率。

表 6.1　光度指标汇总表

指标	符号	单位		指标间的关系
		英制单位	国际单位	
发光强度	I	cd		$I=F/\omega$，$\omega=A/r^2$
光通量	F	lm		$F=I\omega$
光出射度	M	lm/ft^2	lm/m^2	
照度	E	lx		$E=F/A$
亮度	L	cd/ft^2	cd/m^2	$L=I/A\cos\theta$

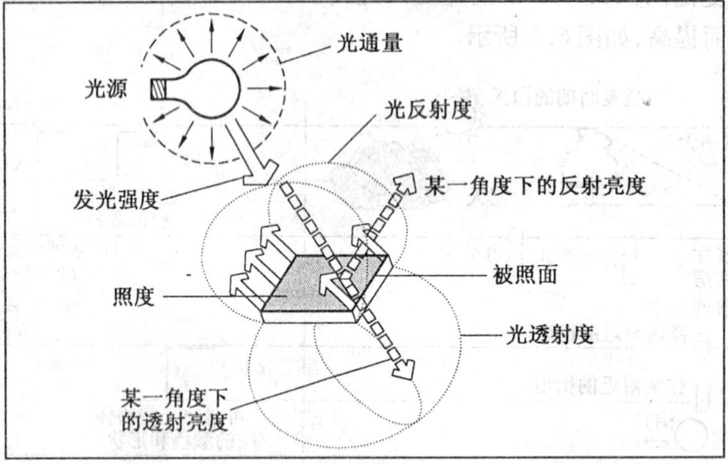

图 6.2　光度特性

2. 视觉与颜色

(1) 视觉(visual perception)

视觉是指由于进入眼内的辐射的刺激作用而使人产生的包括感觉印象或知觉过程在内的意识上的体验。

(2) 色表(color appearance)

色表即人眼直接观察光源时所看到的颜色，可以用色温或相关色温描述。

(3) 色温(color temperature)

当光源所发出的光的颜色与黑体在某一温度下辐射的颜色相同时，黑体的温度就称为该光源的颜色温度，简称色温。一些光源发射的光的颜色和各种温度下的黑体辐射的颜色都不完全相同，这时就不能用色温来描述其颜色，此时宜采用相关色温。若光源发射的光与黑体在某一温度下辐射的颜色最接近，则黑体的温度就称为该光源的相关色温(CCT)。

(4) 显色性(color rendering)

显色性是指光源照射到物体上的客观效果。如果物体受照后的效果和标准光源(即日光)的照射效果相似,则认为该光源的显色性好,如果受照物体颜色失真,则该光源的显色性差。光源的显色性一般用显色指数(以 R_a 表示)来评价。显色指数是根据规定的8种不同色调的试验色,在被测光源和参照光源照明下的色位移平均值确定的,其理论最大值是100。

(5)眩光(glare)

发光面的亮度达到一定数值,且位于视野内的某一位置上时,该发光面就有使能见度降低的特性,这种现象称为眩光。眼睛由于受到眩光作用而使能见度降低的现象,称为眩光效应。眩光作用的强弱在很大程度上取决于发光体至人眼的光线与人眼的视线所成的角度 θ,θ 角称为眩光作用角,眩光作用与 θ 角的关系如图6.3所示。

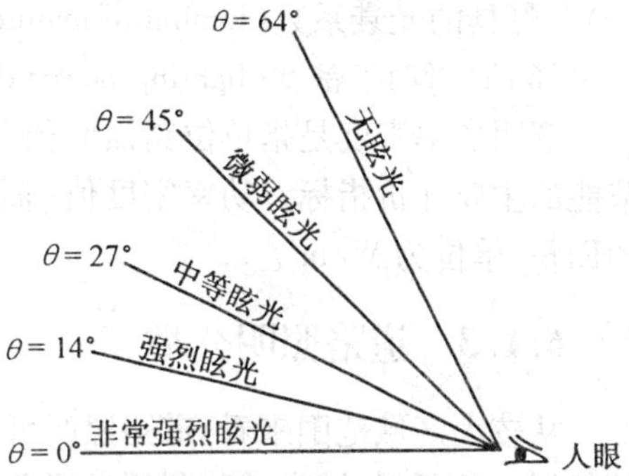

图6.3　眩光作用与 θ 角的关系

3. 照明术语

(1)光源发光效率(luminous efficacy)

光源发光效率是指光源所发出的全部光通量和该光源所消耗的电功率之比,简称光效(以 η 表示),单位为流明/瓦(lm/W)。通常电光源所消耗的电功率只有很小一部分转变成了光能,绝大部分转变成了热能。

(2)灯具效率(luminaire efficiency)

在相同的使用条件下,灯具发出的总光通量与灯具内所有光源发出的总光通量之比,称为灯具效率。

(3)配光曲线(candle power distribution curve)

电光源在空间各个方向的发光强度都不相同,且相差较大,在极坐标图上标出各方位的发光强度值,连成的曲线就称为配光曲线。图6.4为某高压水银灯的配光曲线。

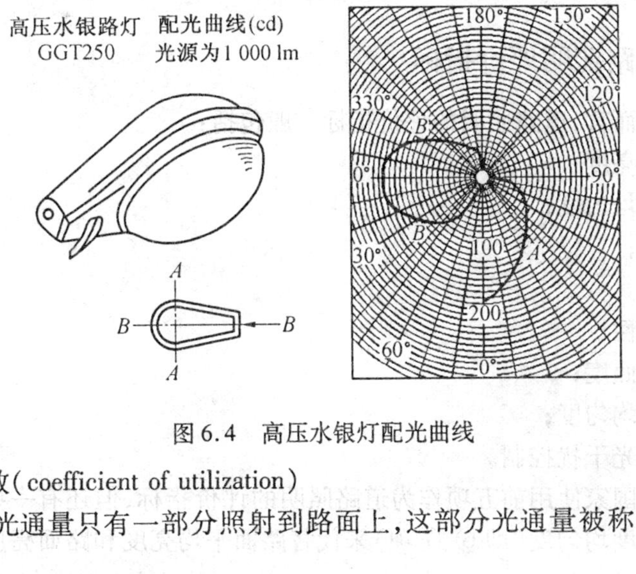

图6.4　高压水银灯配光曲线

(4)利用系数(coefficient of utilization)

光源发射的光通量只有一部分照射到路面上,这部分光通量被称为利用的光通量。

利用系数(以 U 表示)是指利用的光通量与光源发射的总光通量之比。

(5)维护系数(maintenance factor)

由于光源光通量衰减、灯具污染及老化等,光源及灯具在使用一定时期后效率会降低,从而导致照度和亮度降低。维护系数(以 MF 表示)是指,照明装置使用一定时期后,在规定表面上的平均照度或平均亮度与该装置在相同条件下新安装时在同一表面上所得到的平均照度或平均亮度之比。维护系数为光源的光衰系数(lamp flux maintenance factor)与灯具的光衰系数(luminaire maintenance factor)的乘积。

(6)照明功率密度(lighting power density)

照明功率密度是指单位路面面积上的照明安装功率(包含镇流器功耗),是道路照明节能的主要评价指标。功率密度值(简称 LPD)等于总路灯设备安装功率除以机动车道的面积,单位为 W/m^2。

6.1.3　道路照明分类

从较大区域范围来看,道路照明可分为城市道路照明和公路照明两大类。根据照明的使用对象不同,城市道路照明又可分为主要供机动车使用的机动车交通道路照明和主要供非机动车与行人使用的慢行交通道路照明两类,公路照明又可分为供运行车辆使用的道路照明(如主线照明、互通式立体交叉照明及隧道照明等)和给公路管理业务及乘客使用的道路照明(如收费广场与收费站的照明、服务区照明等)两类。

按照照明设施的设置场所分类,道路照明可分为道路路段连续照明(又可细分为直线路段照明、曲线路段照明、纵坡路段照明及竖曲线路段照明等)、主线照明(仅指公路照明)、平面交叉照明、立体交叉照明、桥梁照明、上跨与下穿道路照明、人行天桥与人行地道照明、广场(收费广场、服务区广场)及停车场照明、居住区道路照明及人行横道照明等。若按灯具及其布设方式分类,道路照明又可分为常规照明、高杆照明和悬索照明等。

6.2　道路照明评价指标与标准

6.2.1　道路照明评价指标

从世界范围而言,道路照明的评价指标一般包括:

①路面平均亮度;

②路面亮度均匀度;

③眩光限制;

④环境比;

⑤视觉诱导性;

⑥路面平均照度;

⑦路面照度均匀度;

⑧光污染与光干扰控制。

目前大部分国家使用前五项作为道路照明的评价指标,但还有一些国家使用路面平均照度和路面照度均匀度(即⑥、⑦项)来代替路面平均亮度和路面亮度均匀度(即①、②

项),或者二者并用,这些国家包括中国和日本等。应当指出,无论是从视功能还是从视舒适方面看,亮度都比照度更适于作为评价指标。使用照度作为道路照明设计指标,照明质量偏差比使用亮度指标高 1 ~4 倍。因此,用亮度代替照度是一种发展趋势。

1. 路面平均亮度

路面平均亮度(average road surface luminance)是指在路面上预先设定的特征点上测得的或计算得到的点亮度的平均值,以 L_{av} 表示。路面平均亮度是评价视功能的最重要的指标,同时也是与夜间交通安全最相关的指标,因为它能最直观地描述道路使用者的视觉感受。

一般可采用驾驶员前方 60 ~ 160 m 之间的路面平均亮度来评价道路照明水平。通过组织观察者进行主观评价的大量实验表明,对交通密度大而速度又很高的主要道路和密度小且速度低的次要道路,驾驶员的亮度预期是不同的,结果见表 6.2。另外,在确定路面平均亮度标准时还应考虑道路周围的环境亮度,当环境亮度较高时,例如两侧有明亮橱窗、广告牌的城区道路,路面平均亮度还应提高。

表 6.2　路面平均亮度主观评价及其推荐值

	路面平均亮度主观评价		路面平均亮度推荐值
	可以接受	好	
主要道路的路面平均亮度/(cd · m^{-2})	1.25	2.8	2.0
次要道路的路面平均亮度/(cd · m^{-2})	0.7	1.1	0.5(暗环境) 1.0(亮环境)

2. 路面亮度均匀度

路面亮度均匀度(uniformity of road surface luminance)是评价道路照明质量的第二个重要指标。若路面平均亮度较高而均匀度较差时,以下两个方面的问题会随之出现:其一,路面上的过暗区域会屏蔽掉障碍物,从而危及行车安全;其二,行车过程中交替且重复出现的过暗与过亮区域(通常为一系列亮与暗的横带,可称之为"斑马效应"),加剧了驾驶员的驾驶疲劳并且降低了行车舒适度。路面亮度均匀度可用路面亮度总均匀度和路面亮度纵向均匀度两个指标来描述。

路面亮度总均匀度(overall uniformity of road surface luminance)是路面上局部最小亮度($L^o_{\min}$)与平均亮度的比值(以 U_o 表示),即

$$U_o = L^o_{\min}/L_{av} \tag{6.2}$$

路面亮度纵向均匀度(longitudinal uniformity of road surface luminance)是同一条车道中心线上最小亮度($L^l_{\min}$)与最大亮度($L^l_{\max}$)的比值(以 U_L表示),即

$$U_L = L^l_{\min}/L^l_{\max} \tag{6.3}$$

另外,也可采用亮度梯度来细化路面亮度均匀度。亮度梯度是指路面上的亮度变化率,路面上出现高亮度梯度往往是无法接受的。由于连续梯度较难测定,建立亮度梯度与亮度均匀度之间的关系也相当困难,因此照明标准中未采用该指标。

为了保持一个可以接受的视觉察觉能力和视舒适度,路面亮度总均匀度不应低于 0.4,主要道路的亮度纵向均匀度不宜低于 0.7,而次要道路不宜低于 0.5。

3. 眩光限制

眩光有失能眩光(disability glare)和不舒适眩光(discomfort glare)两种。使视觉功能减弱的眩光称为失能眩光,用阈值增量 TI(threshold increment)表示;使视觉产生不舒适感的眩光称为不舒适眩光,用眩光控制等级 G(glare control mark)表示。由于不舒适眩光更侧重于道路使用者的主观感受且对交通运行的不利影响相对较小,因此,不宜作为评价指标。目前,道路照明设计中的眩光限制主要是限制失能眩光。

(1)失能眩光

直接视场中的物体通过其亮度聚焦在人眼的视网膜上,物体形象的视觉感觉因此而出现。与此同时,另一个眩光源射来光线,在眼内形成散射,这部分光线非聚焦地叠落在被聚焦的物体形象上,好似视场上蒙上了一层透明的帷幕,此时的亮度称为等效光幕亮度(equivalent veiling luminance),其经验计算公式为

$$L_v = 10 \times \frac{E_{eye}}{\theta} \tag{6.4}$$

式中　L_v—— 等效光幕亮度,cd/m^2;

E_{eye}—— 由眩光产生的垂直视线上的照度,lx;

θ—— 视线方向与眩光照射方向的夹角,国际照明委员会(CIE) 规定为20°。

若有多个眩光源,则总的等效光幕亮度(以 $L_{v,total}$ 表示)为各眩光源等效光幕之和,即

$$L_{v,total} = \sum L_{vi} \tag{6.5}$$

在没有眩光作用时能够刚好看到的物体,有了眩光以后就看不见了,这说明要提高物体及其背景之间的亮度对比。存在眩光源时,为了达到同样看清物体的目的,物体及其背景之间的亮度对比所需要增加的百分比,称之为阀值增量(以 TI 表示),单位为%。在背景亮度范围为 0.05 ~5 cd/m^{2}时,阀值增量的近似计算公式为

$$TI = 65 \times \frac{L_{v,total}}{(L_{av})^{0.8}} \tag{6.6}$$

TI 值可在不同点通过测定或计算取得。该值的变化与亮度纵向均匀度密切相关,TI 变化越大,纵向均匀度越低。对于主要道路 TI 值达到 10% 时限制眩光的效果最佳,对于次要道路其值还可再高一些。

(2)不舒适眩光

不舒适眩光可用眩光控制等级 G 来描述,其计算公式为

$$G = 13.84 - 3.31\lg(I_{80}) + 1.3\lg\left(\frac{I_{80}}{I_{88}}\right)^{0.5} - 0.08\lg\left(\frac{I_{80}}{I_{88}}\right) + 1.29\lg(S) + 0.97\lg(L_{av}) +$$

$$4.41\lg h' - 1.46\lg P + C = \tag{6.7}$$

$$SLI + 0.97\lg(L_{av}) + 4.41\lg h' - 1.46\lg P \tag{6.8}$$

式中　I_{80}、I_{88}—— 在平行道路轴线的垂直平面上,从灯具正下方起 80° 和 88° 方向上的绝对光强值,I_{80} 的有效范围为 50 ~ 7 000 cd,$1 < I_{80}/I_{88} < 50$;

S—— 从灯具垂直正下方起 76° 角位置所看到的灯具表面发光面积,0.007 ~ 0.4 m^2;

L_{av}—— 路面平均亮度,0.3 ~ 7 cd/m^2;

h'—— 从灯具到眼睛水平线的垂直距离,5 ~ 20 m;

P—— 每公里灯具数量,20 ~ 100;

C—— 光源光谱分布所确定的颜色系数;

SLI—— 特定灯具指数,由灯具厂商提供。

G 值愈高,不舒适程度愈小。主要道路较为满意的 *G* 值应大于6,推荐值为等于或大于7;对于次要道路 *G* 值可以低一些,可控制在5左右。

4. 环境比

环境比(surround ratio)是指车行道外5 m宽带状区域内的平均照度与相邻的5 m宽车行道上的路面平均照度之比(以SR表示)。控制环境比不能过小的目的是,道路照明不仅需要照亮路面还要给道路两侧直接相关区域提供照明服务,使道路周边高大物体能够从黑暗的背景中显现出来。我国城市道路中的快速路及主次干道,其最小环境比要求在0.5以上。

5. 视觉诱导性

沿着道路纵向恰当地安装灯杆、灯具等照明设施,可以给驾驶员提供有关道路前进走向、线形、坡度、道路交叉点等视觉信息,这称为道路照明的视觉诱导性(optical guidance)。视觉诱导性差往往是夜间行车的潜在危险因素之一。视觉诱导性主要靠照明设备沿道路走向的排列方式来实现,特别是对线形不良地段及交通枢纽地带尤为重要。尽管道路照明设计标准中没有给出描述诱导性的量化指标,但以下几种利用照明设施提高视觉诱导性的作法具有参考和借鉴意义。

(1)利用照明方式的变化实现视觉诱导

比如在道路复杂会合区,采用高杆照明方式可以给驾驶员提供明显的视觉信息。在次要会合区,干路采用悬索照明方式而支路采用常规杆柱照明方式,可方便区分干路和支路。

(2)利用光源光色变化实现视觉诱导

在道路的会合区采用一种颜色的光源看起来较混乱,可采用不同光色的光源分别代表不同去向的道路,如主干路使用高压钠灯,而支路采用荧光高压汞灯等。

(3)采用灯具布置及照明布局的变化实现视觉诱导

如高速公路的主线和驶出主线进入服务区、停车区的匝道采用不同的灯具及安装高度。将中心对称式布灯变成双侧对称式布灯,以提醒驾驶员前方道路断面型式的变化或正在接近平交路口等。

6. 照度评价指标

照度评价指标主要包括路面平均照度、路面照度均匀度、垂直面照度及半柱面照度等。

①路面平均照度(average road surface illuminance),是指在路面上预先设定的特征点上测得的或计算得到的点照度的平均值,以 E_{av} 表示。

②路面照度均匀度(uniformity of road surface illuminance),是路面上局部最小照度(E_{min})与平均照度(E_{av})的比值(以 U_E 表示),即

$$U_E = E_{min}/E_{av} \tag{6.9}$$

③垂直面照度及半柱面照度(分别以 E_v 和 E_{sc} 表示)主要应用于人行道照明。人行道上行人的一项重要视觉活动是看清对面来人的面部,这就需要照明设备能提供适当的垂

直面或半柱面照度。

7. 其他照明评价指标

(1)光污染与光干扰控制

道路照明标准对各类道路的照明水平提出了最低要求,但对照明水平的上限没有强制性规定。随着人们生活水平的提高、对照明研究的深入,不科学照明所带来的光污染与光干扰问题日益受到人们的关注。道路照明是城市使用量最大的室外照明,也是主要的光污染与光干扰源。光污染与光干扰需要用专门的标准来加以控制,CIE 的有关建议见表6.3。

表6.3　光干扰限制的推荐值

光度指标	适用条件	环境区域				备注
		E1	E2	E3	E4	
窗户垂直面上的照度/lx	照明熄灭前,进入窗户的光线	2	5	10	25	E1 为环境暗的地区,如公园、自然风景区等; E2 为环境亮度低的地区,如工业或乡村居住区等; E3 为环境亮度中等的地区,如工业或近郊居住区等; E4 为环境亮度高的地区,如城市中心和商业区等。
	照明熄灭后,进入窗户的光线	0	1	2	5	
朝居室方向灯具的最大光强/cd	照明熄灭前	2 500	7 500	10 000	25 000	
	照明熄灭后	0	500	1 000	2 500	
上射光通比的最大值/%	灯具的上射光通量与灯具总光通量之比	0	5	15	25	
建筑物立面亮度或标识亮度/(cd · m^{-2})	别照面的平均亮度	0	5	10	25	
	由别照面的平均照度和反射比确定的标识亮度或自发光标志的平均亮度	50	400	800	1 000	

(2)美学要求

照明器形式及杆柱布设要符合道路美学标准,合理选择照明器的形式及合理布设灯杆,能使照明设施起到美化环境的功效。

6.2.2　道路照明标准

我国《城市道路照明设计标准》(CJJ45—2006)将城市道路划分为五类,分别为快速路(expressway)、主干路(major road)、次干路(collector road)、支路(local road)和居住区道路(residential road),其中,把迎宾路、通向政府机关建筑物和大型公共建筑物的主要道路、市中心道路、商业中心道路列为主干路。照明级别分三级,快速路和主干路为Ⅰ级,次干路为Ⅱ级,支路为Ⅲ级。道路照明指标有平均亮度、亮度总均匀度、亮度纵向均匀度、眩光限制、环境比限制等。在我国的标准中,完全采用亮度标准有困难,因此标准中给出了亮度和照度两套指标。

我国城市机动车交通道路、交会区、人行道路的照明标准分别见表 6.4、6.5 和 6.6。所谓交会区(conflict areas),是指道路的出入口、交叉口、人行横道等区域。在交会区内,机动车之间、机动车与非机动车及行人间、车辆与固定物之间的交通冲突严重,碰撞发生几率较高。我国公路推荐的照明标准见表 6.7。

表 6.4　城市机动车交通道路照明标准

级别	道路类型	路面亮度			路面照度		眩光限制阈值增量 TI 最大初始值 /%	环境比 SR 最小值
		平均亮度 L_{av} /(cd · m^{-2})	总均匀度 U_o 最小值	纵向均匀度 U_L 最小值	平均照度 E_{av} 维持值/lx	均匀度 U_E 最小值		
Ⅰ	快速路、主干路	1.5/2.0	0.4	0.7	20/30	0.4	10	0.5
Ⅱ	次干路	0.75/1.0	0.4	0.5	10/15	0.35	10	0.5
Ⅲ	支路	0.5/0.75	0.4	—	8/10	0.3	15	—

注:①表中所列的平均照度仅适用于沥青路面。若为水泥混凝土路面,其平均照度值可相应降低约 30%。

②计算路面的维持平均亮度或照度时应根据光源种类、灯具防护等级和擦拭周期,确定维护系数。

③表中各项数值仅适用于干燥路面。

④表中对每一级道路的平均亮度和平均照度给出了两档标准值,“/”的左侧为低档值,右侧为高档值。

表 6.5　城市交会区照明标准

交会区类型	路面平均照度 E_{av}/lx,维持值	照度均匀度 U_E	眩光限制
主干路与主干路交会	30/50	0.4	在驾驶员观看灯具的方位角上,灯具在 80°和 90°高度角方向上的光强分别不得超过 30 cd/1 000 lm 和 10 cd/1 000 lm
主干路与次干路交会			
主干路与支路交会			
次干路与次干路交会	20/30		
次干路与支路交会	15/20		
支路与支路交会			

注: ① 灯具的高度角是在现场安装使用姿态下度量的。

②表中对每一类道路交会区的路面平均照度给出了两档标准值,“/”的左侧为低档值,右侧为高档值。

表 6.6　城市人行道路照明标准

夜间行人流量	区域	路面平均照度 E_{av}/lx，维持值	路面最小照度 E_{min}/lx，维持值	最小垂直照度 $E_{v\,min}$/lx，维持值
流量大的道路	商业区	20	7.5	4
	居住区	10	3	2
流量中等的道路	商业区	15	5	3
	居住区	7.5	1.5	1.5
流量小的道路	商业区	10	3	2
	居住区	5	1	1

注：最小垂直照度为道路中心线上距路面 1.5 m 高度处，垂直于路轴平面的两个方向上的最小照度。

表 6.7　我国公路照明标准

照明区域		路面亮度			路面照度	眩光控制等级 G	诱导性
		平均亮度 $L_{av}/(\mathrm{cd \cdot m^{-2}})$	总均匀度 U_o最小值	纵向均匀度 U_L最小值	平均照度 E_{av}/lx		
路段	高速公路	1.5～2	0.4	0.7	20～30	≥6	很好
路段	一级公路	1.5～2	0.4	0.6	20～30	≥5	好
特殊部位	立体交叉	主线 2 匝道 1	0.5	0.7 0.7	主线 30 匝道 15	≥5	好
特殊部位	平面交叉口	1.5～2	0.3	0.6	20～30	≥6	很好
特殊部位	特大型桥梁	1.5～3.5	0.5～0.7	0.7	15～50	≥5	很好
特殊部位	收费站广场	2～5	0.4	0.6	20～50	≥5	好
特殊部位	进出口	0.5～2	0.3	0.6	10～30	≥5	好
相关场所	服务区	0.5～1.5	0.3	0.5	10～20	≥5	好
相关场所	养护区	0.5～1.5	0.3	0.5	10～20	≥5	好
相关场所	停车场	1～2	0.3	0.5	15～30	≥5	一般

注：表中各项数值适用于干燥路面。

对我国城市道路照明标准,应作以下补充说明:

①亮度标准与照度标准并不存在一一对应关系,如亮度总均匀度为0.4,并不一定说明照度均匀度就是0.4;

②城市居住区、商业区道路只规定了照度标准,因为使用者主要是行人,其视觉要求与机动车驾驶员不同,采用亮度标准意义不大;

③由于中小城市道路上车辆速度以及流量等都小于大城市,因此可选用标准的低档值,但重要旅游城市不宜降低;

④当交会区的相交道路选用了低档照度值时,相应的交会区也应选择低档照度值,反之亦然;

⑤机动车交通道路一侧或两侧设置的与机动车道没有分隔的非机动车道的照明应执行机动车交通道路的照明标准,与机动车交通道路分隔的非机动车道路的平均照度值宜为相邻机动车交通道路照度值的1/2;

⑥机动车交通道路一侧或两侧设置的人行道路照明,当人行道与非机动车道混用时,人行道路的平均照度值与非机动车道路相同;当人行道路与非机动车道路分设时,人行道路的平均照度值宜为相邻非机动车道路照度值的1/2,但不得小于5 lx。

6.3 照明设备

6.3.1 光源的类型与选择

1. 光源的类型

电光源(electric light source)按发光原理可分为固体发光光源和气体放电发光光源两类,如图6.5所示。固体发光光源是利用物体加热时辐射发光的原理制成的光源,主要分为两大类:一类是利用电能将物体加热到白炽程度而发光的光源,称为热辐射光源,包括白炽灯和卤钨灯等;另一类是半导体材料发光,即LED光源。气体放电发光光源是利用气体、金属蒸汽或几种气体与蒸汽的混合物的放电而发光的光源。气体放电是在电场作用下,载流子在气体或蒸汽中产生并运动,从而使电流通过气体或蒸汽的过程。气体放电分为辉光放电和弧光放电。利用辉光放电的光源包括霓虹灯和一些辉光指示灯,利用弧光放电的光源包括低气压放电灯和高气压放电灯。

(1)白炽灯(incandescent lamp)

白炽灯是利用钨丝通过电流时被加热而发光的一种热辐射光源。其结构简单、成本低、显色性好、使用方便,还有良好的调光性能,适用于日常生活照明、工矿企业照明和剧场、舞台的布景照明。但普通白炽灯的光效很低,一般只有7.3~18.6 lm/W。

(2)卤钨灯(halogen tungsten lamp)

卤钨灯是在白炽灯的基础上改进而得到的。在普通白炽灯中,灯丝的高温造成钨的蒸发,蒸发出来的钨沉积在泡壳上,使灯泡泡壳逐渐发黑。为此,可在灯泡中充入卤素,利用卤钨循环原理消除灯泡发黑的现象,这就是卤钨灯。与白炽灯相比,卤钨灯具有体积小、功率集中、光通稳定、光色好、光效高和寿命长等特点,特别适用于电视转播照明以及绘画、摄影和建筑物的投光照明等。其缺点是对电压波动比较敏感,耐震性较差。

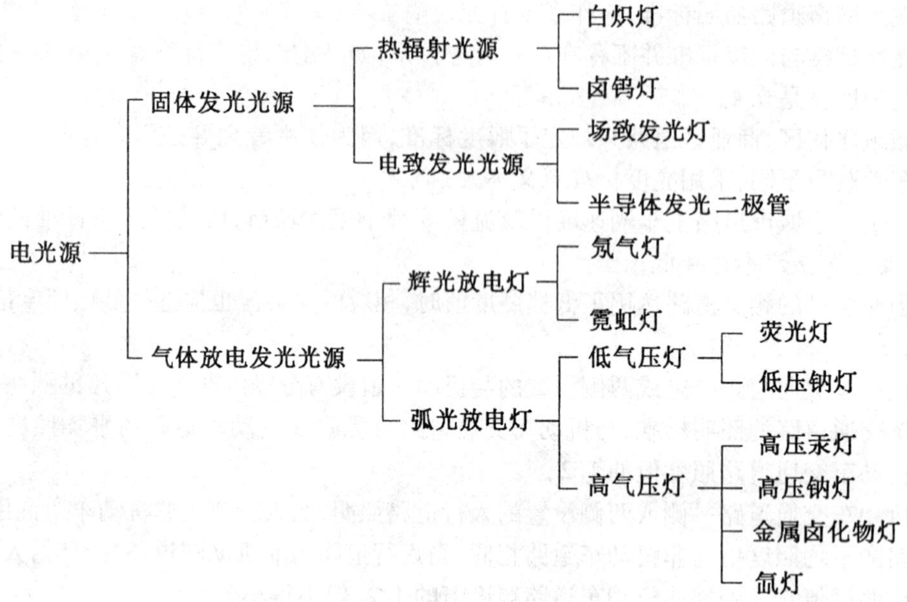

图6.5 电光源分类图

(3)荧光灯(fluorescent lamp)

荧光灯是低压放电灯的典型代表,其发光原理是低气压的汞原子放电辐射出大量紫外线,紫外线激发管壁上的荧光粉,将紫外线能量转化为可见光发射出来。其光效主要由荧光粉决定,同时还与环境温度和电源频率有关。荧光灯分为直管形、环形和紧凑型三种。直管形荧光灯是预热阴极低气压汞荧光灯,具有光效高(为普通照明灯泡的4倍)、光色好、寿命长等优点,广泛用于工业与家庭室内照明中,在道路交通系统中主要用于隧道照明、标志照明等。环形荧光灯有光源集中、照度均匀及造型美观等优点,可用于民用建筑、机车车厢及家庭居室照明。紧凑型节能荧光灯集成了白炽灯和荧光灯的优点,具有光效高、耗能低、寿命长、显色性好、使用方便等特点,可以大面积替代白炽灯并广泛应用于民用照明和绿化、庭院以及城市生活区和住宅区道路照明中。

(4)低压钠灯(low pressure sodium lamp)

低压钠灯(LPS)是另一种低压放电光源,与荧光灯的汞蒸汽不同,它是钠蒸汽放电。低压钠灯是迄今光效最高的人造光源,光效可高达180 lm/W,光色柔和、眩光小、透雾能力极强,适用于公路、隧道、港口、货场和矿区等场所的照明,也可作为特技摄影和光学仪器的光源。但低压钠灯辐射近乎单色黄光,分辨颜色的能力差,不宜用于繁华的市区街道照明。

(5)荧光高压汞灯(fluorescent high pressure mercury lamp)

高压汞灯采用耐高温、高压的透明石英玻璃做放电管,管内除充有汞外,同时还充有2 500~3 000 Pa的氩气以降低启动电压和保护电极。有的还在外泡壳内壁涂上荧光粉,将紫外线转化为可见光,从而成为荧光高压汞灯。荧光高压汞灯的特点是光效较高(35~52 lm/W)、寿命长、耐震性较好,但显色指数低,可用于街道、广场、车站、码头、工地和高大建筑物等场所作室内外照明。

(6)金属卤化物灯(metal halide lamp)

为了改善高压汞灯的光色，除了涂荧光粉外，还有一种方法是在放电管内充入金属卤化物，可以达到较高的蒸汽压，满足放电要求，同时可以防止活泼金属对石英电弧管的侵蚀。充入不同的金属卤化物，可制成不同特性的光源。金属卤化物灯是一种日光色、高发光效率、长寿命、显色性好的光源，广泛用于工业厂房、体育场馆、展览中心、游乐场所、广场、车站、码头等地的照明。

(7)高压钠灯(high pressure sodium lamp)

高压纳灯(HPS)是一种高压钠蒸汽放电灯，其放电管由抗钠腐蚀的半透明多晶氧化铝陶瓷管制成，工作时发出金白色光。它具有发光效率高、寿命长、透雾性能好等优点，广泛用于道路、机场、码头、车站、广场、体育场及工矿企业照明，是一种理想的节能光源。

主要光源的特征及用途见表 6.8。其中，道路照明适用的主要光源包括高压钠灯、荧光汞灯、金属卤化物灯、低压钠灯和荧光灯等。

2. 光源选择

室外照明光源多数情况下要求寿命长、光通量大、效率高。主要原因是室外开灯时间长，更换、检查、清洁等维护工作不便。

在进行道路照明光源选择时，应充分把握光源特征，重点考虑光源寿命、效率、光色和显色性。道路照明常用光源的光色和显色性一般都能满足要求，选择的重点在于光源的使用效率和寿命。白炽灯虽然价格便宜，但由于其发光效率过低，已很少在新建的道路照明系统中使用。高压纳灯光效平均超过 100 lm/W，在道路照明中广泛使用。而目前光效最高的低压纳灯，在欧洲的道路照明特别是高速公路照明中应用非常广泛。由于光源更换的综合成本高昂，寿命长的光源在道路照明中越来越受欢迎。高压钠灯超过 20 000 h 的平均寿命是其在道路照明中广泛应用的重要原因。无极放电灯虽然价格昂贵，但由于其超长的寿命(平均超过 60 000 h)，在一些重要的道路和较难维护的隧道照明中也得到了较广泛的应用。

我国《城市道路照明设计标准》明确规定：快速路、主干路、次干路及支路应采用高压钠灯；居住区机动车和行人混合交通道路宜采用高压钠灯或小功率金属卤化物灯；市中心、商业中心等对颜色识别要求高的机动车交通道路可采用金属卤化物灯；商业区步行街、居住区人行道路、机动车交通道路两侧人行道可采用小功率金属卤化物灯、细管径荧光灯或紧凑型荧光灯。

6.3.2　灯具的类型与选择

1. 灯具及其功能

照明工程中，有时为了控制光源在某些方向上的发光强度，需用特别的器具。这种用来调整光源发出的光，以得到舒适的照明环境的器具称为照明灯具，简称灯具(luminaire)。灯具在保证总光效的前提下，应尽量做到把光分配到必要的方向，这就是调整配光功能。实际上灯具还具有保护光源、保证照明安全、装饰等重要作用。灯具包括所有用于支承、保护光源和用于调整配光的部件以及为点燃光源所需的一切辅助电器，但不包括光源本身。

2. 灯具的分类

(1)按透射光的方向分类

表 6.8 主要光源的特征和用途

灯名	种类	效率/(lm·W^{-1})		显色性	亮度	控制配光	寿命/h	特征	主要用途
白炽灯	普通型(扩散型)	10~15	低	优	高	容易	通常1 000(短)	一般用途,易于使用,适用于表现光泽和阴影。暖光色适用于气氛照明	住宅、商店的一般照明
	透明型				非常高	非常容易		闪耀效果,光泽和阴影的表现效果好。暖光色,气氛照明用	花吊灯、有光泽陈列品的照明
	球型(扩散型)				高	稍难		明亮的效果,看上去具有辉煌温暖的气氛照明	住宅、商店的吸引效果
	反射型				非常高	非常容易		控制配光非常好,点光、光泽、阴影和材质感表现力非常大	显示灯、商店、气氛照明
卤钨灯	一般照明用(直管)	约20	低稍良	优	非常高	非常容易	2 000(短、稍良)	形状小、瓦数大,易于控制配光	适用于投光灯、体育馆的体育照明灯
	微型卤钨灯	15~20	低稍良	优	非常高	非常容易	1 500~2 000(短、稍良)	形状小、易于控制配光,用150~500 W,光通量也适当	适用于下射光和点光等的店铺照明
荧光灯	——	30~90	高	从一般到高显色性	稍低	非常困难	10 000(非常长)	效率高,显色性好,露出的亮度低,眩光较小。因可得到扩散光,故难于产生物体的阴影。可做成各种光色和显色性的,灯的尺寸大,因此照明器大。不能做大瓦数的灯	最适用于一般房间、办公室、商店等的一般照明

续表 6.8

灯名	种类	效率/(lm·W^{-1})		显色性	亮度	控制配光	寿命/h	特征	主要用途
汞灯	透明型	35~55	稍高	不好(蓝色)	非常高	容易	12 000(非常长)	显色性不好,易控制配光,形状小,可得到大光通量	用投光器的重点照明(最好同其他暖色系的光源混光)
汞灯	荧光型	40~60	高	稍差	高	稍易	12 000(非常长)	涂红色的荧光粉,可使颜色稍微变好	工厂、体育馆、室外照明、道路照明灯
汞灯	荧光型(显色改进型)	40~60	高	稍好(实际上足够)	高	稍易	12 000(非常长)	涂以掺加红色荧光粉的蓝绿色荧光粉能得到一般室内照明足够用的显色性,瓦数种类多	银行、大厅、商店、商店街等,大瓦数用于高顶棚,小瓦数用于低顶棚
金属卤化物灯	透明型	70~90	比汞灯高	好	非常高	非常容易	6 000~9 000(长)	控制配光非常容易,大体同荧光型的光色相同	体育场、广场、投光照明
金属卤化物灯	扩散型	70~90	比汞灯高	好	高	稍易	6 000~9 000(长)	在显色性好的灯中效率最大,与某些色灯有差别	体育设施、高顶棚的办公室、商店、工厂
高压钠灯	透明型	90~130	非常高	——	非常高	容易	12 000(非常长)	在普通照明所使用的光源中,有最大的效率,适用于节能	体育、投光照明、道路照明
高压钠灯	扩散型	90~125	非常高	——	高	稍易	12 000(非常长)	在普通照明所使用的光源中,有最大的效率,适用于节能	高顶棚的工厂照明、道路照明

根据灯具向上和向下投射光通量的比例,可将灯具分成以下五种:

①直接照射型。灯具向下投射的光通量占总光通量的 90% ~100%;

②半直接照射型。灯具向下投射的光通量占总光通量的 60% ~90%;

③间接照射型。灯具向上投射的光通量占总光通量的 90% ~100%;

④半间接照射型。灯具向上投射的光通量占总光通量的 60% ~90%;

⑤均匀漫射型。灯具的光通量向四周空间散射,向上向下光通量各占 40% ~60%。

(2)按光强分布分类

按光强分布分类,即按配光状态分类,可将灯具分成截光型、半截光型和非截光型三种:

①截光型灯具(cut-off luminaire)。灯具的最大光强方向与灯具向下垂直轴夹角在 0 ~65°角之间,90°角和 80°角方向上的光强最大允许值分别为 10 cd/1 000 lm 和 30 cd/1 000 lm;因配光较窄,不易产生眩光;

②半截光型灯具(semi-cut-off luminaire)。灯具的最大光强方向与灯具向下垂直轴夹角在 0 ~75°角之间,90°角和 80°角方向上的光强最大允许值分别为 50 cd/1 000 lm 和 100 cd/1 000 lm;

③非截光型灯具(non-cut-off luminaire)。灯具的最大光强方向不受限制,90°角方向上的光强最大值不超过 1 000 cd;其特点是光线的照射面积大,但光线易于直射驾驶员眼睛而产生眩光。

3. 灯具的性能

①光度性能。光度性能是指光强分布、光输出比和灯具亮度。道路照明灯具的光强分布要求其投射距离为高度的 3 ~4 倍,光输出比(即灯具效率)一般应大于 60%,亮度主要由眩光限制来确定。

②耐热性能。耐热性是指灯具各部件以及透光材料均应能经受光源点燃时所产生的热量。为了降低灯具的温升,需要采取加大灯具的容积(尺寸)或表面增加散热片等措施,以延长灯具的使用寿命。大功率光源的灯具更应注意耐热性。

③机械强度性能。灯具外壳及零部件要有较高的机械强度和抗风能力,使之在运输及安装过程中不易损坏,增加使用寿命和可靠性。

④电气性能。当操作人员触及灯具各个部分时,应保证电气安全可靠。路灯灯具采用加强绝缘无接地保护,或采用整体功能绝缘并装有接地端子。灯具内导线最小截面必须适应实际负荷,电线的绝缘应能承担高的启动电压,并能承受高温。

⑤防尘、防水、防腐蚀性能。为了减少灰尘、昆虫或其他污物在灯具内外表面沉积,采用封闭式灯具比开敞式灯具要好得多。在腐蚀性气体环境中,灯具壳体可用耐腐蚀材料,如铝、玻璃钢等或涂上保护层。应按道路所在地区的实际情况确定大气环境的分级,据此提出灯具的防护等级。

⑥造型、重量、安装维护性能。灯具的艺术表现形式不亚于其他各项功能指标。白天灯具的造型对环境气氛及装饰有重要作用,是美化环境的一个重要部分。灯具外形应与周围环境相协调,重量要轻,装拆方便,便于维护,易于换灯清扫。

4. 灯具的选择

应结合照明地点的内部环境、外部条件以及照明要求,综合考虑灯具的功能特性和装

饰性能来选择灯具,具体原则如下:

①机动车道主要采用功能性灯具,快速路、主干路必须采用截光型或半截光型灯具,次干路应采用半截光型灯具,支路宜采用半截光型灯具;

②高速公路主线夜间周围环境较暗,宜采用截光型灯具;

③商业街、居住区道路、人行地道、非机动车道宜采用功能性和装饰性相结合的灯具,当采用装饰性灯具时,其上射光通量比不应大于 25%;

④立交场所的高杆照明一般选用泛光灯或截光型灯具;

⑤在照度标准高、空气含尘量高、维护困难的场所,宜选用防水、防尘性能较高的灯具,反之则可以选用一般的灯具;

⑥腐蚀性场所宜采用耐腐蚀性好的灯具,振动场所宜采用带有减振装置的灯具。

6.3.3　照明器的布置

照明器(包括光源及灯具)的布置形式,也可称之为照明方式,主要有杆柱照明方式、高杆照明方式以及悬索照明方式三种。

1. 杆柱照明方式

杆柱照明方式是把照明器安装在杆柱的顶端,杆柱沿着道路纵向配置,这是应用最广泛的布置方式。杆柱照明的特点是:灯杆布置较灵活,对道路线形变化的适应能力强,每个照明器都能有效地照亮路面,可以选用小光通量光源,比较经济。由于照明器沿路线线形而设,在弯道上能够起到良好的视线诱导作用。杆柱照明方式的安装参数如图 6.6 所示。

(1)照明器的安装高度(luminaire mounting height)

照明器的安装高度(以 H 表示),是指从灯具的光中心到路面的垂直距离。根据道路宽度的不同,一般路灯的安装高度在 6 ~ 15 m之间。总体而言,在过去的几十年中,灯杆的高度在逐渐增加,这得益于光源效率的提高和大功率光源的应用。一般来说,加大照明器的安装高度可以减少眩光,增加照明光线的舒适感。但另一方面,随高度增加既增加灯杆自身成本又使溢向路面以外的光通量增加,这降低了照明器的利用率。根据气体放电光源的特点灯杆的高度在 10 ~ 15 m 是经济的。

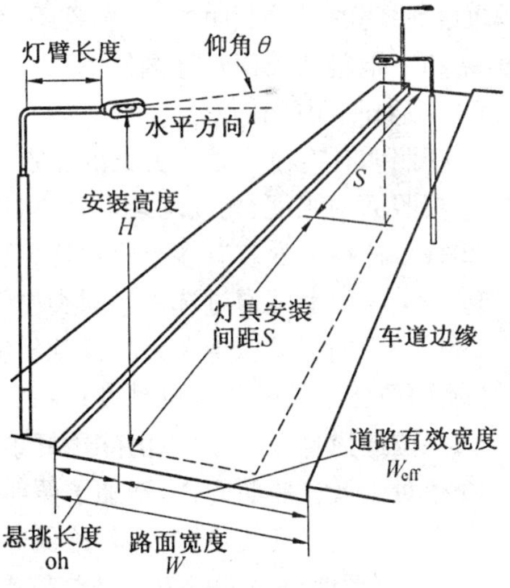

图 6.6　杆柱照明方式照明器安装参数

(2)照明器的悬挑长度(overhang)

照明器的悬挑(以 oh 表示)也称为外伸长度,是指从灯具的光中心到灯杆所在一侧道路边缘的水平距离。加大照明器的悬挑长度,可增加路面的亮度,但会降低非机动车道和人行道的亮度。悬挑长度过长或过短都不易发挥灯具的配光性能,从而影响照明质量。因此根据对环境的要求与影响,外伸长度一般不超过灯杆高度的 1/4。

(3)照明器的仰角(angle of tilt)

照明器的仰角(以 θ 表示)亦称为安装角度,是指灯具的开口面和水平面之间的夹角。安装角度的变化虽不影响照明器的平均亮度及其均匀度,但会对眩光及光线的舒适性产生影响,一般安装角度在5°~15°角左右。

(4)道路有效宽度(effective road width)

道路有效宽度(以 W_{eff} 表示)是与道路的实际宽度、灯具的悬挑长度和灯具的布置方式等有关的理论距离。当灯具采用单侧布置方式时,道路的有效宽度为道路实际宽度减去一个悬挑长度;当灯具采用双侧布置方式(包括双侧交错布置和双侧对称布置)时,道路有效宽度为实际道路宽度减去二个悬挑长度;当灯具在两块板道路的中央分隔带上采用中心对称布置时,道路有效宽度就是道路的实际宽度。

(5)灯具安装间距(luminaire mounting spacing)

灯具安装间距(以 S 表示)是指沿道路的中心线测得的相邻两个灯具之间的距离。为了保证合理的亮度均匀度,应当选择合理的安装间距。安装间距取决于道路的宽度、灯杆在道路横断面上的位置、相邻交叉口之间的路段长度、建筑物位置和周边地形条件等。一般而言,采用高光通量的光源、高安装高度和较大的安装间距是比较经济的。在灯具配光许可的距高比范围内,较高的安装高度会有更好的照明质量。

除上述照明器的安装参数外,进行照明器布置时还应该考虑便于维修、避免眩光、避免影响交通标志和交通信号的识别、确保美观、减小对周边绿化植被的影响等。

2. 高杆照明方式

高杆照明(high mast lighting)是将一组灯具安装在高度等于或大于20 m的灯杆上进行大面积照明的一种照明方式,主要适用于立体交叉、收费广场、服务区广场、路面宽阔的快速路和主干路以及视野开阔的场所。

(1)高杆照明的特点

高杆照明具有以下几个方面的特点:

①被照面的照度、亮度均匀度好,可以避免或显著减弱眩光;

②每个杆柱上安装有多个照明器,可减少灯杆的数目,提高诱导性;

③一个高杆上可通过选用不同类型的光源形成混合色光,以获得较理想的显色效果;

④有助于创造类似于白天的视觉环境,照射面积大,不但可以照亮路面而且可以照亮空间,从而改善了驾驶员的可见度;

⑤杆位选择合理时,可以消除撞杆事故而且维护时不影响正常交通;

⑥相对于低杆照明而言,增加了照明的投资成本;

⑦由于照明器安装位置较高,给保养及维修工作造成一定困难。

(2)高杆照明灯具配置方式及灯架类型

高杆上的灯具可按不同条件选择平面对称、径向对称和非对称三种配置方式之一,如图6.7所示。布置在宽阔道路以及大面积场地周边的高杆灯宜采用平面对称配置方式,布置在场地内部或车道布局紧凑的立体交叉上的高杆灯宜采用径向对称布置方式,布置在多层大型立体交叉或车道布局分散的立体交叉上的高杆灯宜采用非对称配置方式。

高杆照明的灯架有能够升降和不能升降两种,如图6.8所示。为了便于高杆照明的日常保养与维修,一般多采用可升降式灯架,升降方法多采用电动卷扬机并单独供电。

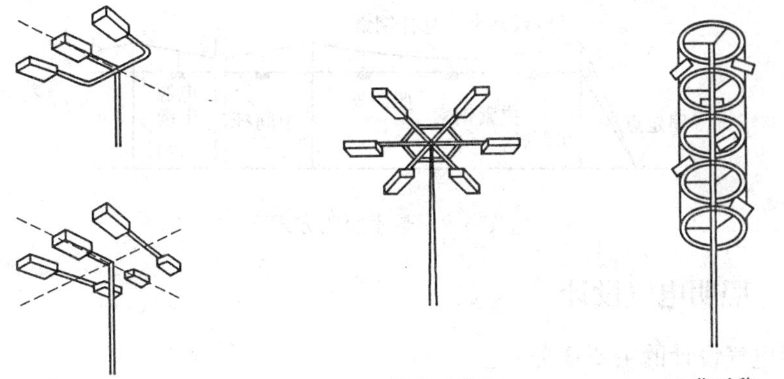

(a) 平面对称　　　　　　(b) 径向对称　　　　　　(c) 非对称

图 6.7　高杆灯灯具配置方式

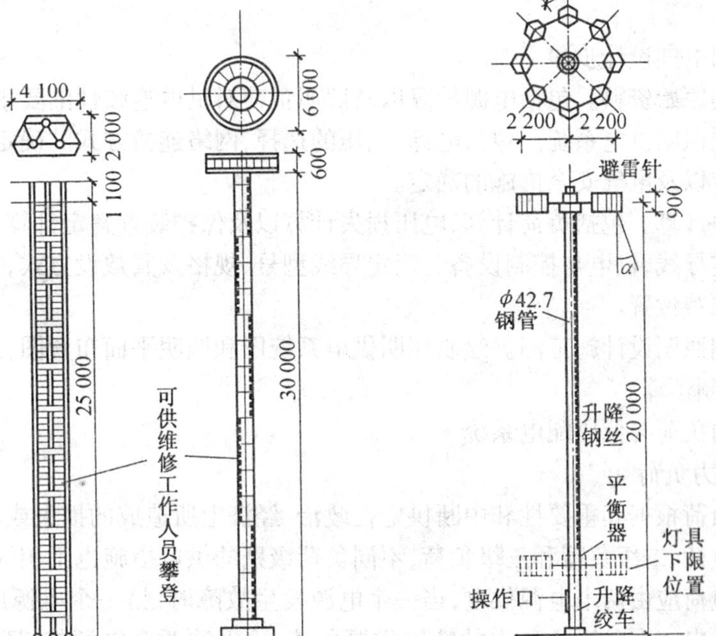

(a) 不能升降式灯架　　　　　　(b) 可升降式灯架

图 6.8　高杆灯的灯架(单位:mm)

3. 悬索照明方式

悬索照明方式是在道路的中间分隔带上设置较大档距的杆柱,其高度一般为 15 ~ 20 m,在杆柱间拉起钢索,并把照明器悬挂在钢索上进行道路照明的方式,如图 6.9 所示。悬索照明的优点是照明器扩展方向是道路的横向,因此可以得到较高的照度和较好的均匀度,眩光较少,可形成舒适的照明环境,雨天也有良好的照明效果。

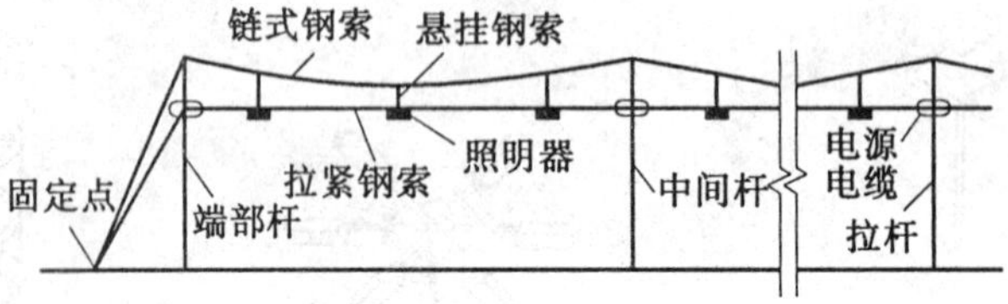

图6.9　悬索照明方式

6.3.4　照明电气设计

1. 照明电气设计的主要任务

照明电气设计的主要任务是:确定光源对电压大小、电能质量的要求,使其能工作在额定状态,以保证照明质量和光源寿命;选择合理、方便的控制方式,以方便照明系统的管理和维护;保证照明装置和人身的电气安全;尽量减少电气部分的投资和运行费用,同时环保、节能。

2. 照明电气设计步骤

①搜集原始资料。包括电源情况以及照明负荷对供电连续性的要求等。

②确定照明供电系统。包括电源、电压的选择,网络连接方式的确定,保护设备、控制方式的确定以及电气安全措施的确定。

③线路计算。包括负荷计算、电压损失计算以及保护装置整定计算等。

④确定导线、供电与控制设备。确定导线型号、规格及其敷设方式,并选择供电、控制设备及其安装位置。

⑤绘制照明设计施工图。绘制照明供电系统图和照明平面布置图,列出主要设备、材料清单,编制预算。

3. 电力负荷与低压配电系统

(1)电力负荷

电力负荷根据其重要性和中断供电在政治、经济上所造成的损失或影响程度分类,可分为一级负荷、二级负荷和三级负荷,不同负荷级别的供电措施也不相同。

一级负荷应由两个电源供电,当一个电源发生故障时,另一个电源应能正常使用,以维持继续供电。在一级负荷中的特别重要负荷,除上述两个电源外,还必须增设应急电源,如隧道照明中的应急照明。二级负荷应由两个电源供电,即应由两回线路供电,供电变压器也有两台(不一定在同一变电所)。在负荷较小或供电困难地区,可由一回线路6 kV及以上的专用架空线供电;当采用电缆线路时,应采用两根电缆组成的电缆段供电,每根电缆应能承受100%的二级负荷。三级负荷无特殊供电要求。

计算变压器和电缆的负荷时,首先要根据使用的光源、镇流器等,综合考虑其功率损耗系数、光源功率等计算照明负荷,然后根据有关标准选用电缆(或电线)和变压器及其安装方式。道路照明低压线路基本上属于沿全线均匀分布负荷,可以按机械强度要求、按发热条件要求或按容许电压降三种方法选择电路中所需导线的最小截面积,可以根据工程条件选择其中一种方法进行计算,并用另外两种方法校验。具体计算方法此处不作详述。

(2)低压配电系统

供配电系统的设计应根据工程规模、设置位置、负荷性质及用电容量等条件确定。低压配电系统一般有放射式、树干式、变压器—干线式和链式四种形式，如图6.10所示。

①放射式。线路故障互不影响，供电可靠性高，配电设备集中，检修方便，但系统灵活性较差，材料消耗较多，一般多用于容量大、负荷集中或需要集中连锁启动的重要用电设备。

②树干式。配电设备及材料消耗量较少，系统灵活性较好，但故障产生时影响范围较大，一般用于用电量不大、用电器的布置比较均匀且无特殊要求的场合。

③变压器-干线式。除了具有树干式系统的优点外，接线更简单，能大量减少低压配电设备。为了提高母干线的供电可靠性，应适当减少接出的分支回路数，一般不超过10个。对于启动频繁、容量较大的冲击负荷以及对电压质量要求严格的用电设备，不宜采用此种供电方式。

④链式。链式的特点与树干式相似，适用于距配电屏较远而彼此相距又较近的不重要的小容量用电设备，链接的设备一般不超过3台，其容量不大于10 kW。

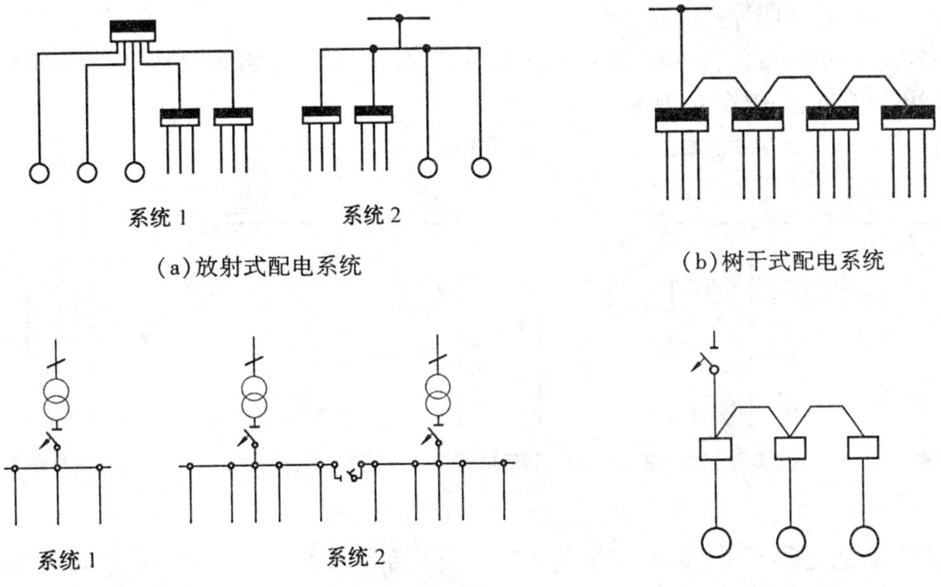

(a)放射式配电系统　(b)树干式配电系统

(c)变压器-干线式配电系统　(d)链式配电系统

图6.10　低压配电系统

4.道路照明供电要求

城市道路照明宜采用路灯专用变压器供电，变压器应选用结线组别为D，yn11的三相配电变压器（即，高压绕组为三角形、低压绕组为星形且中性点和“11”结线组别的三相配点变压器），并应正确选择变压比和电压分接头。在正常运行条件下，照明灯具端电压应维持在额定电压的90%～105%。城市中重要道路、交通枢纽以及人流集中的广场等区段的照明应采用双电源供电，每个电源均应能承受100%的负荷。供电网络宜采用地下电缆线路，当采用架空线路时，宜采用架空绝缘配电线路。照明配电回路应设保护装置，每个灯具应设单独保护装置。配电系统的接地形式宜采用TN-S系统或TT系统，金属灯杆、灯具外壳、配电及控制箱屏等的外露可导电部分,应进行接地保护。高杆灯或其他安装在高耸建筑物上的照明设施应配备避雷装置。

高速公路照明的供电一般采用单独供电系统,特别强调与其他系统的动力供电相分离,避免因动力设备的频繁启动而引起供电电压的波动,从而影响道路照明质量。隧道、收费广场、立交等特殊区域的照明应有应急供电系统,如发电机或其他直流供电系统,以保证在停电事故或检修情况下照明的正常进行。

6.4 照明系统布局

6.4.1 常规照明

常规照明(Conventional road lighting)是指将灯具安装在高度为 15 m 以下的灯杆上,然后将灯杆按一定间距有规律地连接设置在道路的一侧、两侧或中间分车带上进行照明的方式。前述杆柱照明方式即属于常规照明。

常规照明有单侧布置、双侧交错布置、双侧对称布置、横向悬索布置和中心对称布置五种灯具布置方式,如图 6.11 所示。

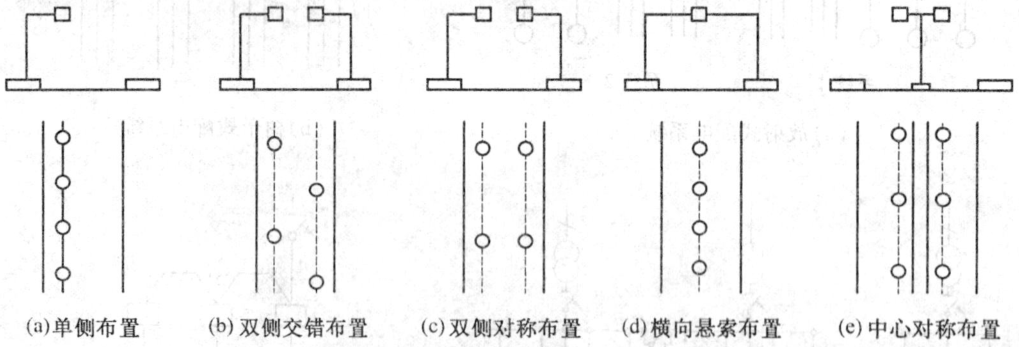

图 6.11　常规照明灯具的布置方式

①单侧布置。适合于较窄的道路,灯具安装高度等于或大于路面有效宽度。优点是:诱导性好,造价低。缺点是:不设灯的一侧路面亮度低,两个方向行驶的车辆得到的照明条件不同。

②双侧交错布置。适合于较宽的道路,要求灯具安装高度不小于路面有效宽度的 70%。优点是:亮度总均匀度高,在雨天提供的照明条件比单侧布置好。缺点是:亮度纵向均匀度差,诱导性不如单侧布灯效果好,容易使驾驶员产生混乱的视觉印象。

③双侧对称布置。适合于宽阔的路面,要求灯具安装高度不小于路面有效宽度的 50%。

④横向悬索布置。灯具悬挂在横跨道路上的绳索上,灯具的垂直对称面与道路轴线成直角。此种方式灯具安装高度较低,约在 6 ~ 8 m 之间,多用于树木遮光较多的道路,或安装灯杆困难的狭窄街道。缺点是:灯具容易摆动或转动造成闪烁眩光。

⑤中心对称布置。适合有中间分隔带的双幅路。灯具在中间分隔带上用 Y 形或 T 形杆安装,灯杆高度应等于或大于单侧道路的有效宽度。这种布灯方式使人行道侧、车道

侧都有照明,效率较高、诱导性好。

采用常规照明方式时,灯具的配光类型、布灯方式、安装高度和间距等应满足表6.9的规定。

表6.9　灯具的配光类型、布置方式与灯具的安装高度、间距的关系

灯具配光类型	截光型		半截光型		非截光型	
布灯方式	安装高度 H/m	间距 S/m	安装高度 H/m	间距 S/m	安装高度 H/m	间距 S/m
单侧布置	$H \geq W_{eff}$	$S \leq 3H$	$H \geq 1.2W_{eff}$	$S \leq 3.5H$	$H \geq 1.4W_{eff}$	$S \leq 4H$
交错布置	$H \geq 0.7W_{eff}$	$S \leq 3H$	$H \geq 0.8W_{eff}$	$S \leq 3.5H$	$H \geq 0.9W_{eff}$	$S \leq 4H$
对称布置	$H \geq 0.5W_{eff}$	$S \leq 3H$	$H \geq 0.6W_{eff}$	$S \leq 3.5H$	$H \geq 0.7W_{eff}$	$S \leq 4H$

6.4.2　平面交叉口照明

1. 平面交叉口的照明要求

平面交叉口的照明应符合下列要求:

①平面交叉口的照明水平应高于通向路口的每条道路的照明水平,且交叉路口外5 m范围内的平均照度不宜小于交叉路口平均照度的1/2;

②为了清楚显示交叉路口的存在,交叉路口可采用与相连道路不同光色的光源、不同外形的灯具、不同的安装高度或不同的灯具布置方式;

③十字交叉路口的灯具可根据道路的具体情况,分别采用单侧布置、交错布置或对称布置等方式;大型交叉路口必要时可另行安装附加灯杆和灯具,并应限制眩光。当有较大的交通岛时,可在岛上设灯,有条件时也可采用高杆照明。

2. 典型平面交叉口的灯具布置

①十字形交叉口的灯具布置。为看清叉路前进方向,应在右侧离路口15 m处设一盏灯,以便照亮路口,另外在该侧行车线对面设一盏灯,用来照亮前进道路,如图6.12所示。

②T形交叉口的灯具布置。应在道路尽端设置路灯,这样可以有效地照亮交叉路口,而且有利于驾驶员识别道路的尽头,如图6.13所示。

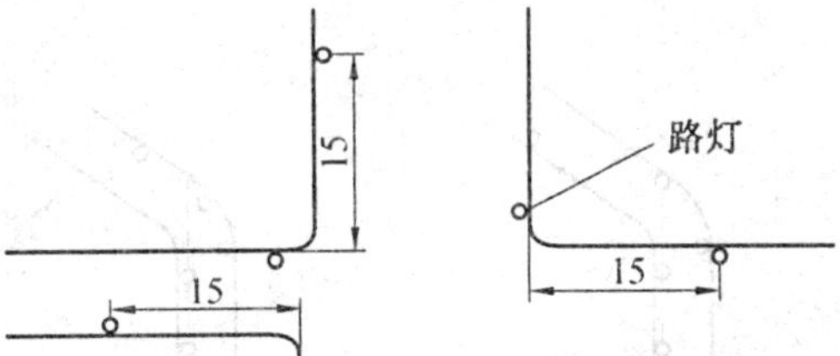

图6.12　十字形交叉口的灯具布置

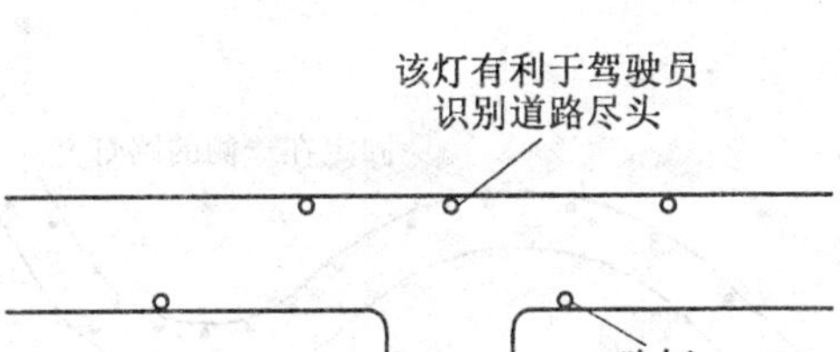

图6.13　T形交叉口的灯具布置

③环形交叉口的灯具布置。环形交叉口照明应充分显现环岛、交通岛和路缘石。当采用常规照明方式时,宜将灯具设在环形道路的外侧,如图6.14所示。当环岛的直径较大时,可在环岛上设置高杆灯,并应按车行道亮度高于环岛亮度的原则选配灯具并确定灯杆位置。

6.4.3 平曲线路段照明

平曲线路段的照明应符合下列要求:

①半径等于或大于1 000 m的平曲线路段,其照明可按直线路段处理。

②半径在1 000 m以下的曲线路段,灯具应沿曲线外侧布置,并应减小灯具的间距,间距宜为直线路段灯具间距的50%~70%(可参见表6.10),半径越小间距也应越小,悬挑的长度也应相应缩短。在反向曲线路段上,宜固定在一侧设置灯具,产生视线障碍时可在曲线外侧增设附加灯具。曲线路段的灯具布置如图6.15和图6.16所示。

③若曲线路段路面较宽需采用双侧布置灯具时,宜采用对称布置。

④转弯处的灯具不得安装在直线路段灯具的延长线上,如图6.17所示。

⑤急转弯处安装的灯具应能给车辆、路缘石、护栏以及周围环境提供充足的照明。

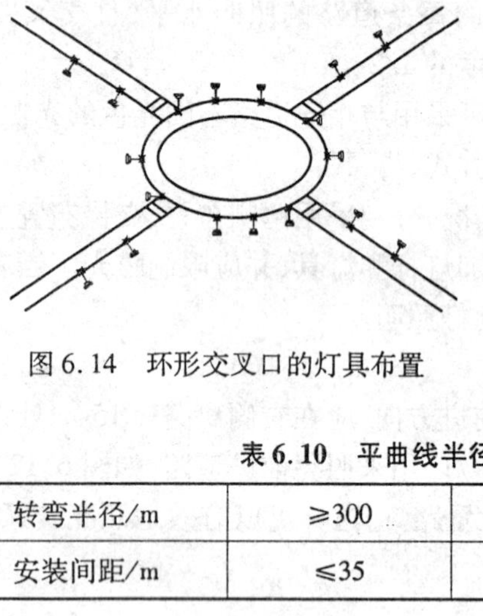

图6.14　环形交叉口的灯具布置

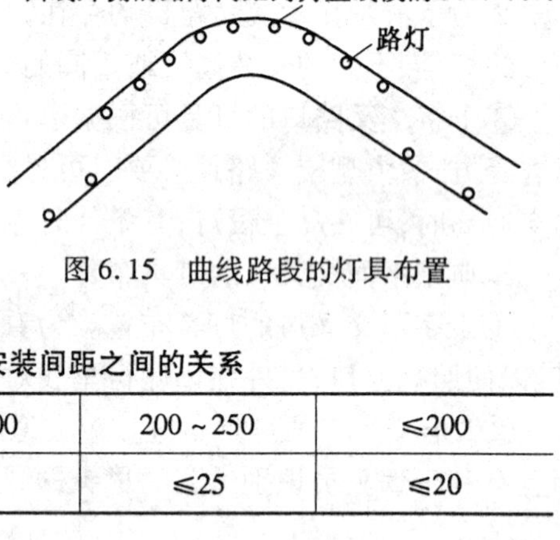

图6.15　曲线路段的灯具布置

表6.10　平曲线半径与灯具安装间距之间的关系

转弯半径/m	≥300	250~300	200~250	≤200
安装间距/m	≤35	≤30	≤25	≤20

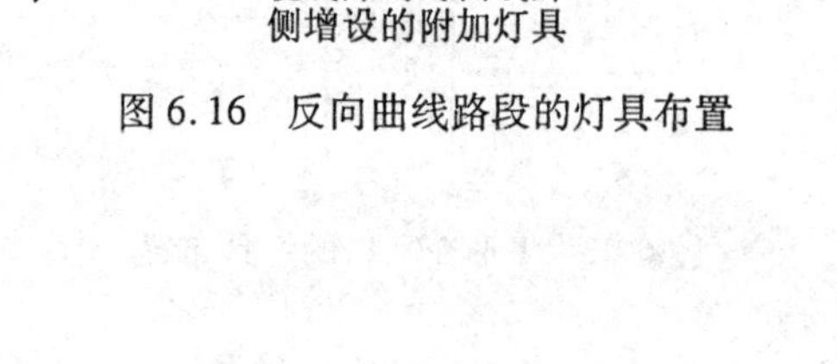

图6.16　反向曲线路段的灯具布置

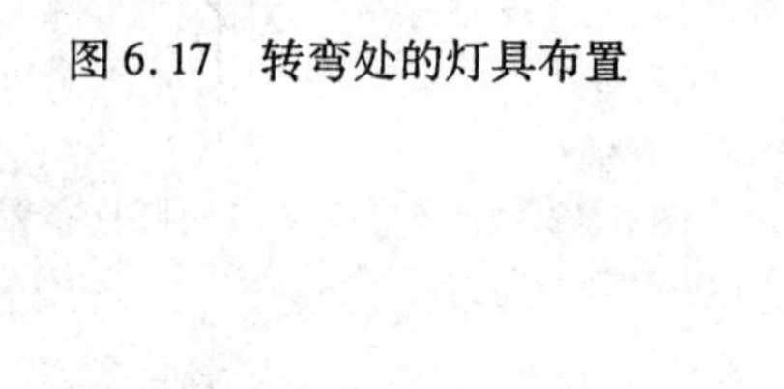

图6.17　转弯处的灯具布置

6.4.4　立体交叉照明

1. 互通式立体交叉照明原则

对于复杂的立体交叉，由于道路的走向不易辨认，要求驾驶员必须有较高的注意力和辨识技巧，能识别大量的指示标志和交通信号。在路线走向复杂、交通标志繁多的环境下，特别是在夜间，通过照明设施将复杂立体交叉的尽可能多的视觉信息提供给驾驶员是至关重要的。因此，无论高速公路主线上是否有照明，都必须保证互通式立体交叉的照明条件。

在互通式立体交叉照明设计中，除按一般要求考虑平均照度、亮度等问题外，还应特别注意以下两点：

①眩光问题。由于互通式立体交叉的层次较多，道路起伏变化大，这使得照明器的投光角度变得难以控制，因此，极易造成难以解决的眩光问题。

②诱导性。在配置照明器时，除了要充分考虑立交内路面上的照度分布外，还应通过透视图来检查照明器设置的诱导性是否合理，这对互通立交照明设计尤为关键。如果沿立交路线仍以主线照明的30～50 m间距排列照明器，对于复杂的立交来说，会因立交的匝道多、半径小等原因，造成在立交处排列的灯杆比较多，加之这些灯杆随道路蜿蜒起伏，往往给驾驶员造成一幅极其混乱的画面，从而失去对行车的诱导性。

2. 互通式立体交叉照明方式

在复杂立交的区域照明设计时，可以考虑按常规照明和高杆照明两种照明方式进行设计。常规照明方式具有能够有效利用光源光通量、节约能源和日常维护简单易行等一系列优点，但对于复杂的立交枢纽照明来说，这种照明方式在眩光和诱导性方面显得难以控制。为此，对于较复杂的互通式立体交叉，在照明设计上常采用高杆照明方式。

3. 上跨道路与下穿地道照明

采用常规照明时应使下穿地道上设置的灯具在下穿地道上产生的照度(或亮度)和上跨道路两侧的灯具在下穿地道上产生的照度(或亮度)能很好地衔接，确保该区域的亮度(或照度)均匀度不低于规定值，同时还要防止下穿地道上的灯具对上跨道路造成眩光。大型上跨道路与下穿地道也可采用高杆照明方式。

6.4.5　其他特殊地点照明

1. 桥梁照明

桥梁照明在设计原则上、照明器形式与布置上与主线照明大致相同。中小型桥梁的照明应与其连接的道路照明一致，若桥面的宽度小于与其连接的路面宽度时，桥梁的栏杆、缘石应有足够的垂直照度，在桥梁的入口处应设灯具。大型桥梁和具有艺术、历史价值的中小型桥梁的照明应进行专门设计，既应满足功能要求，又应顾及艺术效果，并与桥梁的风格相协调。高速公路上大型桥梁的照明设计应注意以下几点：

(1)一般大桥照明

一般大桥是指不具有桥下通行、空中飞行及观赏意义等特殊要求的普通桥梁。在主线未设置照明的条件下，考虑到大桥上的行车安全，可根据行车需求适当设置照明设施，其设计原则与主线照明基本一致。在主线已设置照明的条件下，则应考虑大桥照明在照度上的要求，使桥面照明水平高出与其相连接的进出口主线道路。

(2)有通航要求的大桥照明

对较大的跨海和跨江桥，其桥下有水上运输航道。此类大桥的照明除了要满足其正常的照明要求外，还应注意桥上照明设施可能对桥下过往船只的不利影响。因此，对照明器的形式、配光及安装等要慎重考虑。为了使水上交通能够及时发现由桥梁造成的障碍物，还应在桥梁的下部结构上设置照明设施，以便使航行的船舶能够准确辨认前方桥墩的位置、航道的净空等。另外，有较高桥头柱或塔的大桥，还应考虑其可能对空中飞机航行造成的不利影响。

(3)大桥立面照明

对位于特殊地理位置的具有重大意义和观赏价值的大型桥梁，除了考虑行车安全需要的正常照明外，还需要设置供夜间观赏的立面照明，这种照明会产生较强的艺术效果。立面照明的常用布局有两种类型：一种是串灯方式，即沿桥梁的轮廓设照明器（或彩灯）。串灯照明的优点是简单易行，极适于沿大桥的纵向进行照明布设，但其具有耗电量大和艺术效果难以体现的缺点。另一种是投光照明方式，即采用投光灯作为立面照明的光源。其优点是投光灯的光色好，立体感强，所需照明功率小，投光照明极适用于高耸的桥头建筑物的立面照明。

2. 广场与停车场照明

一般情况下，广场照明设计应考虑以下几点：

①保证广场内有足够的照度，既要满足车辆运行的要求，又要满足工作人员正常开展工作的需要。

②要使整个广场内的照度均匀，同时还要考虑广场进出口与相邻道路照度间的协调。

③灯柱及照明器的形式应与广场环境相协调，在满足照明功能的前提下，造型尽量美观，点缀环境，给人以美的感觉。

④广场内设置的灯杆不宜过多，以保证广场的使用功能。

在照明方式选择上，小型广场可考虑在广场四周设立杆柱，进行常规照明；大型广场通常采用高杆照明或悬索照明，创造出舒适、明朗的广场视野环境。停车场应根据使用要求，夜间车辆进出的频繁程度，合理设置照明。

3. 人行地道照明

人行地道的照明应符合下列要求：

①天然光充足的短直线人行地道，可只设夜间照明。

②附近不设路灯的地道出入口，应设照明装置。

③地道内的平均水平照度，夜间以 15 lx、白天以 50 ~ 100 lx 为宜，并应提供适当的垂直照度。

4. 人行天桥照明

人行天桥的照明应符合下列要求：

①跨越有照明设施道路的人行天桥可不另设照明，紧邻天桥两侧的常规照明的灯杆高度、安装位置以及光源灯具的配置，宜根据桥面照明的需要作相应调整。当桥面照度小于 2 lx、阶梯照度小于 5 lx 时，宜专门设置人行天桥照明。

②专门设置照明的人行天桥桥面的平均照度不应低于 5 lx，阶梯照度宜适当提高，且

阶梯踏板的水平照度与踢板的垂直照度的比值不应小于2∶1。

③应防止照明设施给天桥下的机动车驾驶员造成眩光。

5. 道路与铁路平面交叉照明

道路与铁路平面交叉的照明应符合下列要求：

①交叉口的照明应使驾驶员能在停车视距以外发现道口、火车及交叉口附近的车辆、行人及其他障碍物。

②交叉口的照明方向和照明水平应有助于识别装设在垂直面上的交通标志或路面上的标线，灯光颜色不得和信号颜色混淆。

③交叉口轨道两侧道路各30 m范围内，路面亮度（或照度）及其均匀度应高于所在道路的水平，灯具的光分布不得给接近交叉口的驾驶员和行人造成眩光。

6. 飞机场附近道路的照明

飞机场附近道路的照明应符合下列要求：

①飞机场附近的道路照明不应与机场跑道上的灯光信号系统以及场地照明混淆。

②在设计该地区的道路照明时，应符合航空部门有关规定，并应与其取得联系。

7. 铁路和航道附近道路的照明

铁路和航道附近道路的照明应符合下列要求：

①道路照明的光和色不得干扰铁路、航道的灯光信号和驾驶员及领航员的视觉。

②当道路照明灯具处于铁路或航道的延长线上时，应与铁路或航运部门取得联系。

③当道路与湖泊、河流等水面接界，且灯具为单侧布置时，宜将灯杆设在靠水的一侧。

8. 居住区道路照明

居住区道路的照明应符合下列要求：

①居住区人行道路的照明水平应符合表6.6的要求。

②灯具安装高度不宜低于3 m，不应把裸灯设置在视平线上。

③居住区及其附近的照明，应合理选择灯杆位置、光源、灯具及照明方式；在居室窗户上产生的垂直照度不得超过相关标准的规定。

9. 人行横道照明

人行横道的照明应符合下列要求：

①平均水平照度不得低于人行横道所在道路的1.5倍。

②人行横道应增设附加灯具。可在人行横道附近设置与所在机动车交通道路相同的常规道路照明灯具，也可在人行横道上方安装定向窄光束灯具，但不应给行人和机动车驾驶员造成眩光。可根据需要在灯具内配置专用的档光板或控制灯具安装的倾斜角度。

③可采用与所在道路照明不同类型的光源。

10. 植树道路照明

植树道路的照明应符合下列要求：

①新建道路种植的树木不应影响道路照明。

②扩建和改建的道路，应与园林管理部门协商，对影响照明效果的树木进行移植；

③在现有的树木严重影响道路照明的路段可采取下列措施：修剪遮挡光线的枝叶；改变灯具的安装方式，可采用横向悬索布置或延长悬挑长度；减小灯具的间距，或降低安装高度。

6.5 照明设计与照明计算

6.5.1 照明设计

1. 照明设计基本原则

进行道路照明设计时,应遵循下列原则:

①路面亮度(或照度)水平、亮度(或照度)均匀度、眩光限制以及环境比等必须满足现行标准的规定,同时,照明设施还应具有良好的诱导性;

②投资低,耗电少,即既要经济又要节能;

③运行安全可靠,便于维护管理;

④在符合上述各项原则的前提下尽可能采用先进技术,不断提高道路照明的技术水平。

2. 照明设计内容

(1)搜集资料

进行道路照明设计时,需要收集的资料一般包括:

①道路的几何特征:道路横断面形式及各组成部分的宽度、道路坡度、平曲线半径、道路出入口与立体交叉布局等;

②路面材料及其反光特性;

③道路周围环境,绿化及环境污染程度等;

④可供选择的光源、灯具及其附件的型号、规格、光电特性和价格等;

⑤可供选择的供电、线路敷设及控制方式等;

⑥计划维护方式和周期。

(2)确定照明灯具的布置方式

(3)确定灯具的安装高度、间距、悬挑和仰角

(4)确定光源的类别和规格

(5)确定灯具的类型和规格

(6)确定灯杆、灯台及其它照明器材的类型和规格

3. 照明设计步骤

道路照明设计一般按以下步骤进行:

①确定照明水平、照明均匀度、眩光限制、环境比等道路照明标准;

②结合当地条件和实践经验选择一种灯具布置方式,并初选光源和灯具;

③初定灯具的安装高度、间距、悬挑和仰角;

④计算平均亮度(或照度)、亮度(或照度)均匀度及眩光限制水平等指标,并将计算结果与应达到的标准进行对比分析;

⑤若计算结果未能达到标准要求,则应调整设计方案,变更灯具的类型、布置方式、安装高度、间距之中的一项或几项或变更光源类型,重新进行计算直至符合标准,通常可以作出几种都能符合标准要求的设计方案;

⑥对几种设计方案进行技术、经济和能耗的综合分析,并适当考虑当地的爱好、习惯,

最终确定一种设计方案。

照明设计的步骤如图 6.18 所示。

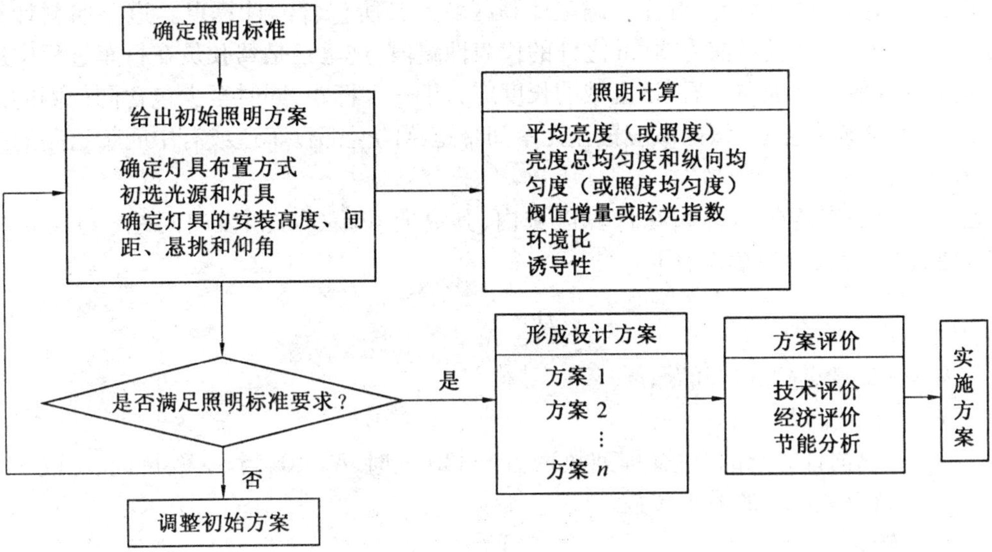

图 6.18　道路照明设计步骤

6.5.2　照明计算

1. 照明计算项目与计算方法

道路照明计算通常包括路面上单点照度、平均照度、照度均匀度、单点亮度、平均亮度、亮度总均匀度、亮度纵向均匀度、眩光限制阈值增量、眩光控制等级以及环境比计算等，计算方法可以归纳为逐点法、公式法和基于灯具光度数据的图表法，见表 6.11。

表 6.11　道路照明计算项目与计算方法

计算项目		计算方法
照度	单点照度	逐点法
		等照度曲线图法
	平均照度	逐点法
		利用系数曲线图法
亮度	单点亮度	逐点法
	平均亮度	逐点法
		亮度产生曲线图法
照明均匀度	亮度均匀度	公式法
	照度均匀度	公式法
眩光计算	阈值增量	公式法
	眩光控制等级 G	公式法

2. 照明计算区域及观察者的视点位置

(1)照明计算区域及计算点的选取

在进行道路照明计算时,首先要确定计算区域及其所包含的计算点。道路照明计算区域应是一段位于驾驶员前方 60 m 之外的代表性路段,这里正是驾驶员在行车过程中所重点观察的区域。从纵向上看,该区域的长度应大于一个杆距,同时至少包含同一侧的两个灯具在内;从横向上看,该区域应覆盖无中间带道路的全部行车道或有中间带道路的半幅行车道。

照明计算点应均匀地分布在计算区域内,其纵向间距(D)和横向间距(d)可按式(6.10)和式(6.11)计算确定,即

$$D = \frac{S}{N} \tag{6.10}$$

式中 D——计算点的纵向间距,m;

S——灯具间距,m;

N——纵向计算点的个数(即列数),当 $S \leqslant 30$ m 时,$N=10$;当 $S>30$ m 时,N 取 S/D($D \leqslant 3$ m)的最小整数。

$$d = \frac{W_L}{3} \tag{6.11}$$

式中 d——计算点的横向间距,m;

W_L——车道宽度,m。

道路照明计算区域及计算点的位置如图 6.19 和图 6.20 所示。对于道路交会区及广场等较大区域,一般可将照明计算区域划分成网格,网格宽按车道宽等分,网格长一般为 3 ~ 5 m,每个网格的几何中心点就是照明计算点。

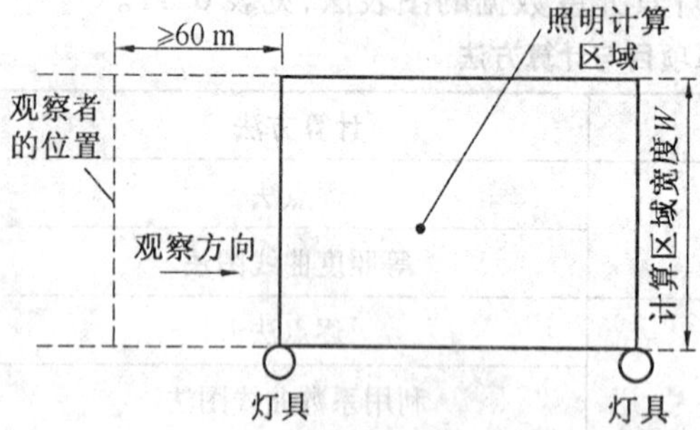

图 6.19　照明计算区域

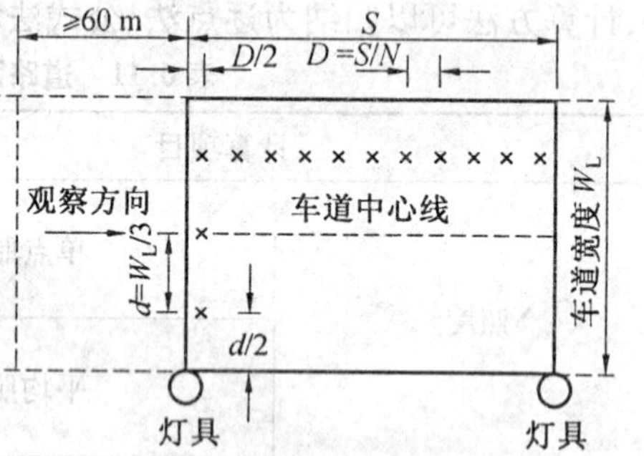

图 6.20　车道上照明计算点的位置

(2)观察者的视点位置

在进行亮度和眩光计算时,必须明确驾驶员视点相对于照明计算区域最有可能出现的位置,即观察者的视点位置。CIE 推荐,观察者视点高度为 1.5 m。纵向位置为照明计算区域前方 60 m 多一些,多出多少取决于路灯安装间距;但计算眩光限制阀值增量 TI 时例外,此时应该按得出最高 TI 值的纵向观察者视点位置进行计算,即遮光角为 20°的位置。进行纵向均匀度计算时,观察者视点的横向位置位于每一条车道的中心线上;其他类型的计算都认定观察者视点位于近侧路缘 1/4 车行道宽度处(称为标准横向观察者视点

位置)。

3. 点光源在任意点上的照明定律

在道路照明设计中,光源可视为点光源,其在任意点上的照明符合余弦定律、光能叠加原理和距离平方反比三个基本定律。

①余弦定律。点光源向各个方向发出的发光强度随着该方向与表面法线夹角的余弦而变化,即

$$I_\gamma = I_0 \cos\gamma \tag{6.12}$$

式中　I_0——光源的发光强度,cd;

I_γ——与表面法线成 γ 角(垂直角)方向的发光强度,cd。

②光能叠加原理。若一个表面受到几个光源同时照射,该表面接收到的光通量等于各个光源射到该表面的光通量之和,即

$$F = F_1 + F_2 + \cdots + F_n \tag{6.13}$$

若该表面面积为 A,则表面上的照度(E) 为

$$E = \frac{F_1}{A} + \frac{F_2}{A} + \cdots \frac{F_n}{A} = E_1 + E_2 + \cdots + E_n = \sum_{i=1}^{N} E_i \tag{6.14}$$

③点光源的距离平方反比定律。点光源在一个表面上产生的照度与光源至该表面距离 (d) 的平方成反比,即

$$E = \frac{I}{d^2} \tag{6.15}$$

4. 路面上单点照度和平均照度的计算——逐点法

根据上述三个基本定律,一个灯具在任意点 P 上(如图 6.21 所示)的水平照度为

$$E_p = \frac{I(c,\gamma)}{H^2}\cos^3\gamma \tag{6.16}$$

式中　E_p——任意一点 P 的水平照度,lx;

$I(c,\gamma)$——灯具指向 c、γ 角所确定的方向上的光强,cd,可由等光强曲线查出;

γ—— 垂直角(或高度角);

c—— 水平角(或方位角);

H——灯具安装高度,m。

n 个灯具在任意点 P 上的总照度为

$$E_p = \sum_{i=1}^{n} E_{p_i} \tag{6.17}$$

针对选取的照明计算点,利用公式(6.17)计算出各计算点上的照度值,最后取其算术平均值作为路面平均照度,计算公式为

$$E_{av} = \frac{\sum_{i=1}^{n} E_i}{n} \tag{6.18}$$

式中　E_{av}—— 路面平均照度,lx;

E_i—— 第 i 个计算点上的照度,lx;

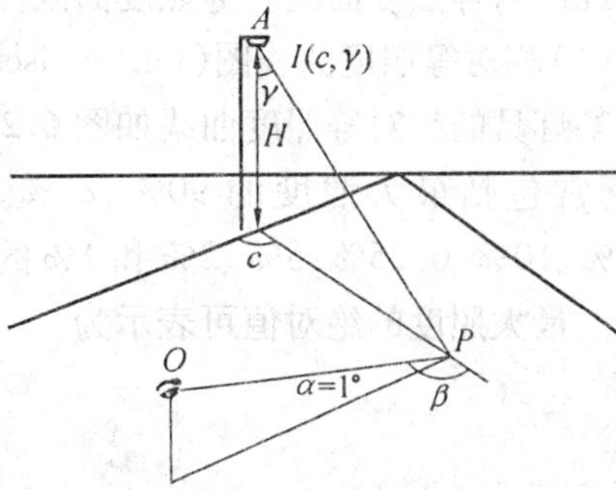

图 6.21　任意点 P 的水平照度

n—— 计算点的总数量,个。

5. 路面上单点亮度和平均亮度的计算——逐点法

一个灯具在任意点 P 上的亮度

$$L_p = qE = q(\beta,\gamma)E(c,\gamma) = \frac{q(\beta,\gamma)I(c,\gamma)}{H^2}\cos^3\gamma = r(\beta,\gamma)\frac{I(c,\gamma)}{H^2} \qquad (6.19)$$

式中 L_p—— 任意一点 P 的亮度,cd;

q ——亮度系数,是表示路面反光性能的一个系数,其值为路面上某点的亮度和该点的水平照度之比(即 $q = L/E$)。它除了和路面材料有关外,还取决于观察者和光源相对于路面所考察的那一点的位置,即 $q = q(\beta,\gamma)$,其中 β 为光的入射平面和观察平面之间的角度,γ 为入射光线的垂直角(或高度角),如图 6.22 所示;

$r(\beta,\gamma)$ ——简化亮度系数,其值为 $q(\beta,\gamma)\cos^3\gamma$,可查简化亮度系数表确定。

数个灯具在任意点 P 的总亮度为

$$L_p = \sum_{i=1}^{n} L_{p_i} \qquad (6.20)$$

路面平均亮度计算公式为

$$L_{av} = \frac{\sum_{i=1}^{n} L_i}{n} \qquad (6.21)$$

式中 L_{av}—— 路面平均亮度,cd;

L_i—— 第 i 个计算点上的亮度值,cd;

n ——计算点的总数量,个。

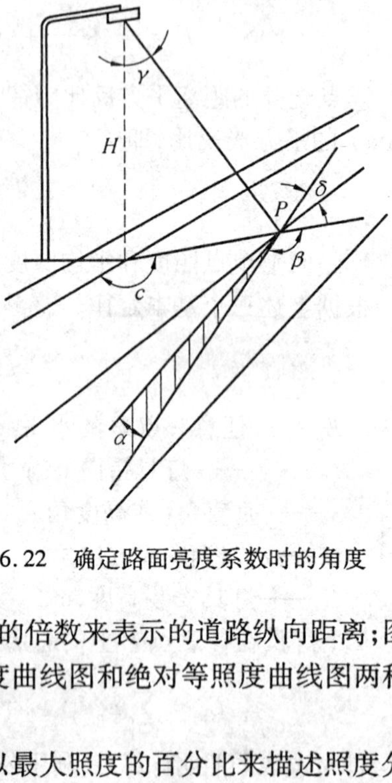

图 6.22　确定路面亮度系数时的角度

6. 路面上单点照度的计算——等照度曲线图法

等照度曲线图是一种专供用户逐点计算路面照度的曲线图。该图采用直角坐标系,其坐标横轴为以灯具安装高度(H)的倍数来表示的道路横向距离,且将道路横向分成车行道侧和人行道侧两部分;纵轴则为以灯具安装高度的倍数来表示的道路纵向距离;图中的曲线即为等照度曲线。等照度曲线图有相对等照度曲线图和绝对等照度曲线图两种。

(1)相对等照度曲线图(relative isolux diagram)

某灯具的相对等照度曲线如图 6.23 所示,它是以最大照度的百分比来描述照度分布的,通常包括最大照度的 90%、80%、70%、60%、50%、40%、30%、25%、20%、15%、12.5%、10%、6.25%、5%、2% 和 1% 的等照度曲线,同时还给出了最大照度的绝对值和位置。最大照度的绝对值可表示为

$$E_{max} = \frac{K_Z F}{H^2} \qquad (6.22)$$

式中 E_{max}—— 最大照度,lx;

K_z—— 灯具常数,可在相对等照度曲线中查出;

F—— 灯具中光源的光通量,lm。

(2) 绝对等照度曲线图 (absolute isolux diagram)

某灯具的绝对等照度曲线如图 6.24 所示,它直接给出了照度值的分布。但这种等照度曲线通常是对一定的灯具安装高度和 1 000 lm 的光通量计算得到的。因此,当实际的灯具安装高度和光源光通量和等照度曲线所采用的灯具安装高度和光源光通量不一致时,应进行照度修正。首先依据等照度曲线图上给出的灯具安装高度修正系数进行高度修正,然后再进行光源光通量修正。目前,绝对等照度曲线已较少使用。

(3) 等照度曲线图的使用方法

使用等照度曲线图计算单点照度时,通常有两种做法:

①方法一。在同一张等照度曲线图上标出计算点相对于各个灯具的位置,读出各个灯具(一般是计算点周围 3 ~4 个灯具)对计算点照度的贡献,然后求和,最后再换算成照度绝对值。

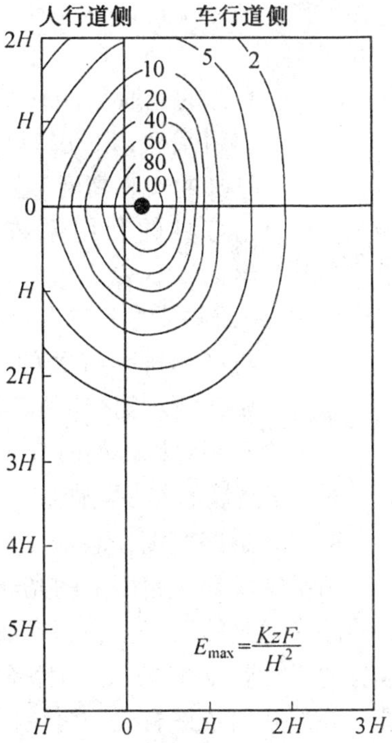

图 6.23　相对等照度曲线

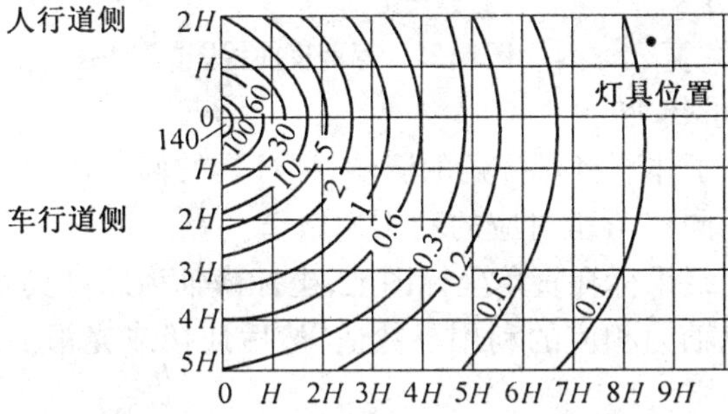

安装高度 /m	安装高度修正系数 c
5	0.040
6	0.028
7	0.020
8	0.016
9	0.012
10	0.010

光源光通量为 1 000 lm
安装高度为 1 m

图 6.24　绝对等照度曲线

②方法二。将等照度曲线图复印在透明纸上制成透明覆盖图,然后将它叠加在与其比例相同的道路平面图上。令覆盖图的原点和第一个灯具的位置重合,读出第一个灯具在计算点上产生的照度,依次类推可分别读出计算点周围 3 ~4 个灯具在该计算点上分别产生的照度,如图 6.25 所示,再求和并换算成照度绝对值。

换算成照度绝对值时应注意实际使用的等照度曲线图是哪一种形式。若是相对等照度曲线图则需乘以最大照度值,若是绝对等照度曲线图则应进行灯具安装高度和光源光通量修正。

7. 路面平均照度的计算——利用系数曲线图法

计算直线路段上的平均照度最容易、最迅速的方法是采用灯具光测试报告中给出的利用系数曲线图(utilization factor diagram),查出利用系数,即可按下式计算平均照度,即

$$E_{av} = \frac{F \cdot U \cdot MF \cdot N}{S \cdot W} \qquad (6.23)$$

式中 F—— 光源的光通量,lm;

U—— 利用系数,根据道路的宽度和灯具的安装高度、悬挑和仰角,由灯具的利用系数曲线图查出;

MF—— 维护系数;

N—— 与灯具排列有关的数值,单侧排列及双侧交错排列时 $N=1$,双侧对称排列时 $N=2$;

S—— 路灯的安装间距,m;

W—— 道路宽度,m。

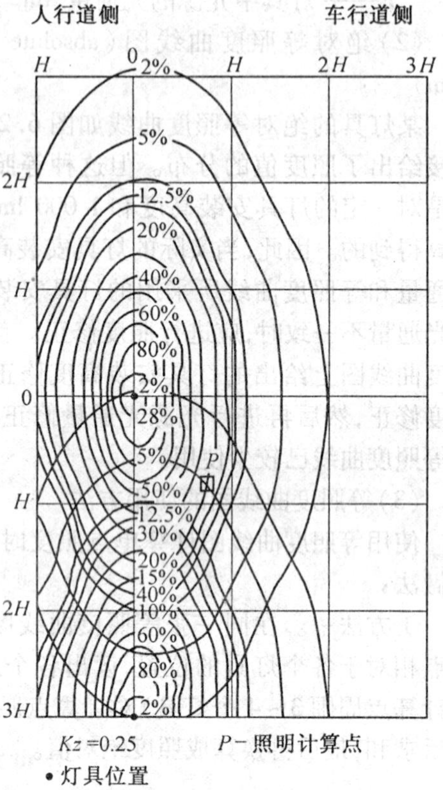

图 6.25 等照度曲线图的应用

利用系数是到达路面上的光通量与光源发射的总光通量的比值。利用系数不但和灯具本身的光学性能有关,还与路面的宽窄及灯具安装的几何条件有关。为了体现悬挑长度的影响,往往通过灯具光中心在路面上的垂直投影点作一条与路轴平行的直线,将路面分成车行道侧和人行道侧两部分,并分别给出这两侧的利用系数。为了体现路宽(W)和安装高度(H)的影响,通常给出了与不同的 W/H 值相对应的利用系数值。为了体现灯具仰角的影响,把灯具的仰角作为参变量,分别给出在其它条件不变的情况下不同仰角所对应的利用系数值。在上述各种条件下的利用系数值计算出来以后,就可以把结果标在直角坐标图上,坐标横轴为以灯具安装高度的倍数表示的道路横向距离,坐标纵轴为相应的利用系数值,然后连接成光滑曲线,即为利用系数曲线,如图 6.26 所示。

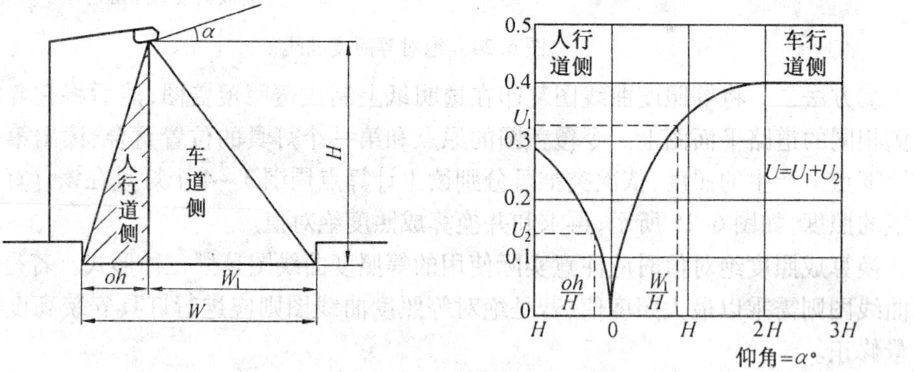

图 6.26 利用系数曲线图

8. 路面平均亮度的计算——亮度产生曲线图法

计算路面上的平均亮度也可采用亮度产生曲线图法，此时路面平均亮度的计算公式为

$$L_{av} = \eta_L \cdot q_0 \cdot \frac{F}{S \cdot W} \tag{6.24}$$

式中　η_L——灯具的亮度产生系数，根据道路的几何尺寸、灯具安装条件及观察者位置，由该灯具的亮度产生曲线图查出；

q_0——路面平均亮度系数，$cd/(m^2 \cdot lx)$。

亮度产生曲线图(Luminance yield factor diagram)的坐标横轴是以灯具安装高度(H)的倍数来表示的横向距离(同样分车行道侧和人行道侧两部分)，坐标纵轴是亮度产生系数，如图6.27所示。由于路面上的亮度不但和灯具的光强分布、路面的反光性能有关，而且同观察者所在的位置也有关，因此，需根据观察者所处的不同位置分别给出亮度产生曲线。通常规定了相对于灯具排列的三种观察者位置(如图6.28所示)：观察者位置A在左侧与灯具排列线的横向距离为$1H$，观察者位置B在灯具排列线上，观察者位置C在右侧与灯具排列线的横向距离为$1H$。三个观察者位置所对应的亮度产生曲线就是图6.27中的曲线A、曲线B和曲线C。

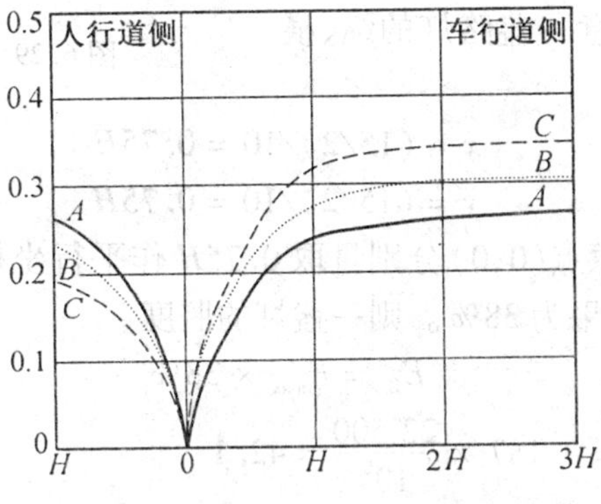

图6.27　亮度产生曲线图

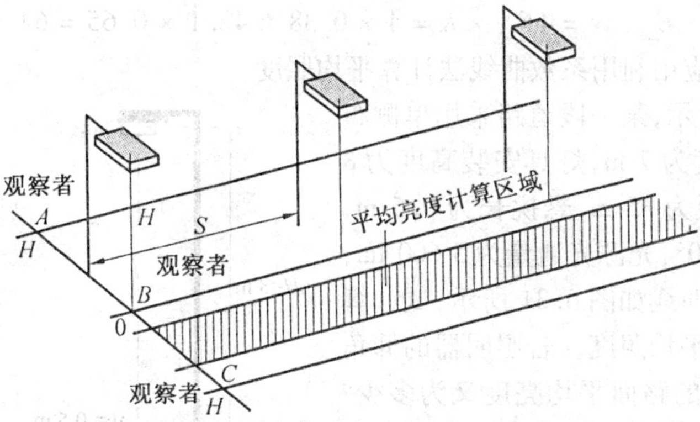

图6.28　亮度产生曲线图中的观察者位置

9. 照明均匀度计算

(1)亮度均匀度计算

亮度总均匀度可由公式(6.2)计算,亮度纵向均匀度可由公式(6.3)计算。在计算亮度纵向均匀度时,首先在每条车道中心线上找出最大亮度值和最小亮度值,计算出每条车道的纵向均匀度,然后将所有车道进行比较,从中找出最小值作为整个路面的亮度纵向均匀度。

(2)照度均匀度计算

照度均匀度可按公式(6.9)计算,式中 E_{min} 可在计算得出的规则布置的计算点的照度值中选取,E_{av} 可根据公式(6.18)或公式(6.23)计算。

【例 6.1】 应用相对等照度曲线法计算平均照度如图 6.29 所示,某十字形交叉口,相交道路宽度均为 15 m,在四角对称布置 4 个路灯,灯具安装高度为 10 m、仰角为 0°,光源光通量为 22 500 lm,相对等照度曲线如图 6.23 所示,试计算交叉口中心点的照度(维护系数取 0.65)。

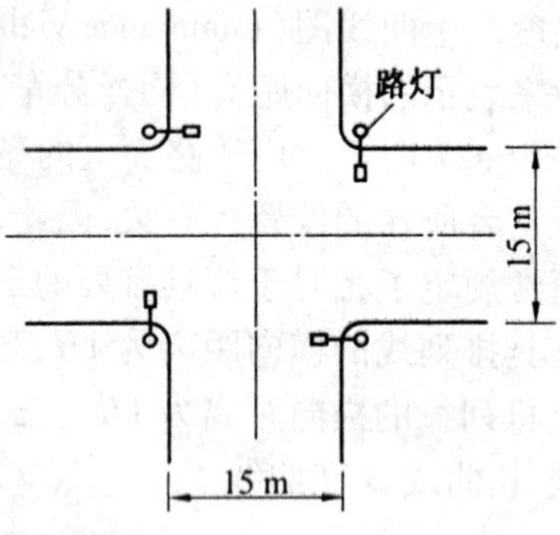

图 6.29　例 6.1 灯具布置图

解　4 盏路灯的位置相对于交叉口中心对称,可取 1 盏路灯计算,然后乘以 4 倍。

路中心点相对于任意一盏路灯的纵、横坐标为

$$x = (15/2)/10 = 0.75H$$

$$y = (15/2)/10 = 0.75H$$

由图 6.23 可知,自原点(0,0)分别量取 0.75H 作平行坐标轴的直线交于一点,查该交点处的相对照度值,结果为 38%。则一盏灯的照度

$$E_{L1} = E_{max} \times 38\%$$

由图 6.23, $E_{max}/\text{lx} = 0.187 \times \dfrac{22\ 500}{10^2} = 42.1$

考虑维护系数的影响,则交叉口中心点的照度为

$$E_{总}/\text{lx} = 4E_{L1} \times K = 4 \times 0.38 \times 42.1 \times 0.65 = 64$$

【例 6.2】 应用利用系数曲线法计算平均照度

如图 6.30 所示,某一段道路采用单侧布灯方式,路面宽度为 7 m,灯具安装高度为 8 m,灯具安装间距为 35 m,悬挑长为 0.5 m,照明器的仰角为 0°,光源光通量为 5 600 lm,灯具的利用系数曲线如图 6.31 所示,试计算该段道路的路面平均照度。若照明器的仰角设为 10°,则此时的路面平均亮度又为多少?(暂不考虑维护系数,即 MF 取 1)

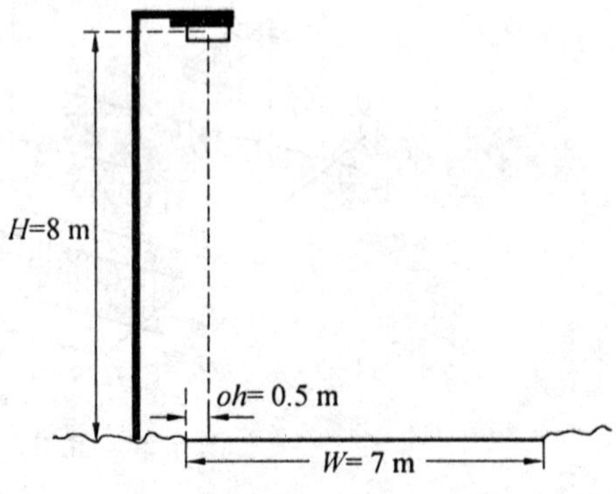

图 6.30　例 6.2 灯具布置图

解　道路横向从灯具左侧(人行道侧)的 0.5 m 沿伸至灯具右侧(车行道侧)的 6.5 m(7-0.5=6.5),这分别等价于 0.06H

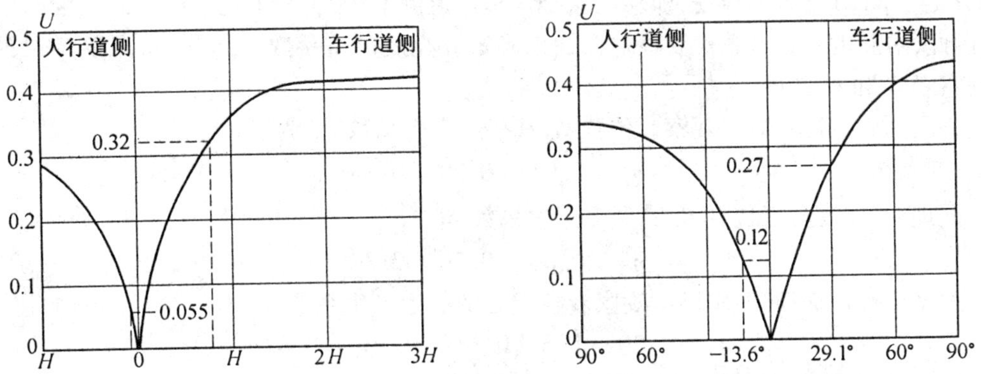

(a) 横向距离　　(b) 横向角度

图 6.31　例 6.2 利用系数曲线图

和 0.81H。查图 6.31(a)中的利用系数曲线可知，人行道侧和车行道的利用系数分别为 0.055 和 0.32，此时，灯具的利用系数 U 为 0.375(0.055+0.32=0.375)。

由公式(6.23)可计算得到路面的平均照度为

$$E_{av}/\mathrm{lx}=\frac{F\cdot U\cdot MF\cdot N}{S\cdot W}=\frac{5\ 600\times 0.375\times 1\times 1}{35\times 7}=8.6$$

当照明器的仰角调整为 10°时，道路左侧边缘的横向角度为

$$-\left(\arctan\frac{0.5}{8}+10^{\circ}\right)=-13.6^{\circ}$$

道路右侧边缘的横向角度为

$$\arctan\frac{6.5}{8}-10^{\circ}=29.1^{\circ}$$

查图 6.31(b)中的利用系数曲线可知，人行道侧和车行道侧的利用系数分别为 0.12 和 0.27，总的利用系数 U 为 0.39，此时路面平均照度为

$$E_{av}/\mathrm{lx}=\frac{5\ 600\times 0.39\times 1\times 1}{35\times 7}=8.9$$

【例 6.3】　应用亮度产生曲线图法计算平均亮度道路几何条件及灯具布置同例6.2，路面平均亮度系数 q_0 为 0.075 cd/(m^2·lx^{-1})，亮度产生曲线如图 6.32 所示，观察者位于距道路右侧边缘 1.75 m 处，试计算该视点处的路面平均亮度。

解　同例 6.2，道路左侧边缘和右侧边缘距灯具的横向距离仍为 0.06H 和 0.81H。本题中观察者距灯具的横向距离为 4.75 m(7 − 1.75 − 0.5 = 4.75)，这相当于 0.59H。

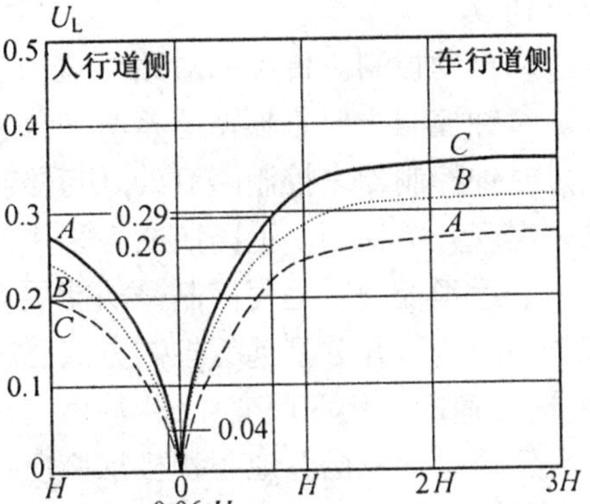

图 6.32　例 6.3 亮度产生曲线图

由于亮度产生曲线图给出了 A(人行道

侧 1H 处)、B(灯具排列线处,即 0H 处)、C(车行道侧 1H 处)三个观察位置的亮度产生曲线,因此,对新的观察位置需要通过内插来确定其亮度产生系数。此题中,观察者位置介于观察者 B 和 C 之间。

查图 6.31 可知,对于观察者位置 C,其亮度产生系数 η_L^C 为

$$\eta_L^C = 0.04 + 0.29 = 0.33$$

同理,对于观察者位置 B,其亮度产生系数 η_L^B 为

$$\eta_L^B = 0.04 + 0.26 = 0.30$$

根据线性内插原理,本题中观察者位置处的亮度产生系数 η_L 为

$$\eta_L = 0.30 + 0.59(0.33 - 0.30) = 0.32$$

由公式(6.24)可计算得到该视点处的路面平均亮度为

$$L_{av}/(\mathrm{cd \cdot m^{-2}}) = \eta_L \cdot q_0 \cdot \frac{F}{S \cdot W} = 0.32 \times 0.075 \times \frac{5\,600}{35 \times 7} = 0.54$$

6.6 道路照明控制与节能

6.6.1 道路照明控制

1. 照明控制方式

道路照明控制是指按照道路使用者的照明需求和客观环境的变化(如不同季节下天色的亮暗变化)等,对道路照明进行开关灯和亮度调节的控制行为,其目的是最大限度地满足道路使用者的照明需求并节省能源消耗。进行道路照明控制时需要考虑的因素包括时间、天气和交通流量等。对于城市道路而言,道路照明开灯时的天然光照度水平宜为 30 lx,次干路和支路宜为 20 lx。

道路照明控制方式一般可分为手动控制、自动控制和远程控制 3 种方式。

①手动控制。手动控制是最简单的控制方式,即对相应的道路照明线路实施手动开关控制,其优点是:投资少、控制简单、可靠性高。缺点是:在需要开关灯时,必须要求控制人员到位。

②自动控制。传统的对路灯进行自动控制的方式有时钟控制与光电池控制两种方式。时钟控制主要是根据道路所在位置的纬度、所处的季节,所确定的天黑和天亮时间,通过时钟控制器来控制路灯的开与关。光电池控制主要是根据所要控制的道路的照度水平来实现开关控制。道路照明宜采用光控和时控相结合的控制方式。

③远程控制。远程控制是功能更全面、系统更复杂的照明控制方式,可分为开关型和智能型两类。开关型远程控制方式已得到广泛应用,是通过集中遥控线路控制高压开关的分合、通断专用照明变压器,从而实现对道路照明的分区或分片控制。

针对目前我国各地正积极推广应用的道路照明“三遥”系统(即遥控、遥信和遥测),为了保证在通信线路发生故障或监控中心瘫痪时不至于造成大面积长时间灭灯,集中遥控系统的运动终端宜具有在通信中断的情况下自动开关路灯的控制功能和手动控制功能。

2. 照明控制电路

道路照明的控制电路应接线简单，故障时转换方便，当控制器件损坏时可手动控制。

①光电控制电路。光电控制电路如图 6.33 所示，其中，光电控制器是主控器件，定时钟即可防止光电控制器的错误操作，也可在光电控制器损坏时临时作为主控器件。另外，时钟将严格保证白天不会向照明线路送电，必要时还可兼做半夜灯控制。

②路灯控制仪电路。路灯控制仪电路如图 6.34 所示，其中，路灯控制仪是主控器件。

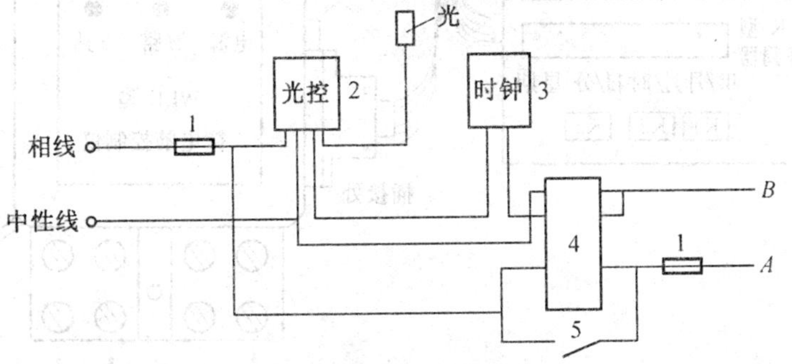

图 6.33　光电控制电路

1—熔断器；2—G - 1 型高精度光电控制器；3—SDK - 2 型定时钟；4—交流接触器；5—手控开关

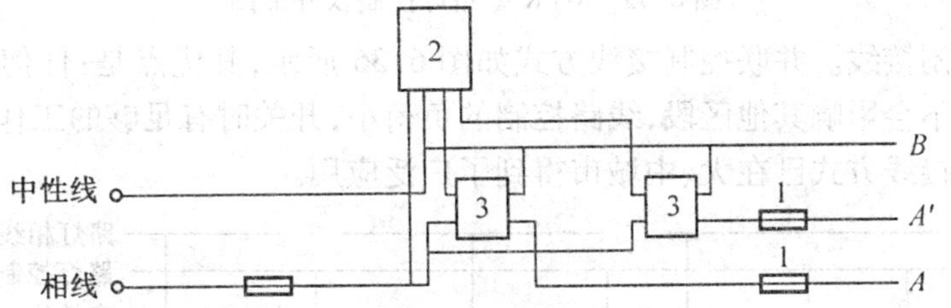

图 6.34　路灯控制仪电路

1—熔断器；2—路灯控制仪；3—交流接触器

3. 照明控制电器

(1) 控制电器的基本要求

①抗电磁干扰与抗电源电压波动的能力强；

②控制全年路灯夜间的开灯总小时数在 4 000 h 左右；

③调试简便，功能完善，严禁在天亮后及黄昏前将路灯照明开启。

(2) 控制电器的主要技术数据

控制电器的主要技术数据一般包括可调光范围、控制容量、工作电源及最小控制时段等。近年来，一种微机路灯控制仪得到了较广泛的应用。只要将使用地的经度、纬度输入，并将启用的年、月、日、时、分输入，即可得到随季节而变化的开灯与关灯时刻表，而且还可根据天气阴暗变化进行光电修正，使用方便而且节电效果显著。微机路灯控制仪内有供交流电源失电时的不间断电源，能维持 72 h。可同时使用全夜灯、半夜灯两个运行方式或只应用一种运行方式。北京市路灯管理处全部采用了微机路灯控制仪，其外形如图 6.35 所示。

(3) 路灯的控制接线

路灯的控制接线有并联控制接线、串联控制接线、单电源控制与半夜灯控制接线等方式。

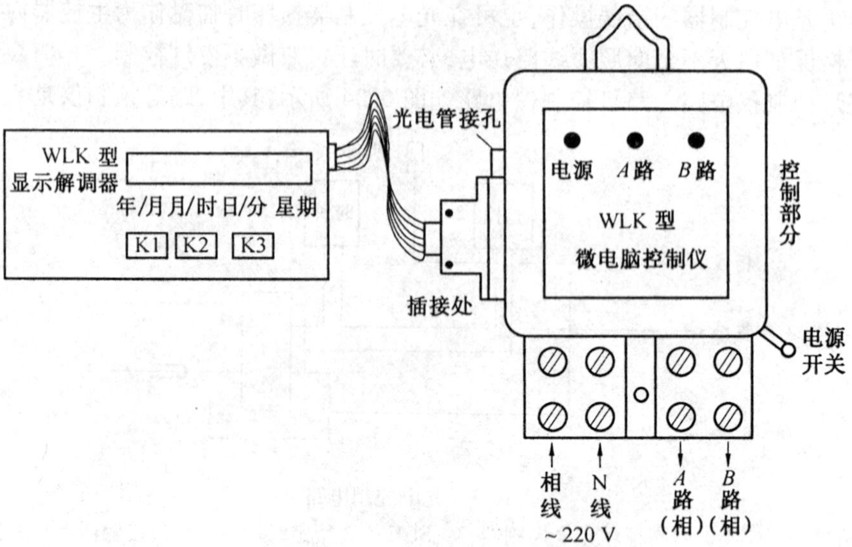

图 6.35　WLK 型路灯控制仪外形图

①并联控制接线。并联控制接线方式如图 6.36 所示，其优点是：任何一个供电电源发生故障时都不会影响其他区段，线路控制的负荷小，开关时有足够的工作电压且启闭同时性好。该种接线方式已在大、中城市得到了广泛应用。

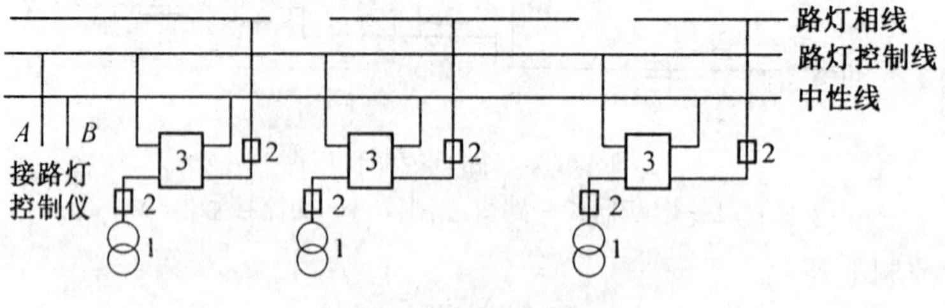

图 6.36　并联控制接线

1—路灯变压器；2—熔断器；3—开关

②串联控制接线。串联控制接线又称末端顶或串顶接线，如图 6.37 所示。其主要缺点是任何一个供电电源发生故障，其后面的路灯均失去控制，灭灯范围大。在相同条件下，每个采用串联控制接线的电源点的供电范围只是采用并联控制接线的 50%。

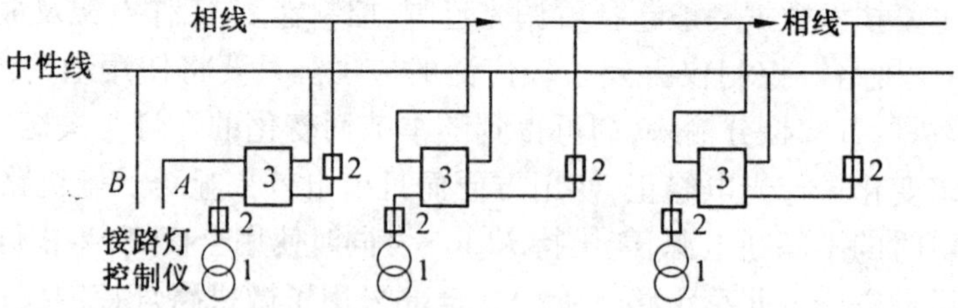

图 6.37　串联控制接线

1—路灯变压器；2—熔断器；3—开关

③单电源控制与半夜灯控制接线。单电源控制接线宜采用路灯控制仪或开灯照度大于5 lx的光电控制器，适用于工厂、校区的道路照明。在变电所用作路灯高压、断路器启闭的是单电源控制，其接线如图6.38所示，可实施全夜灯或半夜灯开关控制。

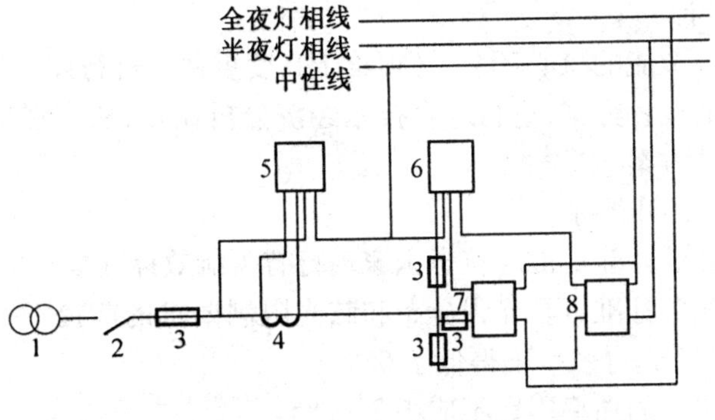

图6.38　单电源控制接线

1—变压器；2—刀开关；3—熔断器；4—电流互感器；5—电能表；
6—路灯控制仪；7—全夜灯开关；8—半夜灯开关

6.6.2　道路照明节能

1. 道路照明节能标准

城市机动车交通道路照明应以照明功率密度（LPD）作为道路照明节能标准。照明功率密度不应大于表6.12的规定值。

表6.12　机动车交通道路节能标准

道路级别	车道数/条	照明功率密度值（LPD）/（W·m^{-2}）	对应的照度值/lx
快速路 主干路	≥6	1.05	30
	<6	1.25	
	≥6	0.70	20
	<6	0.85	
次干路	≥4	0.70	15
	<4	0.85	
	≥4	0.45	10
	<4	0.55	
支路	≥2	0.55	10
	<2	0.60	
	≥2	0.45	8
	<2	0.50	

2. 道路照明节能措施

可从以下几个方面实现道路照明的节能。

(1)合理选取照明标准

节能不是靠降低照明水平来实现的,应在确保照明标准的前提下考虑节能。因此,首先应根据被照明场所的要求和特点合理选定照明标准值。

(2)优化照明设计方案

照明设计是实现节能的核心环节,必须给予高度重视。进行照明设计时,应提出多种符合照明标准要求的设计方案,进行综合技术经济分析比较,从中选出技术先进、经济合理又节约能源的最佳方案。

(3)选择节能型照明器材

①光源及镇流器的性能标准应符合国家现行有关能效标准规定的节能评价值要求;

②在满足灯具相关标准以及光强分布和眩光限制要求的前提下,常规道路照明灯具效率不得低于70%,泛光灯效率不得低于65%;

③气体放电灯线路的功率因数不应小于0.85。

(4)深夜降低路面亮度(照度)

除居住区和少数有特殊要求的道路外,在深夜时宜选择下列措施降低路面亮度或照度:

①采用双光源灯具时,深夜关闭一只光源;

②采用能在深夜自动降低光源功率的装置;

③关闭不超过半数的灯具,但不得关闭沿道路纵向相邻的两盏路灯。

(5)选择合理的照明控制方式并制定科学的维护计划

应选择合理的照明控制方式,并应采用可靠度高和一致性好的控制设备。应制定科学的维护计划,定期进行灯具清扫、光源更换及其他设施的维护。

6.7 隧道照明

6.7.1 隧道存在的视觉问题

1. 进入隧道前的视觉问题

白天从隧道外驶进隧道时,由于隧道内外的亮度差别极大,所以从隧道外部看照明很不充分的隧道入口时,只会看到一个黑洞(长隧道)或一个黑框(短隧道)。为了消除这种黑洞或黑框现象,必须在隧道入口使路面的亮度达到必要的水平。

2. 进入隧道后立即出现的视觉问题

由于人眼视觉上的滞后性作用,当人从较明亮的外部环境进入到一个较暗的区域后,要经过一段时间才能看清暗区内的情况,这种现象被称为滞后现象。由于这种视觉适应滞后的影响,使驾驶员进入隧道后,立即产生视觉上的盲区。这种现象对行车来说,其危险程度是不言而喻的。

3. 隧道内部存在的视觉问题

无论是白天还是黑夜,隧道内的道路环境及对行车视觉产生的影响都不同于一般道路。主要原因是隧道内汽车行驶排出的废气几乎无法消散,在隧道内形成较大的烟雾。烟雾除了吸收汽车前灯发出的光线外,还使光线的传播发生散射现象,从而降低能见度。

4. 隧道出口处的视觉问题

白天汽车穿过较长的隧道接近出口时，由于外部亮度极高，出口看上去是个亮洞，出现极强的眩光。夜间与白天正好相反，隧道出口看到的不是亮洞而是黑洞，这样就不容易看出外部道路的线形及路上的障碍物。

6.7.2　隧道照明原则

根据隧道的特殊环境及行车视觉的要求，隧道照明可遵循以下原则：

1. 洞外采取遮光措施

在隧道外路段进行遮光处理，使接近隧道入口时的天然光逐渐减弱，遮光距离一般不小于 50 m。在隧道的出口处，也应尽量降低洞口外的亮度。

可采用百页天棚的方法降低洞口的亮度。此外，在洞口外两侧植树也是比较经济的措施，越靠近洞口处植树越密，树冠也要大一些，最好使之遮住天然光。

2. 入口处照明原则

超过 100 m 的隧道，其入口必须设置缓和照明段。缓和照明段的长度主要取决于洞内外亮度之差，同时还与设计速度、洞外亮度、洞内照度和洞壁材料等因素有关。缓和照明段的长度也就是人眼的视觉适应距离。国外在考虑视觉适应距离时，给定的适应时间是 3 ~ 10 s。用设计速度乘以适应时间即得出视觉适应距离，也就是照明缓和段长度。

隧道入口缓和段的照度标准主要是由驾驶员眼睛在隧道附近的适应亮度来决定的，通常适应亮度是以隧道入口为中心的隧道外部亮度的平均值表示。

表 6.13 给出了当隧道外部亮度为 4 000 cd/m^2 时，隧道入口缓和段各部分的照度标准。如果隧道外部亮度为 L，则表 6.13 的数值乘以系数 L/4 000 后就可以使用。

另外，随着隧道外部亮度的不断变化，如晴天与雨天、早晨与中午及夏天与冬天等，隧道入口照明也应有所调整。也就是说，在隧道入口缓和照明段要有调光装置。这种调光装置可与缓和照明光度调整措施配合使用，一般可采用增减灯数、逐渐减少布灯密度或采用点灯布置的方法获得。

如果是短隧道，在接近隧道时可以看到隧道的出口，这样就出现了前面所说的黑框现象。为防止这种现象对行车的影响，设置照明时，应采用比表 6.13 更高的亮度标准。

表 6.13　隧道入口区段照明长度及路面最低亮度

设计速度 /(km · h^{-1})	引入段		适应段		过渡段		入口照明区间总长度/m
	距离/m	亮度/(cd · m^{-2})	距离/m	亮度/(cd · m^{-2})	距离/m	亮度/(cd · m^{-2})	
80	40	80	40	80 ~ 46	40	46 ~ 4.5	120
60	25	50	30	50 ~ 30	30	30 ~ 2.3	85
40	15	30	20	30 ~ 20	20	20 ~ 1.5	55
≤20	—	1.0	—	1.0	—	1.0	—

3. 基本段照明原则

隧道基本段的照明应能保证停车视距，照明水平与隧道的通风条件、行车速度以及单位时间内汽车通过量等因素有关。在正常通风条件下，基本段的亮度可参照表 6.14 执行。

4. 出口处照明原则

凡单向通行的隧道，一般应对出口段的照明作适当处理，以减少驾驶员白天驶出隧道后的强烈眩光感觉和晚上驶出隧道后的黑洞现象。具体方法可在出口段两侧植树遮光或设遮光棚，以降低白天自然光的强度，同时在出口段两侧布置路灯，提供晚上道路照明，避免出口段的黑洞现象。

凡是对向通行的隧道，出口和入口做相同处理，照明情况也完全一样。

5. 夜间照明原则

隧道夜间照明标准见表6.14。若夜间隧道外有路灯照明时，隧道内路面亮度值不得低于外部亮度的2倍。

表6.14　隧道基本段照明及夜间照明标准

设计速度/($km \cdot h^{-1}$)	路面平均亮度/($cd \cdot m^{-2}$)	换算平均照度/lx	
		水泥混凝土路面	沥青路面
80	4.5	60	100
60	2.3	30	50
40	1.5	20	35
≤20	1.0	15	20

注：水泥混凝土路面平均照度换算系数为13，沥青路面为22；当设计速度超过80 km/h时，应做专门研究。

6. 隧道内的应急照明

供电故障对行驶于隧道内的驾驶员来说是非常危险的，因此在长度超过200 m的隧道，应建立紧急照明系统。当正常照明因故障熄灭后，应急照明电源应能够自动投入使用。由于应急供电系统的容量一般较小，因此应急照明的照度达到正常照明的1/5以上即可。

6.7.3　隧道照明照度计算

由于隧道的特殊交通环境，使得隧道内平均照度的计算与一般道路有所区别。隧道内部平均照度可按式(6.23)计算。

6.7.4　隧道内照明器选择与布设

1. 光源与照明器的选择

隧道内的照明光源通常选用大功率的日光灯，高、低压钠灯和高压水银灯。对光源的选择应考虑隧道内的环境温度和通风情况，如低压钠灯常用于长隧道或汽车烟雾较多的隧道，高压水银灯则多用于短隧道和烟雾少的隧道。

对于照明器的形式和安装位置的选择，应考虑不要使直接进入驾驶员眼睛的光线过多，否则将产生眩光现象和不舒适感。另外，照明器的发光效率要高，结构要易于维修和用水清洗。

2. 照明器的布设

隧道内照明器一般安装在路面以上4 m处为宜。布设形式可根据照明器的配光、路面平均照度及分布、对驾驶员的闪光影响、夜间节电、维修和经济性等因素进行综合决策，其布设一般有三种形式：相对排列、交错排列和中间排列。

照明器的安装间距（S）可按下述规定执行：

相对排列时：$S \geqslant 2.5H$；

交错排列时：$S \leqslant 1.5H$；

中间排列时：$S \leqslant 1.5H$；

考虑闪光影响时：$\frac{V}{18} \geqslant S \geqslant \frac{V}{36}$

式中　V—— 隧道内设计速度，km/h。

思考题

1. 衡量道路照明水平的主要技术指标有哪些？这些指标的含义是什么？
2. 我国公路与城市道路照明标准主要有哪些区别？
3. 道路照明系统常用光源有哪些？在进行光源选择时，主要需考虑哪些因素？
4. 灯具的布置方式有哪几种？各种布置方式的特点及适用条件是什么？
5. 试述照明设计的内容和步骤。
6. 隧道内存在哪些视觉问题？其照明设计的原则是什么？

计算题

1. 如下图所示，某道路采用双侧交错布灯，灯的安装高度 $H = 6$ m，灯距 $S = 25$ m，悬挑长度 $oh = 1$ m，道路宽度 $W = 10$ m。所采用的灯具的等照度曲线如图6.23所示，光源为200 W高压荧光汞灯，其光通量为5 500 lm。试计算A点处的照度（维护系数K取0.70）。

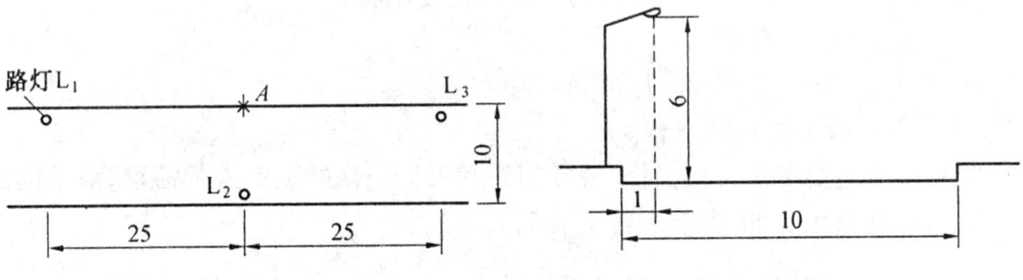

图6.39　题1图（单位：m）

第7章　城市道路无障碍设施

城市中的道路、公共建筑及居住建筑等，从规划到设计，基本上是以健全成年人的形体尺度、人体活动空间参数和行动特性作为依据的，残疾人、老年人和儿童在使用这些设施时会有不同程度的不便。特别是对于残疾人，有些设施甚至不适合使用，造成了无法通行的障碍，这会给残疾人生活和交流带来诸多不便，这些障碍实质上是剥夺了残疾人平等参与社会生活的权利。随着社会文明程度的提高，以人为本理念逐步渗入到城市公用设施及民用建筑的建设中，提出了建设无障碍物质环境的理念，这意味着向用户提供一种可能，使其能够不受约束地持续使用空间，其建设涉及城市道路、各种公用建筑和住宅。本章介绍城市道路无障碍设施的内容与设计方法，设计对象包括人行道、人行横道、人行天桥与地道、公交车站及桥梁与隧道等，设计内容主要包括缘石坡道、盲道、音响交通信号等。

7.1　无障碍环境概述

7.1.1　无障碍物质环境的内容

所谓无障碍物质环境是指使正常人、病人、孩子、青年人、老年人、残疾人等没有任何不方便和障碍，能够共同自由地生活与活动的物质设施空间。

为了能建设全面可接近的环境，了解不同残疾群体的可接近性要求是非常重要的。无障碍环境建设主要针对下列四类主要的残疾人：

① 矫形类。非救助与救助的残疾人，如轮椅使用者；

② 感官类。视、听有障碍者；

③ 认知类。精神、发育、学习有障碍者；

④ 综合类。以上类别的组合。

无障碍环境主要考虑行动损伤、视觉损伤和听力损伤的残疾人的需求，对不同的残疾类型有不同的特点和要求，主要内容见表7.1。

7.1.2　无障碍环境研究的内容

许多发展中国家在无障碍环境建设中，还没有分配必要的专业人员、土地及经济资源来支持该领域的研究和开发工作。对于无障碍环境建设的内容与方法，应加强地区之间的横向研究与地区内部的经验交流，针对不同国情与地区条件应有所区别。对农村地区，无障碍通行环境问题的研究也是非常重要和亟待进行的。规划人员要通过残疾人及其组织，对用户经验和反馈信息进行研究。同时，也必须考虑到地区文化和经济状况的不同。具体研究内容可从以下几个方面考虑：

① 产生障碍环境的原因；

② 无障碍环境的历史、现状及发展前景；
③ 残疾人、老年人及儿童行动特征；
④ 残疾人的类型；
⑤ 城市道路无障碍设施的实施范围；
⑥ 建筑物无障碍设施的实施范围；
⑦ 规范的制订、执行及进一步的修改和完善；
⑧ 法律保障体系的建立。

表 7.1　不同类型残疾者的无障碍环境

残疾者类型		无障碍环境内容
肢体残疾者	独立乘轮椅者	门、走道、坡道尺寸及行动的空间均以轮椅通行要求为准则
		上下楼应有适当的升降设备
		按轮椅乘用者的需要设计残疾人专用卫生间设备及有关设施
		地面平整，尽可能不选用长绒地毯和有较大裂缝的设施
		可通行的路线和可使用的设施应有明显标志
	拄拐杖者	地面平坦、坚固、不滑、不积水、无缝及大孔洞
		尽量避免使用旋转门及弹簧门
		台阶、坡道、楼梯平缓，设有适宜的双向扶手
		卫生间设备安装安全抓杆
		利用电梯解决垂直交通
		各项设施安装要考虑残疾人的行动特点和安全需要
		通行空间要满足拄双拐杖者所需的宽度
	上肢残疾者	设施选择应有利于减缓操作节奏
		采用肘式开关、长柄扶手、大号按键，以简化操作
	偏瘫患者	楼梯安装双侧扶手并连贯始终
		抓杆设在肢体优势一侧，或双向设置
		地面平整、不滑
视力残疾者	盲人	简化行动路线，布局平直
		人行空间内无意外变动及突出物
		强化听觉、嗅觉和触觉信息环境，如扶手、盲文标志、音响信号等
		电气开关及插座有安全措施，且易辨别，不得采用拉线开关
		已习惯的环境不轻易变动
	低视力或弱视者	加大标志图形，加强光照、有效利用色彩反差，强化视觉信息，其余可参考盲人的环境设计对策
听力残疾者		强化视觉、嗅觉和触觉信息环境
		采用相应的助听设施，增强他们对环境的感知

7.1.3　无障碍环境宏观规划和设计原则

应考虑包括一定范围的残疾人的需要，不应因某人有某种形式或程度的残疾而被剥夺其参与和利用建设环境的权利，或不能与他人平等参与社会活动。为达到这个目标，必须遵循以下基本指导原则：

① 应能到达建设环境的所有地方；

② 应能进入建设环境内的所有地方；

③ 应能使用建设环境内的所有设施；

④ 应在到达、进入、使用建设环境所有设施时，并不感到是被怜悯的对象。

无障碍环境宏观规划和设计的要求包括以下几点：

① 可接近性。建设环境应设计成为对所有人，包括残疾人和老年人，都可以接近；

② 易接近性。残疾人在没有助手的情况下可以毫无阻碍地接近、出入、通过并使用一个区域以及其中的设施；

③ 可到达性。建设环境应采取有关措施，使所有的人，包括那些残疾人和老年人，到达尽可能多的地方和建筑物；

④ 可用性。建设环境应设计成为使所有的人，都能使用和享受；

⑤ 安全性。建设环境应设计成为使所有的人，能到处走动而不致影响生命安全和健康；

⑥ 可工作性。工作的建设环境应设计成为允许人们，包括残疾人，全面参与并贡献其劳动力的场所。

7.2　城市道路无障碍实施范围

城市道路与桥梁无障碍设施实施的范围包括城市市区和卫星城的道路、广场以及经济开发区和旅游景点道路等；设计部位包括人行道、人行横道、人行天桥与地道、公交车站及桥梁与隧道等；设计内容主要有人行道中的盲道、坡道、缘石坡道，人行横道的音响及安全岛，人行天桥与地道中的盲道、坡道或升降平台、扶手、标志等。但是，在进行新建和改建道路的无障碍设计时，应依据不同地区的条件、道路的性质、人流的状况、公交的运行以及居住区分布等因素，建设盲道和过街坡道或升降平台，避免在城市道路范围内全部进行无障碍设施建设。例如，在人行道外侧有绿化带立缘石或有固定的围墙、栅栏的地带，视力残疾者借助盲杖能够顺利行进，可以不设置盲道；在非居住区及非主要的商业、文化、交通等建筑地段，也可不设置盲道和过街坡道。一般在城市规划或城市道路交通系统规划中，需要制定道路无障碍设施的范围与内容，以作为实施依据。人行道路的无障碍设施与设计要求应符合表 7.2 的规定。

表 7.2　人行道路无障碍设施与设计要求

设施类别	设计要求
缘石坡道	人行道在交叉路口、街坊路口、单位入口、广场入口、人行横道及桥梁、隧道、立体交叉等路口应设缘石坡道
坡道与梯道	城市主要道路、建筑物和居住区的人行天桥和人行地道，应设轮椅坡道和安全梯道；在坡道和梯道两侧应设扶手。城市中心地区可设垂直升降梯取代轮椅坡道
盲道	城市中心区道路、广场、步行街、商业街、桥梁、隧道、立体交叉及主要建筑物地段的人行地道应设盲道，人行天桥、人行地道、人行横道及主要公交车站应设提示盲道
标志	在城市广场、步行街、商业街、人行天桥、人行地道等无障碍设施的位置，应设国际通用无障碍标志，城市主要地段的道路和建筑物宜设盲文位置图

7.3　城市道路无障碍设计

7.3.1　乘轮椅者活动尺寸

方便残疾人使用和通行的道路设施设计以手摇三轮车为主要出行工具，并考虑使用轮椅者、拄拐杖者、视力残疾者的不同要求，我国轮椅参数见表 7.3。

表 7.3　我国轮椅参数　mm

标准轮椅尺寸		原地旋转所需空间			移动所需空间	
长度	宽度	90°	180°	360°	直行	90°转弯
1 040 ~ 1 100	650	1 350×1 350	1 400×1 700	1 700×1 700	≥900	1 700×1 400

7.3.2　缘石坡道

缘石坡道设计应符合下列规定：

① 人行道的各种路口必须设缘石坡道；

② 缘石坡道应设在人行道的范围内，并应与人行横道相对应；

③ 缘石坡道的坡面应平整，且不应光滑；

④ 缘石坡道下口最多高出车行道地面 20 mm。

缘石坡道可分为单面坡缘石坡道和三面坡缘石坡道两类（图 7.1），单面坡缘石坡道可采用正方形、长方形或扇形，坡度不应陡于 1 : 20；三面坡缘石坡道的正面坡道宽度不应小于 1.2 m，正面及侧面的坡度不应陡于 1 : 12。图 7.2 为交叉口处坡道位置示意图，注意坡道要与人行横道相对应。

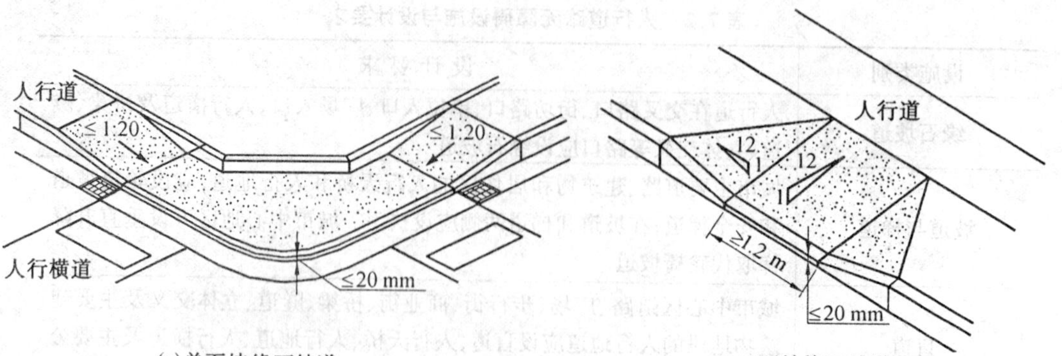

(a)单面坡缘石坡道　　(b)三面坡缘石坡道

图 7.1　缘石坡道示意图

7.3.3　盲道

盲道包括行进盲道和提示盲道两种，行进盲道表面呈长条形(图 7.3(a))，用于指引视残疾者通过脚感继续向前行走；提示盲道表面呈圆点形(图 7.3(b))，设置在行进盲道的起点、终点及拐弯处，告知视残者要拐弯或抵达盲道起终点。人行道设置的盲道位置和走向，应方便视残者安全行走和顺利到达无障碍设施的位置。

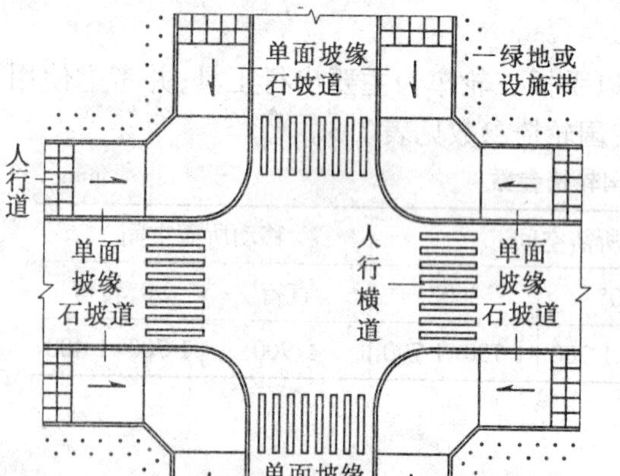

图7.2　设于交叉口转角处人行横道的单面坡缘石坡道

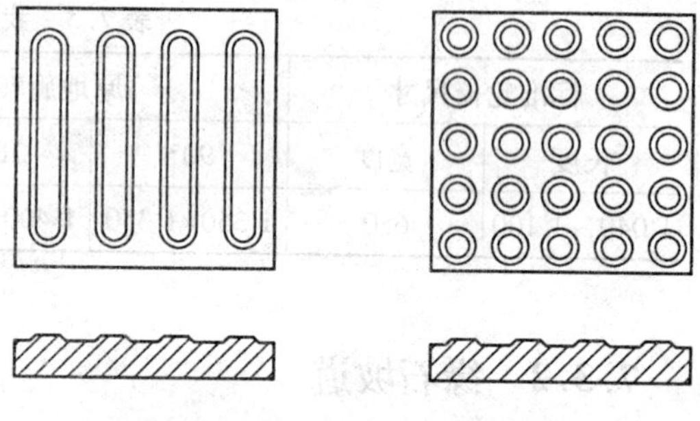

(a) 行进盲道　　(b)提示盲道

图 7.3　盲道的形式

(1)行进盲道

行进盲道宜与人行道走向一致，布置在人行道上无障碍、无空间伤害、行人较少的地方，其设置应连续，避开井盖铺设，中途不得有电线杆、拉线、树木等障碍物。行进盲道的宽度宜为 0.3～0.6 m，可根据人行道宽度选择低限或高限；触感材料规格要符合有关规定；其铺设位置要符合下列规定：

① 人行道外侧有围墙、花台、绿篱等设施时，行进盲道应设置在距其 0.25～0.5 m 处；

② 人行道内侧有树池时，行进盲道可设置在距树池 0.25～0.5 m 处；

③ 人行道无树池时，行进盲道距离立缘石应不少于 0.5 m。

(2)提示盲道

提示盲道的宽度宜为 0.3 ~ 0.6 m，触感材料规格要符合有关规定，提示盲道的设置应符合下列规定：

① 行进盲道的起点、终点处(图 7.4)和转弯处(图 7.5)应设提示盲道，其长度应大于行进盲道的宽度；

② 人行道中有台阶、坡道等障碍物时，在相距其 0.25 ~ 0.5 m 处，应设提示盲道，如图 7.6 所示；

③ 距人行横道入口、广场入口、地下铁道入口等 0.25 ~ 0.5 m 处应设提示盲道，提示盲道长度与各入口的宽度应相对应，如图 7.7 所示。

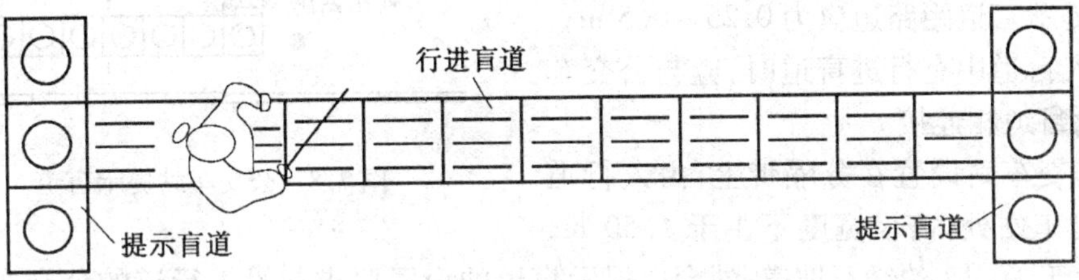

图 7.4　行进盲道起终点的提示盲道

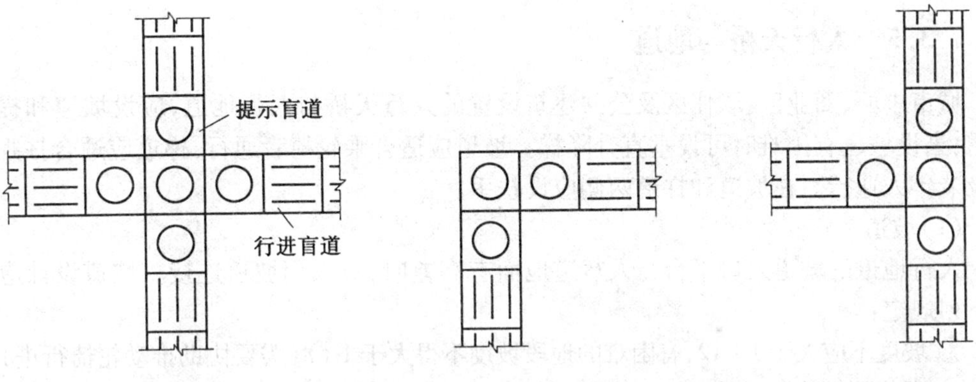

(a)十字形走向　　(b) L 字形走向　　(c) T 字形走向

图 7.5　行进盲道交叉处的提示盲道

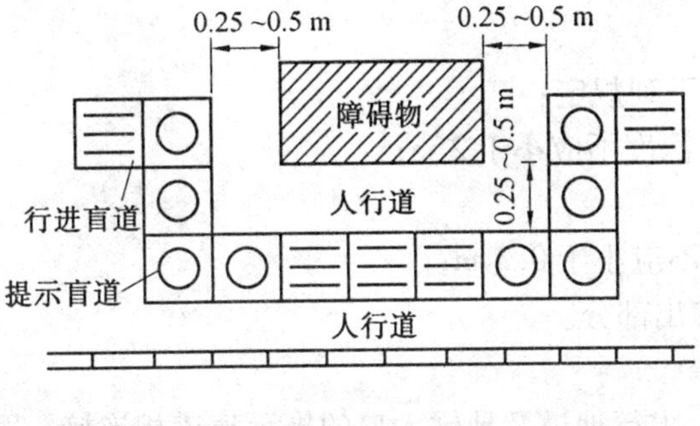

图 7.6　人行道障碍物处的提示盲道

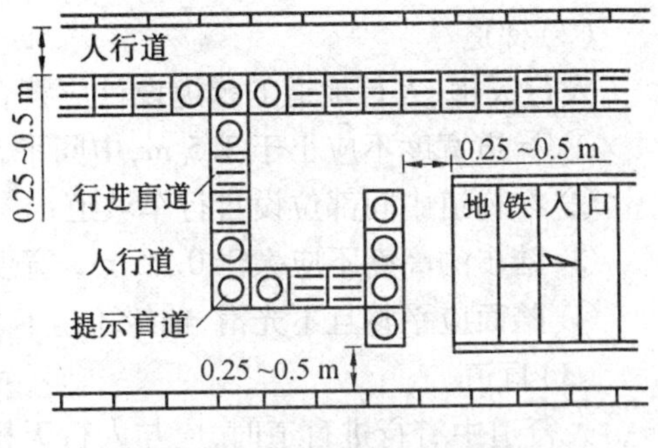

图 7.7　地铁入口的提示盲道

7.3.4　公交车站

城市主要道路和居住区的公交车站,应设提示盲道和盲文站牌。盲文站牌的位置、高度、形式与内容,应方便视力残疾者使用。对于沿人行道的公交车站,提示盲道应符合下列规定(图 7.8):

① 在候车站牌一侧应设提示盲道,其长度宜为 4 ~6 m;

② 提示盲道的宽度应为 0.3 ~0.6 m;

③ 提示盲道距路边应为 0.25 ~0.5 m;

④ 人行道中有行进盲道时,应与公交车站的提示盲道相连接。

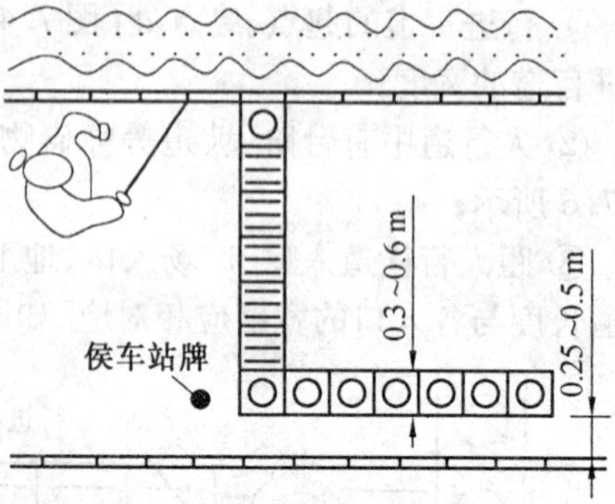

图 7.8　公交车站提示盲道

若公交车站设置在分隔带上,由人行道通往公交车站处,需设宽度不小于 1.50 m、坡度不大于 1∶12 的缘石坡道;站台上提示盲道的设置要求与沿人行道的公交车站处的提示盲道相同。

7.3.5　人行天桥与地道

城市中心、商业区、居住区及公共建筑设置的人行天桥与人行地道,应设坡道和提示盲道;当设坡道有困难时可设垂直升降梯。坡道应适合乘轮椅者通行,梯道应适合拄拐杖者及老年人通行。在坡道和梯道两侧应设扶手。

(1)坡道

人行地道的坡道入口平台与人行道地面有高差时,应采用坡道连接。坡道设计应符合下列规定:

① 坡度不应大于 1∶12,有困难的地段坡度不得大于 1∶8(需要协助推动轮椅行进);

② 弧线形坡道的坡度,应以弧线内缘的坡度进行计算;

③ 坡道的高度每升高 1.50 m 时,应设深度不小于 2 m 的中间平台;

④ 坡道的坡面应平整且不光滑。

(2)梯道

人行天桥、人行地道的梯道设计应符合下列规定:

① 梯道宽度不应小于 3.5 m,中间平台深度不应小于 2 m;

② 在梯道中间部位设自行车坡道;

③ 踏步的高度不应大于 0.15 m, 宽度不应小于 0.3 m;

④ 踏面应平整且不光滑,前缘不应有突出部分。

(3)盲道

人行道中有行进盲道时,应与人行天桥、人行地道及地铁入口的提示盲道相连接。距坡道与梯道 0.25 ~0.5 m 处应设提示盲道,其宽度应为 0.3 ~0.6 m,长度应与坡道、梯道的宽度相对应(图 7.7、7.9)。人行天桥下面的三角空间区,在 2 m 高度以下应安装防护栅栏,并应在结构边缘外设宽为 0.3 ~0.6 m 的提示盲道(图 7.10)。

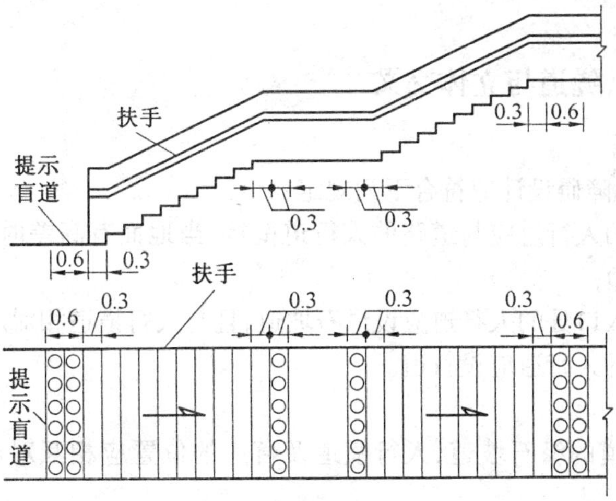

图 7.9　梯道中的提示盲道(单位:m)

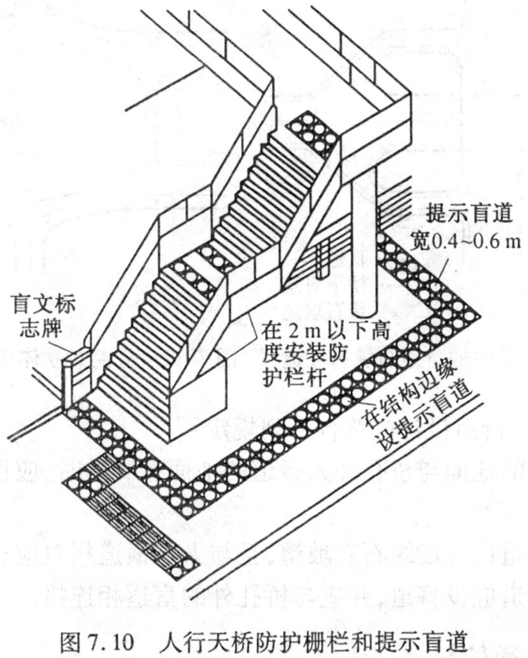

图 7.10　人行天桥防护栅栏和提示盲道

(4)扶手

人行天桥和坡道两侧应在栏杆或墙壁上安装扶手,其设计应符合下列规定:

① 扶手高应为 0.9 m,设上、下两层扶手时,下层扶手高应为 0.7 m;

② 扶手应保持连贯,在起点和终点应延伸 0.4 m;

③ 扶手截面直径尺寸宜为 45 ~ 50 mm,扶手托架的高度、扶手与墙面的距离宜为 45 ~ 50 mm;

④ 在扶手起点水平段应安装盲文标志牌;

⑤ 扶手下方为落空栏杆时,应设高度不小于 0.1 m 的安全挡台。

此外,人行地道的坡道和梯道入口两侧的护墙低于 0.85 m 时,在墙顶应安装护栏或扶手。

7.3.6 桥梁、隧道与立体交叉

(1)桥梁与隧道

桥梁、隧道的无障碍设计应符合下列规定:

① 桥梁、隧道的人行道应与道路的人行道衔接,当地面有高差时,应设轮椅坡道,其坡度不应大于1∶20;

② 桥梁、隧道入口处的人行道应设缘石坡道,且与人行横道相对应;

③ 桥梁、隧道的人行道应设盲道。

(2)立体交叉

立体交叉人行道的缘石坡道、人行横道及盲道的位置应相互对应和衔接,图7.11、7.12给出了两个例子。

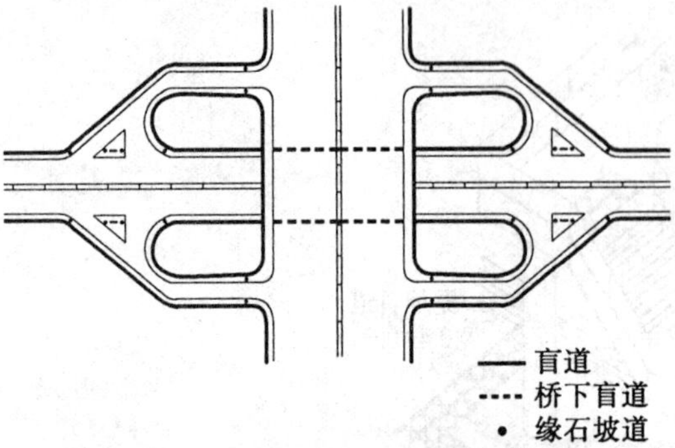

图7.11 互通式立体交叉中的盲道与缘石坡道

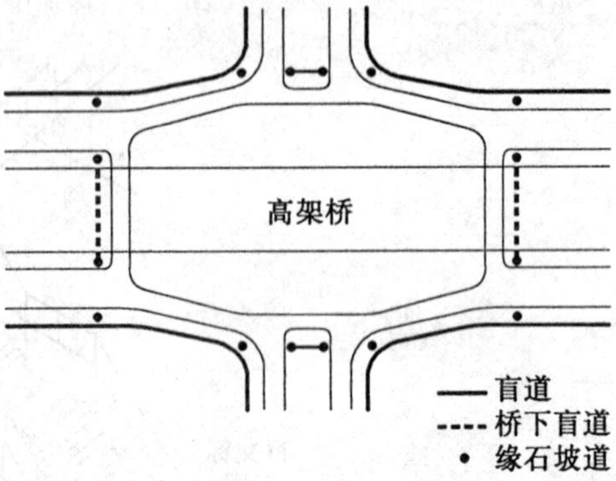

图7.12 分离式立体交叉中的盲道与缘石坡道

立体交叉桥孔的人行道设计应符合下列规定:

① 桥孔内人行道的地面与桥孔外人行道的地面有高差时,应设轮椅坡道且其坡度不应大于1∶20;

② 桥孔外的人行道口应设缘石直坡道,且与人行横道相对应;

③ 桥孔内的人行道应设盲道,并应与桥孔外的盲道相连接。

7.3.7 音响交通信号

对于视力残疾者和部分老年人,由于视力的问题,在通行时,原有的可视信号可能起不到应有的作用,或者根本就看不到,因此必须采用音响提示装置或信号来完成导向,以便能顺利通过或疏散。具体要求如下:

① 在城市人行交通繁忙的路口和主要商业街,应设音响交通信号;

② 在必要的位置设置报警器(可触摸、可听)和报警程序;

③ 计算残疾人过街所需要的绿灯时间时,其步行速度取0.5 m/s;

④ 必要时应在报警系统上安装高强度信号灯或音响装置。

思考题

1. 什么是无障碍物质环境？
2. 无障碍物质环境的主要内容有哪些？
3. 试述城市道路无障碍实施的范围、设施内容与设计要求是什么？
4. 提示盲道设置在哪些位置？设置时需要注意哪些问题？
5. 人行天桥与地道无障碍设计主要包括哪些内容？

第8章　机电系统设计

机电系统既是保证公路实现高速、安全、舒适功能的必要组成部分，也是实现公路现代化管理的主要工具，是以计算机网络、电子技术、电气控制、通信技术和交通工程等学科为基础而形成的综合系统，可分为收费系统、监控系统、通信系统以及供配电系统等。

8.1　收费系统

公路收费系统经历了人工收费方式、半自动收费方式和全自动收费方式三个阶段。由于未来几年，我国的收费模式仍将以半自动收费为主，辅以全自动不停车收费，因此，本章以目前应用较多的封闭式半自动收费系统为重点，介绍公路计算机收费系统设计方法及实施时应注意的一些问题。

8.1.1　半自动收费系统

半自动收费系统的核心和重点是车道控制计算机及其外场设备，要用高质量的硬件和软件保证车道控制计算机运行的准确性与可靠性，应能独立地完成大量重复性的工作，并具有存储一段时间原始数据的能力。

1. 收费车道系统设计

(1)收费车道功能

收费车道是收费系统的基础设施单元，具备征收路费和采集实时数据两大功能。车道计算机承担了每天的流量记录、通行费计算、OD 数据统计等营运任务，还要记录本车道工作人员上下班情况、车道开通状况、设备状态等原始数据。其主要功能包括：

① 按车道操作流程正确工作，并将收费处理数据实时上传收费站计算机系统；

② 接收收费站下传的系统运行参数，如同步时钟、费率表、黑名单和系统设置参数等；

③ 对车道设备进行管理与控制，具备设备状态自检功能；

④ 可保存一定时间长度内的收费数据，可降级使用，但不丢失数据；

⑤ 通信中断时，具有后备独立工作能力；

⑥ 为车辆提供控制信息；

⑦ 将各种违章报警信号实时传送到收费站控制室。

(2)收费车道硬件组成

收费车道设备的配置和功能与收费制式有关。开放式收费按车型一次性收费，不需要通行券，车道设备配置重点放在识别车型和准确收费上，并且每个收费车道的设备配置完全一样；封闭式收费需同时确认车型和行驶里程，因而要增加读、写通行券数据和控制信息的能力，设备配置重点为识别车型、读写信息和准确收费。由于入口车道和出口车道的流程不同,所以配备的设备也不尽相同。

入口车道负责对进入本站的车辆判别车型,将车辆信息和本站信息写入通行券中,然后放行车辆。入口车道的硬件设备主要包括车道控制计算机、收费终端、收费专用键盘、通行券读写机、自动栏杆、手动栏杆、车辆检测器、信号灯、对讲设备、声光报警器等,如图 8.1 所示。

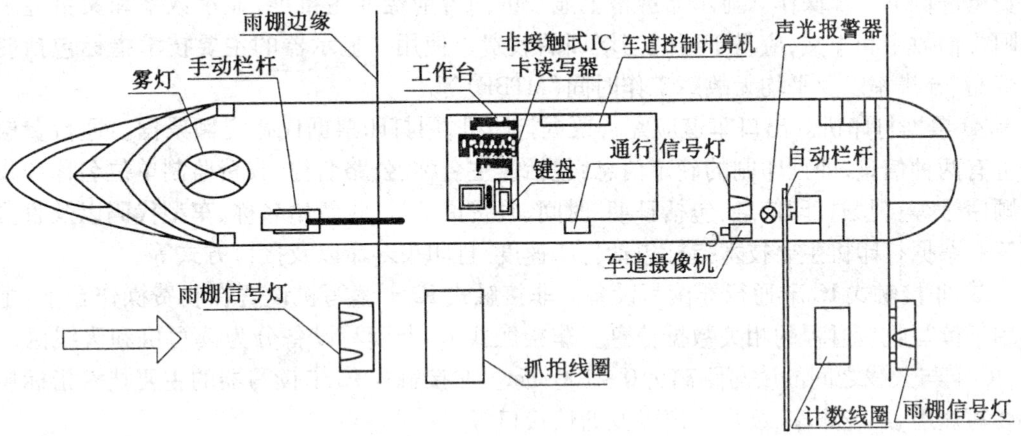

图 8.1　入口收费车道设备组成

出口车道主要是检验车辆携带的通行券,校核车型并计算、收取通行费,打印收费票据,放行车辆。因此,出口车道在硬件上除具备与入口车道相同的设施外,还配备费额显示器、收费票据打印机和字符叠加器,如图 8.2 所示。由于出口收费涉及现金,对出口车道的监控系统要求很高,通常要求必备收费车道摄像机和对讲机。

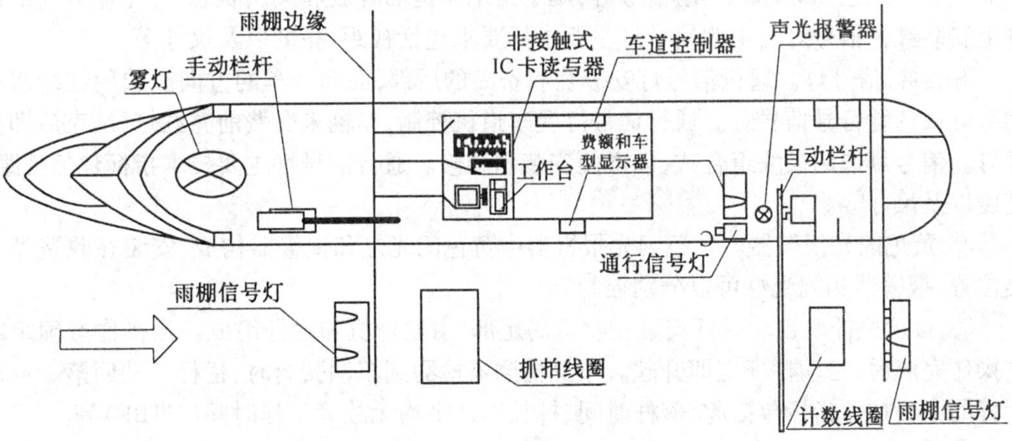

图 8.2　出口收费车道设备组成

(3)设备选型与要求

① 车道控制计算机。车道控制计算机是收费车道的核心,由中心处理单元、扩展接口板、电源和机箱等组成,并具有光电隔离保护功能以减少雷电及高能浪涌的冲击。通常将工业控制计算机、外围通信控制电路板、接口板、电源等设备安装在特制的设备机箱内,并把这些设备统称为车道控制机。由于现场工作环境较差,中心处理单元必须采用工业

级计算机。车道计算机的主要技术指标为工业级计算机的主频、内存、硬盘以及接口等。

② 收费键盘。收费键盘用于收费业务的操作,是一个独立的、可拆卸的专用键盘,它通过标准接口与车道计算机相连。键盘的设计应满足防尘、防水、防腐的要求,可以适应较恶劣的操作环境。

③ 显示器。收费员显示器安装于收费操作台上,用于显示收费员所需的信息或提示收费员进行下一步操作。显示器屏幕上显示的内容应经业主批准,显示数字和文字应采用阿拉伯数字和中文,应易于经适当培训的收费员使用。显示器的主要技术指标包括使用寿命、分辨率以及平均无故障工作时间(MTBF)等。

④ 票据打印机。出口车道应配备票据打印机,用打印票据代替定额票据。通行费票据上有两种信息,即预印刷的确定信息,包括业主名称、公路名称、收费监制单位名称和收据顺序号等;现场打印信息,包括日期、时间、收费员工号、收费站名称、车型代码以及收费额等。票据打印机主要技术指标包括打印速度、打印头寿命以及接口方式等。

⑤ 非接触式IC卡通行券读写设备。非接触式IC卡读写机设置在收费操作台上,主要用于读写收费过程的相关数据信息。非接触式IC卡读写设备分为读写机和天线两部分,IC卡与天线之间的读写距离为0~100 mm。非接触式IC卡读写器的主要技术指标包括读写速度、载波频率、读写距离以及通信接口等。

⑥ 费额显示器。费额显示器安装在出口收费亭侧窗后部,面向缴费的车辆,用来显示应收通行费金额。显示内容分为两部分,即车型和收费金额数。费额显示器可变信息由七段数码显示组成,固定信息可蚀刻在面板上。费额显示器的主要指标要求包括视距、视角、亮度以及防尘、防雨以及防晒等性能。

⑦ 雨棚信号灯。雨棚信号灯安装在雨棚下方,对准车道中间的位置。迎车流方向的雨棚上安装红色和绿色的一组信号灯,用于指示车道的开放和关闭状态;背车流方向的雨棚上安装红色信号灯。雨棚信号灯主要指标要求包括视距、亮度以及尺寸等。

⑧ 通行信号灯。通行信号灯安装在收费岛的后部,面向来车的方向。选用红绿双色信号灯或红绿符号信号灯。通行信号灯受车道机控制,车辆未交费前亮红灯,结束后即亮绿灯。信号灯选用模块组合式,以方便安装和维修。通行信号灯主要技术指标包括视距、亮度以及尺寸等。

⑨ 黄色闪光报警器。黄色闪光报警器由黄色闪光灯和报警器构成,安装在收费岛适当位置,报警器和闪光灯可以分别控制。

⑩ 自动栏杆。自动栏杆安装在收费岛尾部,由栏杆机和栏杆组成。当操作员确定收费操作完成后,启动栏杆立即升起。车辆检测器检测到车辆驶离时,栏杆自动回落。自动栏杆的主要技术指标包括起/落杆时间、杆长以及平均无故障工作时间(MTBF)等。

⑪ 车辆检测器。车辆检测器由环形线圈和控制单元组成。控制单元除处理检测信息外,将检测到的车辆信息送给车道控制计算机。在每条收费车道自动栏杆投影线处的路面中埋设线圈检测器,用于统计车道的交通量和控制电动栏杆回落;在每条车道入口处适当位置埋设抓拍线圈,用于抓拍或拍摄连续的车头图像。车辆检测器可以检测两轮以上的各种车辆。各车道的检测器不相互干扰,金属物体在两车道之间的收费岛上移动时,也不影响检测器的性能和精度。车辆检测器的主要技术指标包括检测精度、频率范围以及灵敏度等。

⑫ 手动栏杆。手动栏杆安装在车道前部,用于在车道关闭时阻挡车辆通行、封闭车道。手动栏杆为定制产品,杆体的悬臂杆贴有红白相间的反光膜和一个“禁止驶入”反光标志。杆臂长 3 ~4 m,可以覆盖收费车道。

⑬ 雾灯。雾灯安装于入口方向岛头上,在夜间或雾天打开,使得进入收费广场的车辆能准确地判断收费车道位置。

(4)收费车道软件设计

收费车道软件必须采取严格的可靠性控制方法,以最大限度地消除系统各组成部分之间的依赖性,同时,应满足界面友好、操作简便,以及数据的安全性和客观公正性要求。车道级软件一般由以下功能模块组成:

① 登录模块。登录模块的主要功能是对车道软件系统进行初始化,包括系统变量初始化、屏幕显示模块初始化、串口初始化,I/O 口初始化、通信协议初始化、设备初始化以及读取设置文件。其中,I/O 口初始化包括初始化车辆检测器 I/O 口地址、费额显示器 I/O地址、自动栏杆 I/O 口地址、通行灯 I/O 地址、雨棚灯 I/O 口地址等,通信协议初始化用于建立网络通信链路。读取设置文件包括读取计算机名、车道代码表、收费站代码表、区域代码表、行驶区间时限表、通行费率表、设备代码表等。

② 入口处理模块。入口处理模块由入口界面显示模块和入口发卡模块两个功能模块组成。入口面显示模块的主要功能是显示背景、显示日期、显示时间等;入口发卡模块的主要功能是输入车型和保存入口数据。

③ 出口处理模块。出口处理模块由出口界面显示模块、车型输入模块、正常出口收费模块、紧急车处理模块、无卡车处理模块、车型不符处理模块、违章车处理模块、U 型车处理模块、坏卡车处理模块及免费车处理模块等功能模块组成。

④ 维护模块。维护模块的主要功能包括收费数据软盘备份、车道设置输入车型、收费系统数据软盘安装及收费系统软件网络安装。

⑤ 检测设备模块。检测设备模块包括车辆检测器检测、IC 卡读写器检测及费额显示器检测等。

⑥ 通信模块。通信模块的主要功能是上传收费原始数据、设备数据和班次数据,接收和核对通行费率表、行驶区间时限表、人员数据、收费站代码、车道代码、设备代码和车情代码等。

⑦ 图像数据叠加模块。图像数据叠加是指将车道号、收费员工号、入口站码、车型和车类等叠加到摄像机图像上。

⑧ 车道设备控制模块。车道设备包括 I/O 设备、串口设备和并行设备。其中,I/O 设备包括自动栏杆控制模块、通行灯控制模块、雨棚灯控制模块、车辆检测器控制模块、费额显示器控制模块等;串口设备包括显示器、键盘、IC 卡读写器等设备;并行设备包括票据打印机等。

2. 收费站设计

(1)收费站的功能

收费站是收费系统的基本管理机构,其功能主要包括:

① 轮流询问所有收费车道,实时采集收费车道每一条原始数据;

② 对收费车道的运行状况实时检测与监视;

③ 向收费中心或收费结算中心上传数据；

④ 接收收费中心下传的系统运行参数，并下传至收费车道；

⑤ 录入班次的统计；

⑥ 录入欠(罚)款和银行缴款数据；

⑦ 管理收据、定额等票证；

⑧ 管理非接触式 IC 卡，包括管理 IC 卡的站内调配和流失；

⑨ 抓拍与管理图像，包括图像文档的生成、上传、备份、核查及打印。

(2)收费站的组成

计算机系统是收费站的主要组成部分，包括硬件和软件。硬件一般指收费计算机系统及其外部设备，包括服务器、管理计算机、多媒体计算机、打印机、网络设备及其他辅助设备；软件包括操作系统、数据库系统、网络通信及收费控制、管理软件等。如果采用以收费站为主的收费监控模式，一般在站长室设置一台具有视频图像显示功能的计算机，除检索收费数据外还具有切换控制、观察收费站摄像机视频图像的功能，以方便站长对全站收费概况进行全面监控。

(3)收费站计算机网络设计

① 典型收费站计算机网络。收费站计算机网络拓扑结构一般可采用星型结构。为了实现资源共享及动态数据的有效管理，监控室配置一台 10 M/100 M 交换式集线器，采用 100Base-T 局域网的形式，通过 5 类或超 5 类双绞线将集线器与收费站服务器、收费管理计算机及其各车道控制机相连，形成收费站计算机以太网，打印机则通过打印服务器连接到网络上，以实现打印机共享。

当监控室与距其最远的收费车道的距离(布线长度)大于 100 m 时，在广场靠近监控室一侧的收费亭设置一个集线器，通过集线器级联方式构造网络。当收费站集线器与广场集线器之间的实际距离大于 100 m，可以敷设多模光纤以连接广场集线器与收费站集线器；如果收费广场距收费站控制室距离较远(大于 2 km)，则可以使用单模光纤。典型的收费站计算机网络结构如图 8.3 所示。

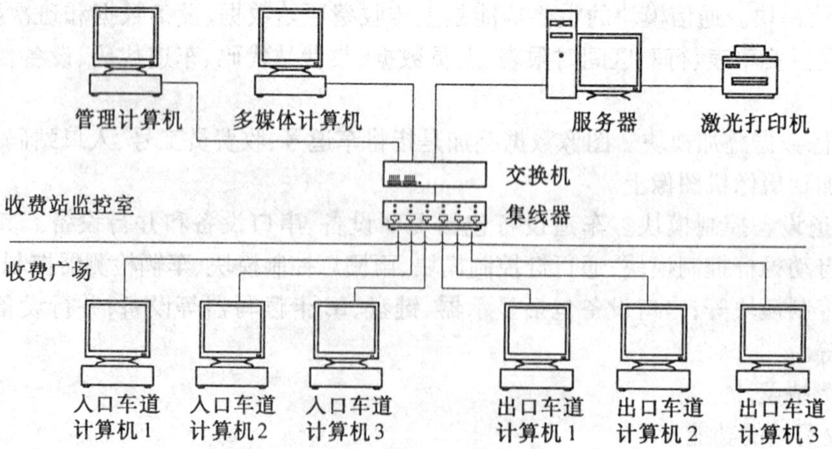

图 8.3　典型收费站计算机网络结构

② 封闭式收费系统计算机网络。封闭式收费系统的特点就是用通行券作为收费凭

证,记录车辆的车型、入口站名及入口的其他信息,便于在出口时确定应收金额。借助通行券上的信息,还可以获得多种交通信息,如各出入口交通量,各立交交通量的分配,各路段交通量及平均车速等,同时还能对收费人员的工作量、差错率和工作效率等实行跟踪管理与考核。基于封闭式收费系统的这些特点,其计算机网络应能将公路沿线的各个收费站统一起来管理,而且各个收费站也能统一管理本站的各个收费车道。封闭式收费系统的计算机网络结构主要是采用简明、清晰的树状多级结构,如图 8.4 所示。

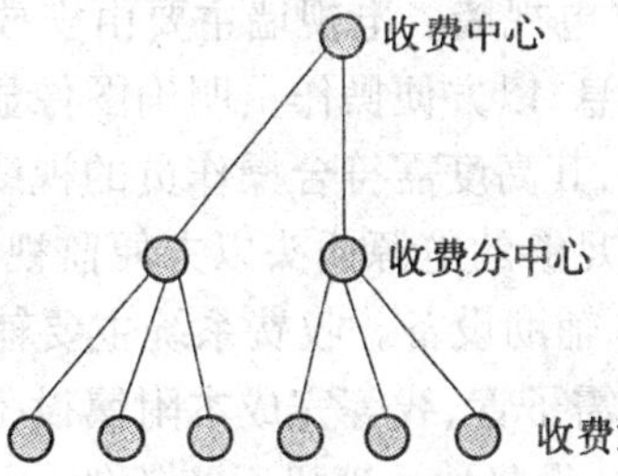

图 8.4　封闭式收费系统计算机网络结构

通常收费站的各个车道与收费站距离不超过 1 km,可以将车道控制计算机和收费站计算机用局域网方式进行连接。公路的收费站往往分布在沿线几百千米的范围内,为了实现统一管理,必须将各个收费站的局域网有效地连接起来,以便于运营管理。因此,广域网在收费系统中是必不可少的。这时电缆实际上已经满足不了组网的要求,要采用光缆作为传输介质。在采用光纤后,仍有构造网络专线和采用标准通信线路等方式。一般在设计中应尽量考虑利用标准通信线路复用设备,即在网络上采用路由器广域网方案。对该专线的设计则可以有多种方式,其速率也可以从 10 ~ 1 000 M 或更高,一般采用光纤收发器即可。

(4)收费站硬件设备

① 网络服务器。收费站服务器是收费站所有计算机中配置最高的,它不但要存储收费站所有的收费数据、交通量数据、班次管理数据和图像,还负责收费站局域网的网络管理,因此要求采用专用的服务器。为了安装网络操作系统,收费站服务器内存应足够大;考虑到图像和数据应分开存储,且至少应存放一个月的数据,服务器最好配备高容量硬盘和可读写光盘机,用于定期数据备份和人工数据上传。

② 多媒体计算机。收费站要完成对车道数据和图像的管理,通常需要配备图像监控计算机,也称多媒体计算机。多媒体计算机在存储空间的配置方面,应考虑图像存储占用大量的存储空间这一特点,在接收车道控制计算机发来的图像捕获请求时,通常以串口为主接口,以网络为辅助接口。在检测到报警信息时,还要实时打印相关信息并存储,所以应注意预留所需接口。多媒体计算机应具备较高的分辨率,最好选用大屏幕显示器。

③ 管理计算机。管理计算机的选用主要考虑完成各种数据处理、查询、统计和报表打印功能所要求的响应时间,最好选取速度较快的 CPU 和大存储空间的内存。

④ 网络设备。收费站网络设备包括网卡、调制解调器、集线器以及路由器等。网络设备的主要技术指标包括接口、速度、端口数量等。

⑤ 收费综合控制台。操作人员可通过控制台对整个收费站作业进行管理,并通过电视监视、有线对讲等多种监控手段及时对异常情况进行处理。收费综合控制台一般可分为收费系统控制单元、闭路电视控制单元和有线对讲控制单元等 3 个功能单元。其中,收费系统控制单元包括收费站服务器、管理计算机、激光打印机、对讲主机、报警主机等外部设备,主要实现收费数据管理和车道监视;闭路电视控制单元包括多媒体计算机、监视器、闭路电视控制键盘等,主要实现图像管理和监视。

⑥ 电视墙。电视墙主要由安放多台彩色监视器的机柜组成,监视器上加入摄像机的位置信息,以方便操作员明确图像显示的地点。电视墙外形美观、表面平整,监视器嵌入式安装,其高度需符合操作员的视线角度要求,能方便每个监视器的独立安装、调试、拆除并提供足够的电源插头以方便监视器使用。

⑦ 辅助设备。收费系统主要辅助设备包括各光缆、电缆、配电箱以及提供所有附属设备所需子管、线等完成本附属设备所必需的材料及设备。

(5)收费站计算机系统软件

收费站计算机系统软件是收费管理的核心,主要由收费管理模块、实时监视模块、图像管理模块、数据维护以及数据通信模块等组成。

① 收费管理模块。收费管理模块的主要功能是对需要进行人工调整及输入的数据表格,实现数据的人工录入;对交通流量和通行费收入报表进行统计计算;能够根据给定的检索的条件对数据进行检索并能和图像文件相连接。

② 实时监视模块。实时监视模块的主要功能是实时显示收费站各出口车道和入口车道的运行状态、流量和收费情况,用户界面以滚动显示的方式显示某一车道的详细操作记录。

③ 图像管理模块。图像管理模块安装在收费站多媒体计算机中,其主要功能是审计、稽查数据库中的特殊事件及相应图像。

④ 数据维护模块。数据维护模块完成固定时间范围内的数据备份与上报,并可根据实际使用车道情况调整数据库中相关数据。

⑤ 数据通信模块。数据通信模块主要完成从收费站到管理分中心的通信工作。从功能上讲,主要完成收费站收费数据定时或实时的传输,接收分中心下达的指令,传至各收费车道,并将收费站和管理分中心所有的计算机的时间统一为管理中心服务器的时间。

(6)收费站报表设计

收费站报表设计是收费系统设计中的重要组成部分。收费站报表一般包括收费员管理报表、通行费收入报表、票据管理报表、特殊收费业务管理报表、交通流量统计报表以及设备管理报表等。

① 收费员管理报表。收费员管理报表包括收费员班次报表、收费员班次记录明细表和收费班次汇总表。

② 通行费收入报表。通行费收入报表一般包括通行费收入日报表、通行费收入月报表、通行费收入年报表以及欠款记录表等。

③ 票据管理报表。票据管理报表是指票据申领、发放统计报表。

④ 特殊收费业务管理报表。特殊收费业务管理报表包括车道特殊处理明细表和特殊收费业务次数汇总表。

⑤ 交通流量统计报表。交通流量统计报表包括交通量日报表、交通量月报表以及交通量年报表等。

⑥ 设备管理报表。设备管理报表统计反映每天各站的设备运行情况、报警及故障情况。

上述报表根据需要能自动生成直方图、圆饼图等直观的形式来表示交通量、收费额等参数的变化,管理人员可以根据需要,自行选择所需报表的内容,系统将自动生成包含所需内容的报表。

3. 收费中心设计

(1) 收费中心的功能

① 接收和下传联网收费系统运行参数;

② 收集管辖区内每一收费站上传的数据与资料;

③ 处理收集到的数据与资料,形成各种统计报表和屏幕显示;

④ 上传相关数据和资料至收费结算中心;

⑤ 票证管理;

⑥ 联网收费系统中操作、维修人员权限的管理;

⑦ 数据库及系统维护、网络管理;

⑧ 数据、资料的存储与备份和安全保护;

⑨ 通行费的拆分;

⑩ 非接触式 IC 卡及抓拍图像的管理。

(2) 收费中心计算机系统的组成

收费中心计算机系统主要由微型服务器、交换机、客户机、路由器、打印机、数据备份设备和 UPS 电源等组成。

收费中心和收费分中心宜采用千兆以太网或快速以太网技术作为网络主干,并用 Unix、Windows NT 作为网络操作平台,形成开放式网络架构,内部局域网传输介质采用 5 类非屏蔽双绞线(UTP)。要求服务器应具有高可靠性和高存储能力。系统和设备的设计、选型要特别注意满足以下要求:

① 高性能计算机系统、大容量存储器和大型数据库,以满足大数据量的处理、查询和存储需要;

② 双机热备份系统、高性能数据备份系统和重要部件的冗余设计,以保障整个系统长期的不间断运行;

③ 高速网络主干设计,保证数据交换通路畅通,并能为日后的系统扩展做好准备;

④ 系统防灾设计,保证数据安全,最大限度避免意外情况对运营商、业主和用户利益的损害。

(3) 收费中心软件设计

收费中心软件主要对所辖区域公路的收费、交通量及非接触式 IC 卡进行统计分析并进行有效的管理,提供图形、表格等结果供决策部门参考,因此该软件包括:

① 交通流数据统计分析模块。交通流数据统计分析模块应能以日、周、月、年或一定时间间隔按日平均或流量变化曲线形式提供所辖全线各断面的交通流数据;应能提供所辖各收费站及全线车千米数数据;应能提供所辖全线全部车辆的车情统计表及出入口车道交通流数据;可以进行日平均车千米数等交通流数据的汇总分析;应能实时提供行驶各路段区间内的车辆数量、平均车速及分布比例,并以图形方式动态显示。

② 通行费统计分析模块。通行费统计分析模块可按日、月、季和年统计方式提供各收费站、管理处及全线通行费收入;以图形方式显示指定时间段内的全线通行费收入的变化情况;汇总全线各种操作错误的明细表,以便对相应人员进行合理的奖惩;若由多条公路联网收费的通行费收费系统,还应具有对各条路范围内的通行费进行拆分清账的统计

能力。

③ 通行券管理模块。通行券管理模块应能对非接触式IC卡进行有效的发行及使用管理,能记录每张非接触式IC卡的出厂序号、印刷号、使用次数、使用情况,对超过一定使用次数的IC卡或流失的IC卡进行注销,并易于扩展和维护。

④ 身份识别模块。由于收费中心的收费数据不允许更改,因此系统应能判断操作者的身份及权限,杜绝非法操作者的进入。

⑤ 数据通信模块。数据通信模块主要用来完成管理分中心到管理中心的通信业务;管理中心接收由各收费分中心上传来的收费站收费数据,并下发时钟、费率等指令信息至管理分中心。

8.1.2 电子收费系统

电子收费系统(Electronic Toll Collection,简称ETC)是国际上正在努力开发并推广普及的一种用于公路、大桥和隧道的电子自动收费系统。它通过收费天线与车载电子标签之间的专用短程通信,在不需要司机停车和其他收费人员采取任何操作的情况下,自动完成收费处理的全过程。在20世纪80年代,西方工业发达国家的电子收费技术获得了重大突破,90代初陆续引入我国,并在我国经济和交通发达地区(如广东、北京)应用。实践证明,电子收费系统适用于开放式和封闭式两种收费制式,它将为公路收费管理开创一个崭新的局面。

1. 电子收费系统概述

(1) 电子收费系统的优点

电子收费系统优势明显,其效果主要表现为:

① 方便客户长途旅行;

② 提高收费车道通过率;

③ 提高管理效益;

④ 减少费额流失;

⑤ 节约能源;

⑥ 改善收费站环境。

(2) 电子收费系统组成

电子收费系统主要由车道控制子系统和收费站管理子系统组成。车道控制子系统用于控制和管理各种外场设备,通过与安装在车辆上的电子标签的信息传输,记录车辆的各种信息,并实时传送给收费站管理子系统。收费站管理子系统对车道控制子系统上传的数据进行整理后,通过网络系统上传至收费结算中心,结算中心将统计数据传至银行,由银行进行划账和清分,并将欠费的黑名单传至结算中心、收费站和收费车道。

(3) 电子收费系统类型

① 收费站电子收费系统。电子收费用户较少时,收费站一般采用混合收费方式,既要有电子收费车道,也必须保留原半自动收费车道。电子收费应用初期,混合式收费不可避免,系统设备配置如图8.5所示,从图中可以看出,收费车道入口端上方有电子收费车道的标志和信号灯。由于车辆密度不大,天线并不连续工作。无车辆通过时,天线处于休眠状态。在天线辐射区外的车道,埋设一环形线圈。当车辆进入线圈检测区,线圈发出电

信号,唤醒天线进入工作状态。此时,自动栏杆关闭,交通信号灯为红色。车辆进入通信区,在载波作用下,电子标签被唤醒,响应天线的询问,将客户身份与车型代码上传给车道天线,由天线转送给车道控制机进行审核。如果进入车道的车辆为有效卡,控制机指令栏杆打开,交通信号灯变绿;如要进一步交换信息,读写数据,可以继续通信,直到收费过程结束。如果进入车道的车辆为无效卡车,车道控制机审核时会立即发现,指令栏杆继续关闭,并发出声和光进行报警。现场工作人员将引导车辆从旁路进入半自动收费车道,办理各项收费手续,控制机将情况记录存档。

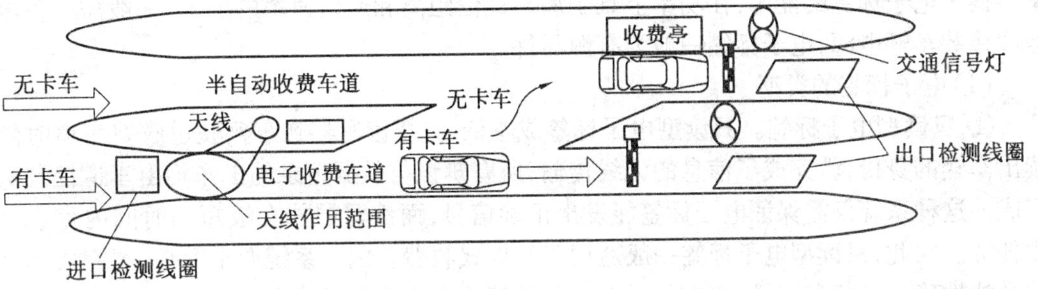

图 8.5　封闭式电子收费系统

② 自由流电子收费系统。当电子收费用户在全体用户中已成为大多数时,宜采用自由流式电子收费。国外现在趋向于取消收费岛,在收费广场设置一个横跨车道上空的龙门架,架上安装电子收费设备,实施电子收费。车辆无需减速,以正常行驶车速通过收费区域,并完成收费,常称为自由流式电子收费,设备配置如图 8.6 所示。

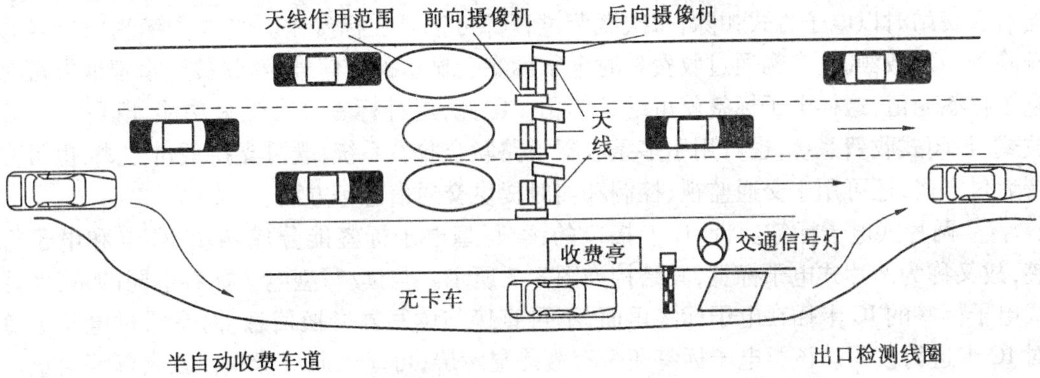

图 8.6　自由流电子收费系统

(4)电子收费基本工作过程

不同电子收费系统的收费过程基本相同。车辆驶入收费车道进口天线的发射范围,处于休眠状态的标识卡受到微波激励而苏醒,开始工作,响应天线的请求,以微波形式发出卡和车型类别代码;天线接收并确认为有效卡后,以微波发出入口车道代码和时间信号,写入卡的存储器内。当车辆驶入收费车道出口天线发射范围,经过唤醒、相互认证有效性等过程,天线读出车型及入口代码和时间,传送给车道控制机;控制机对信息核实确认后,算出此次通行费额,存储或指令天线将费额写入标识卡。与此同时,控制器存储原始数据并编辑成数据文件,定时传送给收费站并转送专营公司等单位(习惯称后台)。后台在收到收费数据文件后，从各个用户的账号中扣除通行费，并算出余额。

2. 电子标签

电子标签是一种安装在车辆上的无线通信设备，允许车辆在高速行驶状态下与路旁的读写设备进行单向或双向通信，其结构、工作原理和功能与非接触式 IC 卡相似。两者的主要差别在于通信距离。电子标签装有微处理器芯片和接收与发射天线，在高速行驶中(可达 250 km/h)与相距 8 ~ 15 m 远的读写器进行微波或红外线通信，比非接触 IC 卡的工作频率、通信速率高出很多。在通信过程中，如果单凭借读卡机发射的微波或红外功率转换为电子标签的能源，在功率上难于满足通信距离和通信速率的要求，一般需配备电池或接装车辆电源，电子标签一般为有源器件。

(1)电子标签的类型

① 只读型电子标签。只读型电子标签成本低，只要读写器在车辆驶过收费车道时能读出车辆的身份，就完成了信息的无线传输，所有辨识与数据记录的工作均由车道控制机完成。这种系统仅需保证电子标签能发出正确信号，而读写器能在极短的时间内完成接收任务。因此，只读型电子标签一般适用于开放式收费。因为系统要求简单，要完成车辆的合法性确认与信息记录，需在每一个收费站间建立完善的通信网络，将每一收费站的信息传回收费结算中心，进行收费信息汇总和统计等工作，在一段时间后，打印并寄出使用通行费用总额给车主，通知车主缴费或直接从车主银行账户或预交金额中扣除。

② 读/写型电子标签。读/写型电子标签不仅能将存储的数据传送给读写器，而且可以把一些信息写入电子标签内，可将电子标签内预存的金额扣除一定数量(即通行费额数)。此种收费系统可不需建立通信网络，也无每月催缴通行费的程序，所有通行费均在通过收费站时以电子方式扣除，每次缴费过程都可记录在标签中。当电子标签内储存金额降到一定数额时，车辆通过收费站时电子标签会显示警告信号，驾驶员到指定地方可为电子标签充值，这样电子标签就可继续使用。因此，此种标签具有强大功能，既可用于开放式、封闭式收费系统，也可用于多条收费道路联合收费系统；既可支持预付方式，也可支持后付方式，还可用于交通监视、控制和实时提供交通信息等方面。

③ 两片式电子标签。带 IC 卡接口的读/写型电子标签能分成两块 IC 卡和电子标签，故又称为两片式电子标签，其结构如图 8.7 所示。与读/写型电子标签不同的是，两片式电子标签的 IC 卡插在电子标签里面，不再直接与读写器交换信息，而是通过电子标签对 IC 卡进行读写。该类电子标签还带有液晶显示屏，可显示通行费和存款余额等信息。

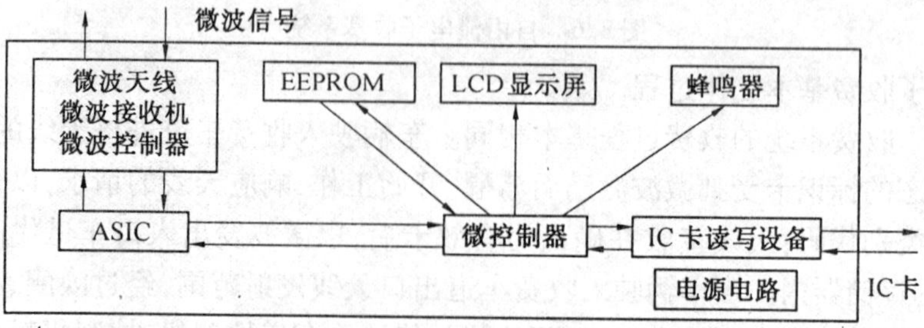

图 8.7　两片式电子标签结构示意图

(2)电子标签数据存储格式

ETC 电子标签不仅适用于公路不停车收费，还可用于车队管理和停车管理。根据

ISO14906等DSRC应用层标准，一般不提倡采用传统的直接地址访问法来读写电子标签的数据，而是推荐采用适当的数据结构和索引号来访问电子标签的数据。根据《公路联网收费暂行技术要求》，存储在电子标签中的数据按应用、元素和属性这种层次结构来进行管理。元素类似于文件夹，属性类似于文件，一个元素可以有若干个属性。对于电子标签中的每一个元素，都有独立的访问和控制机制。

标签的存储信息通常分为强制性信息和选择性信息。其中，强制性信息是指标签应用中所必须具备的信息，一旦写入标签将不可更改，或是更改时需重新进行初始化，因此强制性信息一般是永久信息。选择性信息是指随应用不同而变动的信息。

针对ETC应用，电子标签的强制性信息包括其自身的标识码、车牌信息和车型信息；选择性信息则包括：

① 个人ETC用户的姓名、身份证号、联系人、电话等信息；

② 单位ETC用户的名称、联系人、电话等信息；

③ 封闭式收费系统中，需记录的入口车道编号和进入时间、出口车道编号和离开时间；

④ ETC用户的账户资金余额。

(3)电子标签的性能要求

① 工作频率。根据国家无线电管理委员会"1998-74号文"，批准交通部"网络环境下不停车收费系统研究与应用推广"行业联合攻关项目关于5.8 GHz频段使用的申请。电子标签工作的频率范围应为5.795～5.815 GHz，不响应系统工作频率之外的频率信号。该频段除用于中国电子收费业务外，还将作为未来ITS领域服务的业务频段。

② 物理防护。物理防护是指标签具有必要的封装、一定的坚固性，不易损坏。用于车载用途，需要考虑防碰撞及机械振动，所以标签应具有关于抗振动和冲击的明确技术指标。

③ 电子安全防护。电子安全防护是指标签应设计成内部存储信息不能被普通电子器件发出的电磁信号误操作和故意改写，即电子标签应具有抗电磁干扰的能力，不能被非电喷车的点火系统辐射的电磁波触发。

④ 标签的信号强度。被动式电子标签的信号强度是指标签在规定的工作条件下，标签返回的调制信号的强度。电子标签应保证信号强度在规定范围内。主动式电子标签的信号强度即标签的发射功率，其值应在国家无线电管理机构规定的范围内，并应在满足读写器接收灵敏度情况下尽可能小。

⑤ 标签的响应时间。标签的响应时间是指被动式标签被读写器发出的查询信号触发时，应在确定时间内进入正常工作状态。

⑥标签的安装。电子标签在轿车、客车、货车以及摩托车上应有明确的统一安装位置。

⑦ 标签的定向。被动式标签工作平面的法线应尽量与读写天线的极化方向相一致，以保证最佳阅读性。

⑧ 标签的安装方式。对于ETC应用中的车辆识别，推荐采用固定安装方式。

⑨ 标签安装环境要求。电子标签安装的位置需保证其周围具有一定的"净区"，净区内不能被任何金属物或突出物遮挡，需特别注意防爆太阳膜，因为防爆太阳膜内含金属成

分，可能对电子标签形成电磁遮挡，给通信带来障碍。

(4)电子标签与车道天线的专用短程通信协议

电子标签与天线是电子收费系统的车载设备和路侧设备，两者在交换数据过程中必然要涉及如何将信息编辑成易于辨识的数据，数据分割包装成多大的、什么形式的块(数据帧)，以什么样的方式和速率传送，传输的器件和线路应有哪些要求等。由于系统属于开放互联网络体系结构，应该遵守ISO/OSI参考模型及其相应的协议，以解决上述各项问题。

电子收费系统短距微波通信具有传输距离短、通信方向相对固定、数据内容简单、重复性强等特点；但天线-电子标签(下行)与电子标签-天线(上行)的通信要求又各有其特色。要保证电子标签和天线的通信在全球范围相容，必须有一整套相关的技术标准，目前只对物理、链路和应用三层提出了一些推荐标准。科技界就“专用短程通信(Dedicated Short Range Communication，简称DSRC)”建议选用相同的微波频率和通信协议。针对固定于车道或路侧的路侧单元与装载于移动车辆上的电子标签的通信接口的规范，DSRC协议的主要特征包括：

① 主从式架构。以路侧单元为主，电子标签为从，也就是说路侧单元拥有通信的主控权，路侧单元可以主动下传数据，电子标签必须听从路侧单元的指挥才能上传资料；

② 半双工通信方式。半双工通信方式即传送和接收资料不能同时进行；

③ 异步分时多重接取。异步分时多重接取即路侧单元与多个电子标签以分时多重接取方式通信，但彼此无需事先建立通信窗口的同步关系。

3. 电子收费系统关键技术

为了能够高效、可靠地完成收费过程，ETC必须包括3个关键的子系统，即自动车辆识别系统(Automatic Vehicle Identification，简称AVI)、自动车型分类系统(Automatic Vehicle Classification，简称AVC)和视频抓拍系统(Video Enforcement Systems，简称VES)。AVI使用装备在车上的射频装置向收费站的收费装置传送识别信息，如ID号码，车型、车主等，以判别车辆是否可以通过不停车收费车道。AVC利用装在车道内和车道周围的各种传感器装置来测定车辆的类型，以便按照车型构成实现正确收费。VES用来抓拍使用不停车收费车道但未装备有效标识卡的汽车牌照图像，确定逃费车主并通知其应交费用或处罚办法。

(1)自动车辆识别系统

自动车辆识别技术是电子收费系统的基础，是当车辆通过某一特定地点时，可以不借助人工而能将该车的身份识别出来的技术的统称。自动车辆识别系统一般由车载单元、路侧阅读单元和数据处理单元3个主要组件组成。其中，车载单元(On-Board Unit)附属在车辆上，可以是固定式的，也可以是活动式的，作为车辆识别用的标识，其本身拥有一种可供识别的信号，该信号一般是唯一的，因此可以当作车辆的“身份证”；路侧阅读单元(Road-Side Reader Unit)用来接收或识别车载单元发射出来的信号，并把收到的信号编译成有意义且可以阅读的资料，以供进一步分析计算使用；数据处理单元把从路侧单元解译出来的资料和计算机数据库里面的使用者资料比对，验证身份，并进行所有的数据处理工作。

从信息传递与处理的观点看，AVI的基本运作流程是首先截取来自车辆发散出来的模块化电磁波信号，然后将电磁波信号转译成有意义的信息，最后将译读出来的信息输入计算机中，进行资料对比、验证身份、收取通行费、文件查验等数据处理工作。

在实际运行的 AVI 系统中，使用的工作频率有 915 MHz、2.45 GHz 和 5.8 GHz 3 种。其中，915 MHz 系统主要用于北美地区，5.8 GHz 系统主要用于欧洲、亚洲和大洋洲地区，2.45 GHz 系统主要用于试验，实际使用很少。5.8 GHz 已成为国际电信联盟（ITU）划分给专用短程通信（DSRC）的专用频段。

根据通信方式的不同，AVI 系统可分为主动式和被动式。主动式电子标签含有电源，当车道天线向电子标签发送询问信号后，电子标签利用自身的电池能量发射载波及数据给车道天线。主动式通信方式的工作距离可以达到约 30 m。在被动式系统中，由车道天线发射电磁信号，电子标签被电磁波激活进入通信状态。被动式电子标签既可以是有源的，也可以是无源的。被动式电子标签的电源是供存储数据和处理数据用的，其工作距离较近。主动式和被动式 AVI 系统性能比较见表 8.1。

表 8.1　主动式和被动式 AVI 系统性能比较

类　别	主动式	被动式
通信距离/m	约 30	约 8
可同时通信的车辆数/辆	最大为 8	原则上为 1
信息量（车速为 60 km/h）/Kb	539	46

根据技术的发展趋势和国内应用情况及我国无线电委员会关于 ETC 试验频点的批示，建议选择 5.8 GHz 频段、全双工被动式通信方式、可读写的“单片式”或“两片式”电子标签的 AVI 系统构成不停车收费系统的车道系统。

（2）自动车型分类系统

自动车型分类系统由测量车辆物理特征的各种车道传感器和利用这些装置输出信息的处理器组成。车道传感器记录车辆的物理特征，处理器汇集各种传感器装置的输入信息并根据这些信息对车辆进行分类，将确定了车型的车辆信息发送到相关系统，以确保按车型实施正确收费。

车辆类别可从两条渠道获得，一是标识卡上存储的车辆牌照和车型类别代码；二是对检测所得的车辆各种间接参数进行综合评判而确定的车型类别。前者由于卡存储的车类代码不可修改，无须增添新设施即可在通信过程得到准确度很高的车辆类型判别。但是，一旦用户将卡从原有车辆上拆卸下来，重新安装到与车类代码不符的另一类车辆上，仅凭通信所获取的车类信息无法分辨其真伪。第二种判别法需要安装多种检测设备以检测车辆轴数、轮数和外部几何尺寸（或车重）等特征参数，并且需要计算机配以专用软件作综合（或图像）辨识，不但加大系统投资，也增加管理维修费用。目前常用的分类方法是双管齐下，但有主有次，以卡上获取车辆类别信息为主，再用检测所得的数据进行校核，加以确认。这样可大大降低差错率，同时也可节约设备投资。

（3）视频抓拍系统

抓拍系统是指利用收费系统的各种硬件和处理程序对未付或未按正确费率付费的通过车辆，以收费车道、栏杆和收费员组成关卡形式，强迫车辆停车缴费，以扼制冲卡逃费行为,并对该行为进行自动记录的系统。

对于收费站电子收费系统,通过的车辆车速较低,利用原有自动栏杆、交通信号灯等车道控制设施可以控制车辆的行为。一旦车道通信系统发现来车为非 ETC 车,车道控制子系统将锁住自动栏杆和红色交通信号灯,并同时发出声光报警信号,稽查人员将截住违章车辆,进行现场处理。一般可不设置自动取证系统。如果需要捕捉冲卡逃费的车辆牌照,可在自动栏杆附近安装摄像机,对冲卡车辆前部或后端车牌照抓拍或录像。

对于自由流电子收费系统,通过的车辆车速很高,没有专用的收费车道及其控制设施,无法勒令违章车辆停车受罚。目前,普遍采用一套高速摄像系统记录违章车辆的车牌照号码作为逃费证据和寻找肇事者的依据进行事后惩处。

4. 电子收费系统设计

(1)收费广场

电子收费系统的建立涉及到经济基础、金融体制以及道路管理结构。另外,还需考虑现行的道路收费体系。从我国目前的特定情况来看,地区间经济发展不平衡,因而交通建设的速度也不一致,现有的收费管理体系也不统一。就收费广场设计而言,很难考虑一次性改为全 ETC 方式,在很长一段时期,我国的收费体系将会是停车收费与不停车收费两种方式并存。在这个过渡时期内,ETC 车辆实行不停车收费,非 ETC 车辆实行停车收费,这种混合式收费对收费车道及广场设计提出了新的问题:一是采用分车道收费还是同车道混合式收费;二是 ETC 收费车道的几何形式有何变化;三是收费广场的分流方式和车辆的行驶特征如何确定,这将是收费广场设计的新要点。

① 过渡时期交通流的分析与收费车辆特征

过渡时期交通流的基本构成要素是 ETC 交通流和非 ETC 交通流。车辆可分为 ETC 车辆和非 ETC 车辆。前者指配有 ETC 系统有效车载单元的车辆,后者指未配有 ETC 系统有效车载单元和配有车载单元但交易失败的车辆。过渡时期收费车辆行驶特征包括:ETC 车辆正常通过 ETC 车道;非 ETC 车辆驶入 ETC 车道;ETC 车辆误入停车收费车道;非 ETC 车辆驶入非 ETC 车道。

对于收费系统而言,交通流中车辆的地区性对交通流构成有一定影响。本地车一般以中小型为主,交通量大,配 ETC 电子标签多,驾驶员对 ETC 系统了解;而外地车一般以大中型长途车为主,交通量相对小,安装电子标签也少,驾驶员对 ETC 系统不了解,误闯 ETC 车道现象较多。随着 ETC 系统的不断完善,交通组成也是在逐渐变化的,ETC 交通量比例会逐渐增大,非 ETC 交通量比例会逐渐减小。

② 收费广场规划设计

根据上述分析,过渡时期 ETC 车道比较适应混合式收费方式,即收费车道既有 ETC 车道也有非 ETC 车道。车道的配置除了考虑通行能力、服务水平及车流交织的安全性外,交通管理的整体性等诸多复杂因素也需加以考虑。根据车辆的行驶特征和非 ETC 车辆误入 ETC 车道的特性,目前电子收费车道的设置位置有内置式和外置式两种形式,其特点见表 8.2。车道设置形式应根据实际情况确定。

表 8.2　混合式收费车道的设置特点

车道设置形式	车道特征
内置式	符合车辆内快外慢的行驶原则;有利于 ETC 车辆的通行;现有收费广场改动较小;误入 ETC 车道的非 ETC 车辆较多
外置式	专用性强;误入车辆少;不符合道路内快外慢的行驶原则,大交通量下对 ETC 车辆不利

③ ETC 车道设计

宽度:不同的收费形式有不同的收费车道宽度需求,而不同的车种也应分别设计不同的车道宽度,以符合安全、经济与效率需求。车道宽度与汽车宽度、汽车行驶速度、交通量、交通组成等因素有关。设计车辆规定的最大宽度为 2.5 m,是个定值。根据日本等国的研究资料,计算行车速度大于等于 100 km/h 时,车道宽度应为 3.7 m;计算行车速度小于 100 km/h 时,车道宽度为 3.5 m。考虑我国载重汽车所占比例大、车型繁杂、车速不一、低等级公路均为混合交通等特点,针对各级公路设定的计算行车速度、交通量、交通组成及以往工程经验,交通部制定了各级公路行车道宽度值。由于车辆是在行驶过程中完成收费的,因此 ETC 车道的理论宽度与主线一条行车道的宽度保持一致时,对驾驶员产生的不良影响将会最小。根据《公路路线设计规范》(JTG D20—2006),公路、一级公路的一条行车道的设计宽度为 3.75 m。所以,一般情况下,一条 ETC 车道的宽度取为3.75 m。对于收费广场用地紧张情况可减少到 3.5 m。

设计速度:收费广场是高等级公路的“瓶颈”。当车辆驶入 ETC 收费车道,虽然仍可保持一定的行车速度,但过渡时期特别是过渡初期,由于驾驶员对 ETC 系统的认识还比较模糊,为了安全起见,ETC 系统的设计行车速度不宜过高。

长度:过渡时期 ETC 车道的设计长度是指 ETC 车道中 ETC 识别装置至车道电动栏杆的距离。由于 ETC 车道内车辆在行驶过程中完成收费,所以对于车道长度的确定可以参照道路交通标志中,警告标志的视认距离的设计方法和停车视距的计算方法来确定。实际设计中,设计长度可取 37 ~48 m。

收费广场专用标志:根据道路交通标志、标线的设计规范,ETC 系统专用标志包括禁令标志、指示标志和指路标志 3 类。采用 ETC 专用符号和文字,如“ETC 专用车道”、“一卡通专用车道”、“路路通专用车道”等。文字力求简洁、明确、通俗。标志的设置形式可分为门架式、悬臂式和路侧式。

ETC 系统专用标线:车道分界线用来分隔同向行驶的交通流,一般用白色虚线。全 ETC 车道之间、人工车道与 ETC 车道之间均有车道分界线。车道边缘线用来表示车行道的边线,一般用白色标线。公路、一级公路和城市快速路,应在路缘带内侧画实线边缘线。收费岛内侧画实线边缘线。收费站前是否还需要设减速标线,需要根据 ETC 车道的多少、位置等情况而定。

ETC 系统提示信号:入口车道信号灯用于指引车辆停止或通过,设在收费岛与入口车道电动栏杆附近,有红、绿两种信号。出口车道信号灯用于指引车辆停止或通过,设在收费岛与出口车道电动栏杆附近,也有红、绿两种信号。入口车道雨棚信号灯用于告知车辆可驶入的车道,一般设在行车道垂直上方的雨棚上。

(2)车道控制子系统

与人工收费系统一样,电子收费系统也需要车道控制系统这样的执行机构来保障收费过程的顺利实施。自动车辆识别子系统、自动车型分类系统和抓拍系统是车道控制子系统中的重要构成部分,它们与车道控制计算机系统密切相连。车道控制计算机系统利用这3个重要子系统,协调交通控制及信号系统,完成不停车收费。在封闭式收费系统中,ETC车道分入口车道和出口车道两种。

① 入口车道功能。引导ETC车辆驶入正确的ETC收费车道;检测车辆到达;唤醒AVI系统进入工作状态,向电子标签写入入口车道信息;对合法ETC车辆亮绿灯放行;对非法用户(包括黑名单用户)亮红灯提示需转到人工收费;车辆检测器计数;生成入口车道过车信息并上传给收费站管理子系统。

② 出口车道功能。引导ETC车辆驶入正确的ETC收费车道;检测车辆到达;唤醒AVI系统进入工作状态,读取电子标签中的用户信息和入口车道信息;唤醒AVC系统进入工作状态,进行自动车型判别,并进行车型核对;对合法ETC用户,生成完整的收费记录并存入车道控制计算机,给车辆放行指示;对非法ETC用户,生成违章记录存入车道计算机,同时启动VES系统,对违章车辆进行车牌抓拍便于事后处理,若有需要,还可启动自动栏杆等交通控制设施予以拦截进行现场处理;车辆检测器计数;向用户显示有关收费状态信息;将收费记录信息上传给收费站管理子系统。

(3)收费站管理子系统

收费站通常有多条电子收费车道和半自动收费车道,所生成的数据也分属两类,除了装备在车道的收费设施外,需要一套计算机网络(局域网)用来采集和分别处理、上传这些车道数据,这套网络称为收费站管理子系统。

收费站管理子系统的功能为:实时采集来自所有不停车收费车道和人工收费车道的收费交易记录,经核验后存入本地数据库;实时采集违章车辆图像并暂存;汇总各车道的原始数据文件(含违章车辆图像),整理、打包、分时传送给专营公司;接受专营公司中央管理系统下传的客户电子标签黑、灰名单并转发给车道控制机。

(4)专营公司管理子系统

每一条独立经营的公路都会有一家负责收费工作的专营公司,专营公司管理子系统负责采集所有收费站管理系统所汇集的车道收费数据信息和财务文件,对ETC收费数据和半自动收费数据进行整理和汇总。整理完毕的ETC收费数据清单将被转发给结算中心,共同处理路网区域收费中该公司承担的工作和结算应分享的费额,并请求支付。

专营公司管理子系统具体功能为:分时采集各站暂存的数据,进行整理,对车道控制器无法处理的违章记录做出处理;汇总各站的原始数据进行加工,编辑成所需要的数据文件,打印和统计各种数据指标;向结算中心上传加工后的数据文件,要求支付;接收结算中心下传的黑、灰名单,转发给各收费站。

(5)结算中心管理子系统

结算中心掌握全系统的收费数据信息,是整个ETC系统的中枢系统,负责重要的资金结算工作。ETC给客户带来的最大好处是可以持卡在区域路网的任何道路行驶而不需停车缴费,在不停车收费系统中收费交易并不是在收费亭完成,因为它不是现金交易。由于用户购买电子标签后会在若干条道路上使用,而这些道路可能属于不同的专营公司,所以需设立专门的结算中心来集中管理通行费账目和给专营公司划拨资金。

结算中心应统一核准各专营公司的数据。算出每一个客户在当次旅行中应缴付的金额,以便在他的账户中扣除。同时,需要计算一定时间内(如 8 h、12 h 或 24 h)在某公司管辖道路通行的所有客户应缴付费额的总数,将此金额拨付给该专营公司。结算中心一般不负责与 ETC 用户直接打交道,关于资金的管理和划转也是委托银行来进行。另外,根据账户资金生成无效的车载电子标签清单,下传给专营公司中央管理子系统。

结算中心管理子系统具体功能为:接收各专营公司上传的数据文件;计算一定时间内正常通行时各客户的通行金额和各专营公司应收入的通行费总额;对跨公司的异常通行做出判断和处理,如有入口无出口或有出口无入口信息的客户等;汇总正常和异常两种情况,客户应付金额和各专营公司应得金额的数据文件传给银行;接收和转发灰、黑名单。

(6)银行管理子系统

ETC 缴费属非现金交易,它采用预付和记账两种方式,预付方式要求客户登记使用 ETC 时需交付一笔开户费,它包含标识卡的成本费和预付通行费。客户每在 ETC 路网上通行一次,就会从客户账户中扣除相应的金额;当账户余额不足时,需通知客户补充资金。记账方式是定期算出应缴费额,客户一次交清这种方式使专营公司承担坏账风险,ETC 的实质是通行费不在公路现场和通行时刻用现金支付,而是选择另一个时间和地点支付。因此,客户的金额和账目也需要一个单位进行管理,银行是理想单位。

银行管理子系统具体功能为:为 ETC 客户和专营公司建立和维护资金账户;接收各专营公司传来的数据文件,更新客户和专营公司账号资金;生成 ETC 的黑、灰名单,将灰名单传送客户服务中心,黑名单传送各专营公司。

(7)客户服务中心管理子系统

虽然结算中心掌握全系统的收费数据信息,但它的主要任务应是资金结算工作。而为客户提供直接服务功能的一般是顾客服务中心管理子系统。也就是说顾客服务中心可能代理部分结算中心与 ETC 用户直接打交道的工作。譬如对申领或购买车载电子标签的用户进行登记和审核,向用户发放电子标签,接受客户的挂失和注销申请等。顾客服务中心的数据来源是唯一的,那就是结算中心。服务中心直接面向客户,发达的客户服务网络,是提高用户对 ETC 系统认可的重要环节。

客户服务中心管理子系统具体功能为:代理客户申办标识卡手续,向客户发放标识卡并对其作初始化操作,电子标签的黏贴;编制客户资金账号,连同收入资金一并存入银行;按照所收到的灰名单,及时通知客户补交金额;向客户提供消费明细账查询、资金补充和打印服务等。

后台可以将结算中心、银行和客户服务中心建成 3 个独立单位,也可以让银行兼职三者。由于银行具有开展此种业务的潜力和丰富的金融财务经验,又有面向广大客户的服务网点,可有事半功倍之效。它还可减少 ETC 的复杂性,减轻专营公司的操作难度和管理负担,便于公司集中精力开拓 ETC 市场。

(8)电子收费系统计算机网络

① 计算机网络拓扑。电子收费系统计算机网络是由若干局域网联成的广域网,网络拓扑图如图 8.8 所示。局域网为各子系统内部设备互联,如收费站有多条收费车道,这些车道控制机与收费管理子系统的服务器连接成星型拓扑结构以太网。广域网为各子系统

之间互联,如专营公司与收费站和结算中心间的链接。广域网可利用 Modem 通过公用网(电话网等)或经路由器联入 X. 25、ISDN 等公用网络实现,也可通过半自动收费系统的光纤专用网实现。在收费站局域网中,由于要求工作站实时传送过车记录,对数据的传送量和传送速度的要求较高,因此建议局域网采用百兆或千兆以太网。收费系统的网络操作系统可采用 Unix、Linux、Windows NT Server、Windows NT Workstation 等;收费结算中心局域网操作系统宜采用 Unix、Linux 等;工作站操作系统采用 Windows 2000 或 XP,以保证从车道控制机到收费管理中心工作站都有统一的 32 位平台和 Windows 操作界面,工作站网络软件采用与 Microsoft 完全兼容的软件。构造广域网要充分利用已有设备的潜力,从多方面考虑网络的安全,兼顾多媒体传输的可靠性、扩展性和冗余能力等,该选择开放性好的通信协议。

②专用软件要求。ETC 专用软件既需要财务性的大型数据库,也需要与公路交通紧密相关的大型数据库。前者银行已有长期使用经验,有成熟的软件可供参考;后者则与当地的交通有关,需要慎重对待。在制定后者的技术方案时要注意必须将各层次单元子系统的功能、职责划分清楚,接口规定具体;对于具体路网,通行收费的异常情况有多少类别,各类别出现的概率估计,对各种异常通行的处理办法;数据采集周期,黑、灰名单编制和下发的周期和时间应该符合实际。

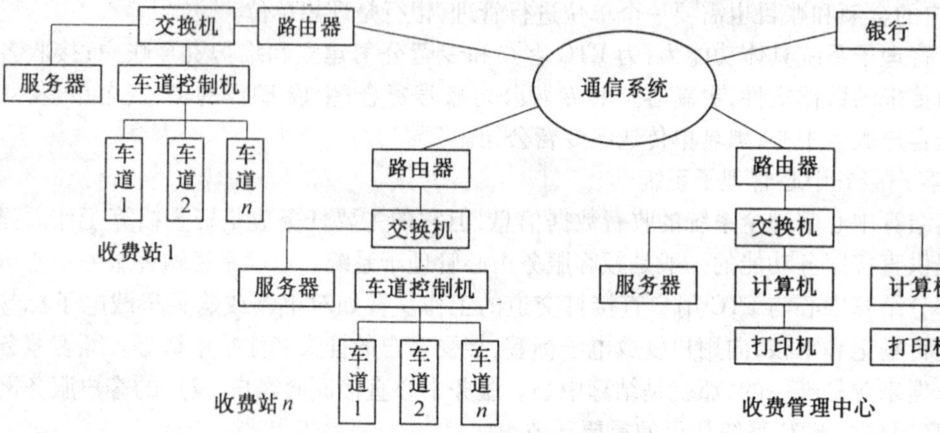

图 8.8　电子收费系统计算机网络拓扑结构图

8.1.3　联网收费系统

联网收费的主要目的是为了解决公路网中对归属不同收费单位的路段,各收费单位独立进行收费而各自设置封闭的收费设施,造成公路网中有众多不合理主线收费站等问题,从而提高公路使用效率、服务质量和减少环境污染。交通部于 2001 年颁布了《关于公路联网收费的暂行规定》,根据此规定,全国各省市先后开展了联网收费工作。

1. 联网收费的技术要求

实行联网收费的各收费单位,其收费系统的技术标准必须统一,在系统实施时应按照"统一规划、一次设计、分期实施、逐步联网"的指导思想进行。在收费管理及收费流程中必须统一收费模式。联网收费的具体技术要求如下:

① 车型分类标准统一;

② 付款方式统一;

③ 收费处理方法、各种特殊情况处理方法统一;

④ 通行券(卡)的类型和编码格式及其读写设备技术规格统一;

⑤ 收费系统各级硬件结构应基本统一,IP 地址应统一规划;

⑥ 收费系统各级软件应基本统一,尤其是通行券读写设备;

⑦ 当路网内出现路径不唯一时,需解决行驶路径的确定问题。

2. 联网收费系统规划

① 收费制式。收费制式对于收费公路的建设标准、规模、投资水平以及运营管理都有较大影响,因此在规划、设计阶段就应根据路网和地区特点对收费制式进行合理选择与确定。公路联网收费系统一般采用封闭式。

② 通行券(卡)。联网收费系统中应采用相同类型和数据格式的通行券(卡)。一般条件下宜选择多次重复使用的非接触式 IC 卡、一次性使用的纸质磁性券或二维条形码券。

③ 收费方式。收费方式的选择将对系统的投资以及运营产生重要的影响。推荐以半自动收费方式为主,具备条件的地区可逐步发展电子不停车收费。

④ 付款方式。付款方式以现金为主,预付卡的发行应具备通用性。

⑤ 车型分类与识别。为了最大限度地吸引交通量以收取尽可能多的通行费和提高收费效率,必须对车辆类型进行合理分类。鉴于我国的车型构成比较复杂,而适用的自动判别车型技术尚未达到实用阶段,所以目前所制定的分类标准主要是采用人工判别的方法。

⑥ 收费标准的制定。联网收费区域内车辆通行费的收费标准由各项目(路段)收费单位按照《公路法》第 63 条的规定提出各自的收费标准,报省(自治区、直辖市)级交通主管部门,会同同级物价行政主管部门审查批准。收费结算中心根据批准的收费标准,统一制定费率表。收费单位在拟订收费标准方案时,必须兼顾道路使用者和收费单位双方的利益,按照公路长度(包括公路桥梁、公路隧道的长度)、偿还贷款或者集资款的额度、投资回收的时间和水平、收费期限的长短、交通量的大小、车辆所有者的负担能力和便于通行等因素综合考虑,提出合理的收费标准方案。

⑦ 收费站的布设原则。除国道主干线(公路)的起讫点外,原则上只能在各省(自治区、直辖市)交界附近设置主线收费站;当公路封闭式收费站与其连接线的开放式收费站的间距小于国务院交通主管部门规定的标准时,应采用合建收费站;两个联网收费区域中的两条公路相交处需要设置互通立交匝道收费站时,在满足互通立交使用功能的前提下,宜采用双喇叭互通立交形式,在匝道上设置合建收费站;在两省交界处附近选择合适位置合建一个主线收费广场,各自管理出口一侧的半边收费车道。每个收费亭内需安装入口和出口两套车道收费设备,由一个收费员操作,在完成自己收费的同时还要代对方发通行券。如果两省车型分类差别较大,一个收费员难以完成两项任务时,也可以在一个收费亭内安排双方收费员分别完成入口和出口的收费操作。

3. 联网收费计算机网络系统

(1)组网技术

联网收费计算机网络系统设计应按照先进性与实用性、可靠性与安全性、经济性与可扩展性相结合的原则,采用开放式的体系结构。联网收费计算机网络系统是由若干层次局域网和这些局域网相互间的广域网组成。网络协议宜选用TCP/IP,广域网技术宜选用ATM、SDH、帧中继交换技术或IP路由技术。为保证联网收费系统运行的可靠性和安全性,应配套建设宽带高速的专用通信系统。专用通信系统的规划、设计与实施应满足联网收费系统的组网要求。局域网应采用高速网络技术,如快速以太网或千兆以太网等。

各联网收费系统应对其计算机IP地址做出统一规划,以避免发生IP地址冲突。IP地址使用10.0.0.0~10.255.255.255。

(2)网络安全与可靠性措施

① 系统的可靠性措施。收费结算中心和路段收费中心局域网服务器、电源、网络等宜采用双机热备份工作方式。网络通信链路宜采用备份的多种传输媒介组成的多路由制,分别复连到主/备用设备。配备可靠性高、安全性好,具有连续品牌的设备。各层次局域网具有较强的独立工作能力,要求在恶劣的工作环境下,仍能保证正常运行。收费车道系统具有独立工作和降级使用功能,并至少能保存40 d的收费数据,网管系统应能对本身网络节点、通信设备、网络用户进行实时的状态或操作权限监控和管理。

② 系统与网络的安全。建立健全系统和网络安全规章制度,配合管理手段加强对操作人员安全观念、法制观念教育;要建立适当的安全级别;在公用传输线路的网络出口处设置防火墙,Internet网站采取物理隔离并脱机运行,应非常有效地防止黑客侵入;收费系统网络应采取三级安全控制,即网络安全级、计算机安全级和用户安全级。访问权限的设置应由网络管理中心统一处理,限制网络中的互相访问;对收费数据传输应采取两种途径进行控制,一是需要对整条信息的完整性、真实性进行控制;二是需要对信息中敏感的数据单元采取特殊的加密措施,如采用DES算法进行数据加密;切实做好计算机病毒防御工作。

(3)收费结算中心系统构成

根据收费公路联网规模的大小、所在地区交通量大小和所采用的收费技术(人工半自动、预付卡或电子不停车收费)因地制宜地选择系统构成模式,并且应根据收费业务处理量,做好分期实施计划。当联网收费系统中使用预付卡或电子不停车收费时,建议采用双机热备份小型机服务器,并配置磁盘阵列和带光纤环的热备份交换机。

收费结算中心系统一般采用千兆以太网(或快速以大网)技术作为网络的主干网,开放式网络构架,可根据功能需求和收费处理业务量的增加,方便地升级与扩展。该系统由小型机主服务器、通信服务器、访问服务器、主交换机、工作站(通行券管理、票据管理、财务管理、拆分与结算业务、网管、运行监控、开发、数据备份)、路由器、打印机、磁带库和UPS电源等组成。

联网收费系统中若使用非接触式IC卡通行券,需增加IC卡发卡中心的计算机系统,该系统是由交换机、服务器、通信计算机、管理计算机、IC卡初始化和发卡设备、打印机、数据备份设备等组成;使用预付卡付款方式,需增加与预付卡发卡银行的数据交换接口和预付卡管理计算机。

若采用电子不停车收费方式,需增加电子标签发行中心计算机系统(包括交换机、服务器、通信工作站、管理工作站、打印机、数据备份设备等)、客户服务中心(包括对各POS点的管理,为用户提供查询、安装、维修和投诉服务等)、Internet网站、抓拍图像处理系统

(包括交换机、服务器、图像管理工作站)、打印设备、图像备份设备等。

(4)收费结算中心的功能

收费结算中心应具备以下基本功能:

① 制定和下传联网收费系统运行参数(费率表、时间同步、系统设置参数等);

② 接收收费站上传的收费交易原始数据和通行费拆分数据;

③ 接收收费中心上传的收费交易统计数;

④ 通行费的拆分与结算或校核;

⑤ 联网收费系统操作、维修人员权限的管理;

⑥ 票证(收据、定额票)的管理:

⑦ 数据库、系统维护、网络管理等;

⑧ 汇总、统计和生成收费、管理、交通等报表(时间段、班次,日、月、年);

⑨ 数据存储、备份和安全保护;

⑩ 通信网络的统一管理。

收费结算中心的扩展功能包括:

① 非接触 IC 卡的管理,包括 IC 卡通行券的发行、配送、使用监控管理;

② 预付卡管理,包括预付卡黑名单的管理、与预付卡发行商业银行进行数据交换、预付卡收费金额的账务分割等;

③ 电子不停车收费管理,包括电子标签黑名单的管理、与电子标签发行商业银行进行数据交换、电子不停车收费金额的账务分割、客户服务(销售、安装、维修管理、资料查询);

④ Internet 网站,包括客户服务(资料查询、网上购电子标签等)、省级收费结算中心信息发布;

⑤ 抓拍图像处理系统,包括图像文档的查核、备份以及打印违章车辆图像等。

省级收费结算中心和区域收费结算中心的系统构成和主要功能基本上与省收费结算中心相同。一般情况下,省收费结算中心下的区域收费结算中心的系统构成可以简化。联网收费中各收费中心、分中心、收费站和收费车道的结构和主要功能基本上与路段中的相同。

4. 公路联网收费软件

(1)软件平台选择原则

在联网收费区域内,宜选择相同的软件平台,同时还应考虑相邻联网收费区域所使用的软件平台,在相似的条件下,宜采用相同、同系列或相似的软件平台。软件平台的选择应与所采用的硬件平台相适应。

(2)系统软件选择

① 操作系统。由于联网收费系统增加了通行费拆分和结算功能,对计算机网络安全性和可靠性的要求远远大于单一的收费系统。因此,充分了解和认清国内外操作系统的主流趋势,慎重选择操作系统是非常重要的。一般情况下联网收费结算中心宜采用小型机服务器,路段收费中心和收费站一般采用微机服务器。根据联网收费的应用管理需求,联网收费结算中心局域网操作系统宜采用 Unix、Linux 等;其他局域网操作系统一般宜选用 Unix、Linux、Windows NT Server、Windows NT Workstation 等;各工作站一般宜选用

Linux，Windows NT Workstation 等。

② 数据库。服务器数据库应支持分布式处理、支持客户机/服务器体系结构、支持高性能的并行控制和联机事务处理、支持主要网际互联协议（如 TCP/IP、APPC 等）和局域网协议（如 TCP/IP、SPX/IPX）、支持 SQL 标准、支持可变元的二进制存取及提供相应的多媒体开发工具，具有安全性好、灾难恢复和事务完整性考虑和良好的可移植性和可扩展性，支持大量的第三方产品，能满足不断扩展的各类业务需求、支持 PowerBuilder、Delphi、Microsoft Visual C++等开发工具。服务器数据库产品一般选用 Oracle、Informix、Sybase、Sybase SQL anywhere、MS-SQL Server 和 DB II 等。

③ 网络管理软件。网络管理范围应从车道控制机至省（自治区、直辖市）收费结算中心计算机网络，包括网络设备、计算机、UPS 电源、通信传输和访问控制等。网络维护功能包括网络监控、测试、报警、供电、故障处理与修复。日常管理功能包括通过收集通信量及设备利用率等方面数据，经分析后做出相应控制，优化网络运作和提高资源利用率。网络管理软件一般选用 Openview、NetManager 和 NetView 等。

④ 开发工具。开发工具一般选用 Visual C++、PowerBuilder. Informix-4GL、Delphi 等。

5. 通行费的计算

在开放式收费方式下，通行费的计算依据比较简单，只需确定各收费站不同车型的收费标准即可。而在封闭式收费方式下，通行费的计算依据是车辆行驶路径及各路段的不同车型的收费标准。

(1) 路径确认

车辆行驶路径可按照车辆进入公路的入口地址和驶离的出口地址进行判断。但在同样的入口和出口，车辆经过的行驶路径，可能出现二义性，即有多于一种的选择。在此种情况下，要确定路径识别的方法。目前路径识别的方法主要有最短路径法、抽样调查法和路径标识法等。最短路径法操作简单，总是以里程最短的路线作为行驶路径。设置标识的方法是通过在路网内的关键点设置主线标识站，不仅要考虑对每一通行车辆如何计算通行费的问题，还要解决将收入的通行费拆分给哪一个收费单位的问题。

(2) 费率表

为完成联网收费计算，收费结算中心应针对公路网各不同路段，经审查批准，统一 制定通行费费率表。费率表需下达到路网内收费站的所有出口车道收费系统上。在制定费率表时，根据各个路段收费标准，按照不同的车辆类别，通过计算，最终确定路网内每一个入口收费站与出口收费站之间应收取的通行费。

6. 通行费的拆分

(1) 拆分原则

在联网收费的环境下，为保证各收费单位及业主的收益，联网收费结算中心须对每一次收费进行拆分，使各自获得应有的收费效益。在进行拆分时，应根据通行费计算依据，按照通行费收入分配的要求，确定拆分原则，并照章执行。在进行通行费的清算拆分时，是以批准的路段收费标准为依据，原则上按照车辆行驶所穿越的路段中各公路业主所占有的里程比例来进行拆分。

(2)拆分方法

① 确定拆分地点。通行费拆分地点,宜选择在收费结算中心统一拆分。当确定在收费中心(或收费站)进行拆分时,应由收费结算中心统一校核。

② 确定拆分表。联网收费结算中心必须按照联网收费的通行费拆分原则和通行费的计算标准,根据各收费结算对象内部分账的要求,编制完成收费拆分表,明确拆分对象及拆分比例。结算中心进行拆分时根据收费原始数据,对照拆分表,分别形成各拆分对象应得的金额数。

7.结算模式

在进行网络收费结算业务时,准确、及时掌握路网收费数据,准确、快捷、方便、安全地完成资金清算是应重点考虑的问题。从资金清算的角度上看,目前进行收费结算的主要方式有备付金方案和直接清算方案。

备付金方案是指参与收费结算的各收费单位和路网收费结算中心都在同一银行开设备付金账户和清算账户,在备付金账户中存入一定限额的资金。每次进行清算处理后,结算中心分别按照应收、应付资金额从各备付金账户转入或转出资金。如备付金账户余额超过限额,则将超出部分划回各单位;反之,则通知各收费单位补足。这种方式的不足之处首先是每个单位必须在备付金账户中保留一定的资金,造成资金占用;其次,只能控制资金的划付,无法控制资金的收缴,无法有效地对资金进行管理,特别是收费结算中心要对备付金账户余额实施监控,并需不断调整,工作难度较大。

直接清算方式的特点是:没有资金占用,能有效地实施资金管理,准确及时地进行结算处理。

(1)收费数据处理流程

① 收费数据处理。路网内各收费站中的收费车道,按照统一核准的收费标准对每一通行车辆实施收费操作,包括现金和非现金方式(预付卡、ETC等),将数据实时上传给收费站;通过路网内的计算机网络系统,各收费站将发生的原始收费操作数据上传给收费结算中心进行汇总。收费站系统应对完成工作的每一班次的每一个收费员进行"清账"处理,对其发行的或收回的通行券(卡)的类型和数量、发放的发票编号和数量、收取的非现金通行费的方式和数量等进行汇总核对,对其收缴的现金金额进行核查。完成之后,即将"清账"报表上传给收费结算中心,作为对原始收费操作数据的补充和校核。

② 清算划拨数据处理。联网收费结算中心每日定时对前一工作日进行日收费的拆分和清算。联网收费结算中心首先要完成对有关的收费数据和资金收缴数据的一系列核对、检查工作,在确认准确后,按照确定的拆分原则,对每一笔通行费收入数据进行拆分。针对结算对象产生收入数据结果,并下达给各收费中心,产生资金划拨文件,财务部门在完成收费金额划拨后,将处理结果传回联网收费结算中心。

(2)资金收缴和划拨

① 银行账户开设。选择并确定一家商业银行作为联网收费的清算银行,联网收费结算中心在清算银行开设一系列账户,包括"现金收缴账户"、"预付卡清算账户"、"ETC清算账户"和"集中清算账户";各个结算对象在清算银行分别开设"专户";预付卡和ETC管理中心分别在有关的银行开设"预付卡专户"和"ETC专户",用于集中存放预付卡的售卡资金和ETC用户资金。当预付卡和ETC管理中心与联网收费结算中心为统一的机构

时，可在清算银行开设“预付卡专户”和“ETC 专户”，此时不再另设“预付卡清算账户”和“ETC 清算账户”。

② 资金结算。各收费站当日收费总额(现金部分)直接缴入各路公司自己的开户行，通过银行的业务系统及时统一汇集至“现金收缴账户”；预付卡和 ETC 管理中心在核查收费数据之后，按时将预付卡和 ETC 用户当日在路网内消费的金额分别从银行的“预付卡专户”和“ETC 专户”汇划至清算银行的“预付卡清算账户”和“ETC 清算账户”上。联网收费结算中心在确认联网收费金额已汇缴到银行账户后，再对上传的收费数据、收费站清账报表和资金收缴数据进行对照核查，确认无误后，才开始对前一工作日的网络收费进行拆分清算工作。如检查中发现问题，特别是出现“长、短款”的问题，联网收费结算中心需逐条核对，直至找出原因。联网收费结算中心应协调参与收费结算的有关方面，对实际收缴的资金与最后检查确定的网络实际应收的通行费金额数据进行核对，对出现差距的各种情况讨论形成一个差错处理办法，并作为结算规则由各方共同遵照执行。在落实各个环节的检查和差错处理后，联网收费结算中心按照确定的拆分原则，对每一笔通行费收入进行拆分计算，列出拆分明细报表，汇总确定各结算对象应收入款项的类型和相应的金额。

③ 资金划拨。联网收费结算中心在完成清算拆分工作后，向财务部门提交资金划拨文件。首先清算银行根据要求，从“现金收缴账户”、“预付卡清算账户”、“ETC 清算账户”将拆分所需的资金划转至“集中清算账户”；如预付卡和 ETC 管理中心与联网收费结算中心为统一的机构，同时在清算银行开设“预付卡专户” 和“ETC 专户”时，直接从“预付卡专户”和“ETC 专户”划转资金至“集中清算账户”。然后根据拆分的结果，从集中清算账户中分别划转资金至各个结算对象专户，这样就完成了资金结算的最后过程。

8.2 监控系统

监控系统是公路控制系统的重要组成部分之一，是利用电子技术和计算机技术，以公路通信网和电信网为传输媒介，对公路交通管理业务、道路安全、交通状况等进行实时的监视和控制，从而达到安全、快速、高效、舒适、环保的目的。其中，监视是指利用路面、路旁的数据采集、检测设备和人工观察，对道路交通状况、路况、天气状况和设备工作状况等进行实时观察与测量，并通过通信系统送至监控中心；控制是指依据监视所得的各种数据，进行科学、及时的分析和判断，生成决策方案，并将最终的决策结果和下达的控制命令通过通信系统传送到信息发布设备、收费车道控制设备或匝道控制设备，以促进行车安全、提高行车效率。

8.2.1 监控系统功能

监控系统的目的是保证行车安全和道路畅通，在此基础上再实现高速、环保等其他目标。根据公路交通需求及管理特点，监控系统一般需具备如下功能：

① 信息采集；

② 数据处理、统计、查询和显示；

③ 信息发布；

④ 信息处理决策；

⑤ 交通诱导与控制；

⑥ 系统自动诊断；

⑦ 数据备份和系统恢复；

⑧ 安全管理；

⑨ 信息传输；

⑩ 事故、事件输入。

8.2.2　监控系统组成

监控系统一般由交通信息采集系统、信息处理系统和信息发布系统组成。

1. 交通信息采集系统

交通信息采集系统主要采集交通流信息、气象信息、隧道交通环境信息及异常事件信息等。

① 车辆检测子系统。在公路主线、出入口匝道、互通立交、隧道内等处设置，用来采集交通流数据，作为监控中心信息处理系统进行分析判断、生成控制方案的主要依据。

② 气象环境监测子系统。主要检测风力、风向、降雨、降雪、冰冻、雾区等影响公路通行环境的气象状况信息。

③ 闭路电视（Closed Circuit Television，简称 CCTV）子系统。在车流密度比较大的路段、事故易发路段和重要构造物等处安装 CCTV 系统，通过视频图像实时掌握监控区域交通状况，以便对突发事件迅速地做出反应，采取相应措施，排除故障或妥善地处理事故。

④ 隧道监测系统。主要检测隧道内的通行环境，检测隧道监控设施的显示状况、能见度、风向、火灾报警信号等信息。

⑤ 紧急电话子系统。在公路上下行线上每隔一定距离安装一部紧急电话，当车辆发生故障或出现交通事故时，驾驶员可及时向监控中心通报，同时在监控中心的紧急电话计算机上可以显示发信电话所在的地点和编号，以便采取相应的应急措施。

⑥ 无线对讲子系统。通过公路巡逻车上的无线对讲系统来采集路况及突发事件信息。

2. 信息处理系统

信息处理是介于信息采集和信息发布之间的中间环节，是监控系统的核心部分，通过监控中心设备的运行，生成交通控制方案，主要功能如下：

① 对信息采集系统传输来的数据进行实时的处理和分析；

② 根据分析结果确定控制方案，发出相应的控制命令，指挥事件处理；

③ 通过闭路电视系统监视各主要路段的交通情况；

④ 负责管辖区域内的通信联络；

⑤ 监控整个系统组成设备的工作状态。

其中，信息处理系统需提供的决策功能有：

① 主要匝道口交通诱导分流决策；

② 事故多发路段交通异常预警决策；

③ 雾区交通控制决策；

④ 道路维护施工封锁部分车道决策；

⑤ 隧道内 CO、烟雾等浓度异常的通风控制决策；

⑥ 隧道照明控制决策；

⑦ 隧道火灾报警控制；

⑧ 隧道交通异常自动预警决策。

3. 信息发布系统

信息发布系统用于向道路使用者提供道路交通信息和诱导控制指令，以及向管理、救助部门和社会提供求助指令或道路交通信息，其主要设备包括可变情报板和可变限速标志、车道控制标、指令电话和交通广播系统等。

8.2.3　监控过程

交通流的闭环控制过程如图 8.9 所示，其中输出为车辆运行状态，输入为控制指标，受控对象为交通流，系统的干扰输入为道路、交通和气象环境等各种影响交通流的因素；表征交通流状态特征的信息历经采集、处理决策和执行等环节，遵循反馈控制原理，按预定指标完成控制任务。

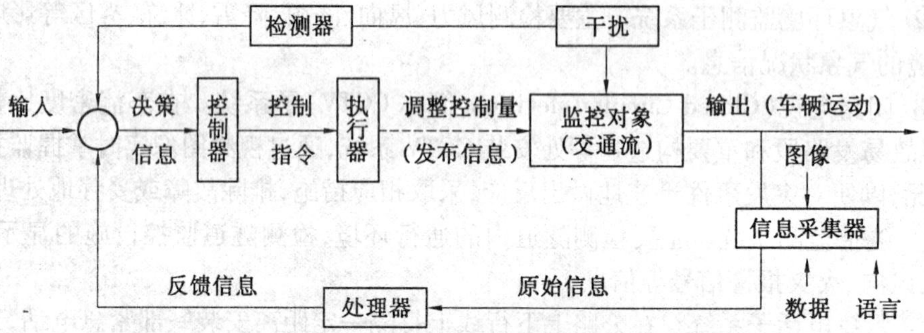

图 8.9　交通流闭环控制图

8.2.4　监控系统模式

监控系统按其结构可分为集中式和分布式两类。由于目前我国大多数公路的监控系统配置较低，功能多不完善，监控中心（分中心）还需要更多地依靠巡逻车等发现公路出现的交通问题，依靠公路路政等机构处理交通事件。如果集中式监控的范围过大，将使监控中心的协调难度加大，监控中心和监控系统的作用难以发挥。另外，外场设备距离监控中心过远，也使数据、图像的传输成本加大。

监控系统根据路线长度和特殊路段分布情况可以分级（分布）设置，但是最基本、最重要的是监控外场设备级和之上的控制级（称为监控分中心或监控站），绝大多数交通事件的发现和处理都要靠这两级来完成。因此，分布式应按“监控分中心（监控站）预先分析、处理，监控中心负责协调、决策”的方式进行管理。

8.2.5　监控系统控制方式

(1) 主线控制

主线控制根据不同路段情况可采用不同的控制手段，主要包括：

① 通过可变限速标志实行主线速度控制；

② 通过可变情报板发布交通、路况、气象及路线诱导等信息和限制速度、限制车道使用，以及控制互通式立体交叉出入等控制指令；

③ 通过车道控制设备对车道开放、车道变换、车道关闭等进行控制；

④ 在特别拥挤的时段，对上游入口匝道进行控制以调节主线流量。

(2)匝道控制

匝道控制(主要是入口匝道控制)只有在主线临近饱和，需要通过入口匝道控制进入主线的流量时才有必要实施。我国公路多采用封闭式收费制式，互通式立体交叉均设有收费站，必要时可通过收费车道调节入口流量。

(3)通道控制

在公路形成路网或具有与之相平行的公路的条件下，当主线服务水平低于二级时，可以采用通道控制来调节主线和相平行的公路的流量。

8.2.6　监控系统涉及的技术领域

交通监控系统在实施时涉及的技术领域包括计算机网络技术、视频监视技术、数据采集与处理技术、数据通信技术、图像处理技术、计算机软件设计技术、交通控制技术以及相关的土建技术等。

① 计算机网络技术。计算机网络的功能可归纳为资源共享、提高可靠性、节省费用、便于扩充、数据通信、协同处理、负荷分担等。在交通监控系统中，通过计算机网络把数据采集、交通控制、诱导策略实施等模块连接成为有机的整体。

② 视频监视技术。视频监视系统可以把监视现场的图像和声音数据传送到远离现场的监控中心，通过多媒体技术将视频、音频数据保存到计算机中。视频监视系统一般由视频采集、视频信号传输、视频信号显示及视频控制部分组成。对公路主线入口、桥梁、隧道等重要的交通位置进行视频监视，可以协助工作人员及时了解交通现场的情况，根据发生的事件、事故确定具体的应对策略。

③ 数据采集与处理技术。数据采集与处理是指将传感器提供的温度、压力、流量、能见度、湿度等模拟量采集、转换成数字量后，再由计算机进行存储、处理的过程。数据采集与处理系统一般具有数据采集、模拟信号处理、数字信号处理、M 次数据计算和数据存储等功能。

④ LED 显示技术。通过在公路两侧或上方设置 LED 显示屏，可以将交通诱导信息及时告知驾驶员，达到调节交通流量的目的。LED 显示屏由显示器件、电源、控制器等部分组成。

⑤ 数据通信技术。当前端设备采集到交通流量或温度、湿度等数据时，要将这些数据发送到上位机或监控室的其他数据接收设备，进行深层次的处理。数据传送时需要数据通信技术的支持，近距离可通过 RS232 或 RS485 口按规定的通信协议传送数据。

⑥ 图像处理技术。采用视频交通检测技术时，可通过摄像机采集视频数据，捕捉其中的某一瞬时图片，通过对图片进行画面分割、模式识别等处理，分析出交通流量的大小。

⑦ 计算机软件设计技术。交通监控系统的最终目的是为交通管理服务，大量的交通数据采集到监控室后，要依靠计算机软件对这些数据进行接收、分析和处理。

⑧ 交通控制技术。交通监控系统的核心是监控软件，而监控软件必须按照交通控制

的算法来实现交通控制的目的,因此,交通控制技术在交通监控系统中占据十分重要的位置。交通控制包括匝道控制、主线控制和通道控制等,交通控制算法是交通监控系统的核心。

⑨ 其他技术。除了信息处理的相关技术外,在交通监控系统实施中还要涉及土建、钢结构构件制造、镀锌处理技术等,这些工作对于保证监控系统的质量和运行效果也是十分重要的。

8.2.7 监控系统主要设备

1. 交通信息采集系统主要设备

信息采集系统设备按照信息的性质可分为数据信息采集设备(如车辆检测器、气象检测器)、语音和图像信息采集设备(如紧急电话系统、闭路电视系统)和辅助性检测设备(如巡逻车、当地的交通、气象广播等)。

(1) 环形线圈检测器

环形线圈检测器是目前应用最为广泛的交通流检测器。其主要部件有电感环形线圈、馈线电缆及检测器电子单元。环形线圈是一电感元件,与电子单元构成一个协调电子系统。电子单元通过环形线圈产生 10 ~ 20 kHz 的频率,当车辆通过或停在环形线圈上时,改变了线圈的电感量,激发电子电路产生一个输出,从而检测到通过或停在线圈上的车辆。

(2) 超声检测器

超声检测器是波束检测装置的一种。波束检测装置有多种形式,都由波束发射器、接收器和时控电路组成。前两者为换能器,产生电-声或电磁波的正、逆变换;时控电路对发射器和接收器进行调谐控制,使发射器每隔一定的时间间隔产生并发射出一束波,同时,又可在发射的间隙接收反射回来的信号。超声检测器按检测方式可分为反射式和遮断式两种形式。

(3) 红外检测器

红外检测器也是波束检测装置的一种,有主动式和被动式两种形式。主动式红外检测有阻塞和反射式两类。主动遮断式红外检测器的发射器和接收器分别为半导体激光器和光电二极管,将两者对中,水平安装在车道两边。无车通过时,接收器接收细束线状红外光,有信号输出;车辆通过时,遮断光束,接收器无输出,通、断转换即是对车辆的检测信号。这种设备不能检测车速、占有率等变量,常用在收费匝道处,检测通过车辆数和车辆前轴处车身高度(用于车型划分)。主动反射式红外检测的原理是在相同红外光辐射下,反射物的大小、材料和结构不同,反射能量就不一样。车体表面反射能量大于路面,接收器接收不同的反射能量成为区分车辆和道路的标志。被动式红外检测没有发射器,只有接收器,接收器感受路面和车辆以红外波长为主的辐射能量,路面和车体材料的温度和表面光洁度不同,其辐射能不同,可据此区分道路和车辆。

(4) 微波交通检测器

利用成熟的雷达测距、测速和成像技术开发出微波交通检测器克服了超声、红外和光学检测器无法在云雾、雨雪等气候条件下进行检测的缺点。微波检测器向检测区发射小功率、不同中心频率的连续调制微波,中心频率大于 10 GHz(波长约 3 cm),带宽 45 MHz,

进行分区扫描，获得被测物的反射回波。扫描区域的数量和大小可由软件控制，最多可分为 8 个区，每区长度为 2 ~ 10 m(可调)，宽度为 2 m(覆盖一个车道)；每区可进一步细分为 2 ~ 4 个小区，供测速使用。检测器最多可检测 8 个车道的交通量、平均车速、占有率、按长度划分的车型和排队长度等。

(5) 视频车辆检测器

视频车辆检测器是于近年开发的，运用视频图像处理和计算机图形识别技术新型检测器，可以取代环形线圈，进行高效益的广域视频监视并现场实时采集各种交通参数。下面以美国 Image Sensing Systems 公司研制的 Autoscope 2004 视频处理设备为例说明视频车辆检测器的系统构成及原理。Autoscope 2004 视频检测系统主要视频处理单元、摄像机、计算机、通信器件等硬件及视频处理软件、服务器软件和 Windows 95 以上操作系统组成。视频检测系统接受来自设置在路口或道路上的单色摄像机视频输入信号，在收到一个实时的交通图像时，视频处理器将此图像稳定，根据迅速变化的亮度调整图像，有效地清除背景，并滤掉包括阴影在内的任何非车辆的物体，由此得到的图像由空白的背景和可辨认的被跟踪物体组成，其中包括车辆、摩托车、自行车和行人。通过分析实时的连续画面，能够准确地跟踪目标车辆，收集交通数据，其中包括行车方向、坐标位置、车速和车长。

(6) 气象检测器

气象变化超过一定范围就会影响交通流的正常运行，同时，气象对车辆尾气的扩散影响很大。中小范围的气象可从公路所在地区的气象预报中获得。安装常规气象检测仪器是为了检测公路上空贴地层的气象，主要包括温度检测器、湿度检测器、风速与风向检测器、雨量检测器、能见度检测器、路面干湿状态检测器和路面积雪厚度检测器等。气象检测设的种类很多，应选择能连续检测、自动采集数据、自动显示存储数据并有接口可以输出数据的仪器。

(7) 路面状态检测器

路面状态检测器将四个路面状态检测探头均匀埋设在所检测路面的四周，探头由两组碳纤维导电板制成的电极和电极间的绝缘板组成。为了减小电极的极化，电极加交流电压。通过电极的交变电流经整流电路转换成直流电压，此电压与电极间的漏电电流有关，路面潮湿有水时，漏电电流较大，直流电压也大，将此电压与设定的阈值电压相比较，就可判别探头表面是否有水和沾水的程度。

(8) 非接触式冰冻检测器

非接触式冰冻检测器利用冰冻表面和干燥路面对光的不同反射性质制成。物体表面平整光滑，光的入射角等于反射角，在反射角以外，人眼看不到反射光，这种反射称为定向反射，有水的潮湿路面和冰冻路面具有此性质。光线从某方向入射到粗糙表面，反射光射向各个不同方向，与入射方向无关，称为漫反射，干燥的路表面具有漫反射性质。还有一种反射介于两者之间，称为定向漫反射。在装有表面温度计的道路上方，安装一带有收光器的投光装置，从上往下对路面投射光线。当路表面有水，则带水的镜面对入射光定向正反射，反射的光通量绝大部分被收光器接收，若此时路面温度高于 0 ℃，则说明路面有积水镜面；若此时路面温度低于 0 ℃，则路面冰冻成镜面。如果路面干燥，则入射光成漫反射，与投光器装在一块的收光器就不可能接收到较多的光通量。

(9) 路面积雪厚度检测器

积雪不仅改变路面摩擦系数,加大行驶阻力,降低车速,而且在车轮反复碾压下,极易冰冻,因此,需要及时检测积雪厚度。积雪厚度由安装在路面上方的超声探头检测。无雪时,探头至路面垂直距离一定,垂直往下发射时距和反射时距已知且一定;有积雪时,超声波从雪层表面反射,空间距离减小,发射至反射的时间也减少。根据超声波的速度即可算出积雪厚度,由于声速随温度的降低而减小,该项检测需作温度修正。

(10) 闭路电视系统

闭路电视系统建立在道路监控系统体系结构之上,设置总控制台、副控制台和现场设备。监控中心和监控分中心通过闭路电视系统的信号采集、传输、显示系统来对公路进行实时监控。闭路电视监控系统由视频摄像子系统、传输子系统、输出子系统和控制子系统等子系统组成。

2. 监控中心主要设备

监控中心控制系统由一般由监控中心计算机系统和 CCTV 监视控制系统组成。

(1) 监控中心计算机系统

包括主计算机、交通信息计算机、彩色图形显示计算机等。整个系统通过快速以太网将各个计算机联成网络,各计算机与外场设备的连接方式为分布式控制系统,并利用光环路载波系统进行数据信息的通信传输。这种局域网及其通信方式的优点是:通信灵活方便,网络结构简单、传输速率高、可靠性强、实时性好,可消除通信中的“瓶颈”现象。

(2) CCTV 监视控制系统

主要负责监视公路的交通运行状况、收费广场的收费秩序和其他相关情况,随时发现可能影响交通安全的事件,并及时对有关事件进行录像。系统主要由 CCTV 控制计算机、视频切换矩阵、专用控制键盘、彩色监视器、画面分割器、彩色视频打印机、24 h 长延时录像机(包括硬盘录像机)、大型地图板显示系统、大型显示屏、紧急电话控制系统等组成。当监控中心的计算机系统收到外场设备的报警信号后,将自动向切换矩阵发出控制信号,控制摄像机将发生报警区域的图像锁定在监视器上,并将有关事故位置、时间和摄像机编码等叠加在屏幕上。所有摄像机拍摄的图像均能录像和打印出来。随着网络技术的不断发展、以太网技术的不断成熟和越来越广泛的应用,传统意义上的闭路监视控制系统已经发展为视频网路监控系统。该系统兼容原有的模拟监控设备又提供了新型网络监控功能,如远程控制图像远程传输等,实现了远程网络监控。

3. 信息发布系统主要设备

信息发布系统主要为监控决策人员和驾驶员提供信息。提供给管理人员的交通信息在监控中心或分中心以地图板或大屏幕投影仪的方式显示。提供给驾驶员的路况及限速等诱导信息通常以可变情报板和可变警告标志显示。

(1) 可变情报板(CMS)

CMS 的发光体是由高强度的发光二极管组成,亮度可自动调节,能见度约 270 m,与远端站的通信采用 RS-422 接口。RS-422 是以差分输入、平衡驱动方式通信,相对于 RS-232以地电平为参考电压的单端驱动方式来讲,具有抗干扰性强、传输距离远和传输速度快等优点。利用 CMS 可通知驾驶员前方异常或不安全因素,提示可能遇到的问题,防止交通事故或二次事故的发生;对交通流进行诱导控制,使道路的交通处于最佳运行状态。

(2) 可变警告标志(CWS)

CMS 按模块化设计,可显示已有内容,也可显示实时编辑的内容,其信息由监控中心发送。CWS 采用光纤技术显示信息,具有高亮度、低功耗、无眩光、易维护、可视性好等优点。在公路上需进行养护施工或有事故发生时,可通过该系统显示有关警告标志及限制速度,以提醒过往驾驶员注意行车安全。CWS 和监控中心的通信方式同 CMS。

8.2.8 监控系统的设计交通量

监控系统各项设备的设计交通量应符合表 8.3 的规定。

表 8.3 监控系统各项设备的设计交通量

设备名称	设计交通量
监控系统机电设备及其外场设备基础	预测的第 5 年交通量
管道及桥梁、隧道等构造物区段的外场设备基础	预测的第 20 年交通量

8.2.9 监控系统分类及其设备配置

A 级管理设施的监控系统类型划分见表 8.4,各类系统的设备配置如下。

表 8.4 A 级管理设施的监控系统分类

类型	A2		A1	
	A22 系统配置	A21 系统配置	A12 系统配置	A11 系统配置
适用范围	四、六车道公路服务水平一、二级的路段	四、六车道公路服务水平达到二级下限的路段	八车道公路服务水平达到一、二级的路段;四、六车道公路特大桥、隧道等特殊区段	八车道公路服务水平达到二级下限的路段;六车道公路服务水平低于二级的路段

1. A22 系统设备配置

(1)信息采集

①信息采集主要以交通巡逻车、服务信息等设施为主;

②在互通式立体交叉等重点区段,宜设置少量车辆检测器、摄像机等设施;

③设置气象检测器。

(2)信息处理与决策

①监控中心、分中心宜配置监控计算机、闭路电视、服务信息等控制设施,并可设置图像显示设施;

②监控软件能辅助人工进行交通异常分析判断;

③备有应急处理预案。

(3)信息发布与控制

①可在重点路段设置小型可变信息标志、可变限速标志等设施;

②应向用路者提供重点路段服务信息和发布相关的警告、禁令告示；

③应向交通广播电台、交通信息网站等及时提供交通服务信息以向用路者发布。

2. A21 系统设备配置

(1)信息采集

①信息采集宜采用检测器、闭路电视、服务信息和紧急报警设施等；

②在互通式立体交叉、长大桥、中长隧道等重点区段，应设置车辆检测器、摄像机等设施；交通量大的路段可连续设置摄像机等设施，以进行重点监视；

③设置气象检测器；

④宜设置交通信息网站、紧急报警设施。

(2)信息处理与决策

①监控中心、监控分中心应设置监控计算机、闭路电视、服务信息和紧急报警等控制设施，并宜设置图像显示设施；

②监控软件能配合人工进行交通异常分析判断，监视偶发性交通拥挤或交通事件，实行交通诱导或主线控制；

③备有多种应急处理预案。

(3)信息发布与控制

①在全线需要控制的路段应设置小型或大型可变信息标志、可变限速标志等设施；

②应向用路者提供全线基本服务信息和发布必要的控制指令；

③应向交通广播电台、交通信息网站等及时提供交通服务信息以向用路者发布。

3. A12 系统配置

(1)信息采集

①信息采集应以检测器、闭路电视、服务信息和紧急报警设施等为主；

②在互通式立体交叉、特大桥、特长隧道等重点区段，应设置一定数量车辆检测器，连续设置摄像机等设施；交通量大的路段宜连续设置摄像机等设施，以进行重点监控；

③设置气象检测器；

④应设置交通信息网站、紧急报警设施。

(2)信息处理与决策

①监控中心、监控分中心应设置监控计算机、闭路电视、服务信息和紧急报警等控制设施，并应设置图像显示设施；

②监控软件能与人工干预相结合进行交通异常分析判断，对偶发性交通拥挤或交通事件实行交通诱导或主线控制；可对重要路段实施匝道控制；

③特大桥、特长隧道等设置的监控系统应具备主线控制基本功能和手段，并纳入主线监控系统，实行系统集成；

④备有齐全的应急处理预案。

(3)信息发布与控制

①重点路段应布设较完善的可变信息标志、可变限速标志等设施；

②常发性交通拥挤等路段应连续设置车道控制标志；

③应向用路者提供重点路段较完善的服务信息和发布控制指令；

④应向交通广播电台、交通信息网站等实时提供交通服务信息以向用路者发布。

4. A11 系统配置

(1)信息采集

①信息采集应由检测器、闭路电视、服务信息和紧急报警设施等构成完善的系统；

②全路段应连续设置车辆检测器、摄像机等设施，实行全路段监控；

③设置气象检测器；

④应设置交通信息网站和完善的紧急报警设施。

(2)信息处理与决策

①监控中心、监控分中心应设置完善的监控计算机、闭路电视、服务信息和紧急报警等控制设施，并应设置图像显示设施；

②监控软件应具备应对多种交通条件的交通异常自动判断功能，能针对常发性和偶发性交通拥挤实行主线控制，必要时可实行通道控制或匝道控制；

③备有反应迅速、完善的应急处理预案。

(3)信息发布与控制

①应布设满足及时诱导或疏导常发性交通拥挤所必需的可变信息标志、可变限速标志等设施；

②交通量大的等路段应连续设置车道控制标志；

③应向用路者实时提供全线和路网的服务信息，并发布相应控制指令；

④应向交通广播电台、交通信息网站等实时提供交通服务信息以向用路者发布。

8.3　通信系统

通信系统是公路机电系统的重要组成部分，是公路实现安全、畅通、舒适、经济和高效运营的必要手段，是公路现代化管理的支撑系统。通信系统要实现监控系统和收费系统的数据、语音和图像等信息准确而及时的传输，保持公路各管理部门之间业务联络通信的畅通，并为公路内部各部门和外界建立必要的联系；同时公路通信系统作为交通专用通信网的重要组成部分，是交通信息的主要传输载体，为各种网络服务及电视会议系统提供传输通道。

8.3.1　通信系统概述

随着计算机技术、网络技术和通信技术的迅速发展，公路通信技术也从简单的无线对讲系统发展到 800 MHz 无线集群系统，从小容量微波通信发展到 SDH 系列数字光纤传输系统，从单纯的电话业务发展到包括语音、数据和图像等多种信息的综合通信，并从模拟通信向数字通信演变，开始组建先进的宽带综合业务数字(B-ISDN)通信系统。

1. 通信系统的组成

公路通信系统一般由 SDH(Synchronous Digital Hierarchy，同步数字体系)光同步传输系统、接入网系统、程控交换系统、移动通信系统、紧急电话系统、无线对讲系统、通信管道系统和通信电源系统等 8 大系统组成，其担负着公路联网调度通信的任务，是公路机电系统的“服务系统”。通信系统为全线业务电话以及监控、收费系统图像、数据传输提供传输通道。

公路通信业务分为语音、数据和图像三大部分。收费站、管理分中心、管理中心需要的语音业务包括业务电话、指令电话、紧急电话、无线集群及交通广播等；数据业务包括高速数据和低速数据。高速数据主要是指收费数据，传输速率为10/100 M；低速数据是指可变情报板、可变限速标志、车辆检测器及气象检测器数据等，传输速率为2 M；图像业务主要是指CCTV交通监控图像及电视会议图像，其中CCTV交通监控图像包括收费车道、收费亭和收费广场图像以及重要路段和立交桥的外场监控图像。

2. 通信系统各子系统的功能

SDH光同步传输网为业务传输提供通信链路，各收费站的监控、收费数据均以SDH网络2 M数字链路传输；综合业务接入网为沿线各收费站的业务调度提供通信接入接口；程控交换系统是营运调度通信平台的心脏，承托综合业务接入网及光同步传输系统组成内部业务电话通信系统；无线通信系统主要为路政管理、收费广场调度指挥和隧道监控管理等服务；紧急电话系统为路面故障车辆提供紧急救助通道，方便用户和管理者使用；通信管道系统主要是为收费系统、通信系统、监控系统和其他机电系统提供通信物理链路；通信电源系统为主用通信设备提供动力。

8.3.2 光纤传输系统

干线传输系统可分为卫星通信系统、微波通信系统和光纤通信系统3种类型，其中，卫星通信系统适用于远程通信；微波通信是空间传输，站址设置受地形、地物的影响较大。光纤通信系统可分为PDH准同步传输系统和SDH传输系统，省内干线传输网络一般应采用SDH光纤传输系统。

1. SDH传输系统简介

SDH传输系统是在PDH(Piesiochronous Distal Hierarchy，准同步数字体系)系统的基础上发展起来的，是目前国内外广泛应用的较成熟的光纤传输技术。我国公路通信系统除早期采用PDH系统外，后期基本上采用SDH传输系统。基于SDH技术的公路通信系统通过利用“交换+SDH+接入网技术”把公路通信系统中的多种业务融入到一个传输平台，但是其网络构成复杂，除传输平台之外，还需很多的附加设备，如收费计算机网络要外接路由器，视频需外接编解码器、切换器、分配器、电话，低速数据需要外接时隙分割器等，这给管理带来很大难度。同时，SDH传输系统通过路由器提供给收费计算机网络的接口速率一般为128 Kbps或2 Mbps，而收费计算机网络本身是10 Mbps/100 Mbps，且联网收费需传输大量的信息，这样，就可能形成通信“瓶颈”。造成上述问题的原因是标准SDH是针对电信公用网设计的，提供的业务接入为E1、E2、E3等，不能直接提供视频、低速数据和LAN的接口，为了解决诸如此类的问题，有的厂商已开发出适应公路通信的专用多媒体通信网络，如上海贝尔开发的基于SDH标准infotrax，西门子OTN等。

SDH由于兼容PDH，具有标准的信息结构等级(STM-1，STM-4，STM-16等)、网络单元有标准的光接口可在光路上互通等优点，广泛应用于单条公路的通信系统。但其也有自身的缺点，如只是一种简单的点到点传输，一种简单的复用过程，网络启动后即建立固定传输链路，固定的多路复用、带宽利用率低等，尤其是标准的SDH是针对电信公用网设计的，更适应用于以语音业务为主的电信网。

2. SDH技术组成

(1)ATM 技术

ATM(Asynchronous Tmnsfer Mode,异步传输模式)是一种全新的网络技术,1991 年 ATM 被 ITU-T 确认为宽带综合业务数字网(B-ISDN)的传送模式。信元(ATM Cell)、虚连接 (ATM Vc)和交换(ATM Switch)构成了 ATM 的三大技术基础。ATM 技术是一个拥有标准化的技术细则、成熟可靠的多媒体通信网络的全球标准。ATM 以其高带宽、低延时和适应性强等特点已成为新一代网络技术的代表。

ATM 最初是伴随着 B-ISDN 的概念提出的,因而 ATM 交换技术和传输技术,从诞生起就是为语音、数字和图像在同一网络上的综合交换和传输设计的。它综合了基于电路交换的电话网和基于包交换的数据网的优点,通过面向连接的信元交换和传送,为语音、数据和图像等不同传输要求的业务提供服务质量保证的带宽动态分配和连接。与其他的通信网络技术相比,ATM 技术有如下主要特点:

① 能针对连接提供业务质量保证;

② 简单的、固定长度的短数据包(信元);

③ 统计时分复用(异步性)、带宽利用率高;

④ 面向连接的交换方式;

⑤ 传送差错处理、高层的数据流控制。

ATM 适应性极强,可以应用到从 LAN 到 WAN 的各种领域,以及从数据传输到音频、视频传输的各种应用中。同时,伴随 ATM 的迅速发展,ATM 不但大量被作为骨干网技术,而且可以经济地支持端到端的连接。综上所述,ATM 技术最适合应用于公路通信系统及其联网。

(2)IP 技术

进入 20 世纪 90 年代以来,Internet 网络规模、用户数量以及业务量呈现指数增长,IP 技术异军突起,几乎成了未来信息网络的代名词。目前,IP 技术主宰了几乎所有的数据业务,而且正在向语音、视频领域扩展,IP 电话、IP 传真、电视会议、可视电话和点播电视等多媒体和宽带通信业务也将加入到 Internet 上来。IP 是位于开放系统互联 (Open System Interconnection,简称 OSI)七层模型的网络层上,即第三层技术。IP 技术面向无连接,屏蔽了不同网络的底层实现,采用统一的地址格式和协议,使得异种网络互联只要在 IP 层取得一致即可交换信息。同时,TCP/IP 协议族提供了良好的应用程序接口(API),使得用户在此基础上可自主开发大量应用软件,这也是 IP 技术迅速发展起来的原因之一。

IP 迅速发展源于 Internet 的迅速普及,IP 的业务专长是非实时性的数据传输。由于 IP 包的长度不是固定的,长信息包和短信息包中的信息打包、拆包延时差别很大,从而引起了较大的时延抖动,不太适用于公路通信系统中的语音和视频等实时业务。另外,对于单条公路系统而言只有收费计算机网络是基于 IP,其他业务都需转换才基于 IP,视频业务通过网络编解码器(具有 IP 地址),语音通过 IP 网关。由于公路通信业务接入分散,接入成本高,因而 IP 技术目前暂不适用于单条公路通信系统。对于区域内公路联网收费通信网络,由于作为骨干网业务接入点少,且以收费计算机网络为主,IP 技术是较好的选择。

(3)网络技术的融合

目前的网络技术朝着数字化、宽带化、传输光纤化、分组化的方向发展。任何网络技术都应具有独特的优点才能生存和发展,但也不能排除自身的局限性,于是出现了各种技术的互通结合,产生了各种重叠模型和集成模型,如 ATM over SDH、IP over ATM、IP over SDH、IP over WDM 等。

① ATM over SDH 是利用 SDH 的大容量、光纤传输及稳定可靠的带有自愈和迂回路由的网络结构作为 ATM 交换核心的基础。其技术是将 ATM 信息打包成 SDH 帧(ATM 信息映射到 SDH 的 VC-4 容器中),在 SDH 上进行传输,既利用了 ATM 面向连接的快速交换能力提供业务质量保证,又利用 SDH 可靠的传输特性。因此,从性能、价格和发展态势综合考虑,目前 ATM Over SDH 技术是公路通信系统及其联网技术的首选。

② IP over ATM 只对数据流的第一个数据包进行路由地址处理,按路由转发。随后按以计算的路由在 ATM 网上建立虚电路(VC),以后的数据包沿着 VC 以直通方式进行传输,不再经路由器,从而将数据包的转发速率提高到第二层交换的速度。

③ IP over SDH 是以 SDH 网络作为 IP 数据的物理传输网络,使用链路适配及成帧协议对 IP 数据包进行封装,然后按字节同步的方式把封装后的 IP 数据包映射到 SDH 的同步净荷封装(SPE)中,按各次群相应的线速率进行连续传输。

④ IP over WDM,WDM(Wavelength Division Multiplexing,光波分复用)是在一根光纤中能同时传输多个波长的光信号的一种技术。IP over WDM 是一种简单、直接的体系结构,省掉了中间 ATM 层与 SDH 层(IP 直接在光路上传输),简化了层次,减少了网络设备,从而减少了功能重叠,减轻了网管复杂性,同时降低了额外开销,提高了传输效率。

公路通信系统是集语音、图像和数据为一体的多媒体数字传输系统。SDH 作为成熟、稳定的光纤传输技术,在今后一段时间里仍将广泛应用于单条公路的通信系统中,但随着公路联网收费和路网集中监控的到来,ATM over SDH 将成为公路通信系统及其联网技术的首选,而宽带 IP(TP over ATM、IP over SDH、IP over WDM 等)技术将是未来交通专用通信网的发展趋势。

3. SDH 系统设备组成

SDH 光纤通信系统由光缆、光发射机、光接收机、光纤连接器、光纤放大器、光衰减与隔离器、光再生中继器等电光网络和器件组成,其结构如图 8.10 所示。

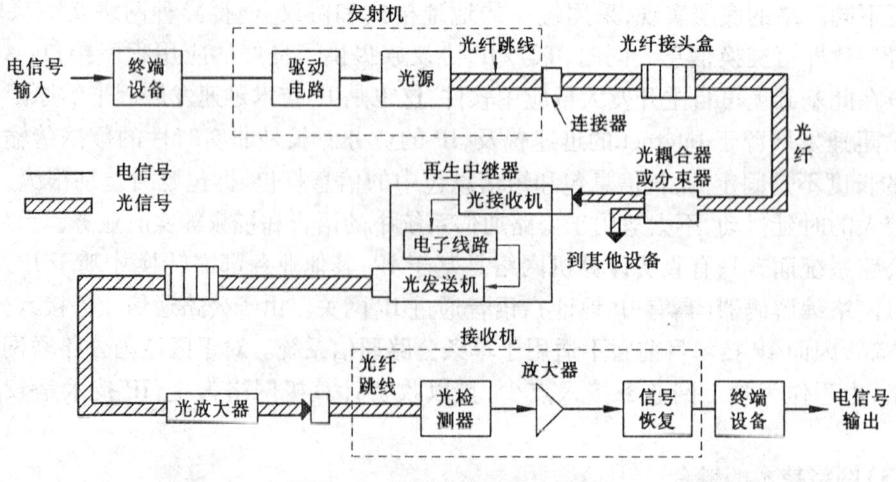

图 8.10　光纤通信系统结构图

(1)光缆

① 光纤的选择。由于单模光纤在性能上远优于多模光纤,且目前两者的成本相当,所以通信光缆一般选用单模光纤。工作波长一般可选用 1.3 μm 波段,该波段内衰减较低,色散系数小,可容许传输的带宽非常宽。光纤的特性指标要求符合 ITU-TG.652。

② 光缆芯线数的确定。根据主干线数字光纤传输系统的工作方式,可确定实际占用的光纤数量。若采用 1+1 工作方式线性网,需占用 4 根光纤。采用 1+0 工作方式线性网,则仅占用 2 根光纤。此外还应考虑到交通监控 CCTV 系统传输的需要,一般 1 台摄像机至控制台需占用 1 ~2 根光纤。为了满足将来对光纤的需要,还需预留 2 ~3 芯备用量。

(2)光发射机

光发射机由输入盘和发送盘两部分组成,其结构如图 8.11 所示。在光纤通信系统中,光发射机的作用是把从电端机送来的电信号转变成光信号,送入光纤线路进行传输。对光发射机有如下要求:

① 具有合适的光功率和良好的功率稳定度。一般要求发射机的入纤功率(即输出光功率)在 0.01 ~5 mW,功率稳定度在 5% ~10%;

② 具有较好的消光比。一般要求消光比≤10%;

③ 具有较好的调制特性。即要求调制频率高,目前,LED 管的最高调制频率为 20 GHz。

④ 电路简单,成本低,光源寿命长。

从图 8.11 中可以看出,输入盘包括均衡电路、码型变换电路、扰码和编码电路及时钟提取电路。发送盘包括光源驱动器电路、自动光功率控制(APC)和自动温度控制电路(ATC)等。其各部分电路的功能如下:

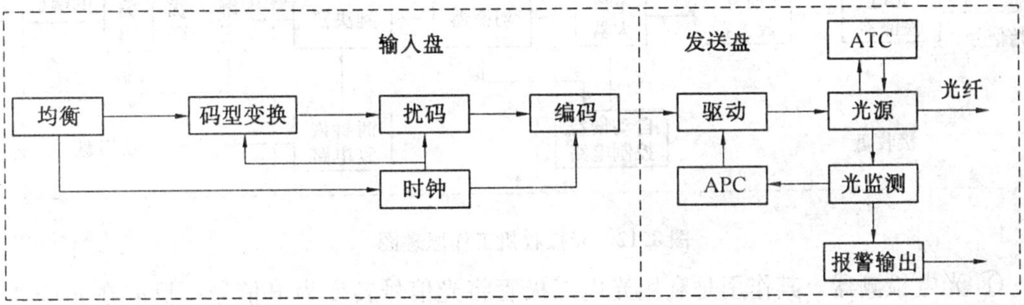

图 8.11　光发射机工作原理图

① 均衡电路。由 PCM 端机送来的电信号码型一般采用 HDB3 码或 CMI 码,当进入光发射机输入盘后,首先要对这些码流进行均衡,用以补偿由电缆传输所产生的衰减或畸变,以便正确译码。

② 码型变换。由于 HDB3 码和 CMI 码都是为电路传输而设计的实用码型,在电路中所传送的这两种码型都不适合于光纤数字通信系统中的传输,例如 HDB3 码有+1、0、-1 三种状态,而在光纤数字通信系统中,光源只有发光与不发光两种状态,没有发负光这种状态。因此,在光纤通信系统中就无法传输 HDB3 码。在光发射机中,当信号速率低于 140 Mbps时,PCM 端机中传送的都是 HDB3 码,必须将 HDB3 码解码后,重新编码。

③ 扰码。由于 HDB3 码经码型变换后,原有的编码优点将消失,若码流中出现连续

"0"或"1"的情况,将会给时钟信号的提取带来困难。为避免出现这种情况,新编码中需加入一定的扰码,使长"0"或"1"码流遭到破坏,尽量使"0"和"1"码能达到等概率出现,把扰码后的信号再进行线路编码。

④ 编码。经扰码的码流,由于"0"、"1"码基本等概率出现,这样就便于收端提取同步信号。从另一个角度来看,在新编码中,为了便于不间断业务的误码监测,区间通信联络、监控等功能的实现,需要对扰码后的码流加入一定的比特信息,经重新编码后变成适合于光纤线路传输的线路码型。

⑤ 时钟提取。码型变换和扰码电路所需的时钟都是由原 PCM 信号中提取的,它是将 PCM 信号经均衡电路之后,提取信号中的时钟同步信号,供码型变换和扰码电路使用。

⑥ 光源驱动电路。光源驱动电路是光发送盘的核心,用驱动电路送来的新编数字电信号对光源的发光强度进行调制,来完成电光转换的任务。

⑦ 自动光功率控制(APC)和自动温度控制(ATC)电路。由光功率随温度、电流变化的关系曲线可知,LD 管的阈值电流随温度和老化程度的提高而加大,由此而产生了输出光功率的不同变化。为了输出稳定的光功率,必须采用 APC 和 ATC 电路来稳定 LD 管的阈值电流。因此,由 LD 管构成的发送盘,需配有自动光功率控制和自动温度控制电路。

(3)光接收机

光接收机是光纤通信系统的一个重要组成部分,其结构如图 8.12 所示。从图中可以看出,光纤数字接收机由接收盘和输出盘两部分组成。其中,接收盘的主要电路包括光电检测器、前置放大器、主放大器、均衡器、自动增益控制电路 AGC、时钟提取和判决电路;输出盘主要包括解码、解扰和编码电路。其各部分的功能如下:

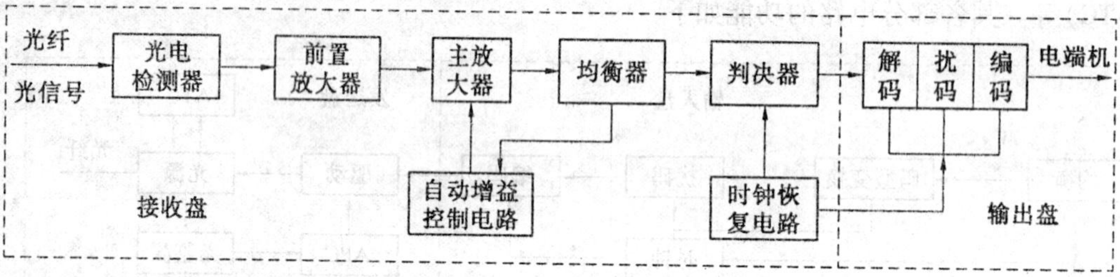

图 8.12 光接收机工作原理图

① 光电检测器。其作用是利用光电二极管将光信号转变为电信号。目前在光纤通信系统中,广泛使用的光电检波管是半导体光电二极管,主要为 PIN 型光电二极管和 APD 型雪崩光电二极管。其中,PIN 管的光电检测效率低,需要的电路放大级数多,信噪比低,接收灵敏度低;APD 管在光电检测时具有雪崩倍增效应,因此,检波效率高,要求电路的放大级数少,信噪比高,接收灵敏度也高,应用广泛。

② 前置放大器。由于从光电检测器输出的光电流是十分微弱的,仅有几个 nA (10^{-9} A)。为了使光接收机和判决电路能够正常工作,需要采用多级放大器来进行放大。在多级放大器中,由于前一级的噪声到达后一级也将得到同样的放大,所以就必须引入噪声低增益高的前置放大器。前置放大器的输出一般为 mV 数量级。前置放大器的前级一般由双极型晶体管、场效应晶体管或其他电路组件所构成。

③ 主放大器。其作用是将前置放大器输出的信号放大到判决电路所需的信号电平。

主放大器的增益是可调节的，当光电检测器输出的信号起伏时，通过光接收机的 AGC 电路可以对主放大器的增益进行调节，并使主放大器的输出信号在一定范围内不受输入信号大小的影响。

④ 均衡器。在光纤数字通信系统中送到发送端机进行调制的数字信号是一系列矩形脉冲。若信号为理想的矩形脉冲，则其带宽为无穷大，而这种已调光脉冲从光发送机输出后要经过光纤、光电检测器、放大器等部件，这些部件的带宽都是有限的。因此，在整个矩形脉冲频谱中，只有有限的频率分量可能通过系统部件。从时域的角度来看，接收机主放大器输出的脉冲形状将不会是理想矩形脉冲，而是去掉了高频成分的平滑脉冲。按时域分析其输出将是具有很长时间拖尾的波形，这种拖尾在进行码元判断时，将会出现码间串扰，影响信号的正确判决。因此，需在主放大器后加入均衡器。均衡器的作用是能使相邻码元对本码判决时的影响趋于零，具有时域均衡（使传输时延得到校正）和频域均衡的作用（使各信号频率成分有均衡的放大）。

⑤ 判决器和时钟恢复电路。判决器是由判决电路和码形成电路构成的。判决器和时钟恢复电路合起来构成脉冲再生电路。脉冲再生电路的作用是将均衡器输出的信号（如余弦脉冲信号）恢复成“0”或“1”数字信号。为了从均衡器的输出信号中判断出是“0”码还是“1”码，首先要选定判决时刻，通过信号中的时钟信号加以确定，接着再根据给定的判决门限电平，按照时钟信号所指定的瞬间来加以判决（若信号电平超过门限值则判为“1”码，低于门限值时，则判为“0”码），这样就从均衡器输出的波形恢复再生为全占空的“0”、“1”码信号，能够达到判决门限值，再生信号就能正确恢复原信号并能消除传输过程所带来的信号失真和叠加噪声，判决器所需的时钟信号是由时钟恢复电路所得到的。

⑥ 自动增益控制电路（AGC）。光接收机的自动增益控制，就是利用反馈环路来控制主放大器的增益，若采用雪崩管的接收机，还可通过控制高压来控制 APD 管的雪崩增益。由于判决器需要一个稳定的判决信号电平，当输入信号较大时，通过 AGC 电路可降低信号的放大倍数。当信号变弱时，环路的增益将提高（由 AGC 电路控制），加入 AGC 电路后有利于信号的正确判决，还可增加光接收的动态范围。

⑦ 解码解扰编码电路。为了使信号能在光纤线路中高质量地传输，在光发射机中，需进行重新编码、加扰等信号处理，而这些信号在经过了光纤传输后，还将送入 PCM 系统中。因此，在光接收机中，还必须进行解码、解扰、编码等一系列的还原工作。

(4) 光纤连接器

光纤连接器用于设备（如光端机、光测试仪表等）与光纤之间的连接，光纤与光纤之间的连接，或光纤与其他无源器件的连接，是组成光纤通信系统和测量系统不可缺少的一种重要光路无源器件。对于光纤连接器，最重要的是如何使需要连接的两根光纤的轴心对准，因为两根光纤轴心的偏离或两根光纤的端面之间夹角等都会引起连接损耗。如图 8.13 所示，光纤连接器由两个插头、一个插座三部分构成，其关键是光纤的纤芯中心要

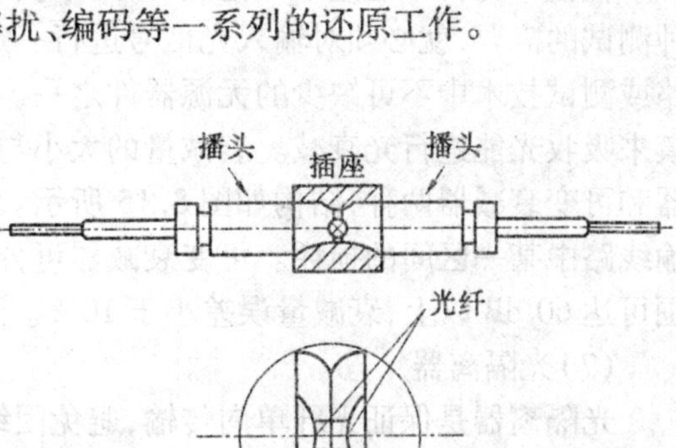

图 8.13　光纤连接器结构示意图

与插头、插座的中心完全一致。光纤连接器应满足如下条件：

① 连接损耗要小。连接损耗是评价光纤连接器的主要指标，目前各种不同结构的单模光纤连接器的插入损耗为0.5 dB左右；

② 稳定性好。连接后，插入损耗随时间、环境的改变变化不大；

③ 重复性好。一般要求重复使用次数大于1 000次；

④ 互换性好。要求同一种型号的活动连接器可以互换；

⑤ 拆装方便；

⑥ 体积小、成本低。

(5)光定向耦合器

在光纤通信系统或光纤测试中，经常要遇到需要从光纤的主传输信道中取出一部分光作为监测、控制等使用的情况，有时需要把两个不同方向来的光信号合起来送入一根光纤中传输，这些工作，需要光定向耦合器来完成。光定向耦合器按其结构的不同可分为棱镜式和光纤式两类，如图8.14所示。其中，光纤式定向耦合器体积较小，与光纤连接比较方便，是目前较常使用的一种光定向耦合器。

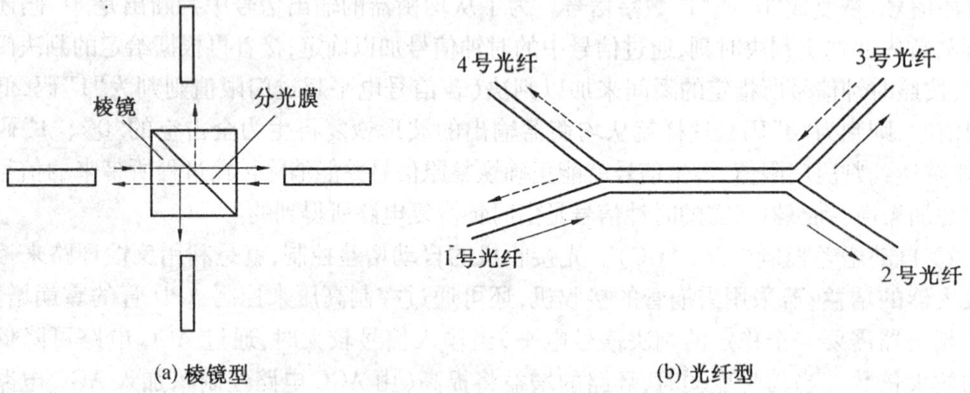

图8.14　棱镜式和光纤式定向耦合器

(6)光衰减器

当输入光功率超过某一范围时，为了使光接收机不产生失真，或为了满足光线路中某种测试的需要，就必须对输入光信号进行一定程度的衰减。因此，光衰减器是光纤通信线路或测试技术中不可缺少的无源器件之一。目前常用的光衰减的方法主要采用金属蒸发膜来吸收光能进行光衰减。衰减量的大小与膜的厚度成正比。光衰减器可分为固定衰减器和可变衰减器两种，结构如图8.15所示。固定衰减器的衰减量是一定的，用于调节传输线路中某一区间的损耗。可变衰减器可分为连续可变和分档可变两种，前者的衰减范围可达60 dB以上，衰减量误差小于10%。通常将两种可变衰减器组合起来使用。

(7)光隔离器

光隔离器是保证光纤单向传输，避免因线路、器件等各种因素而产生的反射光再次进入激光器或其他设备的器件。光隔离器是根据法拉第旋转效应制作的，由两个偏振器和一个法拉第旋转器所组成的。光隔离器对反向光的隔离和正向光的传输是依靠两个偏振器和一个法拉第旋转器来完成的。当光线入射到某一光学器件时，其输出光为某一种形式的偏振光，则该光学器件就称为偏振器。若产生的偏振光为线偏振光，该偏振器就称为

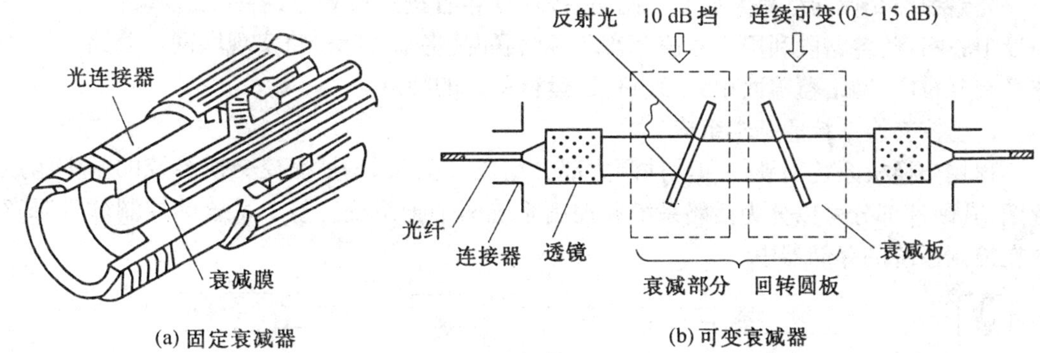

图 8.15　光衰减器的基本结构图

线偏振器。在光隔离器中使用的偏振器就是线偏振器,在线偏振器中,当光的偏振方向与透光轴完全一致时,光线全部通过。法拉第旋转器,是由某种旋光性材料制成的。按照法拉第效应理论,当光线经过它以后,就可使光的偏振面按顺时针方向旋转一个角度。旋转后的光和偏振器的透光轴是完全一致的,因此,正向光全部通过。

8.3.3　接入网技术

接入网是介于本地交换机业务节点(SNI)与用户终端(UNI)之间的网络,其原理及结构组成分别如图 8.16、8.17 所示。在公路应用中,线路长、使用用户不多、对数据要求高,特别适宜采用接入网技术。公路一般采用华为公司的 HONET 综合业务接入网技术。HONET 综合业务接入网在硬件上主要由光纤线路终端(Optical Line Terminal,简称 OLT)设备,光纤网络单元(Optical Network Unit,简称 ONU)设备和接入网网管系统(Access Network-Network Management System,简称 AN-NMS)设备组成,完成接入网的业务接入、传输和网络管理三大功能。

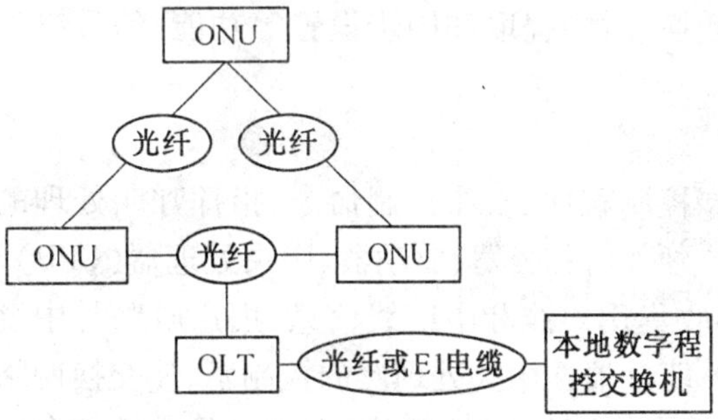

图 8.16　接入网结构原理图

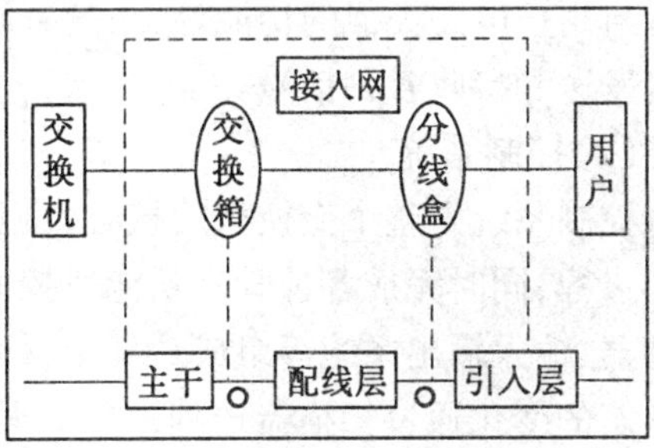

图 8.17　接入网组成原理图

8.3.4　程控交换系统

程控交换系统是有线固话网络系统,是利用有线资源传送模拟信号的系统,在公用网系统里,多用一个汇接局和多个端局组成复合型环型数字通行网,各局交换机之间利用中继器相连。专网与公网的连接采用分散方式,各路段交换机以用户方式就近与当地市话局相连,采用模拟中继方式进入公用网,负责完成本地电信部门的入网要求。

公路程控交换网络是大型专用网络，按规划各省按路段划分，各路段设端口局，省中心设中心网管，各路段利用 7 号信令实现省内联网，将来省际也将实现联网。公路交换系统具有分布广、网络覆盖面积大、线路长、运行稳定的特点。

1. 程控交换系统的基本组成

程控交换机系统由硬件和软件两大部分组成。图 8.18 是程控交换系统的基本组成框图，其硬件部分可以分为话路系统和控制系统两个子系统。整个系统的控制软件都存放在控制系统的存储器中。

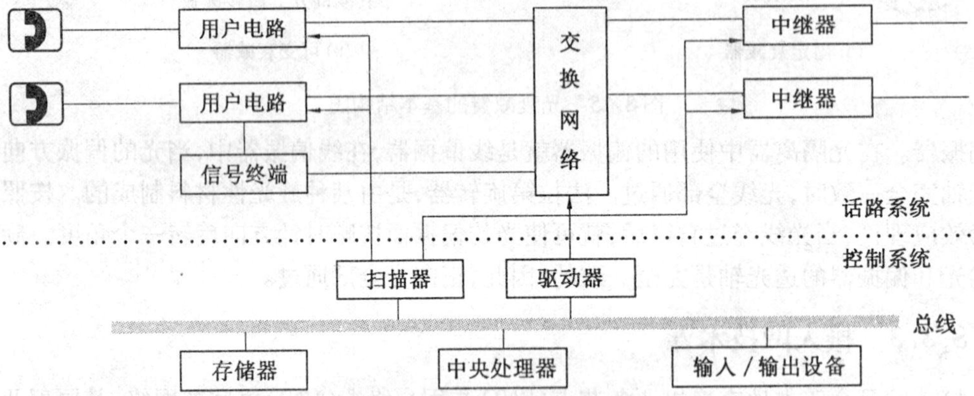

图 8.18　程控交换系统硬件组成原理图

(1)话路系统

话路系统由交换网络、用户电路、中继器和信号终端等组成，其作用是为话音信号提供接续通路并完成交换过程。其中，用户电路是交换机与用户线之间的接口电路，作用是把模拟话音信号转变为数字信号传送给交换网络并把用户线上的其他大电流或高电压信号和交换网络隔离开来，以免损坏交换网络；中继器是交换网络和中继线之间的接口，除具有与用户电路类似的功能外，还具有码型变换、时钟提取和同步设置等功能；信号终端负责发送和接收各种信号。

(2)控制系统

控制系统是整个交换机的核心，负责存储控制程序、发布控制命令、指挥呼叫处理的全部过程，同时完成各种管理功能。控制系统硬件由扫描器、驱动器、中央处理器(CPU)、存储器、输入输出系统等组成。其中，扫描器收集用户线和中继线信息，用户电路与中继器状态的变化通过扫描器送到中央处理器中；驱动器在中央处理器的控制下，使交换网络中的通路建立或释放；CPU 可以是普通计算机中使用的 CPU 芯片，也可以是交换机专用的 CPU 芯片；存储器负责存储交换机的工作程序和实时数据；输入输出设备包括键盘、打印机、显示器等。

控制系统有集中控制和分散控制两种工作方式。集中控制是指整个交换机的所有控制功能(包括呼叫处理、障碍处理、自动诊断和维护管理等)都集中由一部处理器来完成，相应的处理器称为中央处理器(CPU)，基于安全可靠考虑，一般需要两片以上 CPU 共同工作，采取主备用方式。分散控制是多台处理器按照一定的分工，相互协同工作，完成全部交换的控制功能，多台处理器之间的分工方式有功能分担方式、负荷分担方式和容量分担方式三种。

(3)软件系统

如图 8.19 所示,程控交换机的软件系统从整体上可分为运行软件和支持软件两大部分。运行软件是指交换系统进行呼叫处理、管理和维护等工作所需的程序和数据,是在线运行的。支持软件是指编译程序、模拟程序和连接程序等,它是在编写和调试时为了提高效率而使用的程序,是脱机运行的。

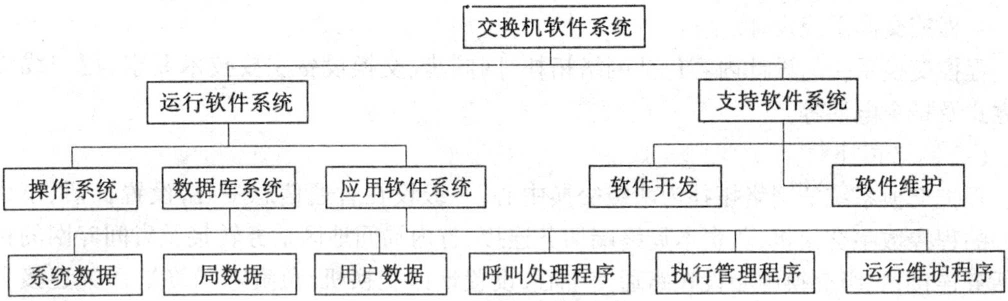

图 8.19　程控交换系统软件组成原理图

2. 公路程控交换系统的功能

公路程控交换系统具有自动振铃回叫、缩位拨号、热线服务、呼叫转移、呼出限制、呼叫等待、三方通话等功能。公路通信网可将缩位拨号功能用于紧急呼叫功能,如利用缩位功能将监控中心的报警电话设置成 99 或 111 等能让人方便熟记的号码,使紧急呼叫更方便、更快捷。可利用呼出限制、呼叫转移等功能加强公路专用通信网管理,利用热线服务功能开通车道对讲,实现大站对小站管理的功能,还可以利用热线功能实现路侧紧急电话功能。

3. 程控交换机的信令系统

信令(Signaling)是电信网中终端与交换机之间、交换机与交换机之间传送的一种对话信息,其作用是控制信道的接续和传递网络管理信息。

任何通信网都离不开信令系统,它可以指导终端、交换系统及传输系统协同运行,在指定的终端之间建立临时通信信道,并维护网络本身正常运行。通信网中采取何种信令方式,与交换局采用的控制技术密切相关。随着交换技术由步进制、纵横制向程控制发展,信令系统也从随路信令向公共信道信令发展。我国目前的通信网是数模混合的,所以我国目前的信令系统也处于随路信令和公共信道信令并存,随路信令逐步向公共信道信令发展的阶段。

依据信道类型,信令可以分为随路信令(CAS)和公共信道信令(CCS)。随路信令是指信令和话音在同一条话路中传送的信令方式,如图 8.20 所示。目前我国采用的随路信令称为中国 1 号信令系统。公共信道信令是指以时分方式在一条高速数据链路上传送一群话路信令的信令方式,通常用于局间,如图 8.21 所示。目前我国采用的公共信道信令是中国 7 号信令,7 号信令速度快,具有提供大量信令的潜力,能够改变和增加信令的灵活性,便于开放新业务,在通话时可以随意处理信令,成本低。

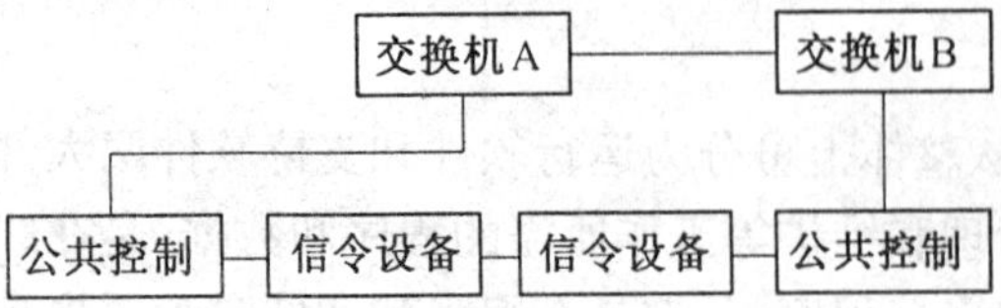

图8.20 随路信令系统

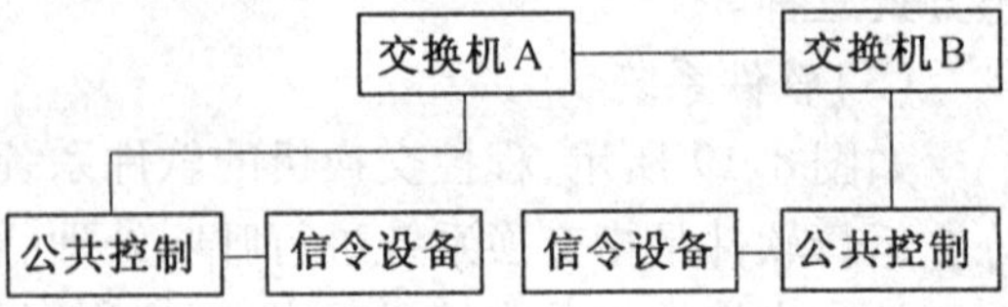

图8.21 共路信令系统

4. 程控交换系统设计

程控交换系统的设计内容包括网络拓扑、网同步、交换设备主要技术要求、用户线传输方式及指令电话等。

(1)网络拓扑

程控交换系统的网络拓扑为两级交换中心,一级设在省通信总中心,设置长话、市话合一的程控数字交换机,负责本局终端话务连接、省内局间地区话务转接及省间专网的长途话务连接;二级交换中心设在路通信中心,设置地区交换机,负责本局终端话务连接和局间话务连接。专网长途呼叫以及非相邻路间的地区呼叫均由一级交换中心交换机进行接续和连接。一级交换中心与二级交换中心间为星形基干网络,相邻二级交换中心互联。

(2)网同步

同步是指信号之间在频率或相位上保持某种严格的特定关系,也就是说它们相对应的有效瞬间以同一个平均速率出现。在数字通信网中,传送和交换的信号是对信息进行编码后的比特流,且具有特定的比特率,这就需要网内的各种数字设备的时钟具有相同的频率,以相同的时标来处理比特流。因此,数字网的同步是数字网中各数字设备内时钟之间的同步,包括了比特同步和帧同步两种含义。在数字通信中,对比特流的处理是以帧来划分段落的。在实现多路时分复用或进入数字交换机进行时隙交换时,都需要经过帧调整器,使比特流的帧达到同步。

在我国,数字通信网采用主从同步方式,同步网的时钟等级分为四级。省局交换中心时钟应采用二级时钟标准,作为省交通专用通信网的时钟基准,它可以受控于国家或交通部的一级时钟。各路段管理处交换分中心的时钟为三级时钟,各端局及SDH系列传输设备时钟为四级时钟。二、三级时钟应满足ITU-TG.812建议的规范,四级时钟应满足ITU-TG.813建议的规范。时钟基准信号即主时钟通过时钟同步链路逐级传送至网内各交换局,各局内通过锁相环使其时钟频率锁定在主时钟频率上,从而使网内各节点时钟都与主时钟同步。

(3)交换设备的主要技术要求

① 容量。机架配置应满足终局容量要求,电路配置应满足初装容量要求,要求设备为模块化结构,扩容简单。根据近期用户数量和考虑到20%~30%的预留,确定近期用户线容量,同时根据网中局间的中继线数确定中继线的容量。用户线容量和中继线容量的总和为交换机的容量。

② 话务量。按照我国程控电话交换机规范对用户线和中继线的参考负荷标准,以高负荷来考虑。用户线平均忙时话务量为用户线话务为0.18~0.2 erl/用户(包括发话和受话业务);局间中继业务为0.7 erl/线。并假设发话话务量与收话话务量相同,各占

50%。系统内部话务量约占总话务量的 60%,外线来、去话务量约占总话务量的 40%。

③ 接口和信令。接入网接口 V5.2,NO.7 信令。

④ 呼损。网内用户之间的呼损应小于 0.02 dB。

⑤ 传输损耗。局内用户话机至电信公用网端局的传输损耗应小于或等于 7 dB。

⑥ 计费方式。内部用户通话一律不计费;出局呼叫进入电信公用网按电信部门规定进行计费、收费。

⑦ 编号。各省(市、自治区)本地电话交换网应统一编号。每个省(市、自治区)为一个长途区号,可采用与公网相同或用 3 位号的前两位。省(市、自治区)内用户编号视用户容量确定,可采用 5 位编号,用户数量较多的省份,可采用 6 位编号。

(4)用户线传输方式

公路交换系统用户分布在沿线各类机构中,除了和电话局处在同一地点的用户外,大部分用户均远离电话局,用户距交换机距离从几公里到几十公里不等,显然采用市话电缆传输是不能满足传输衰耗指标要求的。因此,电话局本地用户可采用市话电缆直接与交换机用户接口相连,远端用户集中点还需配置交换机远端模块或 PCM 基群终端机,经数字光纤传输系统进入交换机。此外,数字业务的发展要求从用户终端至本地交换机之间实现透明的数字连接,为此 ITU-T 规范了 V5 接口系列。

(5)指令电话

为满足公路指挥调度的要求,需建立内部指令电话系统。一般采用程控数字交换 机的热线及会议等功能即可基本满足要求。一般情况下,可采用多功能数字电话作为指令电话控制台,采用专用的 DTMF 电话机作为指令电话分机。指令电话控制台对分机有单呼、组呼和全呼功能,并要求有录音功能。各路段管理处配置指令电话控制台,各管理站、收费站、监控站、通信站及服务区等地配置指令电话分机。

8.3.5　移动通信系统

1. 移动通信系统的工作方式

移动通信按其通信的状态可分为单工制、半双工制和双工制三种工作方式。目前公网通信系统大都采用的是双工制的工作方式或者是准双工的工作系统,而专网车载通信系统可以采用三种方式的任何一种或其他组合方式。

(1)单工制

单工制是指通话双方轮流进行发送或接收的工作方式,俗称“按讲”方式。单工制又可分为同频单工和异频单工,收发使用同一频率的单工称同频单工,使用不同频率的单工称异频单工,其结构如图 8.22 所示。平时 A、B 双方的接收机均处在守听状态。当 A、B 任意一方需要讲话时,接通“按讲”开关(即打开发射机、关掉接收机)并通话,对方即可收到来自发信端的通话内容,当通话方讲完时,对方才可与其对话。同一部电台在通话时,其收发信机是交替工作的,因此,可能出现通话断续的问题。该方式工作收发信机可使用同一副天线,无须天线共用器,并具有设备简单、耗电省等特点。应当注意的问题是保证有足够大的带宽并防止同频干扰。异频单工收发信机常采用两个频率,一方的发射频率就是另一方的接收频率。异频单工能提高通信的抗干扰能力,也可组成有几个频道的通信系统。

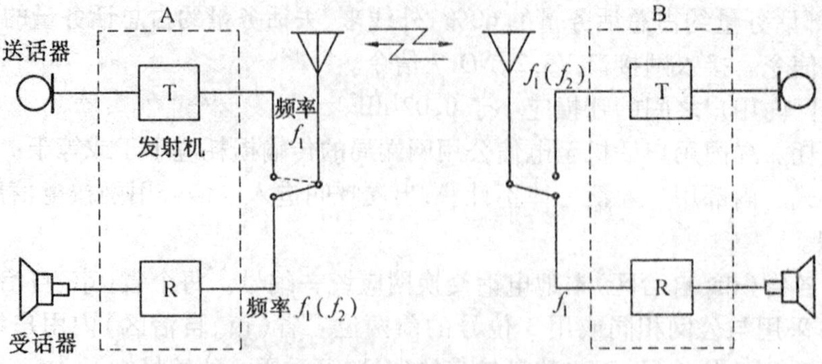

图 8.22　单工制工作方式

(2)半双工制

半双工制是指基地台采用双工制,而移动台采用单工制工作方式,其结构如图 8.23 所示。基地台采用双工制的工作方式,收发信机同时工作,并使用两个不同的频率;而移动台则采用双频单工方式,即收发信机交替工作,该方式克服了通话断续的问题,具有设备简单、功耗小、抗干扰等优点。一般应用于专业移动通信系统中。

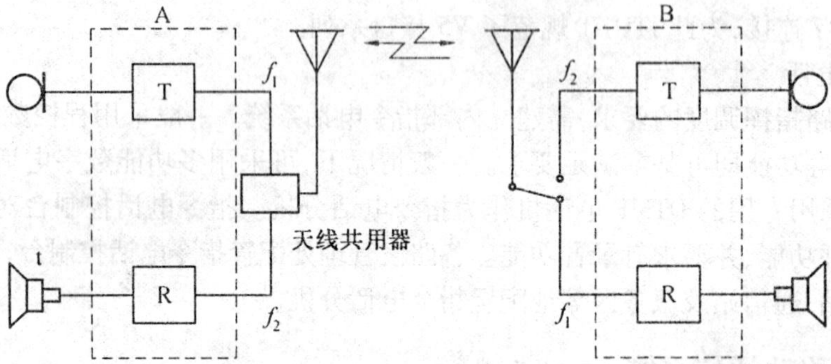

图 8.23　半双工制工作方式

(3)双工制

双工制是指通信双方、收发信机均同时工作的一种工作方式,其结构如图 8.24 所示。该方式不管是否通话,双方发射机总是处在工作状态,故功耗较大。该方式无须按讲,可在任意时刻通话,但缺点是:功耗太大,这一点对于以电池为能源的移动台是很不利的。为此,在某些系统中,移动台的发射机仅在通话时才工作,接收机处在常开工作状态,通常称这种系统为准双工系统。在移动通信系统中,多使用准双工系统。

2. 移动通信系统的结构

移动通信系统主要由市话网络(PSTN)和移动通信网络(PLMN)两大部分构成。移动通信系统的交换与处理等功能主要由移动通信网络来完成;移动通信网络是由移动业务交换中心(MSC)、基站设备(BS)和移动台(MS)三大部分所构成,其结构如图 8.25 所示。

移动通信系统是一个"有线+无线"的通信系统,其中市话的汇接局(或端局)和 MSC 依靠中继线连接,MSC 到 BS 依靠缆线连接,由 PSTN 到 MSC 到 BS 是有线网络所构成,由 BS 到 MS 依靠无线信道进行通信。每个基站所包含的服务范围称为无线小区。无线小区的大小,由基站的发射功率、天线高度、天线结构等因素决定。MSC 主要用于信息交

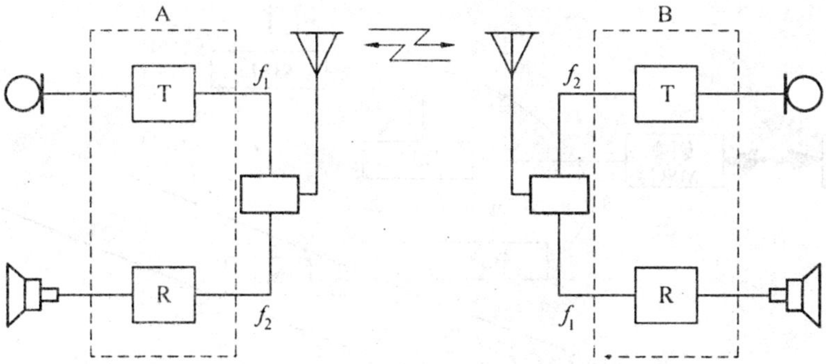

图8.24 双工制工作方式

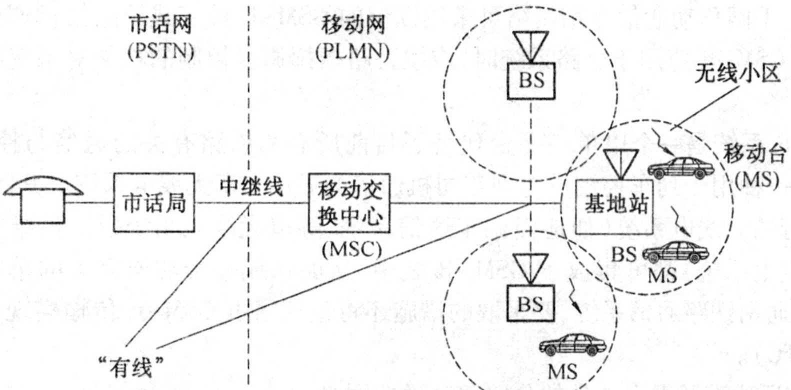

图8.25 移动通信系统结构图

换、场强的测试、越区切换、呼叫与接入和整个系统的控制与管理。

对于大容量的移动通信系统它可由一个或多个移动业务交换中心和多个基站构成PLMN。PLMN可以单独使用,完成区内移动用户间的通信,也可以和PSTN连接,完成移动用户与市话用户、移动用户和远端移动用户、区内移动用户之间的通信,一般公众移动通信系统都是由大容量的PLMN和PSTN共同构成。而专用移动通信系统或调度通信系统可以不接入PSTN,由PLMN单独构成,或把PLMN接入专网构成。

3. 移动通信网络

(1)城市道路移动通信网的组成

在城市道路的所有路段,公网GSM系统已经能够做到全区域的信号场强覆盖,要实现专网道路交通的指挥调度与管理就不需要专门架设通信网络与基站设备,仅需在公网系统中租用部分线路作为虚拟网,专网中的所有移动通信指挥调度控制管理功能由公网的移动业务交换中心,通过公网的基站来完成,其系统结构如图8.26所示。

从图8.26可以看出,专网的网线和基站移动程控交换设备都不需要重新架设,仅需与公网管理部门签订协议,租用公网系统作为专网的虚拟网络,基站和移动台的收发频率、信道间隔完全采用公网标准,这时,移动台(包括车载台)需增设公网移动台的SIM卡,其他不需要做任何变动。SIM卡是一张有微处理器的卡片,它由CPU、RAM、ROM、EPROM或EEROM及串行通信单元等部分组成。

(2)国家公路主干网移动通信网络

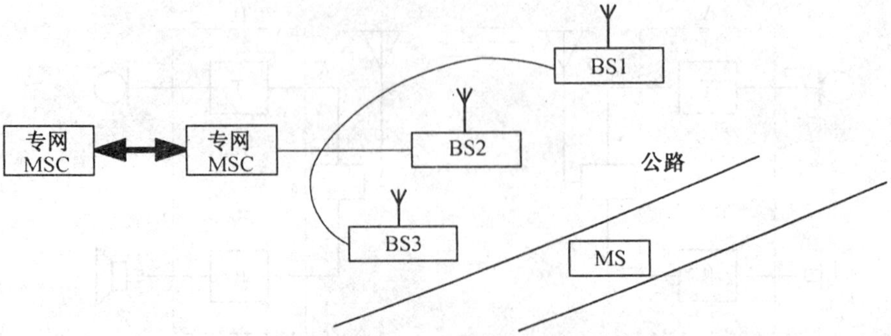

图 8.26 城市道路移动通信系统结构图

公路主干网移动通信专用网络可采用欧洲的 GSM-R 数字式铁路指挥调度系统网络来完成,当 GSM-R 应用于公路系统时,应按公路指挥调度控制的功能对系统程序进行重新设计。

GSM-R 系统是一个以单一平台代替了目前所有与铁路有关的通信与控制的系统。首先,它是一种用于列车控制员与列车司机通信的通用列车无线电系统。其次,所有其他独立和并行的无线电系统(如地面调车通信系统、隧道无线电系统以及供维护与修理工使用的无线电系统)都可集成于 GSM-R 之中,从而形成一个功能完备的单一系统。另外,为实现通用铁路通信系统,要采取的措施还将包括通过 GSM-R 传输实现自动化铁路的控制(ATC)。

(3)边远沙漠及无人地带的公路移动通信网络

在边远沙漠及无人地带,公路移动通信是非常必要的。若建立陆地移动通信网络给管理和运行带来了很大的困难,处在该地区的公路建议采用卫星移动通信网络。由于卫星通信具有通信距离远、费用与通信距离无关、覆盖面积大、不受地理条件限制、通信频带宽、传输容量大、适于多种数据传输、可进行多址通信且线路稳定可靠、通信质量高以及既可为固定终端又可为车载、船载、机载和个人终端提供通信等一系列特点,几十年来获得了迅速的发展,成为现代强有力的通信手段之一。

8.4 供配电系统

收费、监控、通信、照明等系统的运行,需要供配电系统的支持。随着机电系统建设的逐步完成,公路供配电系统已发展成为电力供电系统的一个重要分支。因此,结合上述各系统的特点,对公路供配电系统进行研究是十分必要的。

8.4.1 供配电系统的要求

供配电系统设施的优劣标志着公路现代化的程度,因此供配电系统的建设与管理应体现"技术先进、经济合理、节省能源、维修方便"的原则,最大限度地发挥公路管理功能和服务水平,改善行车条件,为道路使用者提供良好的服务,创建优美的环境。为此,供配电系统必须达到以下基本要求:

① 安全。在电能的供应、分配及使用中,不应发生人身或设备事故。因此,供配电系

统应具有自身的安全防护功能；同时，有关的工程技术人员必须掌握安全用电的基本知识，使电能更好地为公路现代化管理服务。

② 可靠。应满足用户对供电可靠性的要求。可靠性是指根据用电负荷的性质和突然中断其供电在政治上或经济上造成损失或影响程度，对用电设备提出的不允许中断供电的要求。

③ 优质。应满足用户对电压质量和频率等方面的要求。公路机电设备对供电电压及频率都有严格的要求，电压过高，会损坏系统设备；电压过低，则系统设备不能正常工作；频率不稳，会造成电压的脉动波过大，导致监控系统的错误决策。

④ 经济。系统的投资要少，运行费用要低，在满足公路用电要求的前提下，尽可能地节约电能和减少用于输送电能的传输电路中有色金属的消耗量。

8.4.2　供配电系统的组成

供配电系统包括变电和配电两部分。变电通常是在各收费站、隧道口等设有高压和低压配电房以及装备各种配电箱和配电柜。配电则需沿线布设电缆管道及各种规格的电力电缆和控制电缆。公路供配电系统主要由以下几部分组成：

① 外供配电线路。将当地电网的 10 kV 或 35 kV 高压交流电传输给各站区变电房；

② 电力变压器。将外线所输的 10 kV 或 35 kV 三相交流电变换为 220 V/380 V 低压交流电；

③ 高压开关柜。装有真空断路器或稀有气体断路器，用来控制 10 kV 高压传输，并具有短路和过流保护、高压计量等功能。

④ 低压开关柜。用以控制 220 V/380 V 交流电源电压传输到不同低压负载，并具有短路和过流保护、高压计量等功能；

⑤ 紧急供电直流柜。提供控制线所必需的直流电源；

⑥ 紧急备用电源。在停电等紧急情况下，配备柴油发电机、UPS 等备用电源。

公路沿线各收费、监控及隧道的通风照明供电属一级负荷，电源通常要求双回路供电，即采用不同源头的两路电源同时供给一处负载，以提高供电的可靠性。下面以某公路中等隧道双回路供电线路为例（图 8.27）说明其工作过程，从图中可以看出，该隧道的高压配电室有两条 6 ~ 10 kV 的电源进线，分别接在高压配电室的两段母线上，这两段母线间装有一个分段隔离开关，在任何一条电源回路发生故障或者进行检修而被切除后，可以利用分段开关来恢复对整个配电室的供电。由于公用网供电条件有限，如不能实现 A 和 A' 双电源供电时，也可以将 A 和 A' 两进线并接在一起用单电源供电。

对于用电容量在 500 kV · A 以下的一般设备供电点，如一般公路的收费站（图 8.28），通常只设一个简单的降压变电所，公共电网的 10 kV 高压加到变压器的高压侧。变压器的低压侧将 220 V/380 V 的电源送至收费站的收费监控设备、收费广场灯具、收费亭及收费雨棚、办公楼生活区、水泵房及污水处理设施等用电。参数稳压器是用来保证收费监控设备得到的电压稳定度较高的供电。

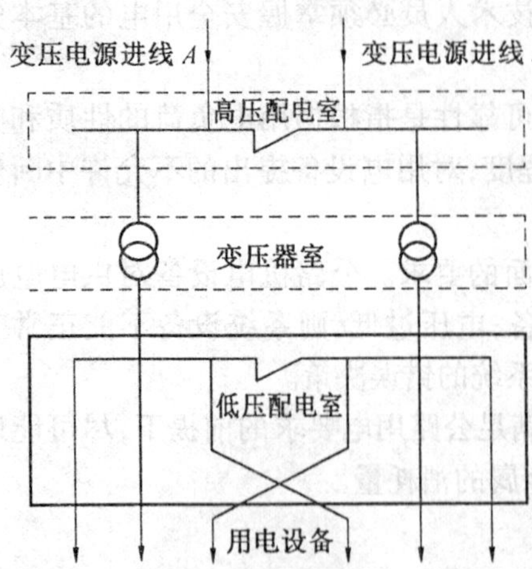

图 8.27　中等长度隧道双回路供配电系统组成图

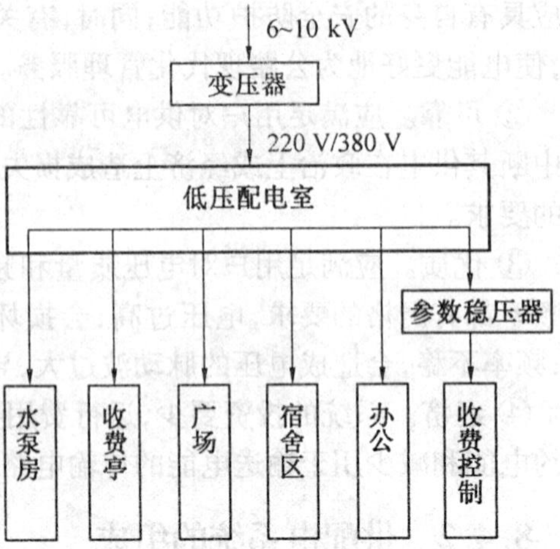

图 8.28　公路收费站供配电系统框图

8.4.3　供配电系统设计

1. 设计原则

公路供配电系统设计总的原则应按国家标准《工业与民用供电系统设计规范》、《10 kV及以下变电所设计规范》、《低压配电设计规范》、《10 kV 及以下架空线路设计规范》及《供配电系统设计规范》等的规定执行。同时，根据公路供配电系统的特点，设计时还应遵循以下原则：

① 保证人身和设备安全、供电可靠、质量优良、技术先进和经济合理；

② 根据公路系统的特点、规模和发展规划，处理好近期建设与远期发展的关系，做到远近结合，留有余地；

③ 从全局出发、统筹兼顾，满足监控、通信、收费三大系统设备以及照明系统等其他设备的供电可靠性和电能质量要求；设备效率高、能耗低、性能先进，操作安全、方便，维修简单，系统具有可扩性；

④ 对沿线外场设备的供电，应考虑从附近的收费站或服务区引专线；对于个别离供电点较远的直流设备应采用独立直流供电电源，尽量减少长距离的直流供电；

⑤ 用电设备各相配置科学合理，力求达到三相负荷平衡；

⑥ 与当地供电局和其他有关系统协调一致。

2. 设计内容

公路供配电设计包括变配电所设计、高压配电线路设计、低压配电线路设计等。

(1)变配电所设计

变配电所的任务是接收电能、改变电压和分配电能。其设计内容包括变配电所负荷的计算及无功功率的补偿、所址的选定，变电所主变压器台数、容量和形式的选定，变配电所接线方案的选择，进出线的选择，线路架设方式的选择，系统短路计算，开关设备的选择，二次回路方案的确定及继电保护系统的选择与确定，防雷保护与接地保护的设计以及配电所内照明系统的设计等。

(2)配电线路设计

公路配电线路设计分为沿公路主线的配电线路设计和管理中心、收费站、服务区内配电线路设计。公路沿主线的输配电线路设计内容包括配电线路路径及线路结构形式(架空线路或地埋电缆)的确定、导线的金属材料及其配电设备和保护设备的选择、沿主线架空线路杆柱位置的确定、标准杆柱与绝缘子等的选择、架空线路的防雷保护和接地系统的设计等。管理中心、收费站和服务区内部的线路设计包括室内配电线路的布设方案、配电线路的路由选择、导线选择及敷设方式、配电设备和保护设备的选择等。

8.4.4　供电系统的负荷计算

进行供电负荷计算的目的是为了合理地选择供配电系统中的导线、开关、变压器等设备,使供电系统能够在正常条件下可靠地运行。正确确定系统的计算负荷对供配电系统的设计有重大意义。如果负荷确定得过大,会造成设备及导线的选择余量过大,使成本增加,造成投资浪费;相反,如果负荷确定得过小,将导致在运行过程中产生较大热量,引起绝缘的过早老化,严重时会烧毁变压器、供配电设备或导线而引起火灾。

计算负荷也称需要负荷或最大负荷,是按发热条件选择导体和电器的一个"假定负荷"。这个假定的不变负荷所产生的热效应,要求与实际运行的变动负荷所产生的最大热效应相等。常采用 30 min 的最大平均负荷 P_{30} 作为按发热条件选择电器设备或导线的依据。目前确定计算负荷时多采用需要系数法,用该法对三相和单相用电设备的负荷分别进行估算。

(1)需要系数法

需要系数 K_d 是用电设备组在最大负荷时需要的有用功率 P_{30} 与其设备总容量 P_N 的比值,即

$$K_d = \frac{P_{30}}{P_N} \tag{8.1}$$

(2) 三相用电设备组计算负荷的确定

利用需要系数法确定三相用电设备组计算负荷的基本公式为

$$P_{30} = K_{\Sigma} K_L P_N \eta_e^{-1} \eta_{WL}^{-1} \tag{8.2}$$

式中　K_{Σ}—— 设备同时系数,设备组最大负荷时运行设备容量与全部设备总容量之比;

K_L—— 设备组负荷系数,设备组最大负荷时的输出功率与运行设备总容量之比;

η_e—— 设备组平均效率,设备组最大负荷时的输出功率与有用功率之比;

η_{WL}—— 配电线路的平均效率,配电线路最大负荷时的末端功率与首端功率之比;

P_N—— 用电设备总容量,为各设备额定功率之和,kW。

由式(8.1) 和(8.2) 可得

$$K_d = \frac{K_{\Sigma} K_L}{\eta_e \eta_{WL}} \tag{8.3}$$

确定多组用电设备的干线计算负荷时,应首先计算出每一设备组的计算负荷,同时还应考虑各组用电设备的最大负荷不同时出现的因素,用总功率乘以相应的综合折减系数。

(3) 单相设备组计算负荷的确定

公路用电设备多为单相用电设备,单相设备接在三相电路中,应尽可能地均衡分配,使三相负荷尽可能地平衡。在单相设备容量不大于三相设备容量 15% 的条件下,单相设备可按三相平衡负荷计算。单相设备等效三相设备的负荷计算步骤如下:

① 当单相设备接于相电压时,有

$$P_N = 3P_{N\phi} \tag{8.4}$$

② 当单相设备接于同一线电压时,有

$$P_N = \sqrt{3}P_{N\phi} \tag{8.5}$$

式中 $P_{N\phi}$——单相设备容量,kW。

8.4.5 变配电所设计

1. 变配电所的位置

公路用电负荷(匝道收费站、通信站、监控外场设备等)多集中在互通立交附近、隧道、服务区及养护区等处,其变配电所随之设置在管理中心、收费站、服务区及养护工区内,间隔为 20 ~ 30 km。隧道变电所宜设置在隧道口行车道旁,对中、短隧道可在隧道口一侧设置变电所;长隧道可考虑在隧道口两侧分别设置变电所;在隧道连续区段可将几条隧道统一考虑,便于管理控制,同时也能节省投资。

2. 变配电所的构成

变配电所内包括变压器、有载调压分接开关、发电机组(配有值班室)以及配电系统,供收费站房、收费雨棚及收费广场照明及动力用电,同时还供安装在收费站房内及收费站附近的通信、监控和收费设备用电,并给配电室到各个单体建筑的低压配电线路供电。

3. 供电电压的选择

供电电压是指需经过变换电压等级后才能在公路收费站区内、沿线设施进行配电的电压。供电电压的选择,一般取决于传输距离(负荷矩)、用电设备电压的高低、用电负荷的大小、供电敷设方式和传输功率等因素(见表 8.5)。在同样输送功率的条件下,电压越高,线路电流越小,则可选用小截面的电线或电缆,从而可降低输电线路的成本。

表 8.5　输电容量和输送距离的关系

序号	线路电压/kV	线路结构	输送功率/kW	输送距离/km	备注
1	0.38	架空	≤100	≤0.25	电缆容量大于 75%,供电距离近
	0.38	电缆	≤175	≤0.35	
2	6	架空	≤2 000	3 ~ 10	10 kV 比 6 kV 供电距离远且功率大
	6	电缆	≤3 000	≤8	
3	10	架空	≤3 000	5 ~ 15	
	10	电缆	≤5 000	≤10	
4	35	架空	2 000 ~ 15 000	20 ~ 50	63 kV 的供电电压和功率都比 35 kV 大 1 倍
	63	电缆	3 500 ~ 30 000	20 ~ 100	

高压配电的电压一般采用 10 kV,在个别情况下,也可同时采用 6 kV 和 10 kV 两种电压。如果从工作方便、经济效益和可靠性方面考虑,也可采用更高的配电电压,如 35 kV。

4. 变配电所母线的接线方式

变电所的母线(主接线)是电力系统接线的重要组成部分,对电力系统的安全、稳定、灵活、经济地运行以及变电所的电气设备选择、配电装置的布置、机电保护和控制方法的确定具有直接的影响。母线是接受电能和分配电能的导体,其接线方式直接关系着各路负荷运行的可靠性、安全性与灵活性。母线的材料采用扁铜或扁铝。公路变配电所 6 ~ 10 kV 高压配电装置接线方式主要有单母线不分段接线及单母线分段接线两种。

(1)单母线不分段接线(图 8.29)

单母线不分段接线在每条引入线和引出线中都安装隔离开关及熔断器。其线路简单,价格低廉,使用设备少,便于扩建和使用成套设备。但可靠性和灵活性较差,当母线或母线隔离开关发生故障时,会造成全部负荷断电。此类接线方式适用于三级负荷、出线回路少、用电量小的场合。

(2)单母线分段接线(图 8.30)

单母线分段接线在每一段接一个或两个电源,在母线中间用隔离开关或负荷开关来分段。引出的各支路分别接在各段母线上。

① 采用隔离开关。6 ~ 10 kV 母线的分段处,一般需装设隔离开关。当某一段母线发生故障时,可以分段检修,可靠性高。经过倒闸操作,可以先切除故障段,其他无故障段继续运行。用断路器分段后,对重要用户可从不同段引出两个回路,有两个电源供电。

② 采用负荷开关。当断电时切换电源,需要带负荷操作,有继电保护要求且出线回路较多时,母线之间应采用负荷开关作为联络开关使用。用负荷开关有继电保护功能,除能切断负荷电流和故障电流以外,可自动分闸、合闸。

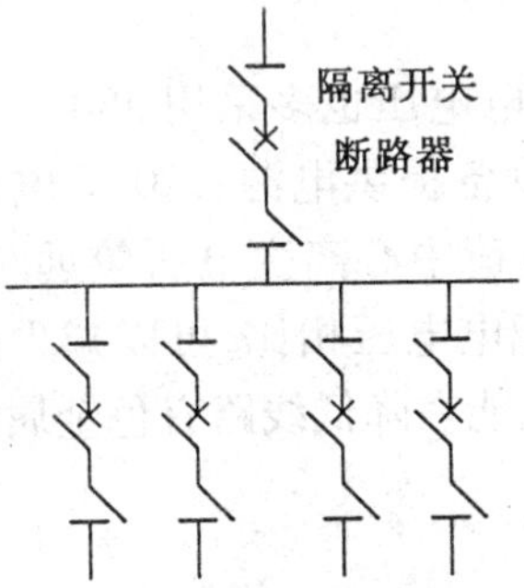

图 8.29　单母线不分段接线

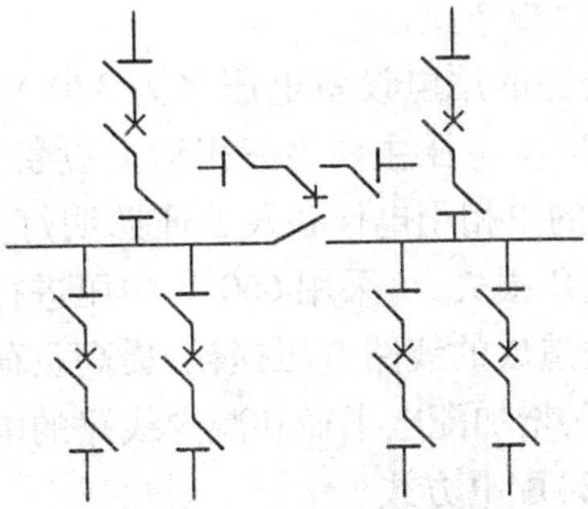

图 8.30　单母线分段接线

5. 电气主接线

电源以电缆方式进入变压器室,经户内负荷开关接到变压器。低压配电采用 220 V/380 V、50 Hz 变压器中性点直接接地系统,当低压系统断电后,由备用柴油发电机供电,工作电源恢复后,发电机组应能被切除。

6. 高压线路的接线方式

(1)放射式(图 8.31)

每一变电所分别由母线单独供电,没有分支接点,其中一个干线出现故障不会影响其他干线。因此,放射式供电可靠性较高,线路敷设简单,操作维护方便,一旦发生故障,其影响范围小,便于切换,保护较简单,便于实现自动控制,但其成本较高。

(2)树干式(图8.32)

树干式配电系统是由地区配电站引出的每路高压配电干线沿公路架空敷设,各收费站变电所都从该干线上直接接出分支供电,分支线数目不宜太多,通常小于6,并要根据故障供电的影响、负荷的大小和干线在系统中的地位而定。这种线路的优点是:总降压变电所6~10 kV的高压配电装置数量少、投资小、敷设简单、可节省有色金属、降低线路的损耗。其缺点是:供电可靠性差,只要线路上任何一段发生故障,该线路供电的所有变电所均断电,影响面较大。

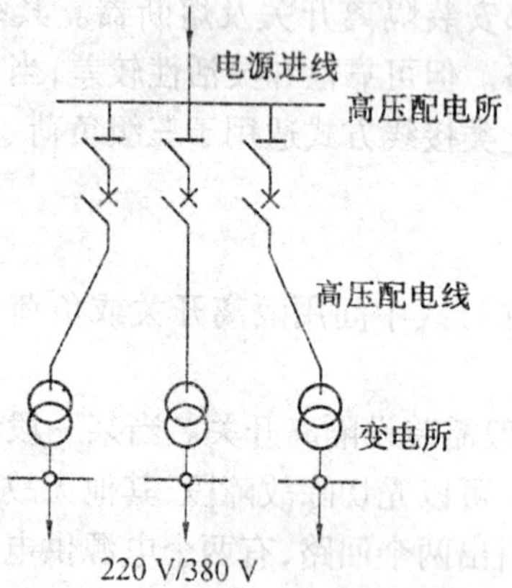

图8.31 高压放射式配电系统

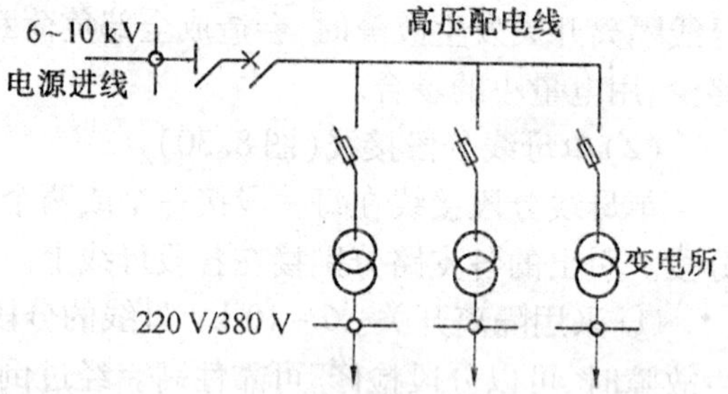

图8.32 高压树干式配电系统

7.低压供配电

(1)配电电压

公路的用电设备电压多为380 V/220 V,其低压配电电压也多采用380 V/220 V两种。380 V电压主要为三相动力设备及380 V的单相设备提供电源;220 V电压主要为220 V的单相用电设备及普通照明灯具提供电源。在负荷中心离变电所较远时,考虑线路的电压损失,可采用660 V中压进行配电,与380 V配电电压相比,可以减少远距离电压输送造成的线路电压损耗,提高负荷端的电压水平,还能在降低线路有色金属消耗量的前提下,增加配电半径和减少线路的电能损耗。

(2)配电方式

低压380 V/220 V配电系统类似于高压配电系统,引出若干支路到用电设备,其基本形式是放射式(图6.12)和树干式(图6.13)两种,而实际上采用的多数是这两种形式的组合,称为混合式系统。

8.4.6 供配电设备的选择

1.选择依据

为保证供配电系统的可靠运行,所用高、低压电器和设备在正常工作条件下的额定电压、最高工作电压不应小于所在回路的工作电压,熔断器、避雷器、电压互感器的额定电压应与所在回路电压相等;各电器的额定电流不应小于所在回路的工作电流,当电器的额定工作环境温度与实际温度不一致时，电器的最大允许工作电流与电压应按有关规定进行修正；对断路器和熔断器及带熔断器的负荷开关额定开断流容量不应小于装设处的启动瞬变短路容量。此外，还要根据电器的安装、使用环境（如温度、空气介质及海拔高度）等选用。

2. 公路供配电系统主要设备

公路供配电系统主要设备包括变压器、高压隔离开关、高压负荷开关、高压柜、低压柜及断路器等。

① 变压器。变压器按其绝缘种类可分为液体绝缘变压器、固体绝缘变压器及气体绝缘变压器。目前使用较多的是 S9 系列油浸式低损耗变压器和 SC 系列环氧树脂浇铸式变压器，选择类型时可以根据变压器安装环境和投资规模进行综合考虑。

② 高压隔离开关。高压隔离开关结构简单，无灭弧装置，其分、合闸状态明显直观，不能接通和断开负荷电流和短路电流，一般与断路器配合使用。其作用主要包括隔离电源、改变系统的运行方式、接通和断开有电压无电流或小电流的电气设备或线路。

③ 高压负荷开关。高压负荷开关是一种可以带负荷分、合电路的控制电器，具有结构简单、动作可靠及造价低等特点，此外，高压负荷开关还具有简易的灭弧装置，有一定的断流容量，因此适合公路供配电系统作为控制和保护电器使用。

④ 高压开关柜。高压开关柜也称高压配电装置，是将以高压断路器为主的开关电器、检测仪表、保护设备和辅助设备都装在封闭和半封闭的柜中，以一个柜（有时多个柜）构成一个电路或一个间隔。目前，10 kV 系统中高压开关柜的配置有固定式高压开关柜和手车式高压开关柜，其中手车式高压开关柜应用较多。

⑤ 低压开关柜。低压开关柜是按一定接线方案，将有关低压电器配件，如开关、互感器、仪表、母线、信号灯等组合而成的一种低压成套开关设备。为了保证供电的可靠性和灵活性，一般采用抽屉式开关柜进行配电，其具有出线回路多、性能可靠的特点。

⑥ 低压断路器。公路站区配电所低压配电柜配置断路器，其运行分断能力一般都较大，能满足短路电流的要求。

8.4.7　公路输电线路

电力线路是公路供配电系统的重要组成部分，担负着输送电能、分配电能及连接各种电气设备的重要任务。输电线路的方案有两种可供选择，一是架空线路，二是电力电缆线路。一般采用架空线路将电源从电力部门的变电所引至公路的站区外，然后采用电缆将电源引至配电室。站区内的低压配电系统一般采用低压电缆进行电能的传输，以使收费站区整洁美观。

1. 架空线路

(1)架空线路的组成

架空线路主要由电杆、横担、绝缘子、导线、线路金具、拉线等元件组成。其中，电杆是电力线路中架设导线的支撑物，可分为终端杆、直线杆、分支杆、跨越杆、耐张杆、转角杆等，按电杆材质可分为木杆、钢筋混凝土杆和铁杆塔；横担安装在电杆的上部，用来安装绝缘子、固定导线，常用的横担有铁横担、木横担和瓷横担等；拉线用于平衡电杆各方面的作用力，并抵抗风压，以防止电杆倾倒，多采用多股铁线绞成或钢绞线制造；绝缘子（瓷瓶）

用来固定导线,并使带电导线之间与大地之间绝缘,按形式可分为针式、悬式和蝶式等;线路金具是用来连接导线,安装横担和绝缘子以及拉线和杆上的其他电力设施的金属辅助元件;导线是架空线路的主体,担负着传输电能的作用,通过绝缘子架设在电杆上,导线材料采用铜、铝等金属,在输电线路中多采用钢芯铝绞线。

(2) 架空线路的敷设

① 敷设的要求和路径的选择。敷设架空线路要严格遵守有关技术规程的规定。选择架空线路的路径时,应保证路径短,转角少;便于施工架设和维护;尽量避开雨水冲刷地带及易遭受碰撞的场所;不应引起交通阻塞;避免穿过起重机频繁活动的地区;尽可能减少同其他设施的交叉和跨越建筑物。

② 导线在电杆上的排列方式。三相四线制低压线路的导线一般都采用水平排列,由于中性线的电位在三相对称时为零,而且截面也较小,加之机械强度较差,所以中性线一般架设在靠近电杆的位置。三相三线制线路的导线可采用三角形排列,也可采用水平排列。多回路导线同杆架设时,可采用三角、水平混合排列,也可采用垂直排列。电压不同的线路同杆架设时,电压较高的线路应架设在上面,电压较低的线路应架设在下面。

2. 电缆线路

(1)电缆线路的组成

电缆线路主要由电缆、电缆中间接头和电缆终端组成。

① 电缆。电缆是一种特殊的导线,在单根或几根绞绕的绝缘导电芯线外面,包有绝缘层和保护层。电缆芯线应为多股铜导线制成,铜材应符合相应标准。保护层又分为内护层和外护层,内护层用以直接保护绝缘层,而外护层用以防止内护层机械损伤和腐蚀;外护层通常为钢丝或钢带构成的钢铠,外覆沥青麻丝或塑料护套。电缆按其构造及作用的不同可分为电力电缆、控制电缆、电话电缆、射频同轴电缆、移动式软电缆等;按电压的不同可分为低压电缆(小于 1 kV)、高压电缆,工作电压等级有 0.5 kV、1 kV、6 kV、10 kV 等。用于重要负荷(配电室、收费车道系统、通信传输系统、隧道监控系统、票款室等)的地下直埋电缆应使用带防腐层的铠装电缆,其他可使用不带铠装的电缆。

② 电缆中间接头。电缆在两端之间一般应连续敷设,中间没有接头,如果因为长度或电缆线路类别的原因,认为分支连接是必要的,可敷设接头。电缆连接点的机械及电气性能应良好,防止机械损伤和任何可能产生的振动,紧固件不得有任何明显的机械变形、不得损伤电缆及导线。连接点应与电缆的类型和尺寸相称,连接件的附件应符合有关规定。电缆中间接头应采用辐射交联热收缩材料,其绝缘强度不应低于各电缆原有绝缘强度水平,保证线路运行的可靠性。电缆的分支接头应安装在电缆分线箱内,分线箱应固定在便于安装、检查的墙上或其他地方。

③ 电缆终端。适当选择电缆密封套,密封套外面加非聚氯乙烯护套。在端接前,所有铠装和铠装夹或接触铠装夹的连接器的表面都应进行长度清理,铠装夹应扭紧,以确保良好的电接触。电缆导线终端应采用压接连接的电缆套管。在电缆终端上应有明显的相色标志,且应与系统的相位一致。

(2)电缆线路的敷设

供电电缆应以最佳路径直埋敷设,施工前应计算出电缆的长度、富裕度、接头和电缆终端附近预留适当长度的电缆,以便配盘。

① 电缆敷设的原则。选择电缆敷设路径时,应使电缆路径最短,尽量少拐弯;使电缆尽量少受外界的因素(如机械的、化学的或地中电流等)作用的损坏;散热条件好;尽量避免与其他管道交叉;应避开规划中要开挖的地方。

② 电缆的敷设方式。电缆的敷设方式主要有直埋铺砂盖砖或盖混凝土板敷设、电缆沟敷设、电缆穿钢管敷设、电缆隧道、电缆排管、电缆沿墙明设、电缆沿电缆托盘或电缆桥架敷设等。对电缆敷设方式的选择,一般从节省投资、施工方便及安全运行三个方面考虑。电缆直埋敷没施工最方便,造价最低,散热较好,因此在公路站区及沿线设施供配电系统中应用最广。中压供电电缆在高架桥桥上采用穿钢管保护,在绿地采用穿 PVC 双壁波纹管敷设;低压电缆在绿地、土路肩中采用穿 PVC 双壁波纹管等敷设方式,桥栏内穿钢管保护。电缆横穿路面保护管全部采用预埋钢管。

思考题

1. 公路机电系统主要包括哪些子系统?
2. 试述电子收费系统的组成与基本工作过程。
3. 电子标签有哪些类型?对其性能有何要求?
4. 封闭式半自动收费系统设计主要包括哪些内容?电子收费系统设计包括哪些内容?两者有何异同点?
5. 公路联网收费系统设计主要包括哪些内容?
6. 监控系统由哪几部分组成?其功能有哪些?
7. 我国公路监控系统分为哪几种类型?各种类型的设备配置有何区别?
8. 公路通信系统主要包括哪些子系统?各子系统的功能是什么?
9. 公路供配电系统设计主要包括哪些内容?

第9章 道路绿化及景观

道路绿化与景观设计属于景观设计学及园林艺术的范畴，是一个庞大、复杂的综合学科，融合了社会行为、人文艺术、园林艺术、建筑学、当代科技、心理学、地理与自然科学等众多学科的理论，并且相互交叉渗透，对实现道路建设可持续发展、保护生态环境、创建绿色交通、延续历史文脉、弘扬民族文化等均有重要意义。

9.1 道路绿化

9.1.1 概述

1. 道路绿化及其功能

道路绿化是指在道路路域范围内利用植物构造出的一个具有光、形、色、体等可被人感知的，具有一定社会文化内涵及审美价值的，并能满足道路交通功能要求的空间景物。

道路绿化通过减弱建筑物对道路的压抑感、美化街景、丰富道路线形、减少道路开挖对环境的负面影响等作用，改善了道路景观；通过吸尘防噪净化空气、防止水土流失、防晒遮阴等作用，改善了道路环境；通过视线诱导、防眩遮光、引导车流、防风、防雪、防火等作用，提高了道路交通安全。

2. 道路绿化的分类

从较大区域范围来看，道路绿化可分为公路绿化（rural highway greening）和城市道路绿化（urban street greening）两大类。其中，公路绿化又可进一步划分为一般公路绿化和高速公路绿化。

根据绿化走向和布设方式的不同，道路绿化又可分为带状绿化（banded greening）和集中绿化（centralized greening）两类。带状绿化是指沿道路纵向布置的绿化形式，主要有行道树绿化带、分车绿带、路侧绿带等。集中绿化是指较集中的区域性绿化，主要有交通岛绿化、广场绿化、停车场绿化及立体交叉绿化等。部分道路绿化的名称及其在道路上的设置地点，如图9.1所示。

3. 道路绿化原则

(1) 城市道路绿化原则

城市道路绿化是指城市道路路侧或中间分隔带、交叉口、广场、停车场以及道路用地范围内边角空地等处的绿化，应根据城市性质、道路功能、自然条件、城市环境等合理地进行设计，并遵循以下设计原则：

①应选择能适应当地自然条件和城市复杂环境的乡土树种，要选择树干笔直、树形美观、夏日遮阳、耐修剪、能抵抗病虫害和抵抗风灾及有害气体等的树种。

②应处理好与道路照明、交通设施、地上杆线、地下管线等的关系，并保证树木有必要

的立地条件与生长空间。

③应以乔木为主,乔木、灌木、地被植物相结合,不得裸露土壤。

④应符合行车视距和行车净空的要求。

⑤植物种植应适地、适树,并符合植物间伴生的生态习性。

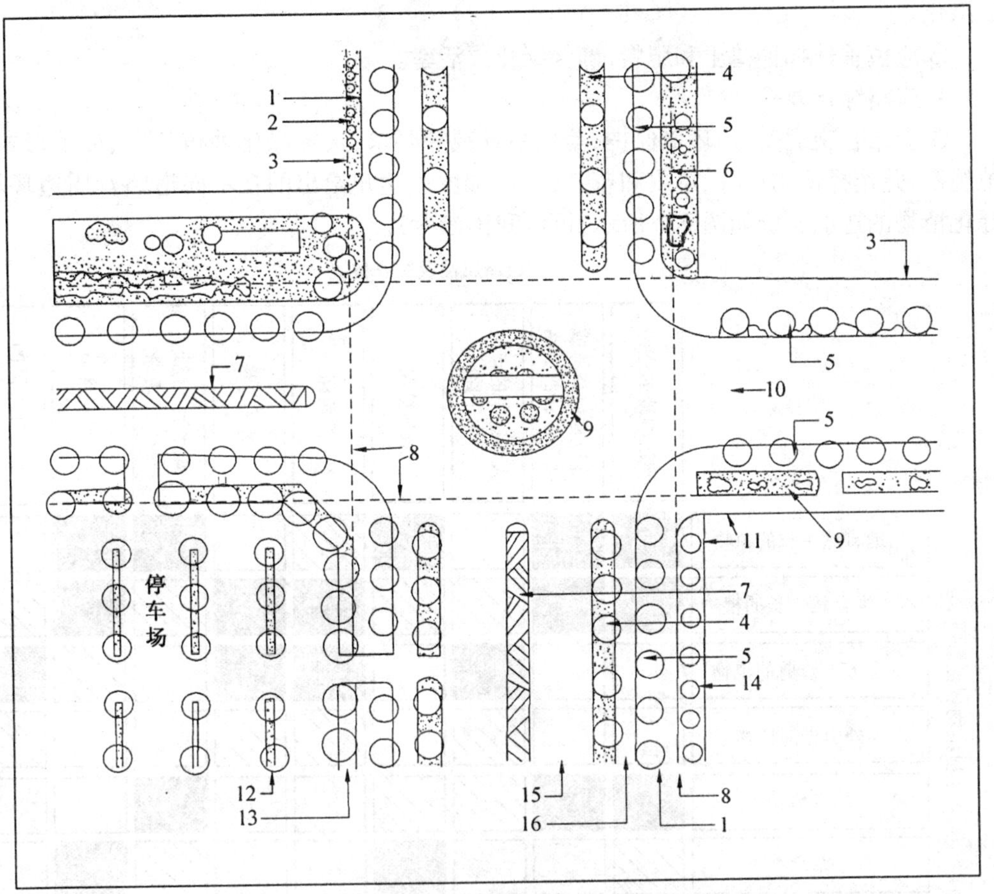

图9.1　道路绿化示意图

1—人行道;2—路侧绿带;3—道路红线;4—两侧分车绿带;5—行道树绿带;6—路侧绿带与道路红线外侧绿地结合带;7—中间分车绿带;8—道路红线;9—中心岛绿地;10—行车道;11—建筑线;12—停车间隔带绿化;13—停车场周边绿地;14—道路红线外侧绿地;15—机动车道;16—非机动车道

⑥修建道路时,宜保留有价值的原有树木,对古树名木应予以保护。

⑦道路绿地应符合排水要求并与城市排水系统相结合,防止绿地内积水和水土流失。

⑧道路绿化应远期与近期相结合。

(2)公路绿化设计原则

在公路用地范围内应大力进行绿化,美化路容,保护环境,积累木材资源,设计时应注意以下原则:

①在公路路肩上不得种树,在交叉范围内和弯道内侧植树时应满足视距要求,粗细树枝均不得伸入公路建筑限界内。

②公路两侧边坡、分隔带、弃土堆等,必须根据道路等级与景观要求,因地制宜地种植

乔木、灌木、花卉、草皮和绿篱。

③公路行道树只能在边坡以外种植，护坡道上只宜栽种灌木。种植的树种，宜按路段变化。

④应结合当地地形、景观及建筑美学等要求，合理规划、设计公路服务区等服务设施的绿化。

⑤应慎重选择种植土和肥料，确保绿化成活率。

4. 道路绿化要求

①应结合交通安全、环境保护、美化与景观等要求，选择绿化种植位置、种植形式、种植规模，并选择适当树种、草皮和花卉（美国福罗里达州给出的在不同道路及周边环境下绿化植物的选取建议如图 9.2 所示，可供我国参考）。

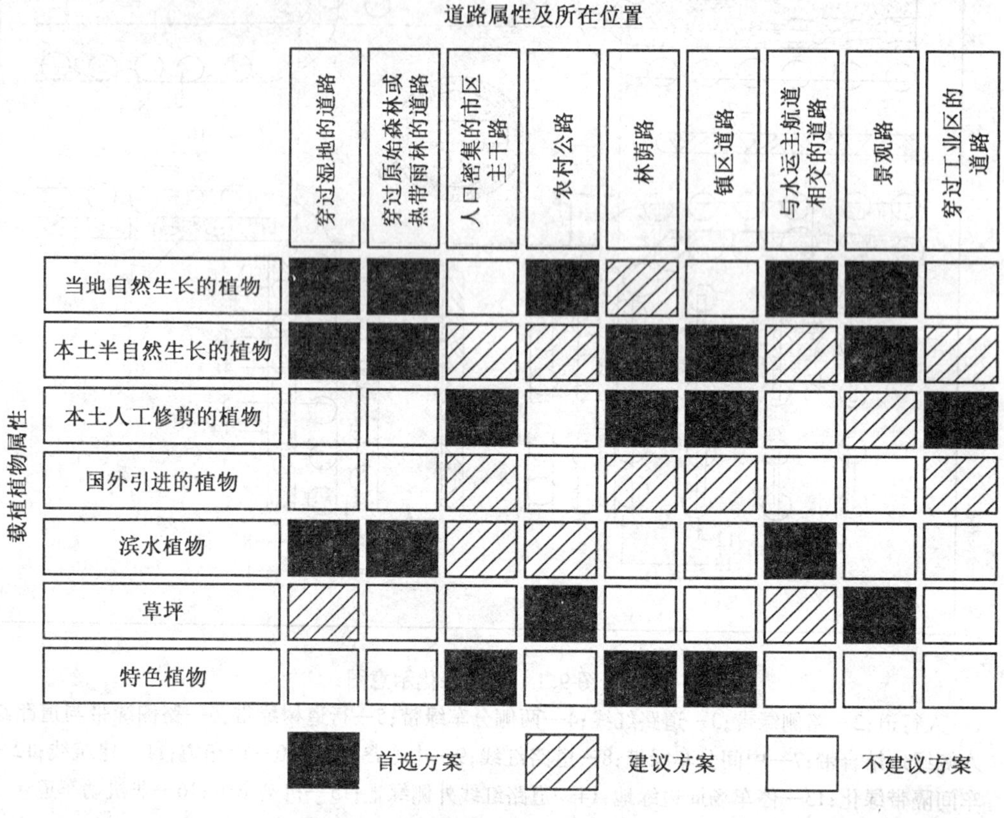

图 9.2　道路环境及其适宜的绿化植物

②道路绿化设计应综合考虑沿街建筑性质、环境、日照、通风等因素，分段种植；在同一路段内的树种、形态、高矮与色彩不宜变化过大，并做到整齐规则、和谐一致；绿化布置应乔木与灌木、落叶与常绿、树木与花卉草皮相结合，色彩和谐、层次鲜明、四季景色不同。

③绿化宽度宜为红线宽度的 15% ~30%，对游览性道路、滨河路及有美化要求的道路可提高绿化比例；植树的分隔带最小宽度为 1.5 m，较宽的分隔带可考虑树木、草皮、花卉等的综合布置；当人流、车流较多或两侧有大型建筑物时，应采用既隔离又通透的开放式种植。

④郊区道路应根据各路段地势、土壤等分段种植，避免种植方式单调；在通往风景区

的游览胜地及有美化要求的重要路段要加强绿化,反映城市特色;在填方或挖方路段可在路堤或路堑边坡上种植草皮,在不影响视线地段可种植灌木。

⑤在道路平面、纵断面及横断面设计时应注意保护古树名木;对现有树木、树林等应注意保留,以改善沿路环境,并将沿线风景点组织到视线内。

⑥环形交叉口交通岛的绿化应在保证视距的前提下进行诱导视线种植,并与城市景观结合,体现城市特点。

⑦根据互通式立体交叉各组成部分的不同功能进行绿化设计;沿变速车道及匝道应种植诱导视线的树木,并保证视距;此外应充分利用匝道范围内平缓的坡面布置草坪,点缀有观赏价值的常绿树、灌木、花卉等。

⑧广场绿化应根据广场的性质、规模及功能进行设计;结合交通导流设施,可采用封闭式种植;对于休憩绿地可采用开敞式种植,并可相应布置建筑小品、座椅、水池和林阴小路。

⑨停车场绿化应有利于汽车集散、人车分隔、保障安全、不影响夜间照明,并应考虑改善环境,为车辆遮阳;绿化布置可利用双排背对车位的尾距间隔种植乔木,树木分枝高度应满足车辆净高的要求;此外,还应充分利用边角空地布置绿化;风景区停车场应充分利用原有自然树木遮阳,因地制宜布置车位。

5. 道路绿化设计时的交通安全要求

(1)道路绿化设计应满足侧向净区的要求

道路侧向净区(clear zone)是指起始于外侧行车道边缘的路侧横向区域,如图9.3所示。当驾驶员因失误而驶出路外时,该区域可提供空间使之有机会纠正错误并驶回行车道或减轻在净区内发生故事时的严重程度。路侧净区的宽度取决于道路设计速度以及远景年的交通量。在路侧净区内进行绿化时,不宜种植粗大树木。根据佛罗里达州交通运输部门的规定,路侧净区内在地面150 mm以上处任何植物的树干直径均不应超过100 mm。

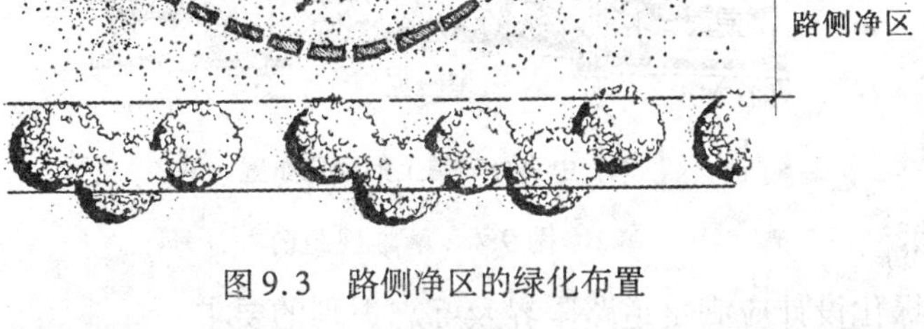

图9.3　路侧净区的绿化布置

(2)道路绿化设计应满足行车视距的要求

满足行车视距(sight distance)要求是保障道路交通安全的重要基础条件之一。道路上容易产生视距不良的地点包括小半径平曲线内侧、竖曲线的顶部或底部、交叉口处的视距三角区等。因此,我国规定在弯道内侧及交叉口视距三角形范围内,不得种植高于最外侧机动车车道中线处路面标高 1 m 以上的树木,如图 9.4 和图 9.5 所示。佛罗里达州交通运输部门对此规定的清晰视距窗如图 9.6 所示。

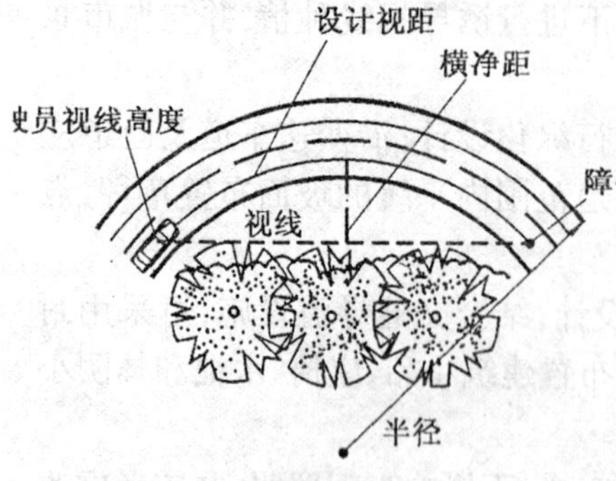

图 9.4　弯道内侧的绿化布置

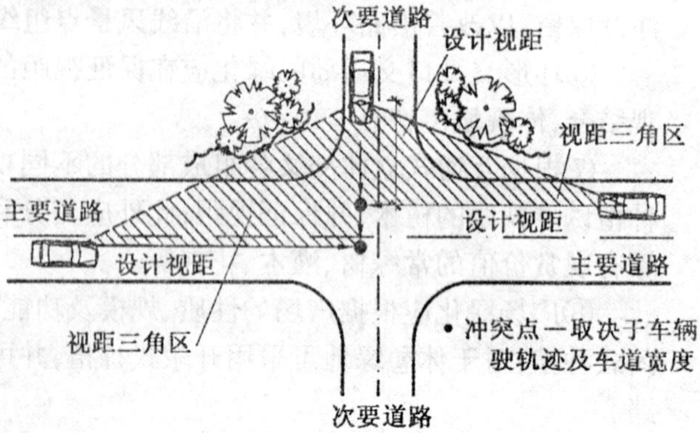

图 9.5　交叉口视距三角区的绿化布置

(a) 平曲线处的清晰视距窗

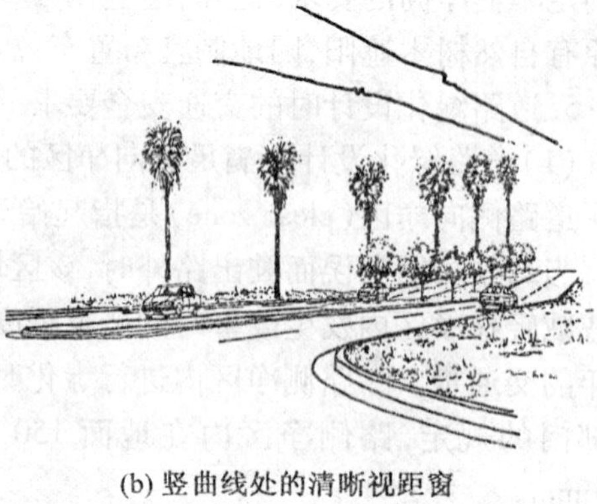

(b) 竖曲线处的清晰视距窗

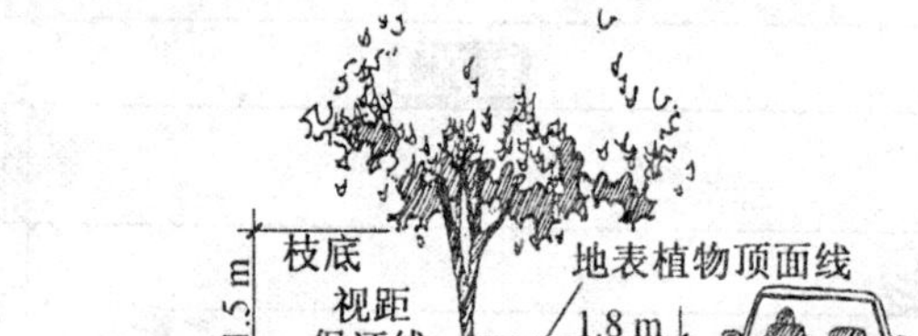

(c) 中央分隔带上的绿化布置

图 9.6　清晰视距窗

(3)道路绿化设计应满足道路限界及标志识别的要求

分隔带与路侧带上行道树的枝叶不得侵入道路限界,如图 9.7 所示。为了保证判读、识别交通标志、广告牌等,道路绿化还应满足标志的识别视距要求,如图 9.8 和图 9.9 所示。

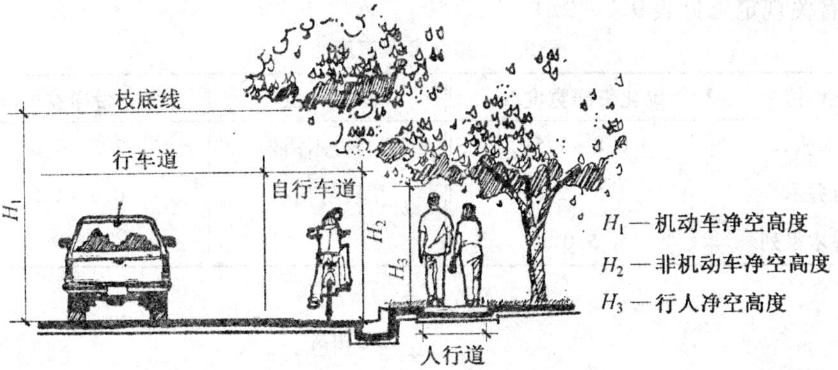

图9.7　建筑限界要求

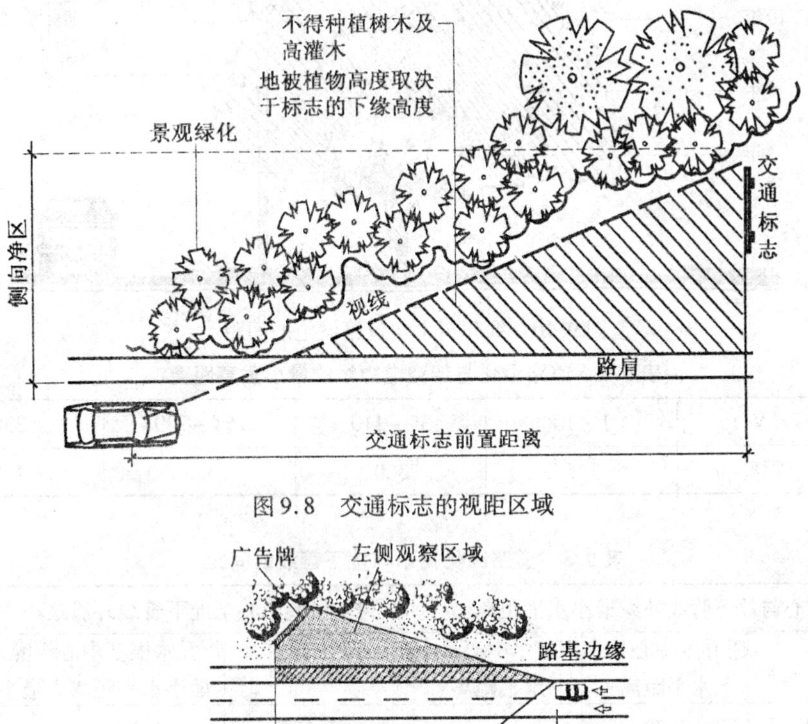

图9.8　交通标志的视距区域

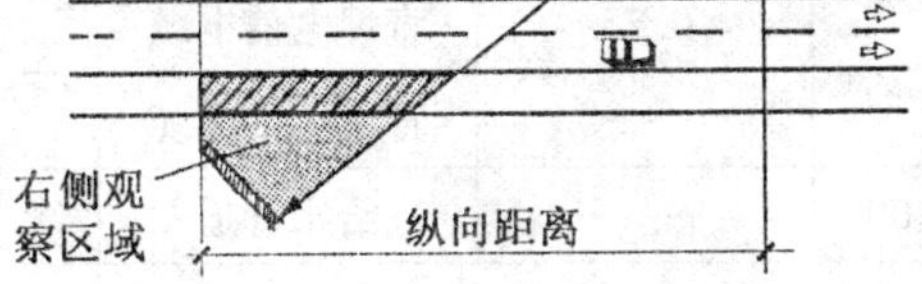

图9.9　广告牌的可视区域

6. 绿化宽度及其与其他设施的间距

为保证树木成活，便于采光和方便管理，绿化带应具有一定的宽度。不同绿化种植条件下绿化带宽度的规定见表9.1。在道路路域范围内，经常同时设有道路绿化、电力与电信电缆、给排水管线、路灯杆柱、交通标志牌等多种设施。为保证能充分发挥各种设施的功能并不产生相互干扰，道路绿化与其他设施间应满足一定的平面或竖向间距要求，如图

9.10 所示,有关规定可见表 9.2 ~9.4。

表 9.1 绿化带净宽度

绿化种植	绿化带净宽度/m	绿化种植	绿化带净宽度/m
灌木丛	0.8 ~1.5	双行乔木错列	2.5 ~4.0
单行乔木	1.5 ~2.0	草皮与花丛	0.8 ~1.5
双行乔木平列	5.0		

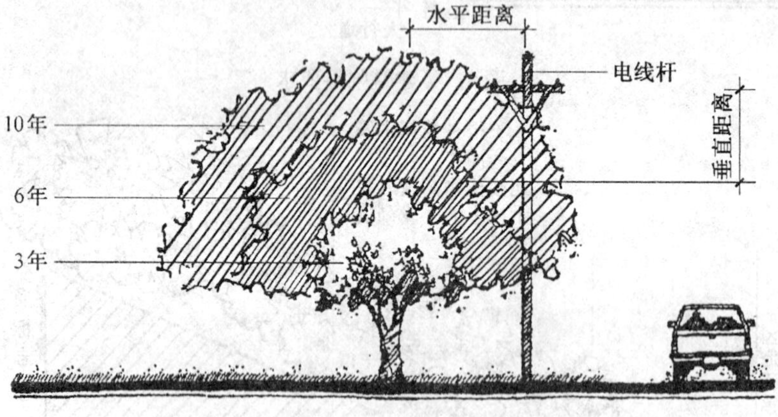

图 9.10 绿化树木与道路设施的间距

表 9.2 道路绿化与架空电力线的最小垂直距离

电压/kV	1 ~10	35 ~110	154 ~220	330
最小垂直距离/m	1.5	3.0	3.5	4.5

表 9.3 道路绿化树木与地下管线的间距 m

树木中心与地下管线外缘最小水平距离			树木根茎中心至地下管线外缘最小水平距离		
管线名称	距乔木中心最小水平距离	距灌木中心最小水平距离	管线名称	距乔木根茎中心最小水平距离	距灌木根茎中心最小水平距离
电力电缆	0.70	——	电力电缆	1.00	1.00
电信电缆	0.75	0.75	直埋电信电缆	1.00	1.00
给水管道	1.50	——	管道电信电缆	1.50	1.00
雨水管道	1.50 ~2.00	——	给水管道	1.50	1.00
煤气管道	1.20	1.20	雨水管道	1.50	1.00
热力管道	1.50	1.50	污水管道	1.50	1.00

表 9.4　道路绿化树木与其他设施最小水平距离

设施名称	低于 2 m 的围墙	挡土墙	路灯杆柱	电力、电信杆柱	消防龙头	测量水准点
至乔木中心的距离/m	1.0	1.0	2.0	1.5	1.5	2.0
至灌木中心的距离/m	——	——	——	——	2.0	2.0

7. 道路绿地布置形式

(1)按美学特征分类

根据美学特征,可将道路绿地布置形式划分为自然式、规则式和混合式三类。

①自然式。自然式是指连续而自然的绿化景观组合,利用植物层次、色彩及其与地形、地物的有机配合,形成变化较多的景观轮廓。图 9.11 即为自然式绿地布局,总的构图以圆形为主。北端设置半圆形花架,与管理房共同构成一个建筑整体,花架附近入口处设有集散广场,以疏散人流。开花乔木、栾树为广场上的遮阴树,中心广场上设有两个造型不同的圆形花坛。两个广场之间的草坪上,点植着常绿树和各种花木。几个入口通道外缘有圆形花坛和树坛作景点。绿地以成行的洋槐为边界,同时又是人行小路的遮阴树。

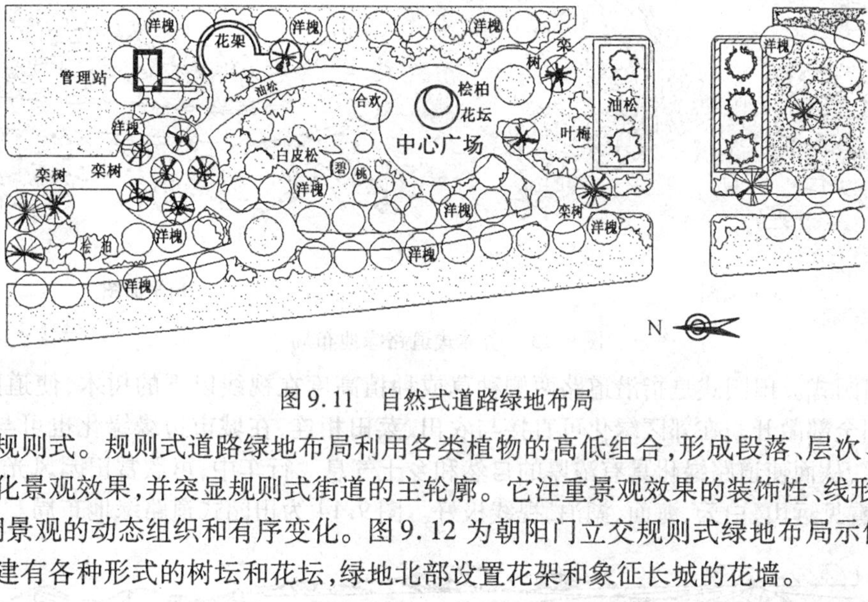

图 9.11　自然式道路绿地布局

②规则式。规则式道路绿地布局利用各类植物的高低组合,形成段落、层次、色彩鲜明的绿化景观效果,并突显规则式街道的主轮廓。它注重景观效果的装饰性、线形的连续性,强调景观的动态组织和有序变化。图 9.12 为朝阳门立交规则式绿地布局示例,绿地广场上建有各种形式的树坛和花坛,绿地北部设置花架和象征长城的花墙。

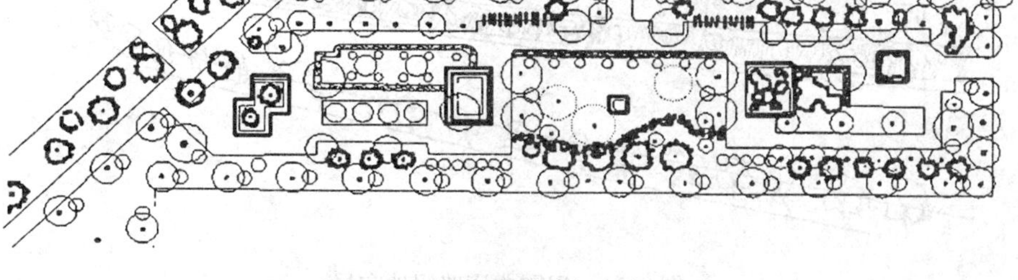

图 9.12　规则式道路绿地布局

③混合式。混合式道路绿地布局采用自然式与规则式相结合的设计手法，在综合考虑物质、精神和环境等因素的基础上，创造出一个开放、宁静的室外道路交通空间，给人以轻松、回归自然的感觉。它更多地注重个性发挥，而不刻意强调绿化景观的连续性。在城市景观中，混合式的绿化方法更多地适用于城市绿化中变化较丰富的区域。

(2)按功能及栽植形式分类

根据功能及栽植形式，可将道路绿地的布置形式划分为简易式、密林式、田园式、花园式、自然式、防护式和滨河式等类型。

①简易式。简易式是指沿道路两侧各种一行乔木或灌木，形成"一条路、两行树"的绿化格局，是道路绿化中最简单的形式。

②密林式。密林式是指沿道路两侧种植浓茂的树林，形成一个宽度在50 m以上的绿化带。绿化以乔木加杂灌木、常绿树和地被为主。行车过程中，道路两侧的其他景物不易被看到。道路经由丘陵、河湖时，可采用自然式种植，使绿化更好地适应地形条件。当采用成行、成排等整齐种植方式时，可将地形整平，使绿化景观更庄重。图9.13为密林式道路绿地布局。

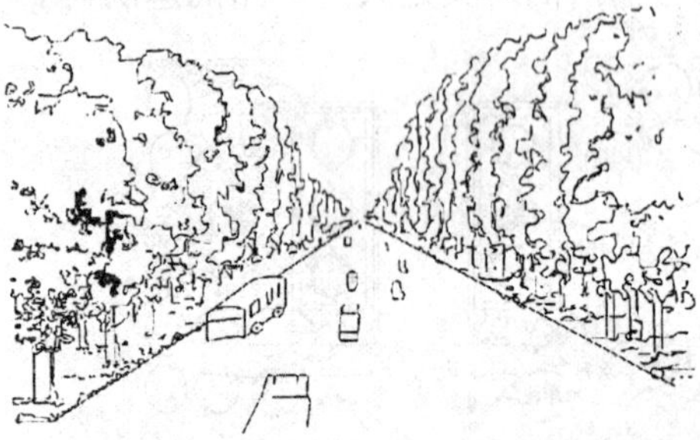
(a)立面图

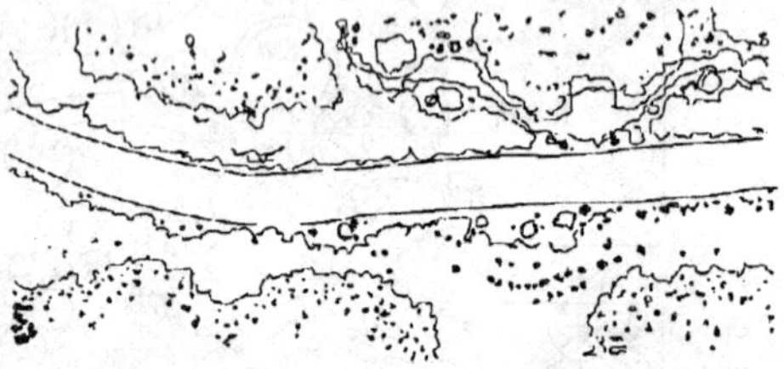
(b)平面图

图9.13　密林式道路绿地布局

③田园式。田园式是指沿道路两侧种草或种植高度在视线以下的树木，使道路及其周边空间全部敞开。在郊区绿化可直接与农田、菜田相连，在城市边缘绿化也可与苗圃、果园相邻，从而使道路绿化具有浓厚的自然和乡土气息。行车中，可欣赏田园风光或极目远望，可看见远山、白云、海面、湖泊，视线极好。图9.14为田园式道路绿地布局。

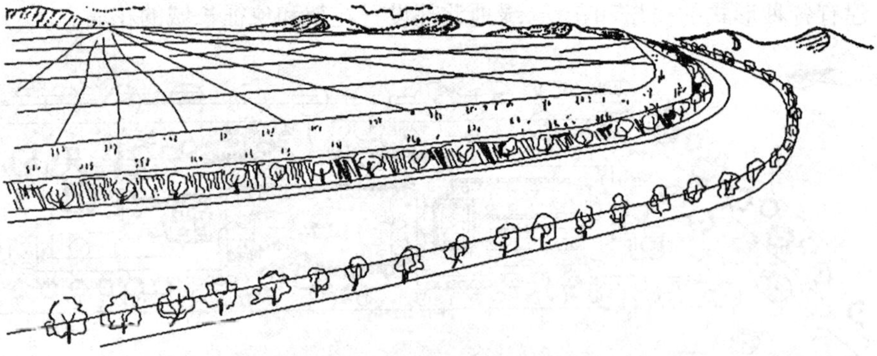

图9.14　田园式道路绿地布局

④花园式。花园式是指在商业区、闹市区等用地紧张、人口稠密的街道旁，利用一些空地布置孤立乔木或绿阴广场，如图 9.15 所示。

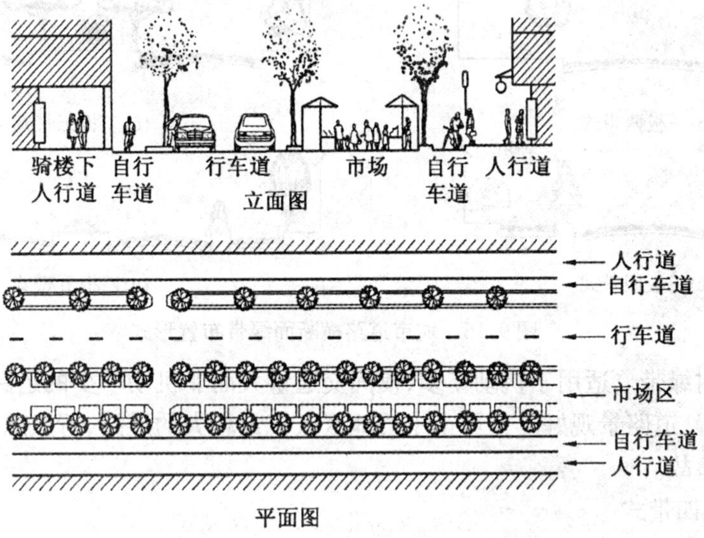

图 9.15　商业街花园式绿地布局

⑤自然式。自然式是指沿道路在一定宽度内布置有节奏变化的、高低错落的、疏密结合的自然树丛，从而创造出一种生动活泼的绿化景观环境。这种形式能很好地与附近景物配合，增强了道路的空间变化，但夏季遮阴效果不如整齐式的行道树。

⑥防护式。防护式一般用于市区，作为工业区或居住区的隔离林带，多数以防噪、防尘或防空气污染的林带与街道绿化配合设置。为实现隔离、环保作用，需要有一定的用地，最小宽度为 15 ~18 m。

⑦滨河式。道路的一面邻水，空间开阔，环境优美，是市民休息游憩的良好场所，此时可采用滨河式道路绿化。在水面不十分宽阔、对岸又无风景处，绿地可布置得较为简单，树木种植成行，岸边设护栏，树间安放座椅，供游人休憩。如水面开阔、沿岸风景较好时，可在沿水边宽阔的绿地上布置游人步道、草坪、花坛、座椅等设施。游人步道应尽量靠近水边，或设置小型广场和邻水平台，满足人们的亲水感和观景要求。

9.1.2　道路带状绿化

1. 绿化带在道路横断面上的布置

对于城市道路，绿化带在道路横断面上的布置形式主要有一板两带式、二板三带式、三板四带式及四板五带式，如图 9.16 所示。对于公路，绿化带在横断面上的布置形式主要有路堤式、路堑式及路肩式。

(1) 一板两带式

一板两带式，即 1 条车行道 2 条绿带。适用于路幅较窄，车流量不大的次干道和居住区道路，是最常见的一种形式。其优点是：简单整齐、用地经济、管理方便。其缺点是：绿化遮阴效果差。

(2) 二板三带式

二板三带式，即车行道中间以 1 条绿带隔开分成单向行驶的 2 条车行道，道路两侧各

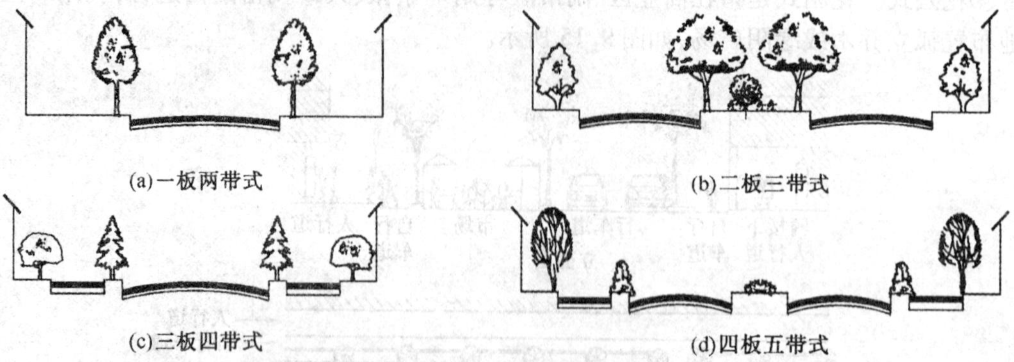

图 9.16　城市道路横断面绿带布置形式

设 1 条行道树绿带。适用于机动车多,夜间交通量大而非机动车少的道路。其优点是:有利于绿化布置,道路景观好。在城市中心地区人流量较大的道路,行人从中间绿带穿行时易造成交通事故。

(3)三板四带式

三板四带式即利用两条分隔带把车行道分成 3 条,中间为机动车道,两侧为非机动车道,连同车道两侧的行道树绿带共有 4 条绿带。适用于路辐较宽,机动车、非机动车流量大的主要交通干道。其优点是:分隔带对行人过街可起安全岛作用,较好地处理了照明灯杆与绿化的矛盾,夏季遮阴、吸尘、减噪效果好,便于实施分期绿化。其缺点是:占地较大,投资高。

(4)四板五带式

四板五带式利用 3 条分隔带将车道分为 4 条,加上两侧绿带共计有 5 条绿带,适用于大城市的交通干道。

(5)路堤、路堑及路肩式

当公路为路堤或路堑时,均可沿填方和挖方边坡布置绿带。为避免树木根系破坏路基,路面宽度在 9 m 以下时,树木不宜种在路肩上,应种植在边沟以外,距外缘 0.5 m 为宜。路面宽度在 9 m 以上时,可在路肩上植树,距边沟内缘不小于 0.5 m。

2. 人行道绿带

(1)布设要求与要点

人行道绿带种植应以行道树为主,并宜与乔木、灌木、地被植物相结合,形成连续的绿带。在行人多的路段,行道树绿带不能连续种植时,行道树之间宜采用透气性路面铺装。行道树树干中心至路缘石外侧最小距离宜为 0.75 m。在道路交叉口视距三角形范围内,行道树绿带应采用通透式配置。

植高树时,枝下高度应大于 2.5 m,并保证道牙侧的车道线有足够的空间,满足载重货车、大客车、公共汽车等大型车辆行驶及停放高度要求。植树带原则上设置在铺装步道与车道之间。但如行人较多,为了交通安全或为防止行人随意进入植树带,应设栏柱、防护网、花格栏墙等,以保证绿化的效果及必要的日照。人行道绿带最小净宽不应小于 1 m,最小长度在 15 m 以上。栽植方式可采用连续性或分段性栽植,从使用角度分析,连续性效果最好。在人行横道、立交步道台阶、地下人行过道、公共汽车站、邮筒等地点不应设置植树带。路灯、交通标志、电杆等道路附属设备可放在植树带内。

(2)行道树株距

为了保证驾驶员的视线不被绿化遮挡，能够看到人行道上的行人与建筑，人行道绿化带上的种植必须保持一定的间距。日本曾提出了以下的计算株距方法(如图9.17)可供参考。

$$S = \frac{d}{\sin \alpha} \tag{9.1}$$

式中　S—— 行道树株距；

d—— 行道树树冠直径；

α—— 前进方向的视角，一般采用60°。

当 $\alpha = 30°$ 时，行道树株距为树冠直径的两倍，即

$$S = \frac{d}{\sin \alpha} = \frac{d}{0.5} = 2d$$

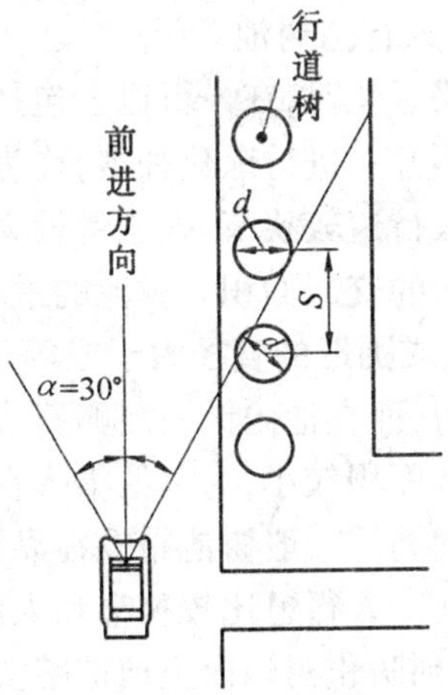

图9.17　行道树株距计算示意图

(3)防噪及减尘效果

只种植一排阴浓大树的行道树，树冠形成后，就会对沿街二、三层建筑物产生减噪作用。汽车噪声穿过12 m宽的叶层后可减少12 dB左右，如图9.18(a)所示。采用宽18 m的三排行道树时，降噪声效果明显提高，噪声可减少16 dB左右，如图9.18(b)所示。当采用宽36 m的多排行道树时，降噪效果达到最佳，比自然衰减量多10～15 dB，如图9.18(c)所示。绿篱隔离带的降噪效果也十分明显，一行乔木、一行高2.7 m的绿篱，可减少噪声8.5 dB，如图9.18(d)所示。

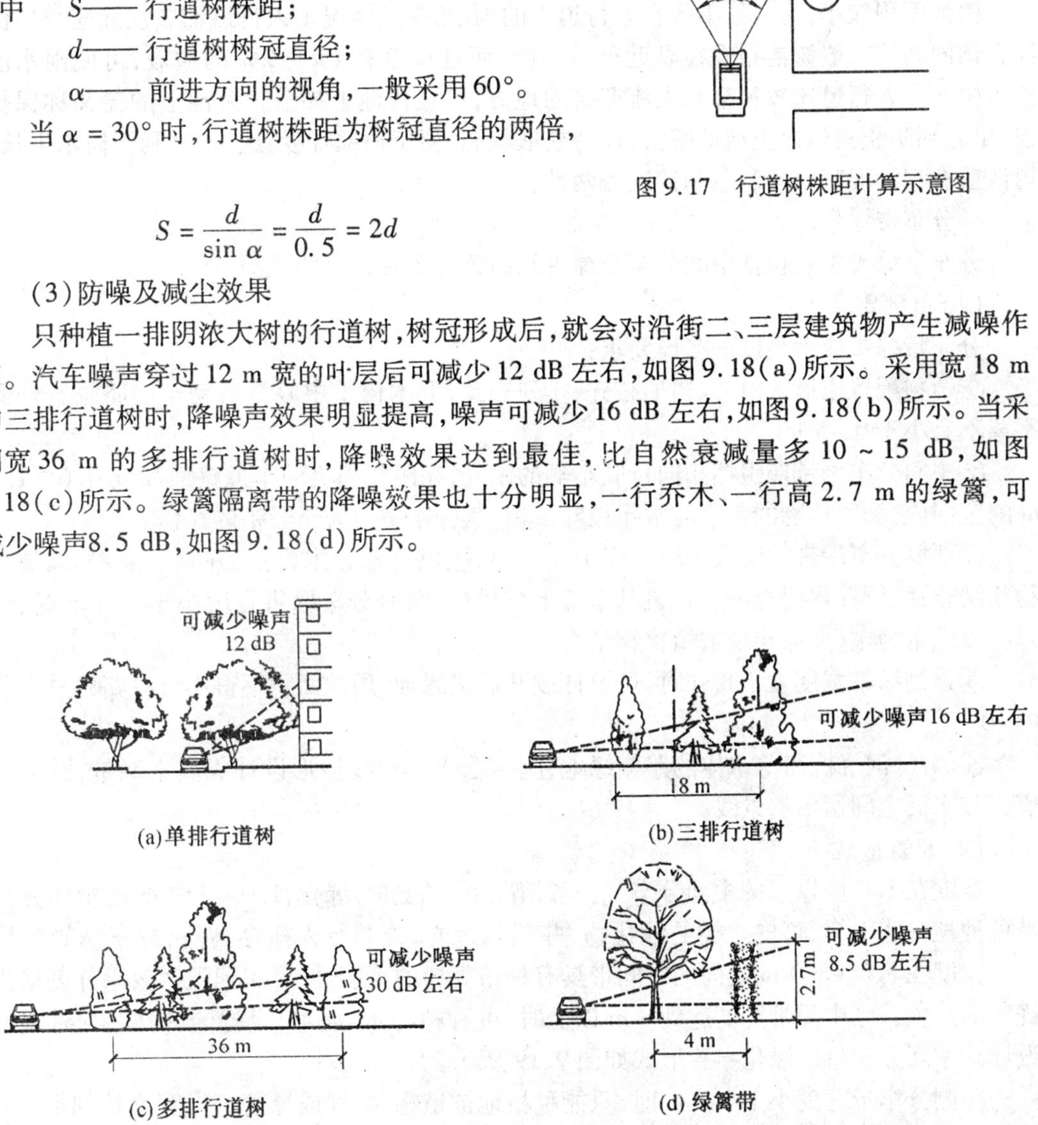

图9.18　行道树的防噪效果

绿化带宽4 m，种植一行乔木与一行灌木时，减尘率可达50%以上。当绿地宽度增至6 m，种植两行乔木、两行灌木时，减尘率可达80%以上。种植了常绿乔木、灌木、绿篱和

草地的 5 m 绿化带,减尘率可达 90% 以上。

(4)人行道树池

道路绿化时,在人行道上包括广场、交通岛上有时必须留出一些土地面,这些土地面用缘石隔开并进行绿化种植,称为树池。

当人行道较狭窄、人流量较大时,用暴露泥土的方形、长方形或圆形的树池绿化,可不占用较大的交通面积。树池的最小尺寸不小于 1.25 m×1.25 m;或长方形的宽与长之比为 1∶2;或圆形的直径大于或等于 1.5 m。为了使水流入池内,避免尘土起扬或践踏,可不做池边,而在池内铺一层卵石或粗砂。

树池面积较小,为了汇集降在人行道上的雨水,一般情况下人行道铺装顶面应与树池缘石顶同高。一般树池布设在靠近车道一侧,而且步道有 1% ~2% 的横坡,可使雨水能流入树池。人行道比较狭窄和人流拥挤的地方,可在树池上加盖。树池上的盖又称保护盖,可起到防止树池内土地被踏实,保持松散状态,便于根部呼吸、透水,有利于树木生长。树池盖有钢筋混凝土预制盖和铸铁盖两种。

3. 分车带绿带

分车带绿带主要包括中间分车带绿带和路侧分车带绿带两大类。

(1)布设要求

分车带绿带应满足以下布设要求:

①植物配置应形式简洁、树形整齐、排列一致,乔木树干中心至机动车道路缘石外侧距离不宜小于 0.75 m。

②中间分车绿带应阻挡相向行驶车辆的眩光,在距相邻机动车道路面高度 0.6 ~1.5 m 的范围内,配置植物的树冠应常年枝叶茂密,其株距不得大于冠幅的 5 倍。

③两侧分车绿带宽度大于或等于 1.5 m 时,应以种植乔木为主,并宜与灌木、地被植物相结合;两侧乔木树冠不宜在机动车道上方搭接;两侧分车绿带宽度小于 1.5 m 时,应以种植灌木为主,并应与地被植物相结合。

④路侧绿带宽度大于 8 m 时,可设计成开放式绿地,用地面积不得小于该路段总面积的 70%。

⑤邻江、河、湖、海等水体的路侧绿地,应结合水面岸线地形设计成滨水绿带,并应在道路和水面之间留出透景线。

(2)布置形式

宽度在 1.0 m 以下的中间分车带一般情况下不能进行绿化,1.0 ~3.0 m 的中间分车带可种植一些低树、草皮之类的绿化物,并起到遮光、控制行人横穿马路、行车诱导等作用。宽度在 3.0 ~8.0 m 之间的中间带具有种植高树的可能性,可起到阻拦效果并创造出优美的景色。当中间带宽度达到 8 m 以上时,可种植乔木、灌木、绿篱,或按林阴路、园林设计。中间分车带的绿化布置形式如图 9.19 所示。

路侧分车带宽度小于 1.5 m 时,只能种植地被植物、草坪或绿篱。当宽度达到 1.5 m 时,可种植单行乔木、单行灌木,或乔木与灌木间植。宽度大于 1.5 m 的路侧分车带,可种植双行乔木,或乔木、灌木与绿篱的组合。路侧分车带绿带的布置形式如图 9.20 所示。

(3)绿带上的人行横道及停靠站

①人行横道布置。位于快车道与慢车道之间的分车绿带,当行人横穿道路时必然横

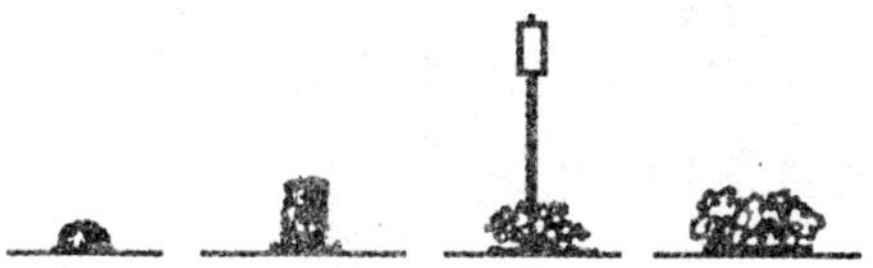

(a) 1~3 m 的中间分车绿带

(b) 3~8 m 的中间分车绿带

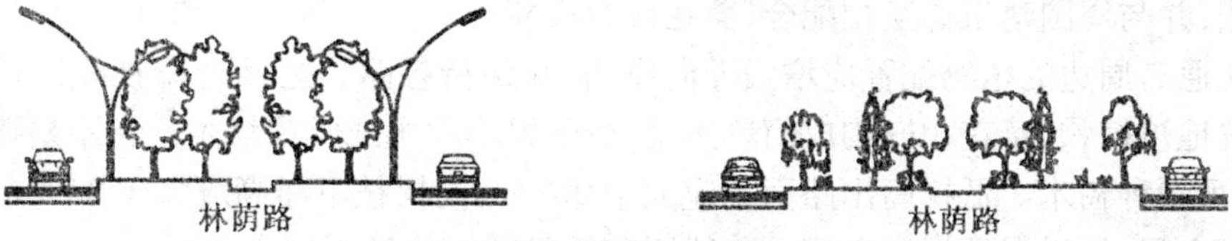

(c) 8 m 以上的中间分车绿带

图 9.19　中间分车绿带布置

(a)宽度小于 1.5 m 的路侧分车绿带

(b)宽度等于 1.5 m 的路侧分车绿带

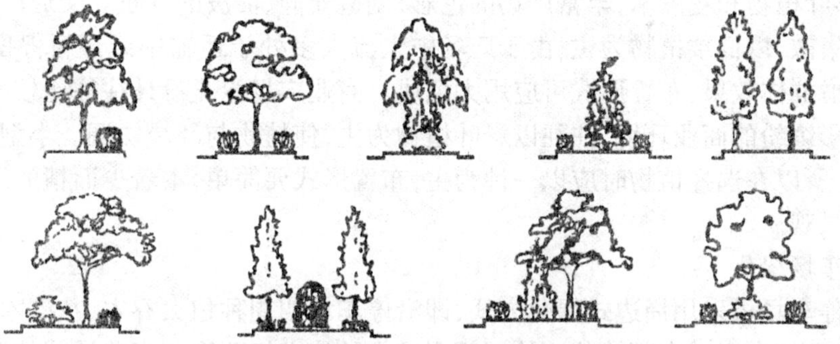

(c)宽度大于 1.5 m 的路侧分车绿带

图 9.20　路侧分车绿带布置

穿分车绿带，此时应根据人行横道线在分车绿带上的不同位置，采用相应的设计方法，既要满足行人横穿马路的要求，又不致影响分车绿带的整齐美观。

当人行横道在绿带顶端通过时，可不进行绿化，只在横道线的位置上铺装混凝土方砖即可。当人行横道线在靠近绿带顶端通过时，可在绿带顶端留有一小块绿地，种植低矮植物或花卉、草地。当人行横道在分车带绿带中间某处通过时，在该处不能种植绿篱和灌木，常绿乔木若分枝点低也不宜栽种，可种植落叶乔木。

②公交停靠站布置。公共交通的中途停靠站经常会设置在分车带绿带上。平均每一条大型公共汽车或无轨电车线路要留出 30 m 长的停靠站，若一个车站上有三条线路的车辆停靠，车站就要有 90 m 长。因此，分车带绿带上汽车停靠站处理是否得当，对分车带绿带的面貌会有很大的影响。在停靠站上尽可能以种植乔木为主，以便夏季为乘客提供树阴。至于能否种植绿篱或灌木，要根据分车带绿带的宽度来决定。一般宽度在 5 m 以上的分车带绿带，在不影响乘客候车的情况下，可种植少量绿篱和灌木，并设矮栏杆保护树

木。

9.1.3 道路集中式绿化

1. 交通岛绿化

导流岛、环岛等交通岛的绿化主要是辅助交通设施显示街道的空间界限，起到分界线的作用，并与周围建筑群互相配合，美化市容市貌。

交通岛周边的植物配置应增强导向作用，并保持各路口之间行车视线的通透。绿地应配置地被植物，草花相嵌构成简单图案，少配置小乔木或常绿灌木。在不妨碍视线的情况下，可栽种树木。低树高出路面不应大于0.9 m，高树枝下净高应大于2.5 m，使树冠下有开阔空间，用以保证视线良好。一般不布置供行人休息用的小游园。

2. 广场绿化

纪念性广场植物以常绿树为主，并创造出庄严肃穆的气氛，种植方式采用成片种植，使环境的整体效果更加突出，主题更加鲜明。

对于人流集中的集会广场，种植设计要简洁，要注意植物对人流的引导，保证通透的视线，方便举行大型活动，入口处的植物应色彩鲜明，避免视觉上过于拥塞。休息娱乐广场植物材料可以相对丰富，由此创造出相对安静的空间；广场中多植落叶乔木，起遮阴作用；多植彩叶植物和花灌木，丰富广场的色彩，创造安静、活泼的气氛。交通广场的种植应方便人流集散，以低矮植物为主；由于广场中人流大多处于运输中或短暂停留，所以种植设计要考虑群体效果，布置形式可应用大色块。商业广场绿化设计往往比较简单，而且为了配合五彩缤纷的商业环境，往往以彩叶植物为主，使植物与环境协调。小型休息广场由于面积小，所以在选择植物时应以一种为主，布置形式要简单，本着少而精的原则，创造简洁优美的景观。

3. 停车场绿化

地面停车场可采用周边式绿化方式，即沿停车场四周种植大乔木、花灌木、草坪、绿篱等，进出口及停车区域全部铺装。使用频率较小的停车场可采用嵌草铺装的形式，在停车部位铺砌水泥或石材特制的嵌草砖，使停车与绿化兼得，是目前较为理想的绿化手段。周边式绿化停车场具有视野开阔、进出方便、看护便利、绿化集中、便于管理等优点，但也存在着夏季无树木遮阴、太阳暴晒、对车有灼伤等缺点。

建在地上建筑物下面的地下停车场，其绿化属于建筑绿化范畴。对于有些地下停车场，若地上为广场，则该停车场绿化属于广场绿化范畴，不能种植乔木，可种植低矮灌木或地被植物，但应处理好排水问题。部分临时停车可在路边设凹入式的“停车港”，其绿化形式比较简单，只需要在其周围种植树木，使汽车在树阴下不致被太阳暴晒即可，如图9.21所示。

停车场种植的庇荫乔木可选择行道树种，其树木枝下高度应符合停车位净高度的规定：小型汽车为2.5 m，中型汽车为3.5 m，载货汽车为4.5 m。停车场绿化布置中的有关尺寸规定，如图9.22所示。

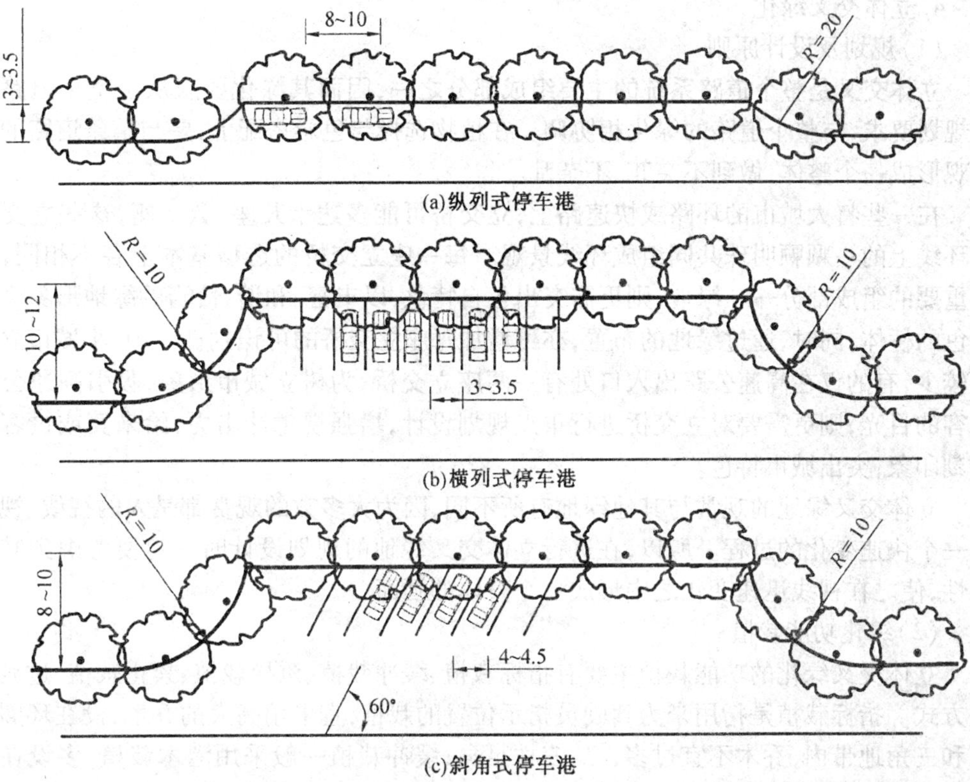

图 9.21　停车港绿化(单位:m)

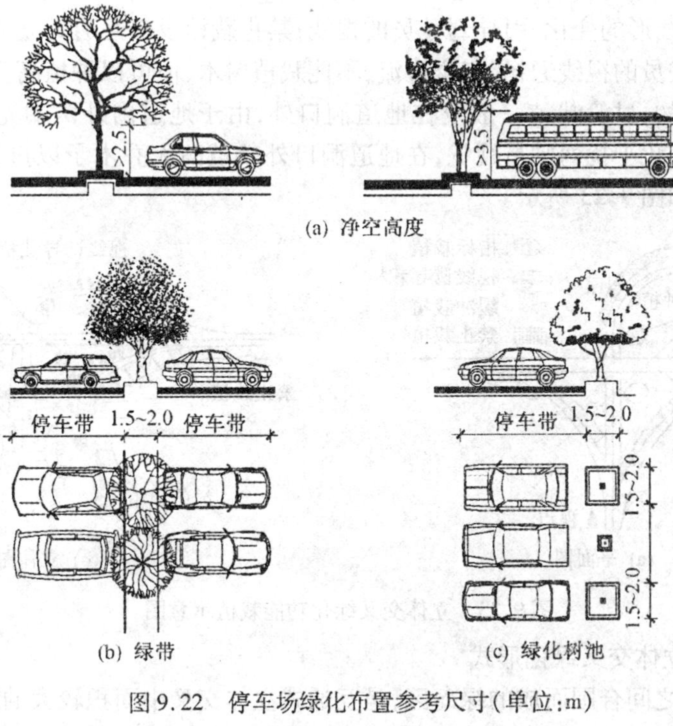

图 9.22　停车场绿化布置参考尺寸(单位:m)

4. 立体交叉绿化

(1)规划及设计原则

立体交叉是整个道路系统的主要组成部分之一,因而其绿化要服从于整个道路的总体规划要求,与整个道路的绿化相协调。在植物选择与色彩搭配上,要与整条道路的绿化景观形成一个整体,做到不突兀、不杂乱。

在一些特大城市的环路或快速路上,立交桥可能多达十几座、数十座,这些立交桥如同环线上的一颗颗明珠共同组成环线景观。每一座立交桥的造型基本上各不相同,作为其重要的组成部分——绿地,则更需突出各自特色,以丰富、和谐、恰当的绿地形象去装点灰色的桥体,同时,通过绿地的布置,亦可增加每座立交桥的可识别性。中、小城市立交桥比较少,有的仅在高速公路出入口处有一两座立交桥,为树立城市形象,吸引高速公路上过客的目光,则更需要对立交桥进行重点规划设计,增强视觉冲击力,给来宾或过客留下深刻印象,突出城市特色。

立体交叉绿地的观赏与其他绿地有所不同,因为大多数的观赏都是人的视线、视角处于一个快速变化的过程。所以,在进行立体交叉绿地的规划设计时一定要考虑到其观赏特性,使之在视线迅速变化之中形成一个整体的画面。

(2)绿化功能栽植

立体交叉绿化的功能栽植主要有指标栽植、缓冲栽植、诱导栽植、禁止栽植、过渡栽植等方式。指标栽植是指用来为驾驶员指示位置的栽植,宜采用高大的乔木,设在环圈式匝道和三角地带内,乔木不宜过多,二、三株足矣;缓冲栽植一般采用灌木栽植,多设在主线和匝道相交处用来缩小视野,间接引导驾驶员降低车速或在车辆因分流不及而失控时缓和冲击,减轻事故损失;诱导栽植多采用小乔木,设在变速车道及匝道平曲线外侧,用来为驾驶员预告匝道线形的变化,引导驾驶员的视线;禁止栽植设在互通式立体交叉的各合流处,为了保证驾驶员的视线通畅,安全合流,不能栽植树木,但可以种植高度在0.8 m以下的花丛和地被植物;过渡栽植一般设在地道洞口外,由于地道内外两端光线明暗急剧变化,为防止光线变化干扰驾驶员视觉,在地道洞口外栽植高大乔木予以过渡;各种功能栽植的设置地点,如图9.23所示。

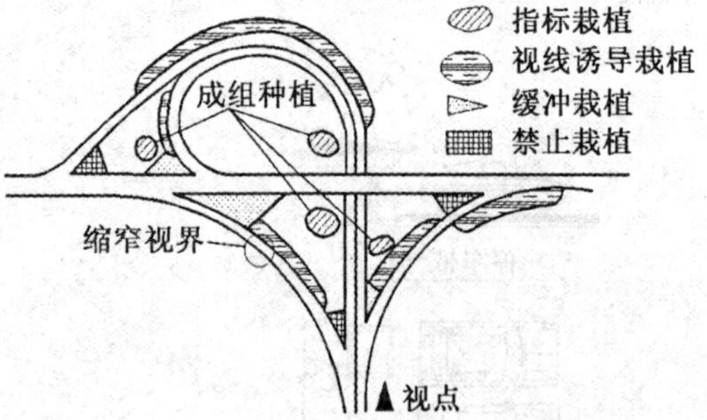

(a) 平面图

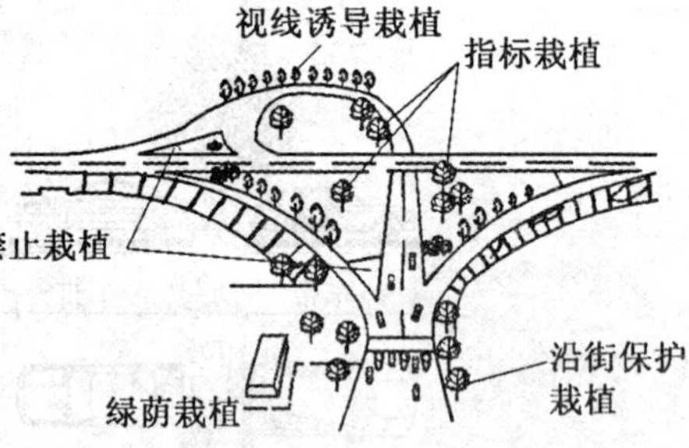

(b) 立体图

图9.23 立体交叉绿化功能栽植示意图

(3)互通式立体交叉绿化形式

主线与匝道之间合围而成的绿岛区,是互通式立体交叉中面积较大的绿化地段,也是容易创造出景观特色的区域。其绿化形式一般有规则式、自然式、图案式、街心花园式及垂直绿化式等形式。

①规则式。规则式主要以等距栽植的乔木、灌木为主，配置一些宿根花卉、乔木，形成比较规则的构图形式。这种布局形式整齐有序、次序井然，具有较强的引导性和指导性，有一种重复的韵律美，是我国立交桥绿化中最早采用的一种布局方式。

②自然式。自然式立交绿地以自然布置植物为主要种植形式，并由此创造出优美的自然风光。它注重植物的姿态美、群体美、色彩美，突出植物的季相特点。这种形式多用于高速公路立交桥绿化中，尤其是在立交桥出口距离城市较远，位于一片田野之中而周围又没有建筑陪衬时，可使立交桥的绿化与田野自然景观相协调。

③图案式。图案式绿化布局多用于城市立体交叉。布局以平面构成为主，用植物材料或硬质材料组合成具体或抽象的图案，体现出较强的图案效果。因城市互通式立体交叉周边多为具有时代气息的城市建筑，因而采用图案式绿化布局可使立体交叉的绿化更好地适应城市面貌，并体现时代特色。

④街心花园式。街心花园式一般用于绿岛面积较大的立体交叉。在不影响交通的前提下，在绿地中布置活动广场、游戏设施，设置园路、花坛、座椅等，为立交周围的居民提供服务。但这种布局方式只适用于城市绿岛面积大且交通量较小的立交绿化中。行人穿越道路进入绿地势必会影响交通，并产生安全隐患，所以这种布局形式应用较少。

⑤垂直绿化式。立交桥的垂直立面多，可供垂直绿化面积大，所以应多采用攀缘植物，以桥体为依托，将植物引向纵深发展，把绿地向垂直方向延伸。同时，通过绿色植物的覆盖，也可遮挡色彩较单一的立交桥桥体。

9.1.4　公路绿化

1. 概述

(1)公路绿化功能与特点

公路绿化的功能包括以下几个方面：利于路基的稳定，防止雨水冲刷；保护路面，调节温度和湿度；利于诱导机动车辆安全行驶；防止公路环境污染，降低行车噪声；丰富公路两侧景观，有利于驾驶员、乘客及沿线居民的身心健康；扩大国土绿化面积，改善生态平衡。

公路绿化的特点是：具有很强的季节性、地域性和群众性，高等级公路的绿化具有点、线、面综合性和多功能性，另外可利用自然条件使自然景观与人工造景和谐统一。

(2)公路绿化要求

平原区公路绿化应配合农田水利建设，栽植单行或多行防护林带，以减轻或消除风、沙、雪、水等对公路的危害。山区公路应发展具有防护效能的绿化工程，如防护林带、草皮护坡等，用以含蓄水分、滞缓地表径流、减轻水土流失、防冲刷、防坍固坡。草原区公路应在线路两侧栽植防风、防雪的防护林带，以阻挡风、雪对公路的侵害。风沙危害区公路应栽植耐干旱、根系发达、固沙能力强的植物品种，以营造公路防风、固沙林带为主。盐碱区公路应选择抗盐碱、耐水湿的乔木、灌木品种，配栽成多行的绿化带，以降低地下水位、改善土壤结构。通过名胜、古迹、风景疗养区及主要港口、机场等地的公路，应以美化为主，营造风景林带。

高速公路绿化时，两侧土路肩、边坡以种植人工草为主，中间分隔带应种植不同颜色的灌木、花卉和草皮，不宜栽植乔木。一级公路绿化应以乔木为主，可配植一些灌木和花草。其中,平原路段应以人工造景为主;山区路段应以自然景观与人工造景相结合的方式绿化,并尽可能利用自然景观;位于城市郊区的路段,有中央分隔带或分道行驶隔离带的,可栽植绿篱和花草,绿篱的高度以60~120 cm为宜,在平曲线处可适当高些,起防眩作用。二级公路绿化应尽量采用乔木与灌木相结合的方式进行,避免单一品种长距离栽植,并充分体现当地特色。三、四级公路车速较慢,可采用行列对称式的栽植方式绿化。

在平面交叉、立体交叉以及隧道进出口等地,应根据地形条件进行绿化,并符合下列要求:

①平面交叉处应按设计要求留出规定的视距,在视距影响范围以内,不应种植乔木,可栽植常绿灌木、绿篱和花草;

②小半径平面曲线外侧宜栽植成行的乔木,以诱导汽车行驶,增加安全感;

③立体交叉分割出来的环岛,宜铺植开阔的草坪,其上点缀一些灌木和花卉;

④隧道进出口两侧30~50 m以内,宜栽植高大乔木遮阴,以适应驾驶员视觉对隧道内外光线的变化,保障车辆安全行驶。

(3)公路绿化树种选择

公路绿化在选择树种时,应遵循以下几个原则:

①适地适树。根据绿化路段的土壤、温度、光照、地形、地势等实际情况,选择与当地自然条件相适应或基本适应的树木及花草,达到"地"和"树"的统一。

②耐干旱瘠薄。公路两侧土质条件大部分肥力低、含水量差、底墒不足,为保证绿化成活率,应选择具有耐干旱瘠薄的树木,如刺槐、臭椿、黑松、侧柏、落叶松、青桐、构树、沙棘、杜梨等。

③抗性强。公路上来往车辆、行人络绎不绝,路面油料及机动车尾气挥发出有毒气体等都直接影响着树木的成活。为保证公路的绿化效果,应选择具有抗毒气、灰尘及污染的树木,如柳树、苦楝 、白榆、水曲柳、白腊、女贞、紫穗槐等。

④观赏性强。旅游路线及城市出入口路段及固定美化点等,应选择具有观赏价值的树木,如银杏、火炬树、广玉兰、紫薇、丁香、月季、紫花刺槐、白皮松、桧柏等。

2.公路绿化功能栽植

公路绿化功能栽植主要有指示栽植、视线诱导栽植、遮光栽植、缓冲栽植、明暗适应栽植、遮蔽栽植等形式。

(1)指示栽植

指示栽植就是为通行者指示行驶位置、路线进出口位置的栽植。在每个出入口都尽可能改变主树种,使之具有当地色彩,又能收到地区指示的效果,如图9.24(a)所示。

(2)视线诱导栽植

视线诱导栽植是一种用于预告路线线形变化、引导驾驶员视线的栽植,它对安全行驶是非常有利的,如图9.24(b)所示。

(3)遮光栽植

遮光栽植主要用于遮挡来自对面或侧道汽车灯的光线,起到防眩作用。遮光树的高度应根据驾驶员眼睛的高度而定,一般汽车需要1.5 m,大型汽车需要2.0 m。高速公路上遮光栽植的植树间隔和树冠直径应符合表9.5中的规定。

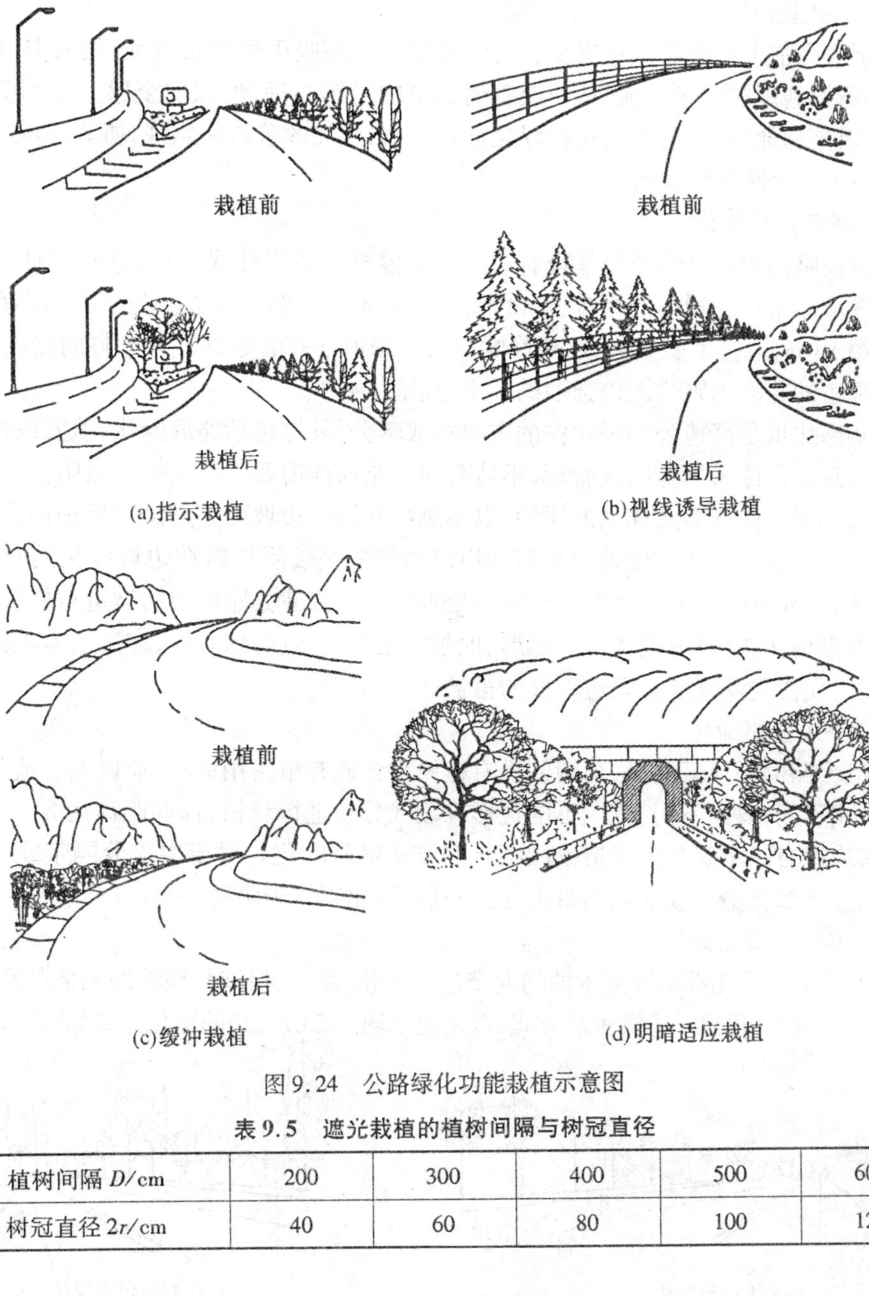

图 9.24　公路绿化功能栽植示意图

表 9.5　遮光栽植的植树间隔与树冠直径

植树间隔 D/cm	200	300	400	500	600
树冠直径 $2r$/cm	40	60	80	100	120

(4)缓冲栽植

缓冲栽植是在汽车肇事时为了缓和冲击、减轻事故严重程度而设置的一种栽植方法。当失事车辆撞到有弹性的、枝条强劲有力的或又宽又厚的灌木时，尽管树被撞倒，车体和驾驶员都可免遭巨大损伤，如图 9.24(c)所示。

(5)明暗适应栽植

明暗适应栽植是一种为缓和光线明暗急剧变化而设置的栽植。例如，在隧道入口处栽植高大树木，可使侧方光线形成明暗参差的阴影，从而使亮度逐渐变化，如图 9.24(d)所示。

(6)遮蔽栽植

对于居高临下容易产生不安全感的路段以及容易吸引驾驶员视线、转移其注意力的地点,都需要利用树木来遮掩,从而改善驾驶员的行车心理、增强安全感。有不美观的建筑物、垃圾堆积地等,也可利用植树绿化加以遮挡,从而改善道路景观,协调环境。

3. 各等级公路的绿化要求

(1)高速公路绿化

高速公路的中央分隔带经常设有浅灰色的混凝土或梁柱式护栏,绿化设计要在这一区域内形成一条比护栏高的绿带,可由绿篱、花灌木和小乔木组成。花灌木和小乔木的间距可采用 10 m,冠幅不能太大,以免影响交通。修剪整齐的绿篱可与平整的路面相协调,而等距种植的花灌木则给人以强烈的节奏感。

两侧绿化也是高速公路绿化中的重要组成部分,具体包括路肩绿化、填方或挖方边坡绿化等。高速公路采用封闭式管理,不像普通公路那样需要为行人提供绿阴。因此,路肩绿化应多选用一些低矮成球状的树种,以不遮挡视线。边坡可采用两种处理形式:装饰性处理和自然化处理。装饰性处理是指利用植物和一些硬质材料在边坡绿化的同时,进行图案美化,车如行驶在画廊之中。自然化处理是指在修建公路时对边坡进行修整,使边坡与自然地形衔接,尽量不破坏自然地形、地貌和植被,在进行绿化时,多采用本土植物自然式栽植,以便使它恢复成与周边一样的植被。

(2)一级公路绿化

一级公路的平原区路段,当两侧设有植树平台或有植树用地时,应以人工造景绿化为主,可采用不同树种、不同高度、不同冠形分段或分组进行栽植,株间距离为 8 ~ 10 m。山区路段,应以自然景观与人工造景相结合的方式进行绿化。对于中央分隔带或分道行驶隔离带,要把绿化重点放在隔离带上,路两侧的绿化则作为陪衬。

(3)其他等级公路绿化

二级公路应采用乔木和灌木株间混交进行绿化,路段过长时,根据路两侧的环境,也可采用植一段乔木、再植一段灌木的方式,以避免单调。二级公路的绿化方式如图9.25所示。

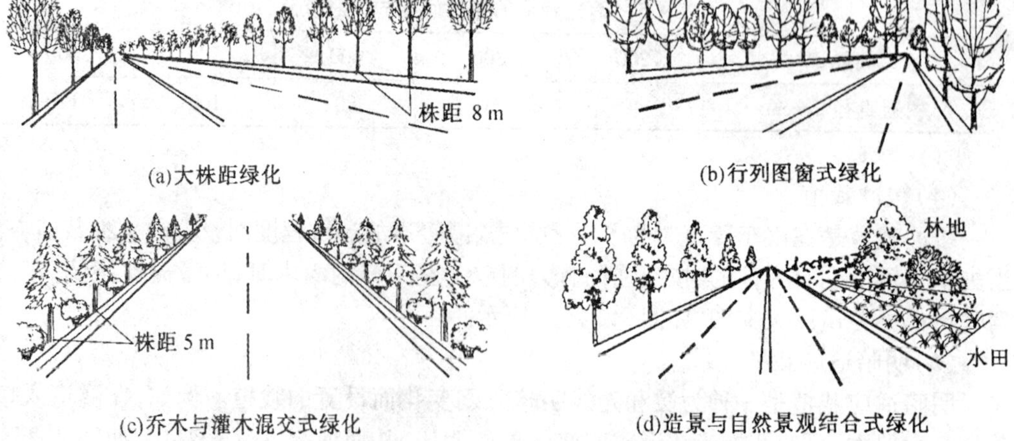

图9.25　二级公路绿化示意图

由于三、四级公路标准较低，且为混合交通，可以按行列对称式进行栽植，也可采取上乔下灌或一侧乔木一侧灌木的方式栽植，株间距为 6 ~ 8 m，如图 9.26 所示。

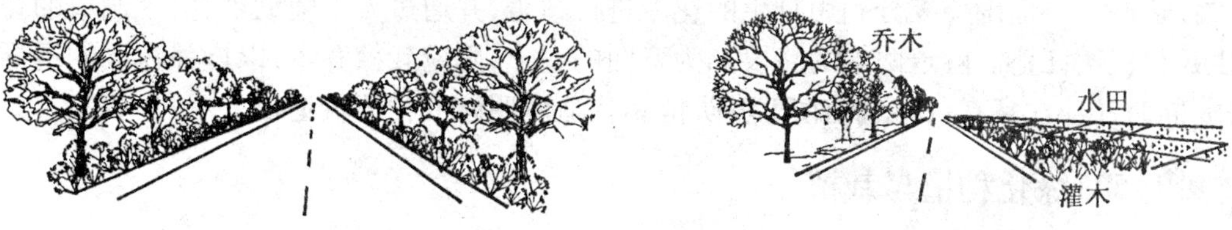

(a)乔灌结合　　(b)一侧乔木一侧灌木

图 9.26　三、四级公路绿化示意图

4. 不同路段的绿化要求

直线路段方向性明确有力，因而非常引人注目。在设计和进行绿化时，按一定间隔种植若干长度的行道树，会表现出整齐的美感。如果把两种以上的树木交互进行栽植，可使之形成韵律的美感。如果把乔木和灌木反复排列，或者是把圆树冠的阔叶树和尖顶的针叶树交替排列，变化树木的空间树条，则可使之产生强烈的韵律。但应注意，无论是采用不同树种的变化，或高低的变化，还是树冠形状的变化，都不宜过多地反复使用，以免发生混乱，失去规律性。一般绿化栽植的路段，其变化范围应不超过 10 km。

为使车辆行驶在弯道处有良好的行车视距，一般在弯道外侧栽植乔木，以增强其对行车的诱导性。尤其是在山区公路，弯道外侧栽植有高大的乔木，将更有利于行车安全。弯道内侧在不影响行车视距的前提下，只宜栽植低矮的灌木、花卉及草皮，以保证行车安全。

公路凸型竖曲线顶部宜种植低树，在稍低一点的地方种植高树，这样可从远处越过峰顶看见后面高树的顶端，使方向更明确，起到诱导线形作用。凹型竖曲线底部不宜植树，由底部往上逐渐栽植低树，在往上植高树。竖曲线路段的栽植形式如图 9.27 所示。

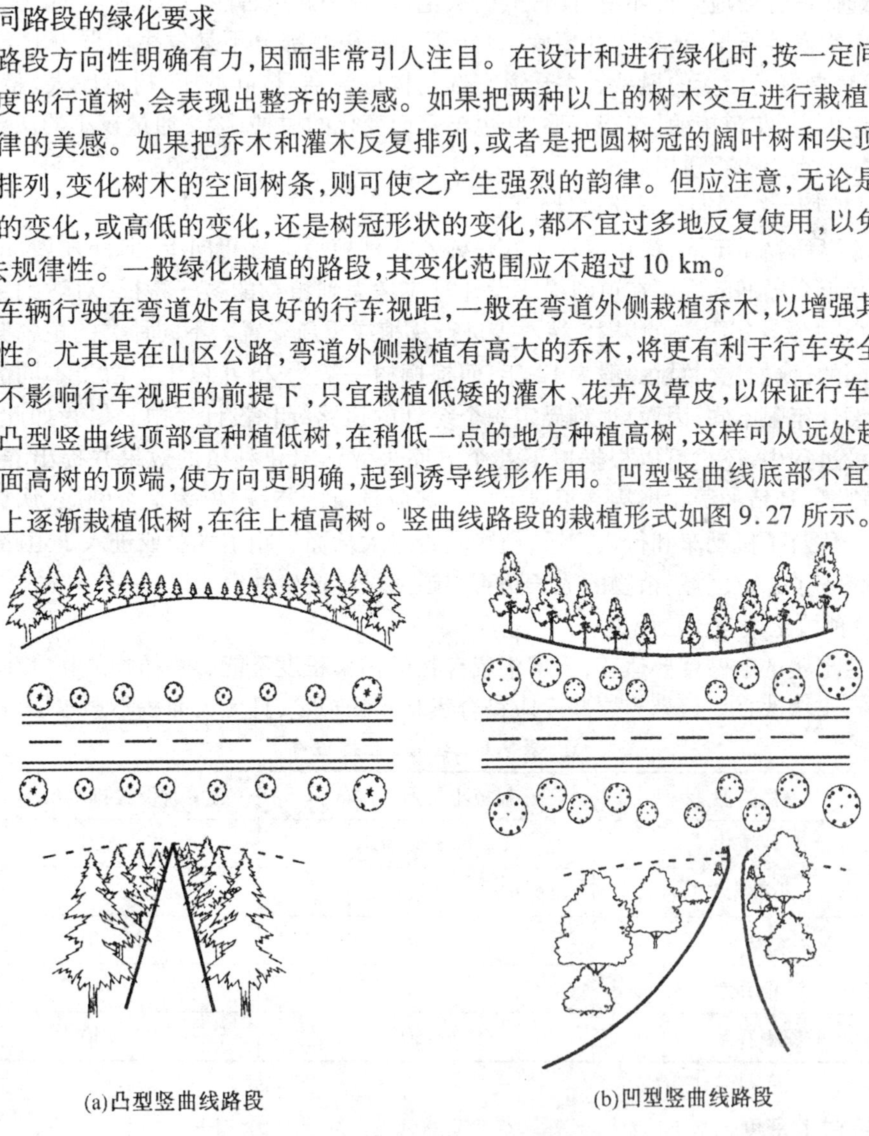

(a)凸型竖曲线路段　　(b)凹型竖曲线路段

图 9.27　竖曲线路段的绿化栽植

在桥梁及涵洞两端进行绿化栽植时，应注意与桥梁及涵洞保持一定的距离，以避免因树根的伸张影响桥涵工程建筑的稳固。一般在桥涵两端 5 m 的距离之内不栽植树木，桥梁两端有引道的，应栽植常绿树木及花卉，以增加桥梁的艺术美。

隧道洞口的周围要充分利用野生的花草进行覆盖，并通过人工辅助措施，使洞口的花草生长得优美旺盛。隧道两端的路段如为弯曲的线形，则应栽植乔木，以增强视线的诱导作用，同时还应注意在洞口栽植使驾驶员能尽快适应明暗变化的行道树。

9.1.5 绿化种植与栽植

1. 绿化种植

(1) 植物种类选择

应选择适合当地生长环境，具有抵抗灰尘、风害和病虫害能力，成活容易，生长迅速的植物。春季发芽要早，秋季落叶要晚，树干下部和根茎部分不易发生萌蘖，耐修剪、树龄长，有发育良好而庞大的根系。主干道宜选用树皮清洁、枝叶浓密、树冠庞大、整齐均匀、形态雄伟美观、花色艳丽、花味芳香、叶色丰富而变化的树种，除交通量较小的次要道路外果树一般不宜用作行道树。

(2) 植物生命周期与绿化设计年限

与非生命物质不同，绿化植物尤其是树木在种植后会逐年向上、向外发展，即存在一个成长和生命周期问题。在道路绿化设计时应考虑到植物的这一特征，对达到生命周期（或称之为“设计年限”）的树木、灌木等进行移植或重新安置。不同种类的植物其设计年限是不同的，比如，夹竹桃一般为 12 年，而棕榈树一般为 20 年以上。由于不同品种绿化植物的设计年限不同，因而，很难界定一个统计的道路绿化设计年限。尽管如此，在道路绿化养护过程中，还是可以根据以下几个方面来评估绿化种植的效果并提出养护方案。这些原则是：种植的绿化植物是否展示出了其应具有的特征，植物是否健康，病树或大型灌木是否危及了机动车和行人交通，植物是否过大从而影响了视距或进入了道路限界，植物是否侵入了邻近区域，植物的成长是否与道路设施产生冲突。

(3) 种植土壤与土层厚度

种植土壤的酸碱度要适宜，土壤中废弃物的污染程度不能影响植物的正常生长，必要时可进行土壤改良。栽植土层厚度应符合表 9.6 的规定，且无大面积不透水层。

表 9.6 栽植土层厚度

植物类型	栽植土层厚度/cm	必要时设置排水层厚度/cm
草坪植物	>30	20
小灌木	>45	30
大灌木	>60	40
浅根乔木	>90	40
深根乔木	>150	40

(4) 树木密度与朝向

树木种植的理想密度通常为成年树冠的宽度或稍小一些，但短期因树木尚未长成、枝叶稀疏，不易取得较理想的绿化功效。如要求短期即能达到绿化效果，必须使近期施工的树木密度达到成年树冠宽度(即理想密度)的1/2、1/3或1/4。若用两种或多种树木配植,可把生长快的树种配植为第一、二次间伐或移植,这样经过若干年的一、二次间伐或移植就可获得较平衡的绿化效果。对于绿篱树,应保证必要的行距和株距,见表9.7。

表9.7　绿篱树的行距和株距

绿篱高度	栽植类型	行数	株距与行距/m		绿篱计算宽度/m
			株距	行距	
2 m以上	高大的灌木	1	0.50~0.80	—	1.20
		2	0.60~1.00	0.50~0.70	1.70~1.90
1~2 m	中等大小的灌木	1	0.40~0.60	—	1.00
		2	0.50~0.70	0.40~0.60	1.40~1.60
1 m以下	矮小的灌木	1	0.25~0.35	—	0.80
		2	0.25~0.35	0.25~0.30	1.10

注:由于树种、树龄、生长环境、生长用地面积的差异,在具体设计时必须因地制宜、灵活掌握。一般情况下,南方树木生长快,可以适当疏些,而北方宜适当密些。

街道北侧、东侧、西南的人行道及其邻街建筑物,都会受到灼热的阳光照射,必须选择树冠庞大、浓阴的高大乔木,但应注意综合考虑降温、采光、通风等要求。街道南侧和西侧的绿化受建筑物高度的影响较大,在较矮的1~2层情况下与北侧、东侧的树种相同;如果建筑层数高于3层时,可选择生长较矮、枝叶稀疏的乔木,并与北、东侧形成不对称布置。北方城市冬季对获得阳光的要求比夏季对绿阴的要求更为突出,宜采用不对称的布置形式。夏季受日晒较严重的一侧,用落叶类树阴浓密的大、中乔木,日晒较少的一侧少用或不用大乔木,可用枝叶较稀疏或落叶较早的乔木,适当多用灌木、花卉和草地来美化环境。街道狭窄、两侧建筑物高大时,宜用线条柔和及枝叶稀疏的树种、灌木、花卉及草地等。

2. 道路绿化栽植

(1)道路绿化功能栽植

道路绿化功能栽植是指通过绿化栽植来达到某种功能效果,如遮蔽、装饰、遮阴、防噪声、防风、防火、防雪、地面的植被覆盖等。但道路绿化功能并不是唯一的要求,不论采取何种形式都应考虑多方面的效果,如功能栽植也应考虑到视觉效果,并成为街道艺术的一个方面。根据功能的不同,道路绿化栽植可分为遮蔽栽植、遮阴栽植、装饰栽植、地被栽植和其他功能栽植。

①遮蔽栽植。遮蔽栽植是指为把视线上某一方向加以遮挡以看不见其面貌而进行的栽植方式。如街道某一处景观不好,需要遮挡;城市的挡墙或其他构造物影响道路景观,可种植一些树木或攀绿植物加以遮挡。种植攀绿植物的方式,又可叫做拟态栽植。

②遮阴栽植。遮阴栽植是功能栽植的一种主要方式。我国许多地区夏天炎热,道路上温度较高,遮阴栽植十分必要。不少城市道路两侧建筑多被绿化遮挡也多是出于遮阴栽植的缘故。不管出于何种原因,遮阴树的种植对改善道路环境,特别是夏天降温效果是显著的。通常依靠树冠遮蔽日光照射达到避暑效果的树,可以叫做绿阴树。日光由于树冠内叶片的遮断,日照量变得很小,透过叶片的日照量一般为10%~30%。

③装饰栽植。装饰栽植可以用在建筑用地周围或道路绿化带、分隔带两侧作局部的

间隔与装饰之用。它的功能是作为界限的标志，防止行人穿过、遮挡视线、调节通风或局部日照。

④地被栽植。地被是指具有面上扩张能力，能覆盖地面的植物。地被栽植就是使用地被植物覆盖地表面，具有防尘、防土、防雨水冲刷等功能，在北方还有防冰冻的作用。一些大面积的地被栽植可以防止泥泞，对小气候也有缓和作用。

⑤其他功能栽植。其他功能栽植主要指防音栽植。为了减低道路上行车噪声，在道路尤其是高速道路两旁可以栽种绿化植物，衰减噪声。一般可从道路中心线 3 ~ 15 m 处作植树带边缘，宽度为 3 ~ 15 m，树种最好是常绿的高树。郊区道路还可根据不同地区的地形及气候特点进行防风、防雪栽植。

(2)道路绿化景观栽植

道路绿化景观栽植是指从绿化的景观角度来考虑种植形式，即从道路环境的美学观点出发，从树种、树形、种植方式等方面来研究绿化与道路、建筑协调的整体效果，使绿化成为道路环境中有机组成的一部分。景观栽植可分为整体式栽植、自然风景式栽植、自由式栽植、群落式栽植 4 种形式，其中前 3 种形式对道路绿化有较高的实用价值。

①整体式栽植。整体式栽植历史悠久，一般通过其平面形态就可看到它的组成情况。整体栽植的主要手法有设定轴线和对称栽植法、直线栽植法和花样栽植法等。

设定轴线和对称栽植法是指首先设定从视线起点到终点的轴线，然后各种设计要素都在轴线两边按秩序有方向地排列，从而形成对称式的景观效果。轴线除主轴以外还有与之平行的侧轴、直角相交的垂直轴线、放射轴线等，各轴交点构成观赏中心，一般可以设置喷水池、雕塑、整形树等。传统的街道中心多采用这种处理手法。

直线栽植法是指沿直线方向进行的线性栽植。直线具有明确的方向性，因此引人注目。长直线上整齐排列的栽植，如按一定间距排列成几行就会产生整齐的美感。假若有两种树种相互间种，这种间种的交替变化就能形成优美的韵律变化。

花样栽植是指将绿地构成装饰的花样图形。花样栽植可将经过修剪的黄杨或花草等种植物绘在各种图案的绿带上。

②自然风景式栽植。自然风景式栽植模拟自然景色，以随意栽植、寄生栽植、群植、零散栽植和背景栽植等手法，创造景观，比较适用于路边休息场所、街心和路边公园。自然风景式栽植形式自由，以立体形态为重点。

③自由式栽植。自由式栽植既不像整体式那么有规则，也不像自然风景式那样没有规则，是一种与现代艺术相适应的栽植形式。

④群落式栽植。群落式栽植又叫做生态栽植，是运用生态学观点进行栽植的手法，将一群绿化植物组成生物共同体。它适用于面上的绿化种植，特别是大面积绿化，道路上应用不多。

3. 绿化丛植配置

树丛是绿化的主景，通常由 2 ~ 10 株乔木组成，若加入灌木，总数可达 15 株。树丛的组合要考虑群体美，每一株个体也要在群体中表现其个体美。树丛与树群不同，树群只要求群体树冠部分和外线部分的美，而树丛则要求其单株仍然有其独立的个性美。

两株组合的绿化丛植既要有通相又要有殊相，首先求同，然后求异。同一树种的两棵树最好在姿态、动势、大小上有差异，才能生动活泼。“两株一丛，必一俯一仰，一欹一直，一平头一锐头，一高一下。”两株树丛的栽植距离不能与两树树冠直径的 1/2 相等，须靠近，其距离要比小树的树冠小得多才能成为一个整体。

三株组合的绿化丛植最好采用同一树种的三株树，除外形很相近外切忌采用三个不同的树种。树的大小和姿态要有对比，忌三株在同一直线上栽植、等边三角形栽植和等距栽植。最大与最小者要靠近，中等的一株要远离，两组在动势上相呼应。如果树种有差异，则最大和最小的采用同一树种，中间的采用另一树种。

四株组合时最好全部采用同一树种，最多可应用两个树种。树种完全相同时，体形、姿态、大小、距离、高矮要有差异，可分成两组或 3∶1 组合。当采用 3∶1 组合时，按树木大小编号，①、③、④号为一组，②号可独立稍远离；或①、②、④号成一组，③号独立稍远离，最大的一株必须在三株的小组之中。三株的小组中仍然要有疏密变化，其中①、③号靠近，④号稍远。四株也可组成一个外形为不等边的三角形或不等角的四边形。四株组合，如图 9.28 所示。

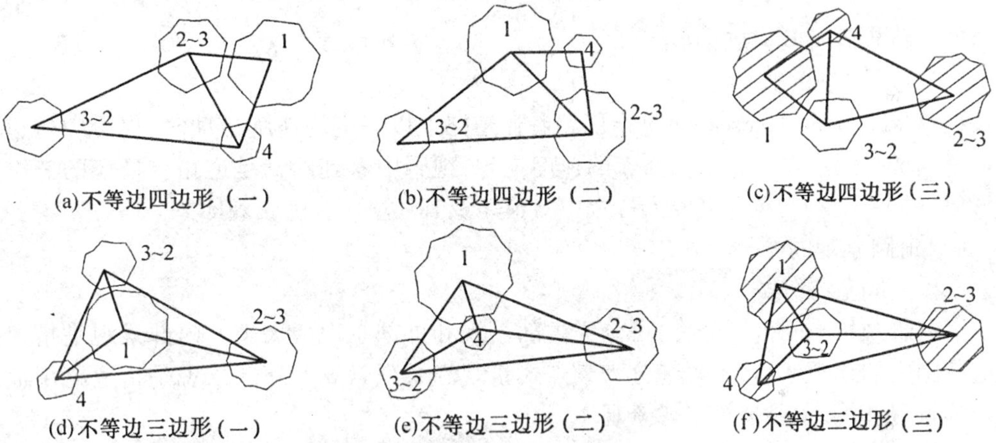

(a)不等边四边形（一）　(b)不等边四边形（二）　(c)不等边四边形（三）

(d)不等边三边形（一）　(e)不等边三边形（二）　(f)不等边三边形（三）

图 9.28　四株组合示意图

五株组合对树种的要求与四株组合相似，最理想的分组为 3∶2，即分成三株及两株两组。如按树木大小编号，三株一组应为①、②、④，两株的由③、⑤组成；或①、③、④一组，②、⑤一组；或①、③、⑤成组，②、④成组。丛植的主体必须在三株的一组中。五株组合的另一种方式为 4∶1，其中单株的树木不应是最大的也不应是最小的，最好是②或③号树型，两组的距离也不能太远。当五株组合由两个树种构成时，最好一个树种为三株，而另一个树种为两株。

六株可采用 2∶4 两组，只有当乔灌木配合栽植时可采用 3∶3 两组，如图 9.29 所示。七株树丛的理想分组为 5∶2 和 4∶3，树种不要超过三种以上。八株树丛理想的分组为 5∶3和 2∶6，树种不宜超过四种。九株树丛理想分组为 3∶6、5∶4 或 2∶7，树种最多不宜超过四种。十五株以上的树丛，树种最好不要超过五种，外形相似的树种可以多些。

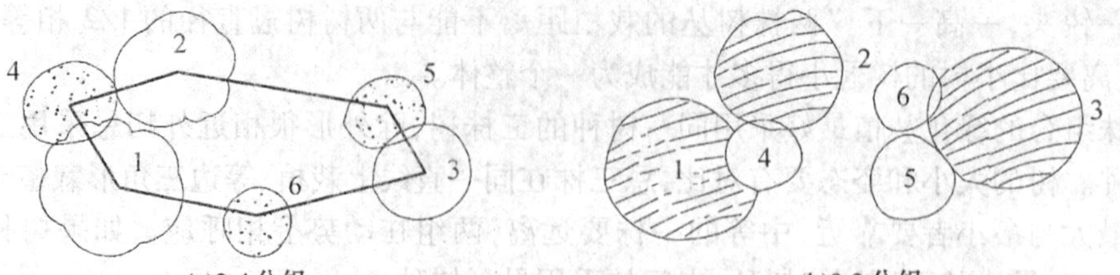

(a)2:4分组
1,2,3—白腊；4,5—丁香；6—三桠绣球

(b)3:3分组
1,2,3—大白皮松；4,5,6—榆叶梅

图9.29 六株组合示意图

9.2 道路景观

9.2.1 概述

1. 道路景观及其构成

(1)道路景观的概念

道路景观(road landscape)是指用路者在道路上以一定的速度运动时,视野中的道路及环境四维空间形象。如果用路者的速度为零,视野中看到的则是道路与环境的三维空间形象。道路景观也包含路外人视觉中对道路及其环境配合的宏观印象。

(2)道路景观的分类

①按空间范围分类

道路景观按空间范围分类,可分为内部景观和外部景观两大类。内部景观是指道路用地范围内的景观环境,又可细分为景点式景观和系列景观。外部景观是指道路用地范围外的景观环境,主要是景点式景观。

②按景观客体的构成要素分类

道路景观按景观客体的构成要素分类,可分为自然景观、人文景观和社会景观三类。

自然景观由山、水、动植物和云、雨、风、雪、光、气等气象景观组成。人文景观包括各种建筑、街道、构筑物、小品、雕塑等人工设施以及历史文物古迹,各种与景物相联系的艺术作品,各种人造的堆山、堆石、凿洞、挖地、人工瀑布、跌水和绿化等。社会景观是以社会和人文为主要内容的景观,如社会习俗、风土人情、街市面貌、民族气氛等,都是形成城市或区域特色的因素。

③按景观主体的活动方式分类

道路景观按景观主体的活动方式分类,可分为动态景观和静态景观两类。动态景观是指景观主体处于高速行驶时的生理感受、心理感受及视觉欣赏特征等,静态景观是指景观主体处于静止或慢行时感受到的景观环境。

(3)道路景观构成

道路景观构成要素主要包括道路结构及设施要素、道路环境要素两个方面。其中道路结构及设施要素又可划分为建筑用地空间要素、人行空间要素和行车道空间要素,道路环境要素又可分为主景要素和配景要素。道路景观的要素构成如图9.30所示。

2. 道路景观研究方法

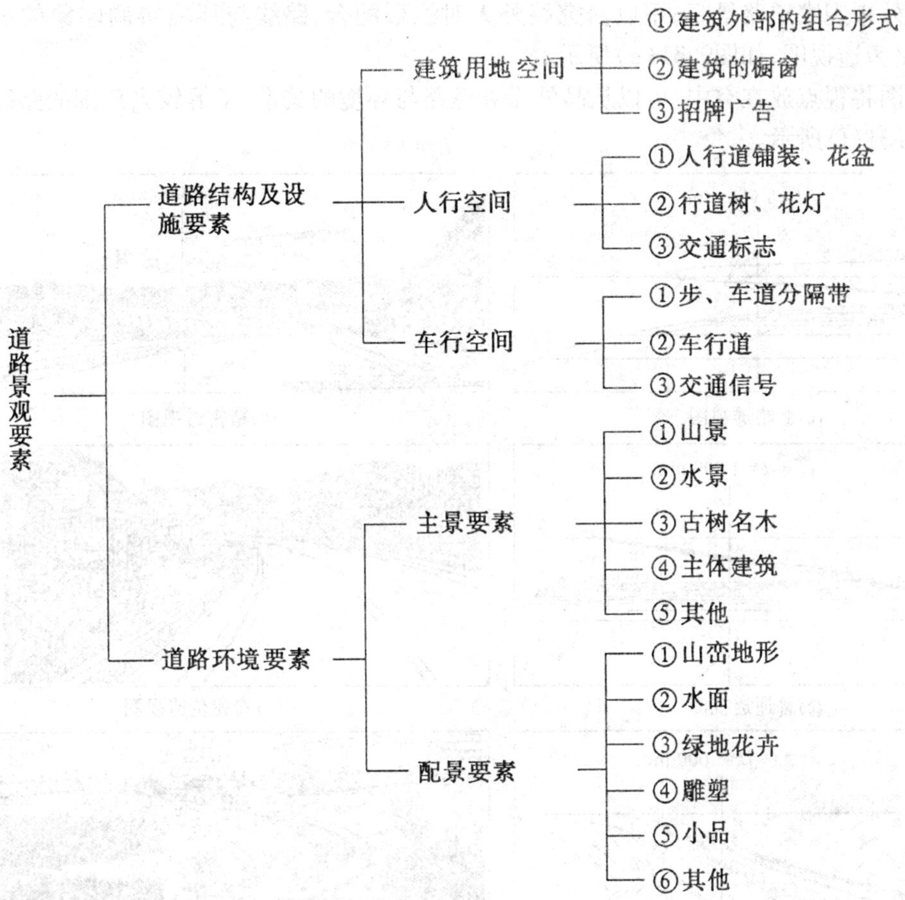

图9.30　道路景观构成要素

道路景观研究方法主要采用透视图法。根据道路使用者立地点位置、视线高度、视线方向来绘制的透视图，称静态透视图；如果采用计算机处理并将画面加密，再经过拍摄使其成为连续画面，就是动态透视图。设计图纸与设计文件经过这样的处理就可以令人形象地看到在道路上行驶时的景观环境。道路透视图的种类有概略透视图、精密透视图、普通透视图、驾驶员透视图、路旁透视图、鸟瞰图、道路线形透视图、道路与环境协调透视图及人工构造物透视图等。

概略透视图的成图过程是，先正确绘制出道路中心线，然后概略计算横断面上的其余特征点，并形成透视图。概略透视图可用来检测某一路段线形的总体顺适程度，如图9.31(a)所示。

精密透视图是指图中各物点的坐标都是经过计算后绘制的，如图9.31(b)所示。该透视图费时费工，除研究超高过渡段或其他过渡段的特殊需要外，一般不要轻易使用。

介于概略透视图和精密透视图两者之间的透视图就是普通透视图，如图9.31(c)所示，可用来绘制线形透视图、局部透视图和全景透视图。

从驾驶员的视觉出发，将立地点取在行车道上，视点放在驾驶员的视线方向所绘制的透视图，就是驾驶员透视图，如图9.31(d)所示。驾驶员透视图可用来研究线形在驾驶员视野中的视觉环境。

从路外来观察道路景观，用以研究路外人对线形配合、路线与环境协调印象的透视图，就是路旁透视图，如图9.31(e)所示。

鸟瞰图将视点放在空中，可以从高处看到道路与环境的关系，了解较大范围的路线情况，如图9.31(f)所示。

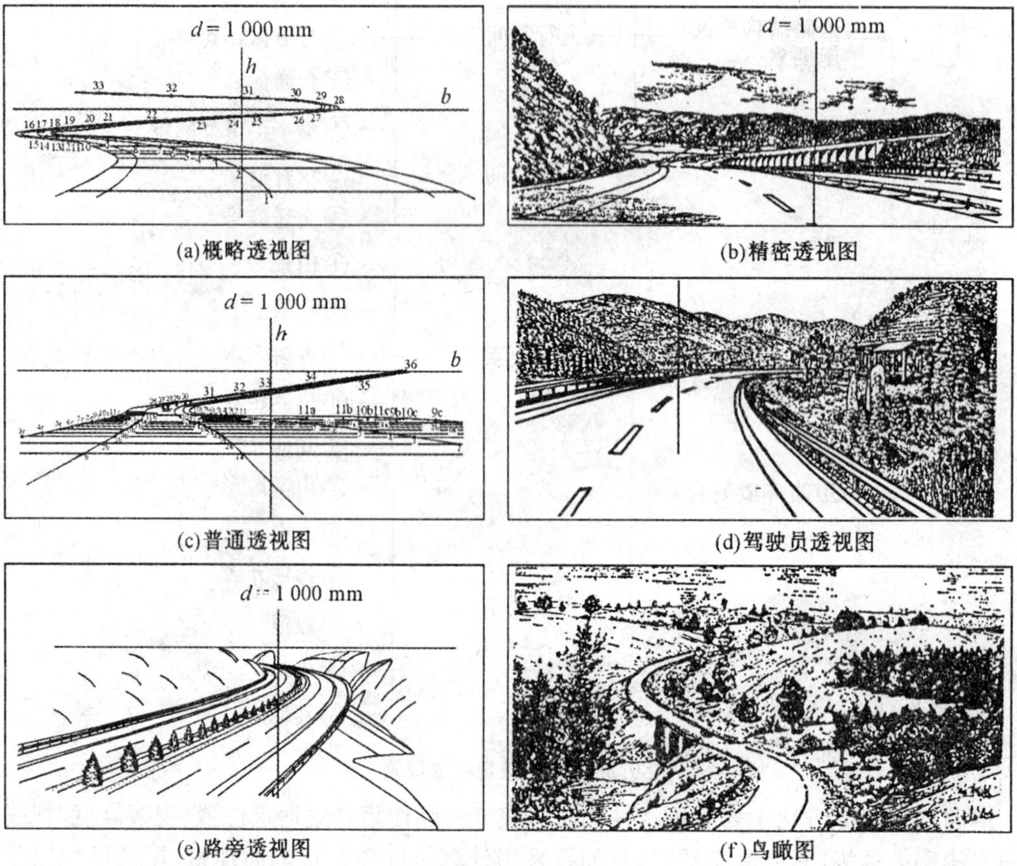

(a)概略透视图　(b)精密透视图

(c)普通透视图　(d)驾驶员透视图

(e)路旁透视图　(f)鸟瞰图

图 9.31　道路透视图

道路线形透视图用来检查立体线形是否顺适、路线是否具有可识性，一般仅对平纵配合有疑问的路段进行绘测。对于道路与环境协调透视图，一般先绘制线形透视图，然后再绘制有全景的道路景观透视图，用以检查道路与线形、道路与绿化、道路与建筑等的配合问题。为研究桥梁及人工构造物，从用路者或路外人印象等视线方向绘制的，用来检查构造物与风景、构造物与道路协调关系的全景透视图，称之为人工构造物透视图。

9.2.2　道路线形景观

1. 道路线形的类型

道路中心线是一条三维空间曲线，因此可称之为三维线形。若将时间因素考虑进来，又可称之为四维线形。在传统的道路线形设计中，经常先将三维线形转化为平面线形和纵断面线形两个二维线形，分别进行设计，然后通过平纵线形组合形成立体线形。

(1)二维线形

二维线形是指道路中心线的平面线形和纵断面线形。平面线形的基本要素是直线、圆曲线和缓和曲线。由上述三种基本线形可进而组合成基本型曲线、卵型曲线、C型曲线、凸型曲线和复合型曲线，均属于平面线形的范畴。纵断面线形一般包括直上坡段、直下坡段、凸型竖曲线、凹型竖曲线和复合型竖曲线。

(2)三维线形

三维线形就是由平面线形和纵断面线形组合而成的道路中心线空间曲线，主要包括直-直组合曲线、直-曲组合曲线及曲-曲组合曲线等各种立体线形。

(3)四维线形

四维线形即引入驾驶员行驶特性后，由时间和三维线形要素构成的动态视觉线形。

2. 线形组合的类型与特点

就三维线形而言，线形组合的基本形式包括：平面直线与直坡段的组合（组合形式Ⅰ），平面直线与凹型竖曲线的组合（组合形式$Ⅱ_s$），平面直线与凸型曲线的组合（组合形式$Ⅱ_c$），平面曲线与直坡段的组合（组合形式Ⅲ），平面曲线与凹型竖曲线的组合（组合形式$Ⅳ_s$）和平面曲线与凸型竖曲线的组合（组合形式$Ⅳ_c$），上述六种线形组合的示意图如图9.32所示。

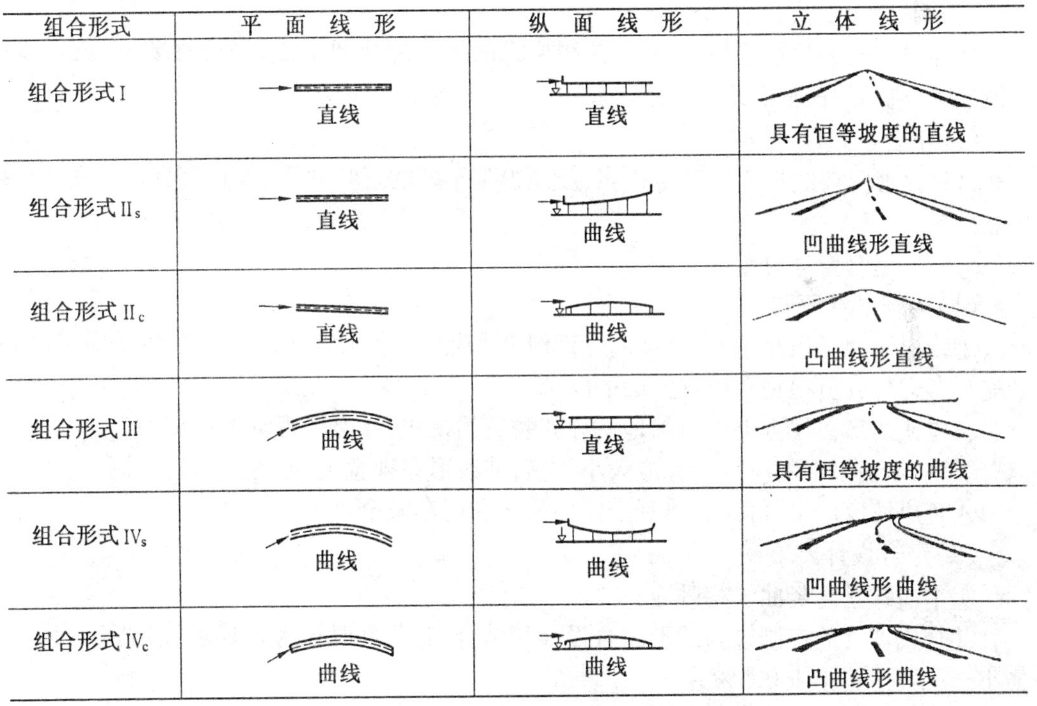

图9.32　线形组合示意图

(1)组合形式Ⅰ

组合形式Ⅰ是平原区的主要线形，线形比较单调，景观缺乏变化，若直线过长易诱导驾驶员超速行驶。

(2)组合形式$Ⅱ_s$

相对于组合形式Ⅰ，这种组合形式视觉效果得到了一定改善，可以弥补平面直线段的单调性与生硬性。在凹型竖曲线上行驶时，驾驶员可以获得运动感与路线的动态印象。

但这种动态上的愉快感往往也会造成驾驶员超速行驶，故两端纵坡不宜过陡。为了保证视觉上的平顺性，一般半径要比标准规定值大3～4倍。此外，从行车要求出发，各类竖曲线最小长度也不应少于3 s行驶时间。如在两个Ⅱ$_s$之间插入直线段，则线形有局部浮起的印象从而影响平顺性。为了改善这种情况，宜将两凹型竖曲线做成半径相差3～5倍的复合曲线，以保证视觉上和行车上的平顺性。

(3)组合形式Ⅱ$_c$

这种线形的好坏取决于前方视线情况，如前方线形不能确认，则驾驶者就会降低车速，线形连续性也会因前方视线受阻而中断，道路景观深度也相应受到影响。因此，凸型竖曲线半径应考虑行车平顺性、行车视距与安全等方面要求，采用大于技术标准规定的极限值。

(4)组合形式Ⅲ

这种线形纵面上没有大的起伏，只要平面曲线半径大小选择适当就会获得良好的视觉效果。在这种线形上行驶可以在前方看到路侧景观，这种变化使用路者感到新鲜，如配合不好或在两种组合形式Ⅲ中插入组合形式Ⅰ(产生断背曲线)均会破坏线形的平顺性。后者一般应将两个平面线做成复合型曲线或同一曲线，使线形得到改善。

(5)组合形式Ⅳ$_s$

这种线形的关键是平面、纵断面曲线要素的大小配合要适当，平衡性要好，就可以得到最平顺、流畅的视觉效果。

(6)组合形式Ⅳ$_c$

这种线形只要线形要素配合适当，就能得到平顺的视觉效果，并具有良好的视觉诱导功能。

3. 线形组合设计要点

(1)组合设计原则

①线形设计必须注重平、纵面的合理组合，不仅应满足汽车运动学和力学要求，而且应充分考虑驾驶员视觉和心理方面的要求；

②应使线形在视觉上能自然地诱导驾驶员的视线，并保持视觉的连续性；

③平、纵面线形的技术指标应大小均衡，使线形在视觉上、心理上保持协调；

④合成坡度应组合得当，以利于路面排水和行车安全。

(2)组合设计要求

①平曲线宜与竖曲线相呼应；

②合成坡度的控制应与线形组合设计相结合，有条件时最大合成坡度不宜大于8%、最小合成坡度不小于0.5%；

③平、纵面线形组合设计应注意线形与自然环境和景观的配合与协调；

④平曲线缓而长、竖曲线坡度差小于1%时，可不要求平竖曲线一一对应，平曲线中可包含多个竖曲线或竖曲线略长于平曲线；

⑤竖曲线半径宜采用平曲线半径的10～20倍以上，随着平曲线半径的增大，竖曲线的放大倍数也宜增大。

(3)应避免的组合

①小半径的平曲线起、讫点不得设在或接近凸型竖曲线的顶部或凹型竖曲线的底部；

②凸型竖曲线的顶部或凹型竖曲线的底部，不得同反向平曲线的拐点重合；

③纵面线形应避免出现驼峰、暗凹、跳跃、断背、长直线或折曲等使驾驶员视觉中断的线形；

④直线段内不得插入短的竖曲线；

⑤小半径竖曲线不宜与缓和曲线相互重叠；

⑥避免在长直线上设置坡陡或曲线长度短、半径小的凹型竖曲线；

⑦应避免急弯与陡坡重合；

⑧应避免驾驶员能在行驶视野内看到两个或两个以上的平曲线或竖曲线。

9.2.3　道路环境景观

1. 道路与环境的协调

道路环境景观的核心问题是道路与环境的协调，规划设计时应注意以下要点。

(1)路线布设应与环境景观相协调

选线时注意巧妙地利用周围景物，以克服行车的单调感。公路周围的景物和艺术建筑、孤山、湖泊、突出建筑物等，对驾驶员可以起到调节视线、减少疲劳、克服单调的作用。但是，如果配合不当，往往路侧的繁华景物反而会分散驾驶员的注意力，引起交通事故。因此，布线时应将这些景物尽可能地置于公路主视线方向的锥形视野范围之内，如置于长直线前方的弯道外侧、T形交叉的端头等。

(2)尽可能减少对景观的破坏

道路布设应尽可能少地破坏公路周围的地貌、地形、天然林木、建筑物等。在一般情况下应避免高填深挖，设计出与地形和环境相适应的、顺应地面的优美线形。对于高等级公路，必要时还可采用隧道、挡土墙和高架桥等办法来减轻筑路对环境的损害。

(3)注意与道路两侧的水域相协调

靠近水域的公路，应注意保留沿岸的绿化，使其与水域有适当的空间，并注意通过细致处理，使在公路上能眺望到一定的水域景观。当进行改河筑路时，不应把老河段废掉，而应根据自然水域平衡的原理，把老河道连同沿岸的灌木作为沟渠保留，并设涵管来保证必要的水流贯通。公路旁有弯曲溪流时，应注意景观图像效果。路线可借助于适当的曲线来适应这样的景观，同时应注意保持现有的植物生长情况。

(4)注意与道路两侧的森林相协调

公路通过森林区，应进行生态学和经济学检验，并应符合森林保护和养护的要求，一般应尽量避免直穿。当必须穿过时，应优先选用以曲线为主体的线形。若用直线切割并贯穿森林，使视线一眼望穿森林，将产生不好的空间造型，原则上应予避免。公路穿过森林，其标高应接近地面，尽量避免高路堤或深路堑，以减少森林损失。

(5)注意与道路两侧建筑物相协调

道路旁的建筑物是城市道路空间最重要的组合元素，它的性质、体量、形式、轮廓线以及它的外表材料和色彩，直接影响道路空间的形象和气氛。路旁建筑物是构成景观的重要感受物。不同建筑布局方式可形成不同的街道景观，而高大建筑物(典型标志物)常是景观焦点。观察者处于运动状态时，对标志性建筑物的感受会随距离的变动而变化，因此典型景物的处理应同时考虑不同距离的感受。在可能的情况下，应将建筑物鳞次栉比地连接起来，这对提高道路空间景观质量具有重要意义。建筑物对道路空间设计的影响，与其尺寸绝对大小关系较少，关键要看它本身的性质与所处空间的关系。所以应避免任何先入为主的想法，更不能生搬硬套，以致与空间环境格格不入。路旁建筑设计，要注意其在群体中的地位，注意建筑间的相互关联性，以服从整体的统一，切忌孤立地表现自我。

(6)注意与道路两侧的地形相协调

平地常以线或面的形式展现，形成平缓、广阔的景观。但地形起伏很小，缺乏三度空间，容易使景观平淡、无焦点和发散。若要在这里创造出令人向往的具有丰富变化的景观条件，就必须考虑如下几点：

①将用地周围及其内部有可能成为风景或景观的元素（如建筑、街道、小品、绿化、水体以及车流等）安排得具有"图"性，即把这些景观元素之间所形成的空间及相互关系图案化；

②利用建筑物自身和绿化等的高低变化，地面适当下沉或提高，采用挖坑、筑台、架空道路或利用植物的围合，获得丰富的景观内涵；

③大胆运用色彩，并借助于光景效果，加强空间的变化；

④由于不受地形支配，因而易于突出重要景点的景物，并利用它控制整个地区，形成主宰。因此，常需要借助于高大的建筑物或眺望塔台，以获得整体的或较大范围的概貌，这些高大建筑物既是景又是观景点，要十分重视；

⑤自然或人工的山石、水体是平地中不可多得的景观元素，应尽量利用，以此可打破单调局面，形成有分有合、曲折多变的城市景观。

山地由于地形高差变化，无论在使用上、视觉景观上都会明显有别于平地。设计中应重视地形条件变化，并把它们组织到城市道路景观的构图中去，可创造出既经济实用，又丰富怡人的景色。

山、坡地的道路景观特性，与平地比较，一般有以下不同：地形富于变化，空间任何一点都具有三维量度的变化；平地呈安定性，而坡地则多富于流动性；坡地上的坡向（如南向坡、北向坡等）可反映出强烈的方向性，锥形山丘有较强的放射性，而凹形山丘或谷地则有较强的向心性；在坡地上各点向外眺望，比平地能获得更为开阔的视野；从外部观赏坡地上的群体，展示面大，也易于显示各种场景。

按大自然地形来布置建筑和道路，可以用最少的人工开发来体现城市的自然品质，形成道路盘山而行、曲折蜿蜒，道路两侧建筑物高低错落、鳞次栉比等景象，对城市道路空间、建筑景观的创造大有裨益。

2. 道路与环境协调示例

路线为直线的街景示例、路线为曲线的街景示例、带有凹型竖曲线的街景、带有凸型竖曲线的街景、以水面为边界的街景、以山为对景的街景、具有绿化边坡的道路景观以及以桥梁为对景的道路景观，如图 9.33 所示，仅供参考。

(a)路线为直线的街景

(b)路线为曲线的街景

(c)带有凹型竖曲线的街景

(d)带有凸型竖曲线的街景

(e)以水面为边界的街景

(f)以山为对景的街景

(g)具有绿化边坡的道路景观

(h)以桥梁为对景的道路的景观

图9.33 道路与环境协调示例

思考题

1. 按美学特征分类,道路绿地布置形式有哪几种?

2. 什么是道路功能栽植和道路景观栽植？分别是如何分类的？
3. 绿化带在道路横断面上的布置形式有哪几种？特点和适用条件是什么？
4. 公路绿化的功能和绿化特点是什么？其功能栽植有哪几种形式？
5. 道路景观是如何分类的？构成要素包括哪些？
6. 道路透视图的种类有哪些？各自的特点和适用条件是什么？
7. 从道路景观而言，道路线形的组合形式有哪些？各自的特点和景观效果如何？
8. 道路与环境相协调的要点是什么？

第10章　案　　例

本章介绍高速公路安全设施设计、城市道路标志与标线设计、机械式停车楼设计、高速公路维修养护道路施工安全标志设计4个案例。

10.1　高速公路安全设施设计

1. 工程概况

长江三角洲地区某段高速公路设计速度为120 km/h。路基宽度为26 m,其中行车道2×2×3.75 m、沥青混凝土硬路肩2×3.0 m(含右侧路缘带2×0.50 m)、左侧路缘带2×0.75 m、中央分隔带3 m、土路肩2×0.75 m。路面宽24.5 m,路面横坡2%。道路几何条件见图10.1,路基填挖高度可根据平面布置图中的高程点确定。现状交通组成为小汽车52.2%、普通载重车26.5%、大型车21.3%。

路面结构设计为:面层采用16 cm沥青混凝土,其中上面层为4 cm沥青玛蹄脂碎石、中面层为6 cm AC-25(Ⅰ)型粗粒式沥青混凝土,下面层为6 cm AC-25(Ⅰ)型粗粒式沥青混凝土。基层采用36 cm水泥稳定碎石,底基层采用20 cm石灰土。路面总厚度72 cm。

桥涵设计计算荷载为汽车-超20,验算荷载为挂-120。特大桥、大桥及跨径大于40 m的中桥面净宽2×11.0 m,其他桥梁、涵洞、通道与路基同宽。

路面排水:填土高度大于1.3 m的路堤,采用集中排水,设拦水缘石;填土高度小于或等于1.3 m的路堤及路堑采用分散排水,土路肩采用15 cm厚现浇混凝土加固;中央分隔带采用盲沟、渗管和横向排水管。

2. 安全设施设计原则

①安全设施水平与道路系统的其他部分相一致,力求经济、安全、实用、可靠、先进;

②安全设施与路桥主体工程有机地融为一个整体;

③各子系统之间相互配合、协调,优化系统;

④尽量采用绿色产品,与路容、景观协调一致。

3. 设计依据

①公路交通安全设施设计规范(JTG D81—2006);

②公路交通安全设施设计技术细则(JTG/T D81—2006);

③中华人民共和国国家标准《道路交通标志和标线》(GB 5768—1999)及其使用说明;

④高速公路波形梁钢护栏(JT/T 281—2007)等。

4. 设计方案

根据相关规范和标准,安全设施设计内容包括护栏、防眩、视线诱导、隔离、标志、标线、桥梁防护等7大类(此处仅对前4种设施进行详述)。

(1)护栏

根据护栏设置条件及连续性要求,全线均设置护栏。中央分隔带采用分设式波形梁护栏;路侧设置波形梁护栏,其中小桥、涵洞、通道处采用与路基相同的护栏形式。护栏设置位置与形式见表 10.1,护栏设计图见图 10.2~10.8。

表 10.1　护栏设置一览表

<table>
<tr><th colspan="2">安装位置</th><th>防撞等级</th><th>长度/m</th><th>构造特征</th><th>埋置方式</th><th>立柱间距/m</th><th>护栏代号</th><th colspan="2">备注</th></tr>
<tr><td>K233+300~K233+418</td><td rowspan="5">外侧</td><td>A</td><td>118×2</td><td rowspan="5">有防阻块</td><td>土中</td><td>4</td><td>Gr-A-4E</td><td>——</td><td rowspan="5">桥涵处立柱埋置在混凝土中</td></tr>
<tr><td>K233+418~K233+459</td><td>A</td><td>41×2</td><td>混凝土中</td><td>2</td><td>Gr-A-2B1</td><td>小桥</td></tr>
<tr><td>K233+459~K234+020</td><td>A</td><td>561×2</td><td>土中</td><td>4</td><td>Gr-A-4E</td><td>——</td></tr>
<tr><td>K234+020~K234+240</td><td>A</td><td>220×2</td><td>土中</td><td>2</td><td>Gr-A-2E</td><td>填土高度大于 6 m,立柱加密</td></tr>
<tr><td>K234+240~K235+400</td><td>A</td><td>1 160×2</td><td>土中</td><td>4</td><td>Gr-A-4E</td><td>——</td></tr>
<tr><td>K233+300~K235+400</td><td>中央分隔带</td><td>Am</td><td>2 100×2</td><td>有防阻块分设型</td><td>土中</td><td>4</td><td>Gr-Am-4E</td><td>——</td><td></td></tr>
</table>

(2)防眩设施

中央分隔带宽度为 3 m,且中型车、大型车比例较高,故全线应设置防眩设施。

路基段采用植树防眩;构造物段(K233+400~K233+480、K234+140~K234+220)采用防眩板,独立设置。

防眩主树种选择蜀桧,其树冠饱满、形状规则,对土质要求不高,耐干旱、瘠薄,种植成活率高,四季常绿、防眩效果好,且整个生长发育过程中树冠变化小,耐修剪;苗木高度选择 2.0~2.2 m,截干后高度为 1.5~1.6 m,栽植间距为 4 m,布景成排状,每排 2~3 棵。地被植物选择狗牙根,其根系发达、耐干旱、无需修剪、便于管理。为了避免单调,每隔 10~20 m间断栽植丰花月季、美人蕉等粗放管理的花卉,加强景观效果。

防眩板采用草绿色玻璃钢防眩板,尺寸为 80 cm×15 cm×4 cm,间距 50 cm,有效防眩高度为 1 635 mm。产品为定型产品,符合《公路防眩设施技术条件》(JT/T 333—1997)和《塑料防眩板》(JT/T 598—2004)标准。防眩板设计图见图 10.9。

(3)诱导设施

视线诱导设施采用附着式轮廓标,代号为 Vg-Dl-At,附着设置于波形梁护栏中间的波形槽内(立柱处),间距为 40 m,左侧为黄色,右侧为白色。

(4)隔离设施

在公路两侧用地范围内,除 K233+438.400 小桥处和 K234+177.329 涵洞处之外,均设置隔离设施,采用绿色浸塑金属焊接网,代号为 F-Ww-E,设计为 3 020 mm×1 750 mm 矩形,网片尺寸为 75 mm×150 mm。立柱采用冷弯型钢,网片采用 ϕ3.5 mm 冷拔钢丝网。

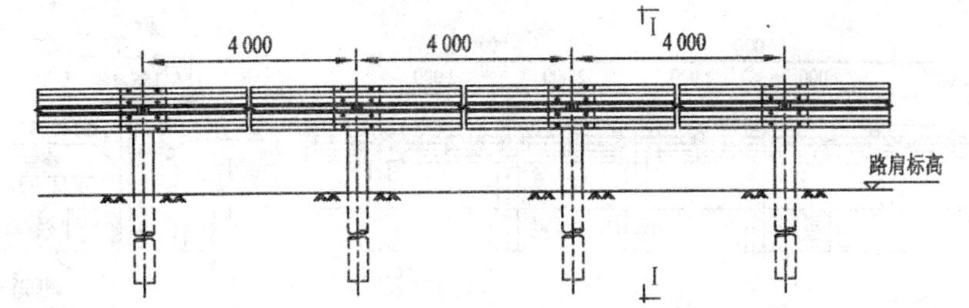

Gr-A-4E 型护栏立面图

1:50

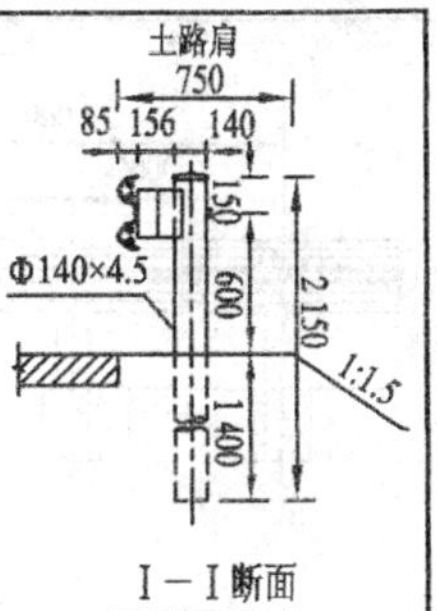

I－I 断面

1:50

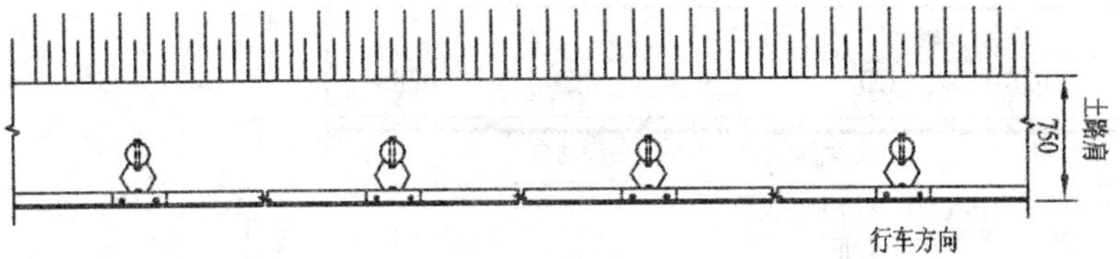

Gr-A-4E型护栏平面图

1:50

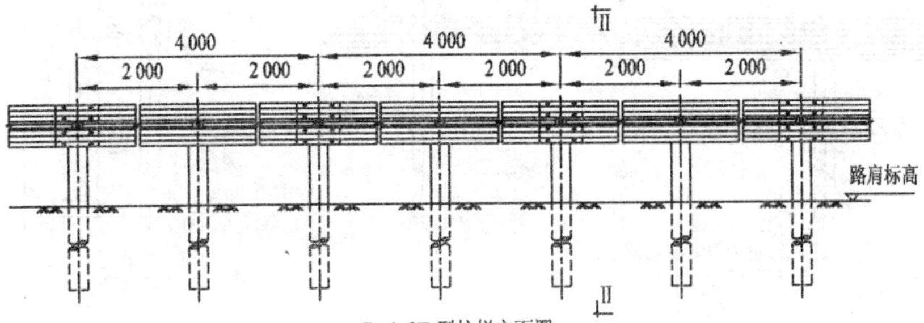

Gr-A-2E 型护栏立面图

1:50

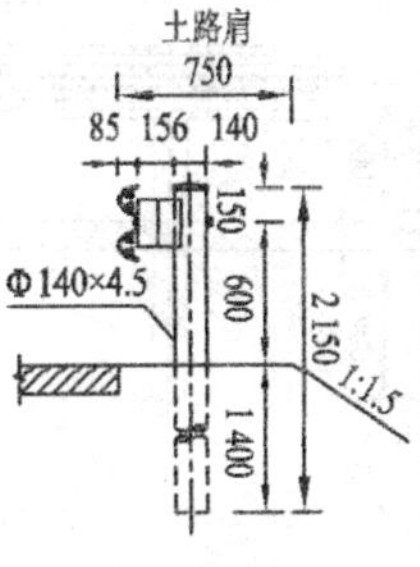

II－II 断面

1:50

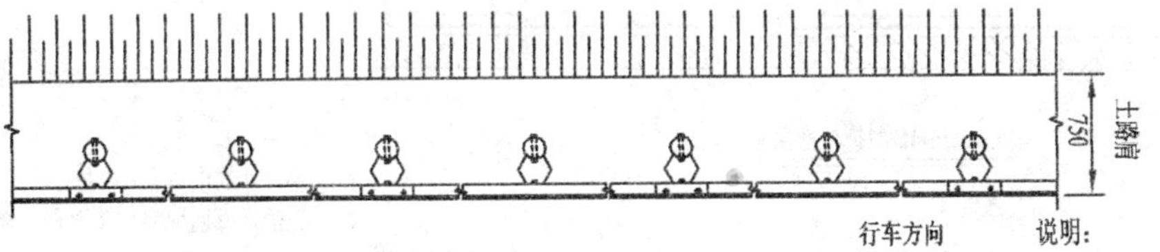

行车方向

Gr-A-2E型护栏平面图

1:50

说明：

1. 本图尺寸均以mm为单位。

2. 护栏搭接方向应与行车方向一致。

每百延米Gr-A-4E护栏材料数量表

材料名称	规格（mm）	单位	单件量	件数	总量
立柱	Φ140×4.5×2 150	kg	32.34	25	808.40
护栏板	4 320×310×85×4	kg	65.55	25	1 638.8
防阻块	196×178×200×4.5	kg	4.48	25	112.00
柱帽	Φ148	kg	0.67	25	16.75
连接螺栓	M16×170	套	1	25	25
连接螺栓	M16×40	套	1	25	25
拼接螺栓	M16×35	套	1	200	200
横梁垫片	76×44×4	个	1	25	25

每百延米Gr-A-2E 护栏材料数量表

材料名称	规格（mm）	单位	单件量	件数	总量
立柱	Φ 140×4.5×2 150	kg	32.34	50	1 616.80
护栏板	4 320×310×85×4	kg	65.55	25	1 638.80
防阻块	196×178×200×4.5	kg	4.48	50	224.00
柱帽	Φ148	kg	0.67	50	33.50
连接螺栓	M16×170	套	1	50	50
连接螺栓	M16×40	套	1	50	50
拼接螺栓	M16×35	套	1	200	200
横梁垫片	76×44×4	个	1	50	50

图 10.2 Gr-A-4E、Gr-A-2E 型护栏构造图

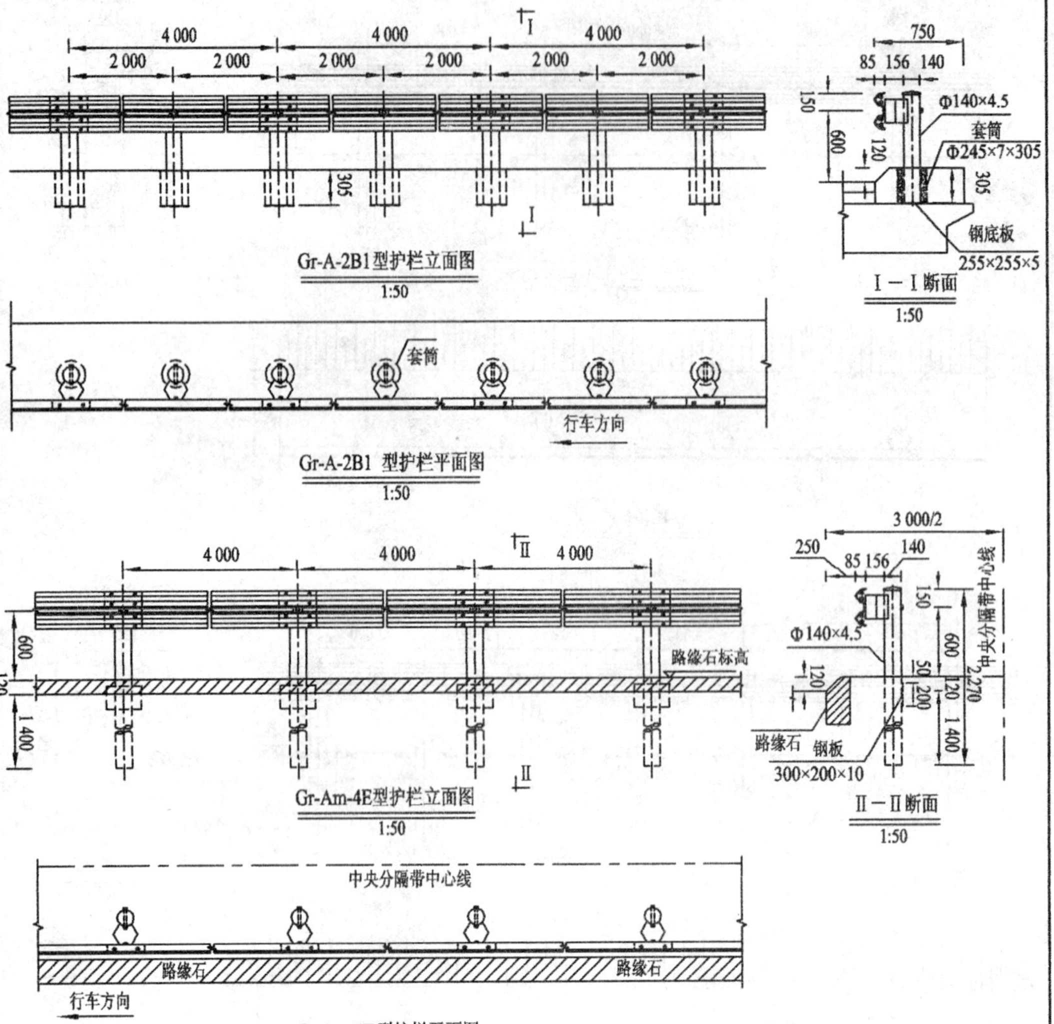

说明：
1. 本图尺寸均以mm为单位。
2. 护栏搭接方向应与行车方向一致。

每百延米 Gr-A-2B1 护栏材料数量表

材料名称	规格（mm）	单位	单件量	件数	总量
立柱	Φ140×4.5×935	kg	14.06	50	703.12
护栏板	4 320×310×85×4	kg	65.55	25	1 638.8
防阻块	196×178×200×4.5	kg	4.48	50	224.00
柱帽	Φ148	kg	0.67	50	33.50
连接螺栓	M16×170	套	1	50	50
连接螺栓	M16×40	套	1	50	50
拼接螺栓	M16×35	套	1	200	200
横梁垫片	76×44×4	个	1	50	50

每百延米 Gr-Am-4E 护栏材料数量表

材料名称	规格（mm）	单位	单件量	件数	总量
立柱	Φ140×4.5×2270	kg	34.14	25	853.52
护栏板	4 320×310×85×4	kg	65.55	25	1 638.8
防阻块	196×178×200×4.5	kg	4.48	25	112.00
柱帽	Φ148	kg	0.67	25	16.75
钢板	300×200×10	kg	4.71	25	117.75
连接螺栓	M16×170	套	1	25	25
连接螺栓	M16×40	套	1	25	25
拼接螺栓	M16×35	套	1	200	200
横梁垫片	76×44×4	个	1	25	25

图 10.3 Gr-A-2B1、Gr-Am-4E 型护栏构造图

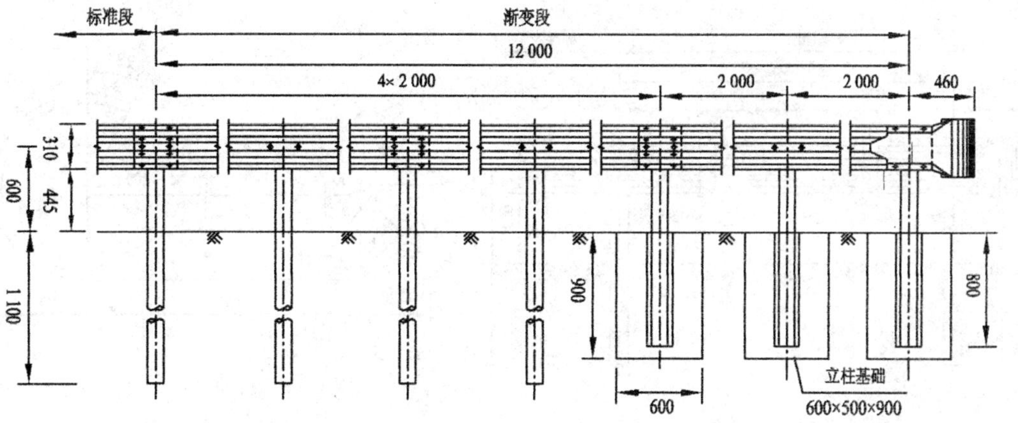

路侧护栏上游端头立面图

1:50

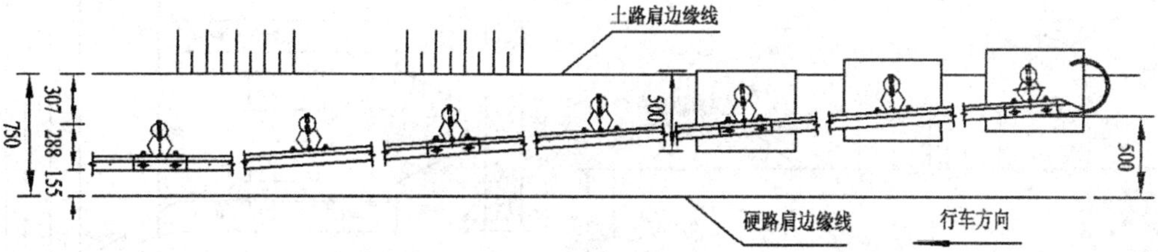

路侧护栏上游端头平面图

1:50

上游圆端头材料数量表

材料名称	规格(mm)	单件重(kg)	件数(件)	重量(kg)
横梁B01	85×310×3×4 320	49.16	3	147.48
防阻块	196×178×200×4.5	4.48	7	31.36
固定螺栓	M20×160	0.45	7	3.15
连接螺栓	M16×30	0.09	42	3.78
垫圈A	21×4	0.02	7	0.14
垫圈B	17×3	0.02	42	0.84
螺母A	M20	0.06	7	0.42
螺母B	M16	0.06	42	2.52
立柱	114×4.5×1 500	18.23	3	54.69
	114×4.5×1 800	21.87	4	87.48
柱帽	120×3	0.27	7	1.89
端头		14.09	1	14.09
反光膜	二级	$0.144\ m^2$		

一处上游端头基础材料数量表

材料名称		规格(mm)	工程量	件数(件)	总量
钢筋	1	12×950	8.4kg	3	25.2kg
	2	12×1 900	8.4kg	3	25.2kg
C20		900×600×500	$0.27\ m^3$	3	$0.81m^3$
砂浆		M15	$0.002\ m^3$	3	$0.006m^3$
沥青砂			$0.016\ m^3$	3	$0.048m^3$
预埋钢管		180×5×800	17.27kg	3	51.81kg
预埋钢板		180×2	0.4kg	3	1.2kg

说明：

1. 本图尺寸单位均以 mm计。
2. 护栏端头的钢板厚4 mm，半径为16 cm，详见下游端头大样图。
3. 横梁的搭接方向应与行车方向一致。
4. 所有钢构件均应进行热浸镀锌处理。
5. 端头沿行车方向一侧贴反光膜。

图10.4 路侧护栏上游圆头式端部大样图

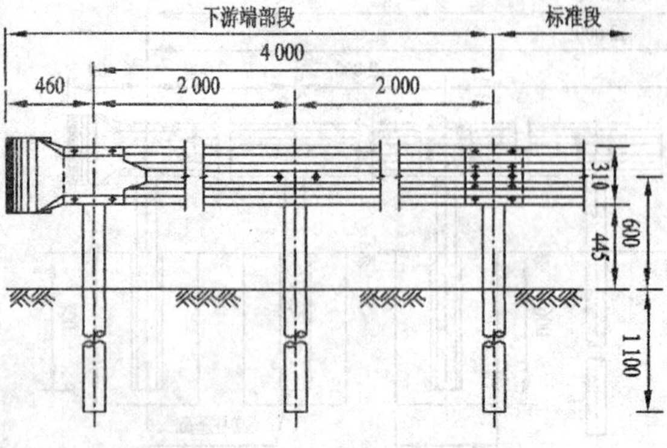

路侧护栏下游端头立面图

1:50

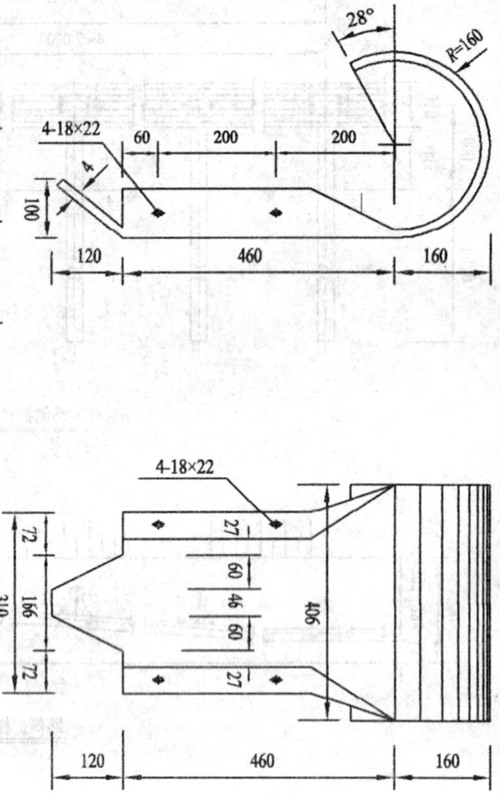

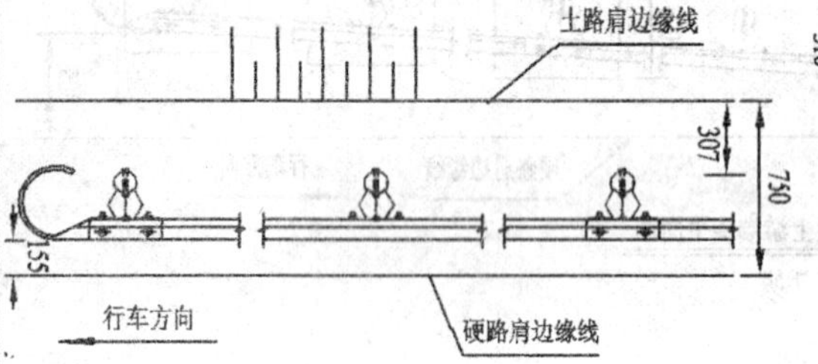

路侧护栏下游端头平面图

1:50

端头大样图

1:13

路侧下游护栏端部材料数量表

材　料 名　称	规　　格 （mm）	单件重 （kg）	件 数 （件）	重 量 （kg）
横梁B01	85×310×3×4 320	49.16	1	49.16
防阻块	196×178×200×4.5	4.48	3	13.44
固定螺栓	M20×160	0.45	3	1.35
连接螺栓	M16×30	0.09	18	1.62
垫圈A	21×4	0.02	3	0.06
垫圈B	17×3	0.02	18	0.36
螺母A	M20	0.06	3	0.18
螺母B	M16	0.06	18	1.08
立柱	114×4.5×1 800	21.87	3	65.61
柱帽	120×3	0.27	3	0.81
端头		14.09	1	14.09

说明：

1. 本图尺寸单位均以mm计。
2. 本图为路侧护栏终点的标准形式。
3. 横梁的搭接方向应与行车方向一致。
4. 所有钢构件均应进行热浸镀锌处理。

图10.5 路侧护栏下游圆头式端部大样图

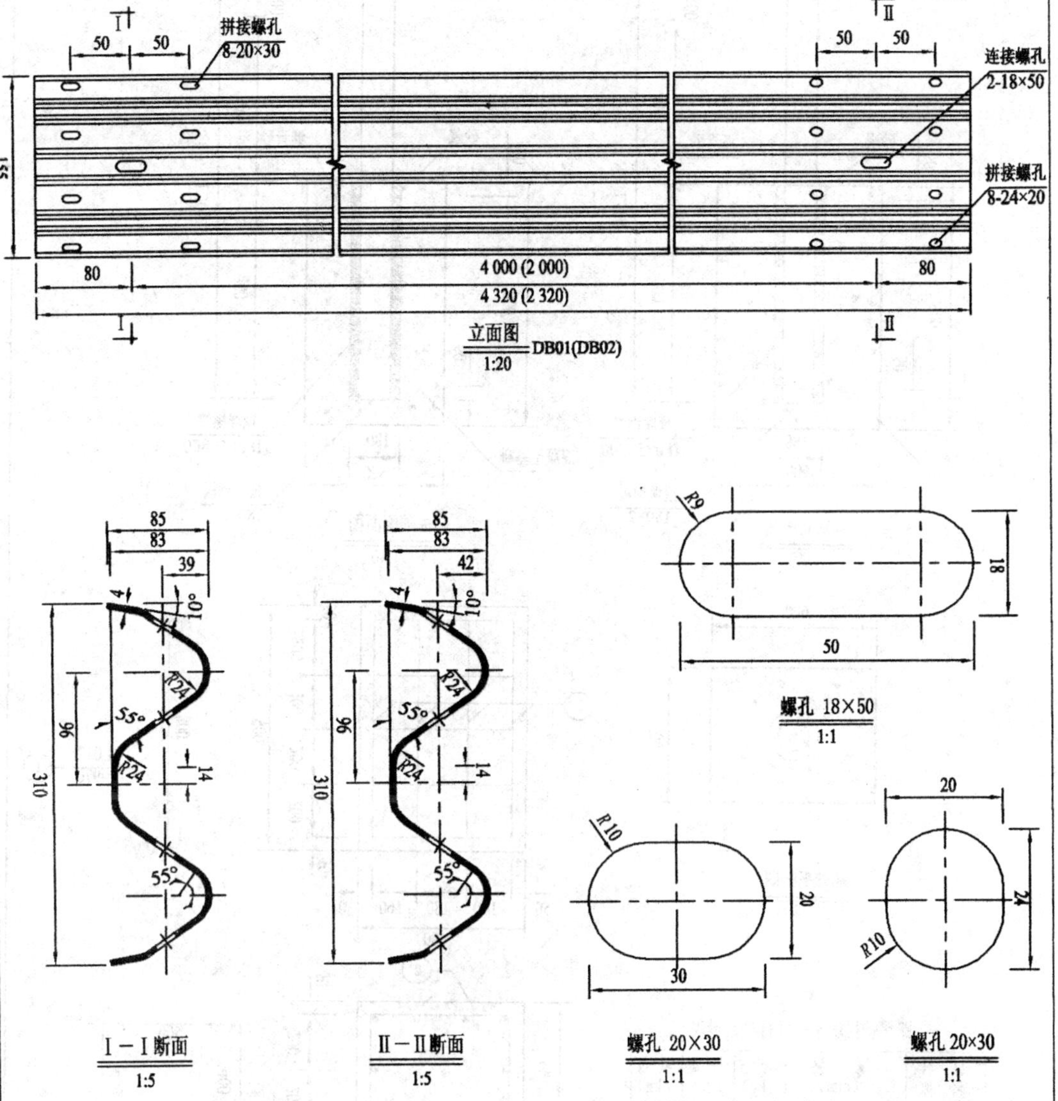

材料数量表

名称	规格	单重（kg）	材料
DB01板	4 320×310×85×4	65.55	Q235
DB02板	2 320×310×85×4	35.20	

说明：

1. 图中尺寸单位以mm计。
2. 所有波形梁板应按规范要求进行防腐处理。

图10.6横梁大样图

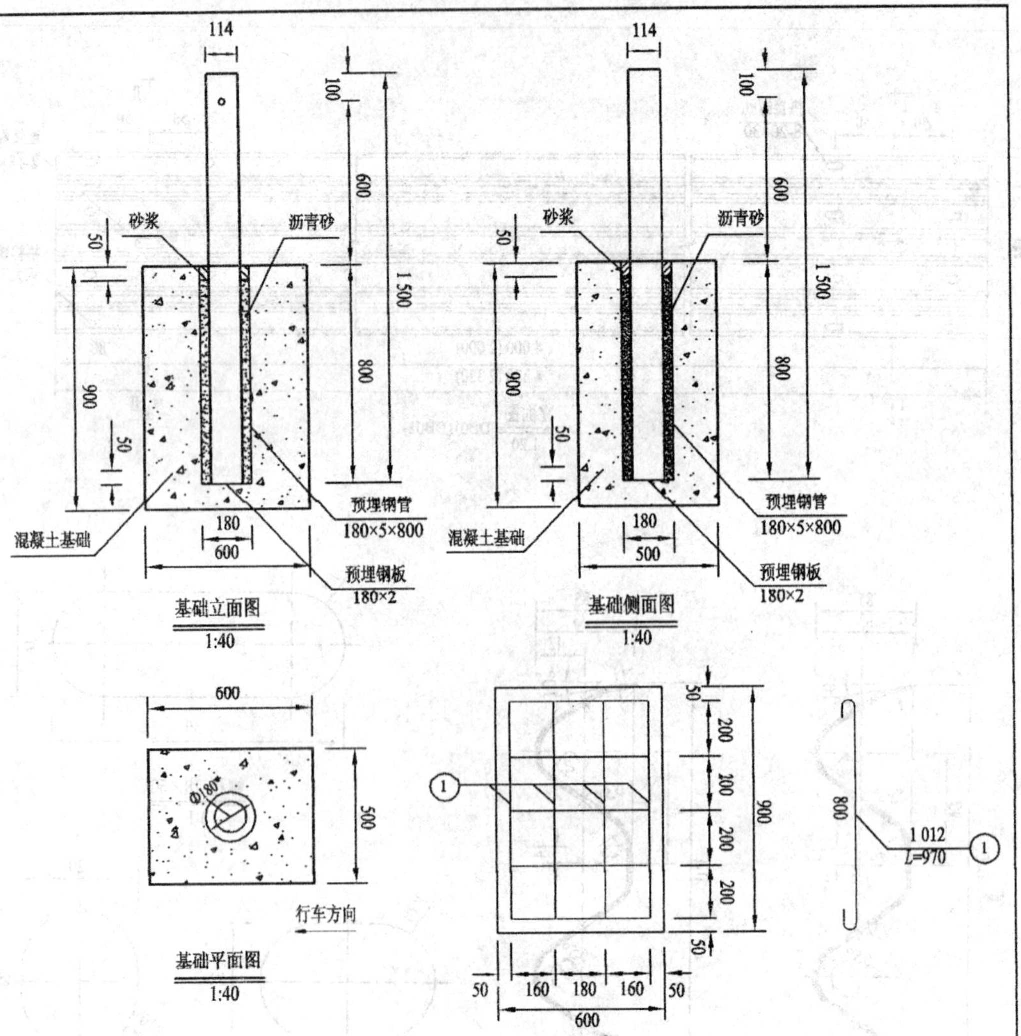

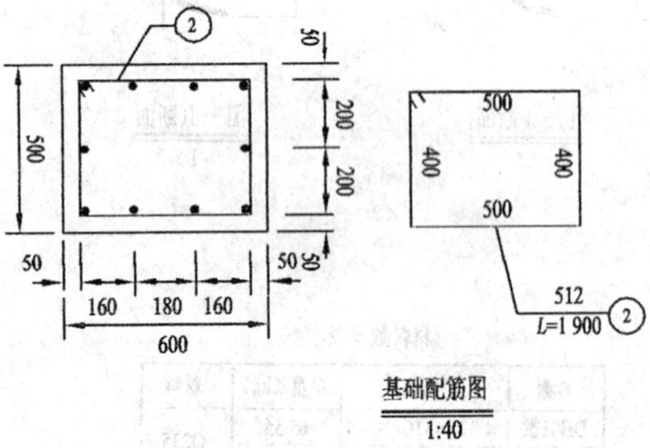

路侧护栏端头基础材料数量表

材料名称		规格（mm）	单件重（kg）	件数（件）	重量（kg）
钢筋	1	12×950	0.84	10	8.4
	2	12×1 900	1.68	5	8.4
C20		900×600×500	0.27m³		
砂浆		M15	0.002m³		
沥青砂			0.016m³		
预埋钢管		180×5×800	17.27kg		
预埋钢板		180×2	0.4kg		

说明：

1. 本图尺寸单位均以mm计。
2. 本图为上游端部路侧护栏的基础形式。

图10.8 路侧护栏上游端部立柱基础大样图

隔离栅所有金属件，除立柱埋入混凝土的部分外，均需经浸塑工艺处理，其技术要求应符合《隔离栅技术条件》(JT/T 374—1998)的规定。隔离栅安装在道路用地界限内侧0.5 m处，进行安装线地面标高测量，地形起伏不大的地段，将地面修成平坡；地形起伏较大的地段，隔离栅安装成阶梯形。在跨越涵洞处，直接在沟渠两侧的隔离栅框架之间张拉刺铁丝网。

10.2 城市道路标志与标线设计

图10.10为北京市西直门外大街交通工程设施设计平面图(部分)，该路为城市快速路，设计速度为60 km/h。

10.3 机械式停车楼设计

图10.11为北京市某小区配套停车设施，包括机械停车楼和地面停车场。其中，机械停车楼共2座，1#停车楼地下1层、地上1层，总建筑高度8.85 m，总建筑面积1 195 m^2，采用六层升降横移地坑式停车设备，停车位234个，分6套设备。2#停车楼地下1层、地上2层，总建筑高度12.60 m，总建筑面积3 978 m^2，首层和二层均采用四层升降横移地坑式停车设备，停车位2×166个，分2×9套设备。

图10.12～图10.18为1#停车楼的平面、立面和剖面图，其设计要点如下：

(1)占地面积930 m^2；建筑层数为地上1层、地下1层；停车层数为地上4层、地下2层；建筑面积1 195 m^2，其中地上265 m^2，地下930 m^2；建筑总高度8.85 m；停车泊位数为234个。

(2)防火分类：Ⅱ类汽车库。

(3)工程耐久年限：二级(50年)。

(4)耐火等级：二级。

(5)结构类型：框架结构(地上为钢结构，地下为钢筋混凝土结构)。

(6)抗震设计烈度：8度。

(7)主要设计依据：

①《建筑设计防火规范》(GBJ 16—87)；

②《民用建筑设计通则》(GB 50352—2005)；

③《汽车库建筑设计规范》(JGJ 100—98)；

④《汽车库、修车库、停车场设计防火规范》(GB 50067—97)。

(8)选用图集：

①《建筑构造通用图集》；

②《国家建筑标准设计图集》；

③《北京市建筑设计标准图集》。

(9)安全疏散：本建筑分为上下两个停车系统，以首层顶板隔开；首层设置两个出入口，净宽分别为7.3 m、5.9 m；二层以上设置两个疏散坡道，单向行驶，净宽大于6 m。

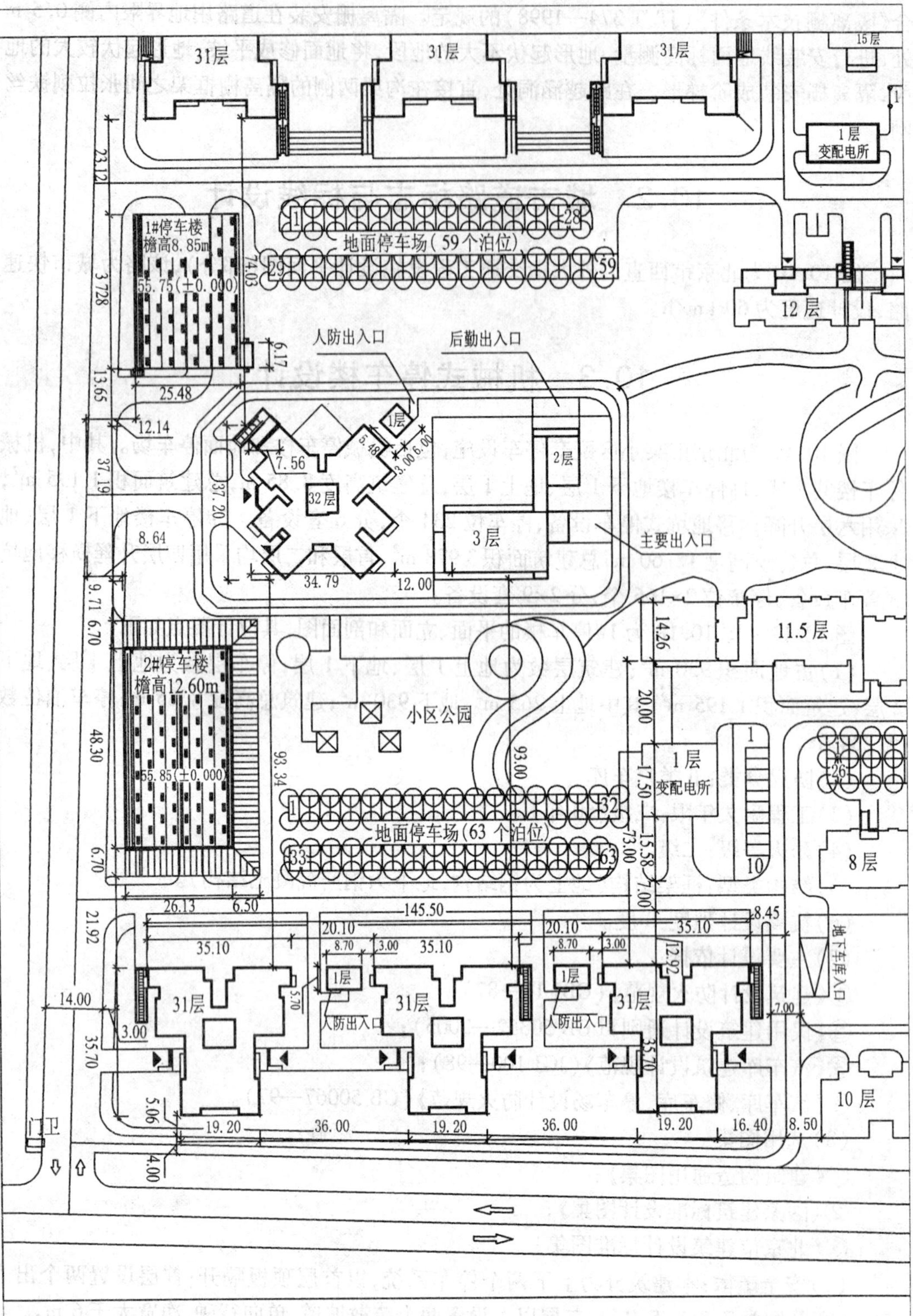

图10.11 某小区配套停车设施总平面图

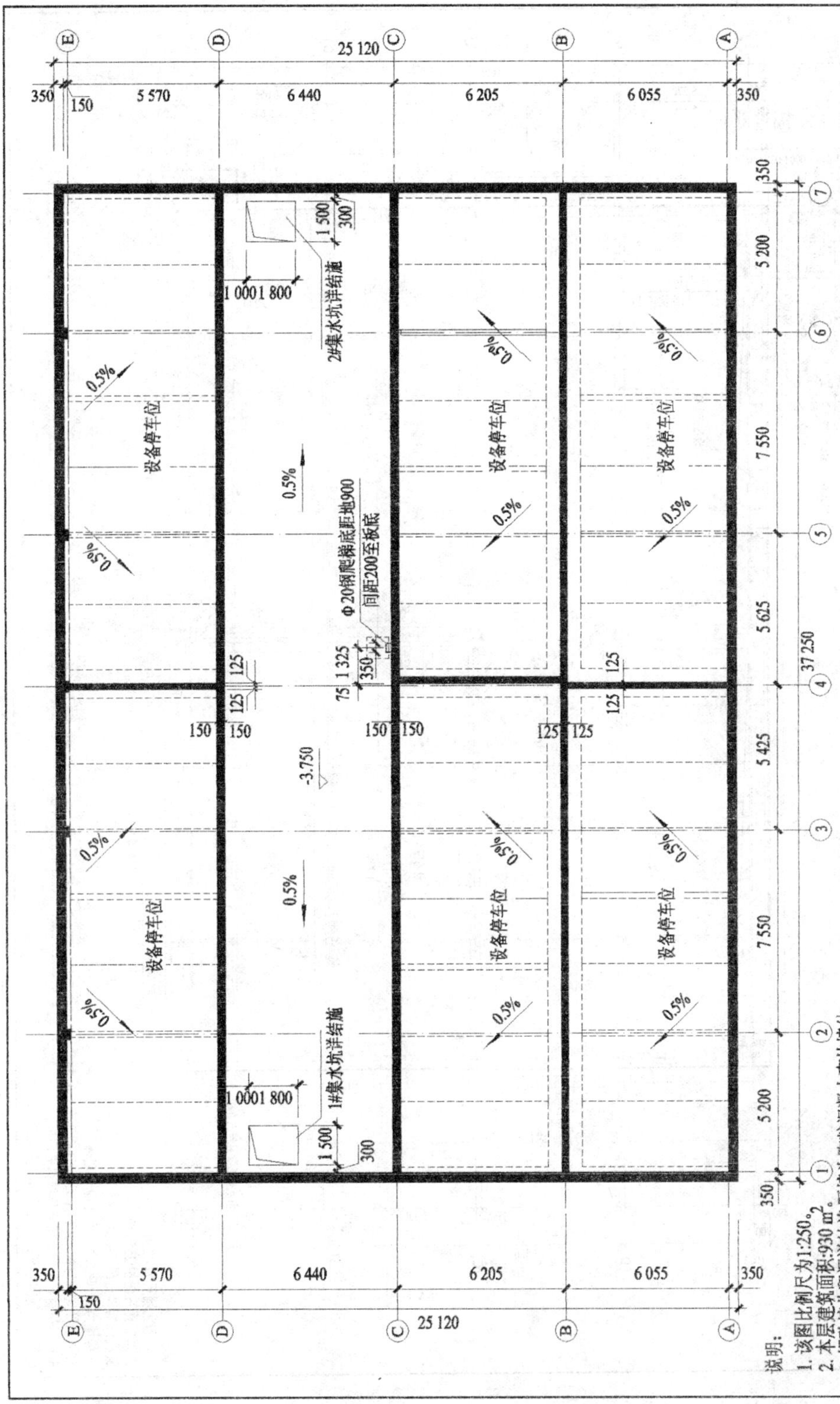

说明：

1. 该图比例尺为1:250。
2. 本层建筑面积:930 m²。
3. 钢砼墙体留洞详结施,隔墙为陶粒混凝土砌块墙体。
4. 雨水管规格为Φ100UPVC管，底部距散水150。
5. 虚线所示为停车设备。

图 10.12　1# 停车楼地下层平面图

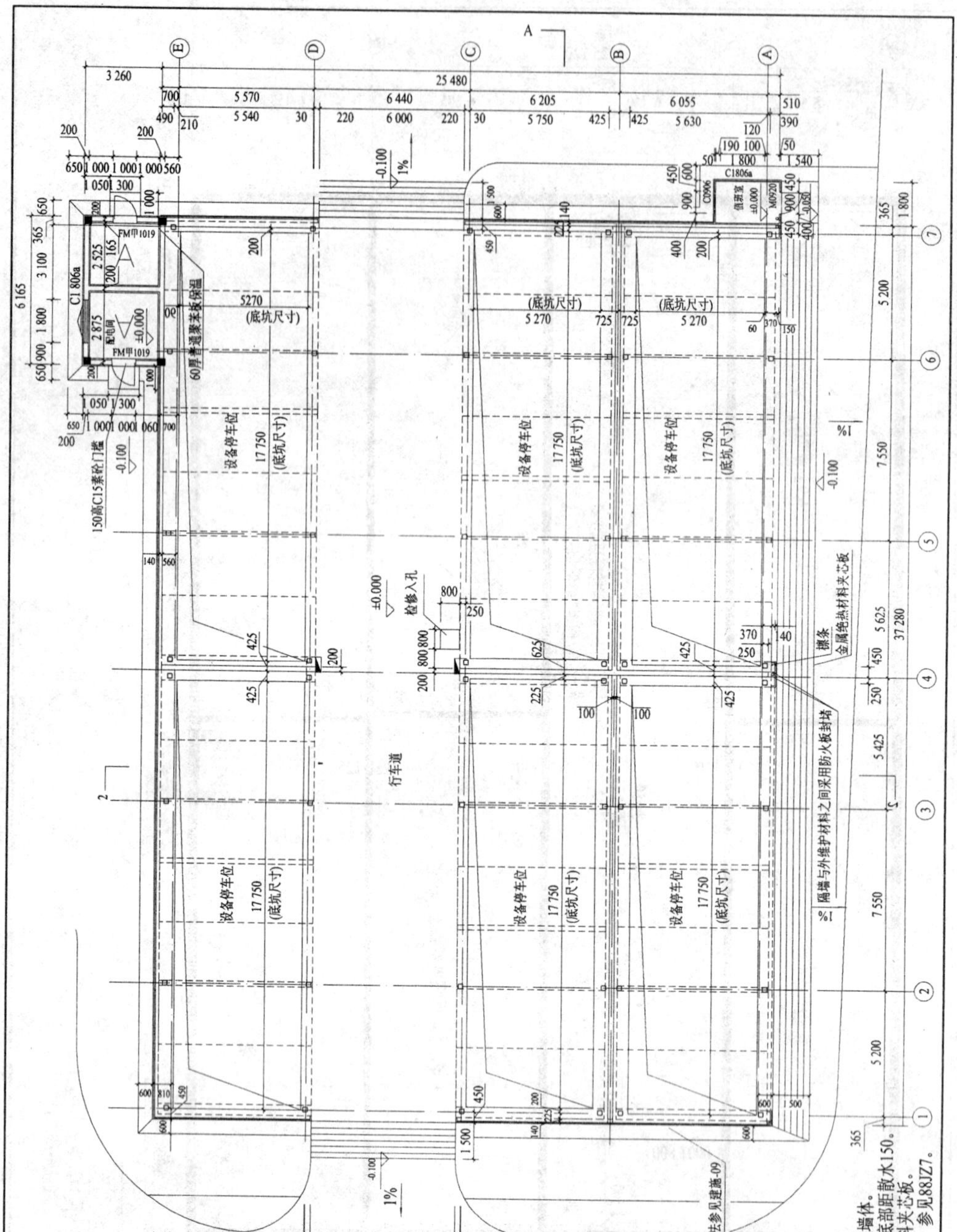

说明：
1. 该图比例尺为1:250。
2. 本层建筑面积:265 m²。
3. 钢砼墙体留洞详结施，
   隔墙为200厚加气混凝土砌块墙体。
4. 雨水管规格为Φ100UPVC管,底部距散水150。
5. 外维护材料采用金属绝热材料夹芯板。
6. 值班室地面做法扩出墙体40，参见88JZ7。

图10.13 1#停车楼首层平面图

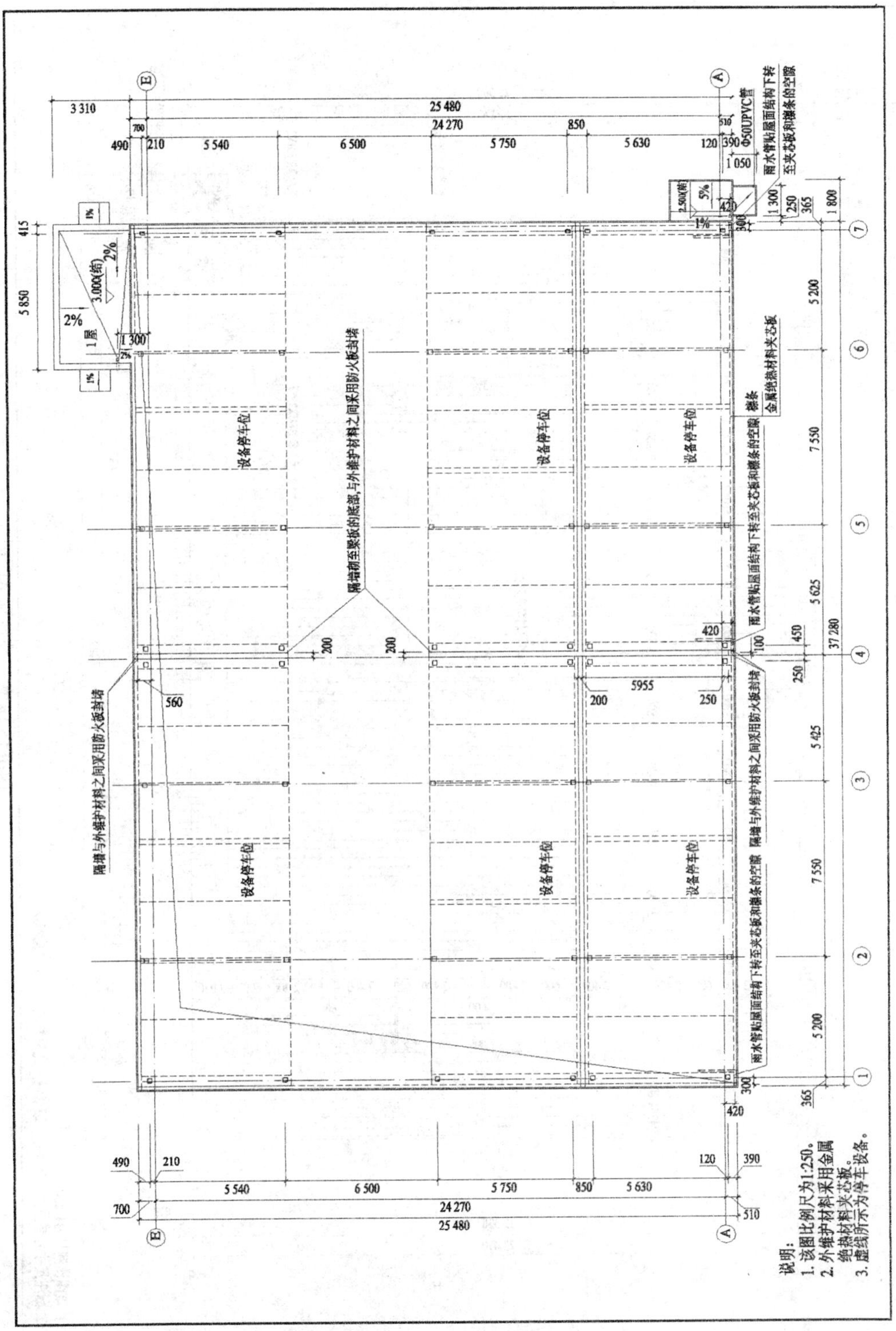

说明:
1. 该图比例尺为1:250。
2. 外维护材料采用金属绝热材料夹芯板。
3. 虚线所示为停车设备。

图10.14 1# 停车楼二层平面图

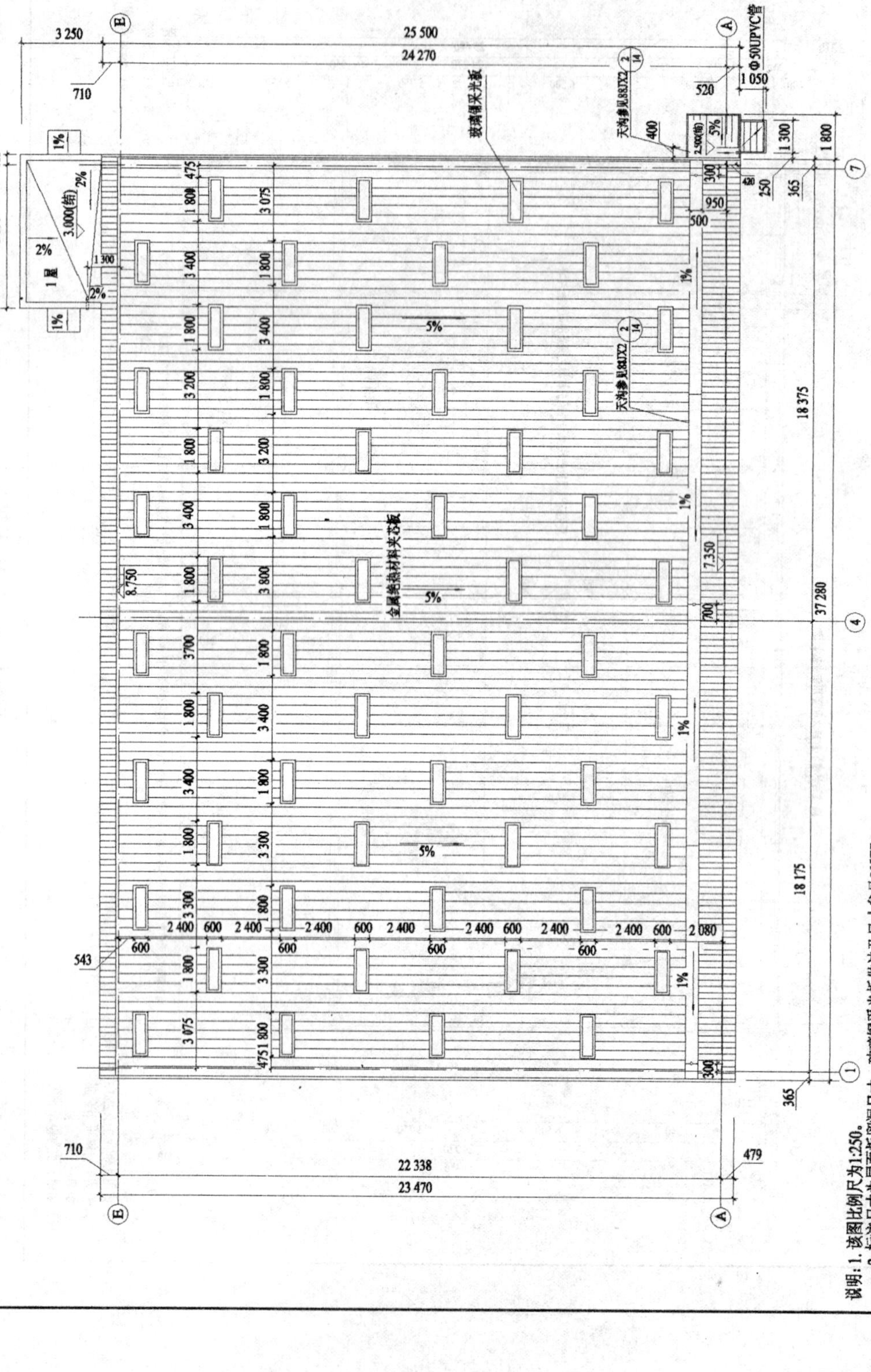

图10.15 1# 停车楼屋顶平面图

说明：1. 该图比例尺为1:250。
2. 标注尺寸为屋面板留洞尺寸，玻璃钢采光板做法及尺寸参见88JZ7。

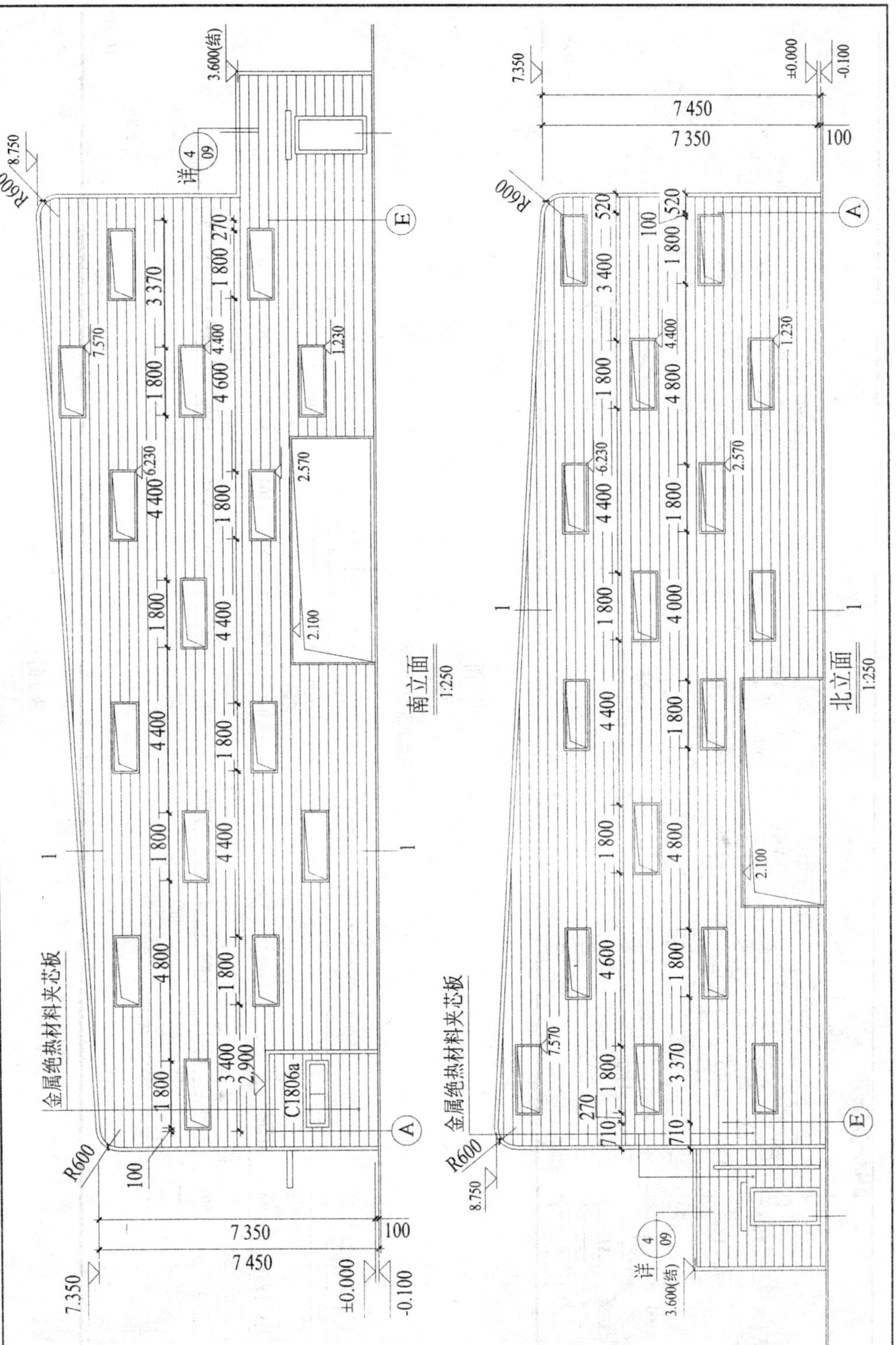

图10.16 1# 停车楼南、北立面图

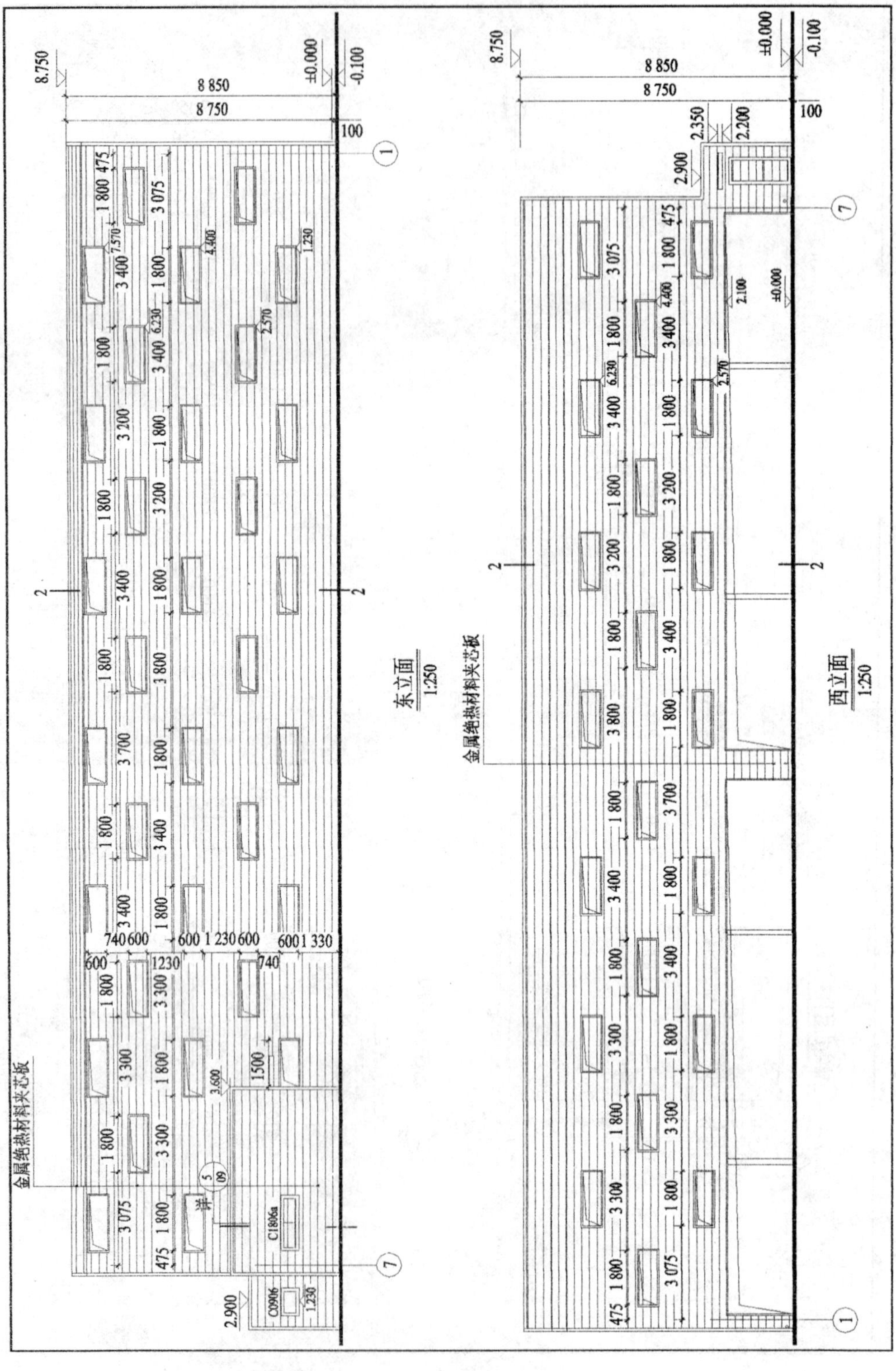

图 10.17 1#停车楼东、西立面图

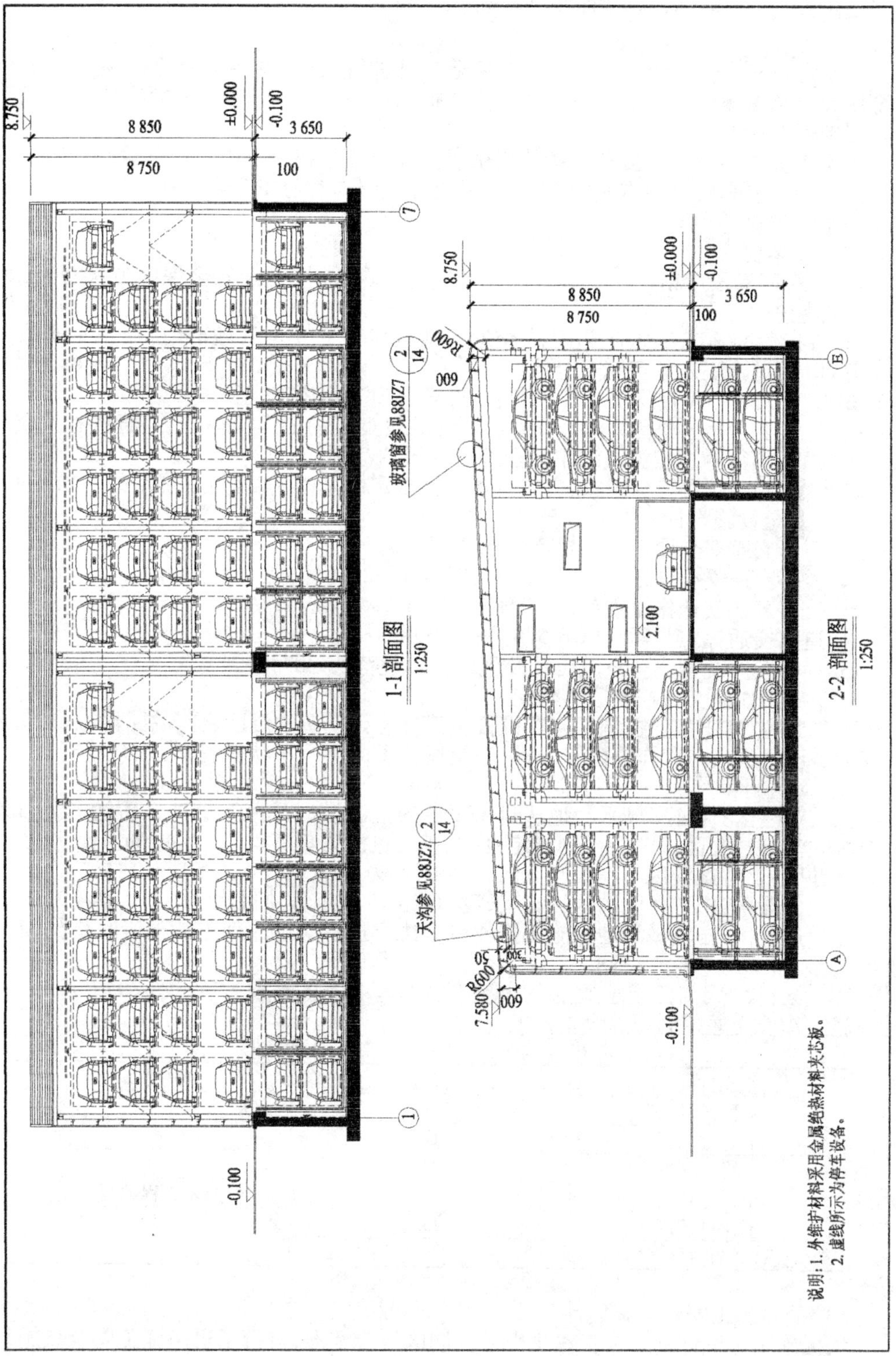

图10.18 1#停车楼剖面图

10.4　高速公路维修养护道路施工安全标志设计

黑龙江省 xx 高速公路于 2010 年 4 月至 8 月进行大修，主要工程建设项目为全线路面翻修和跨越高速公路的上跨桥升高两项。拟采用纵向分段，然后逐段半幅封闭施工另半幅正常通车的大修方案。

为保障大修期施工人员和设备的安全以及社会车辆在施工期的安全运行，规范、统一各施工标段的安全管理和作业行为，制定了交通组织与交通安全管理规程，并进行了道路施工安全设施设计。

(1) 基本要求

① 各合同标段应结合施工组织设计及安全设施设计，制定安全保障方案，报工程建设指挥部检查、批准。

② 各标段的施工单位应按国家、交通行业规定建立安全管理部门，配备专职或兼职安全管理员，对施工人员实施安全培训和教育。

③ 施工人员必须接受安全技术教育，遵守各项安全操作规程。

④ 与施工作业区配套的安全设施应始终处于良好的工作状态，不得随意撤除或改变设施的位置，不得随意扩大或缩小安全控制区域的范围。

⑤ 安全作业应在符合国家、交通行业有关规定的基础上，满足本规定的各项要求。

(2) 安全设施设计依据

① 公路交通安全设施设计规范(JTG D81—2006)

② 公路交通安全设施设计细则(JTG/T D81—2006)

③ 公路养护安全作业规范(JTG H30—2004)

④ 道路交通标志与标线(GB 5768—2009)

⑤ 高速公路交通安全设施设计及施工技术规范(JTJ074—94)

(3) 施工作业交通控制区的确定

警告区：从施工作业控制区起点设置施工标志到上游过渡区之间的路段，用以警告车辆驾驶员已经进入施工作业区路段，请按交通标志调整行车状态，警告区最小长度(S)为 1600m。

上游过渡区：保证车辆平稳地从封闭车道的上游横向过渡到缓冲区旁边非封闭车道的路段。上游过渡区长度(Ls)的规定：由双车道过渡为单车道时，为 40 m。

缓冲区：上游过渡区与施工作业区之间的路段，长度(H)均为 50 m。

施工作业区：施工作业的区域，其长度(G)由具体工程项目确定。

下游过渡区：车辆平稳地从施工作业区旁边车道横向过渡到正常车道的路段，最小长度(Lx)取 30 m。

终止区：设置于施工作业区下游调整车辆行车状态的路段，其长度(Z)取 30 m。

施工作业交通控制区的设置标准，见表 10.2。

表 10.2　施工作业交通控制区设置标准

项目	符号	长度/m
警告区	S	1 600
上游过渡区	Ls	40
缓冲区	H	50
施工作业区	G	由具体工程项目确定
下游过渡区	Lx	30
终止区	Z	30

(4) 道路施工安全设施设计

依据施工组织计划及施工作业交通控制区设置标准，进行了道路施工安全设施设计，部分设计成果见图 10.19 ~ 图 10.23。

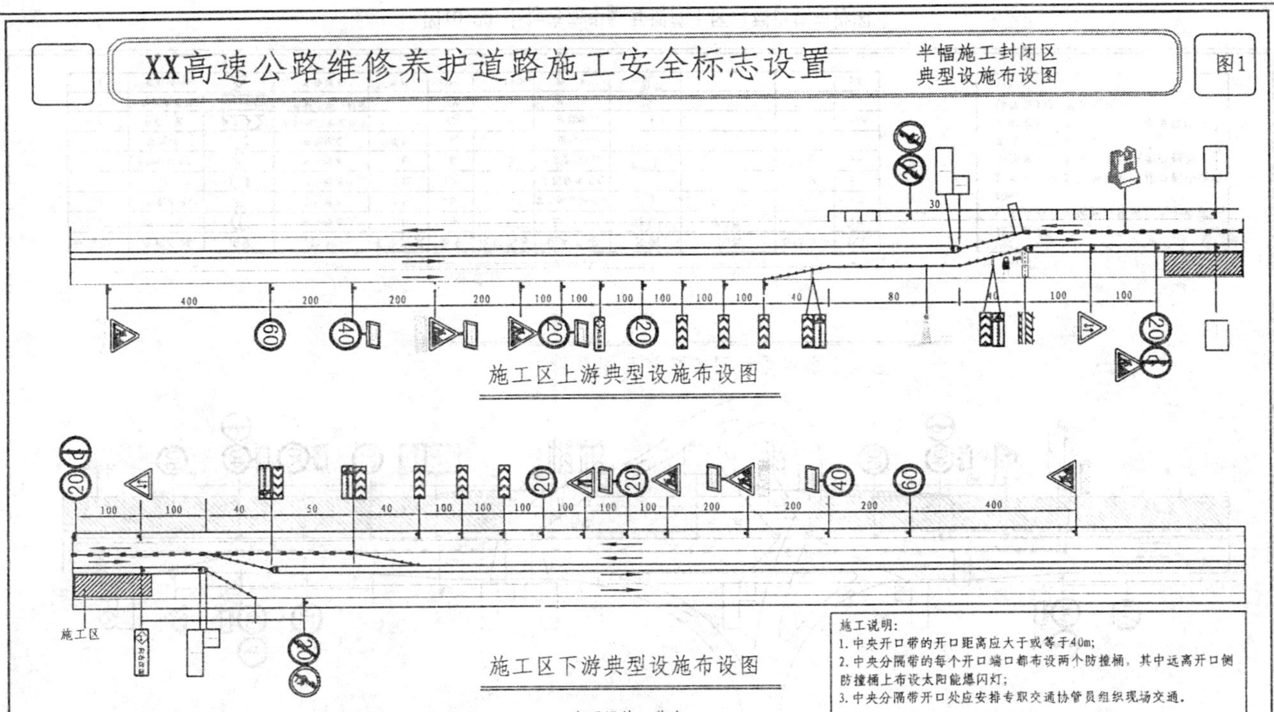

交通设施一览表

设施编号	设施名称	图例	性质	基础方式	数量	设施编号	设施名称	图例	性质	基础方式	数量	设施编号	设施名称	图例	性质	基础方式	数量
1	禁止超车		禁令标志	单柱	2块	9	太阳能前方施工800m 前方施工		道路施工安全标志	单柱	2块	17	双向通行		警告标志	单柱	2块
2	太阳能限速40		禁令标志	单柱	2块	10	前方施工		道路施二安全标志	单柱	2块	18	左侧变窄		警告标志	单柱	1块
3	限速60		禁令标志	单柱	2块	11	向左改道		道路施工安全标志	单柱	1块	19	太阳能爆闪灯			单柱	4个
4	太阳能限速20		禁令标志	单柱	2块	12	向右改道		道路施工安全标志	单柱	1块	20	太阳能慢闪灯			单柱	2个
5	限速20		禁令标志	单柱	4块	13	向左行驶		道路施工安全标志		5块	21	锥形标				56个
6	解除限速20		禁令标志	单柱	2块	14	向右行驶		道路施工安全标志		5块	22	防撞桶				8个
7	解除禁止超车		禁令标志	单柱	2块	15	太阳能向左行驶		道路施工安全标志		2块	23	水 马				
8	前方施工1600m		道路施二安全标志	单柱	2块	16	太阳能向右行驶		道路施工安全标志		2块	24	旗 手				1人

图10.19 半幅施工封闭区典型设施布设图

XX高速公路维修养护道路施工安全标志设置

上行方向半幅互通
施工区典型设施布设图

图2-1

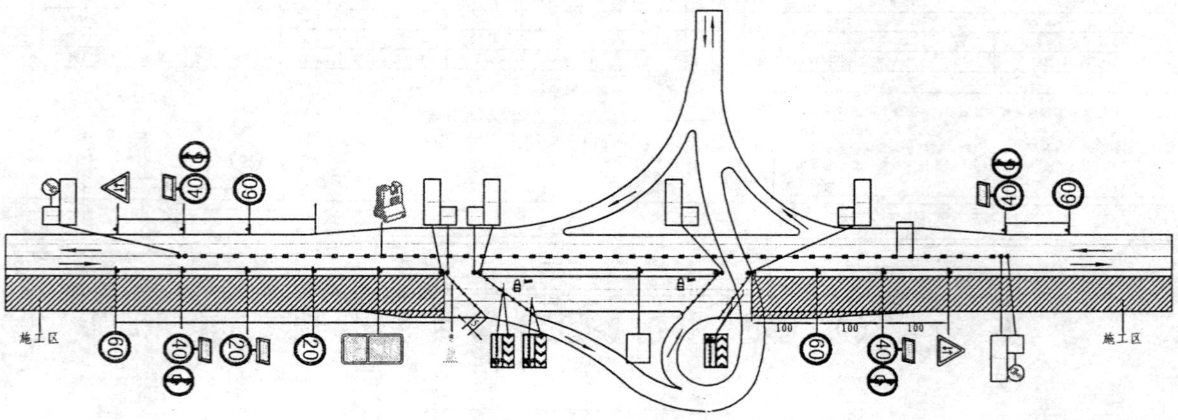

上行方向互通施工区典型设施布设图

交通设施一览表

设施编号	设施名称	图例	性质	基础方式	数量	设施编号	设施名称	图例	性质	基础方式	数量
1	禁止超车		禁令标志	单柱	4块	9	出　口		指路标志	单柱	1块
2	太阳能限速40		禁令标志	单柱	4块	10	靠右侧道路行驶		指示标志	单柱	2块
3	限速60		禁令标志	单柱	4块	11	太阳能爆闪灯			单柱	6个
4	太阳能限速20		禁令标志	单柱	1块	12	太阳能慢闪灯			单柱	2个
5	限速20		禁令标志	单柱	1块	13	锥形标				
6	向右行驶		道路施二安全标志		4块	14	防撞桶				12个
7	太阳能向右行驶		道路施二安全标志		4块	15	水　马				
8	双向通行		警告标志	单柱	2块	16	旗　手				2人

施工说明:
1. 中央开口带的开口距离应大于或等于40m;
2. 中央分隔带的每个开口端口都布设两个防撞桶，其中远离开口侧防撞桶上布设太阳能爆闪灯;
3. 中央分隔带开口处应安排专职交通协管员组织现场交通.

图10.20 上行方向半幅互通施工区典型设施布设图

XX高速公路维修养护道路施工安全标志设置

下行方向半幅互通施工区典型设施布设图

图2-2

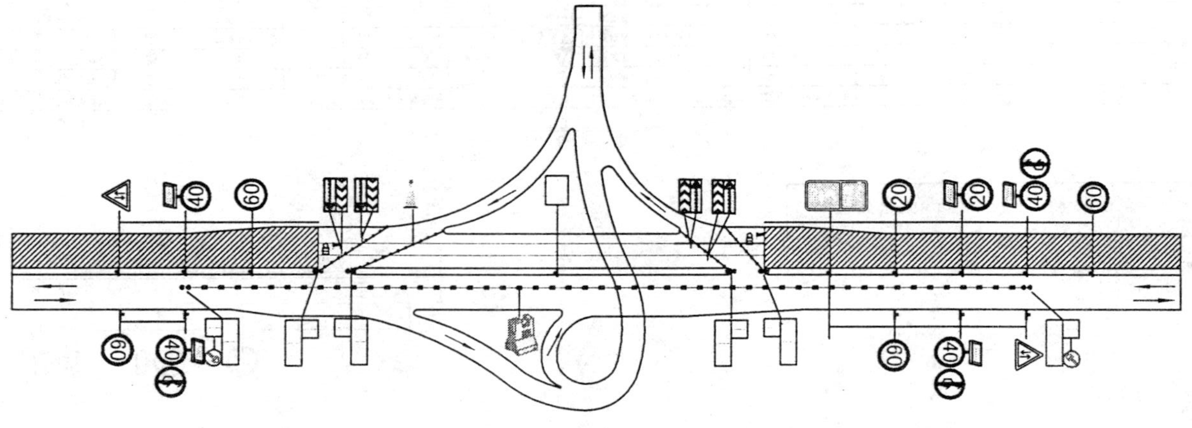

下行方向互通施工区典型设施布设图

交通设施一览表

设施编号	设施名称	图例	性质	基础方式	数量	设施编号	设施名称	图例	性质	基础方式	数量
1	禁止超车		禁令标志	单柱	4块	9	出 口		指路标志	单柱	1块
2	太阳能限速40	40	禁令标志	单柱	4块	10	靠右侧道路行驶		指示标志	单柱	2块
3	限速60	60	禁令标志	单柱	4块	11	太阳能爆闪灯			单柱	6个
4	太阳能限速20	20	禁令标志	单柱	1块	12	太阳能慢闪灯			单柱	2个
5	限速20	20	禁令标志	单柱	1块	13	锥形标				
6	向右行驶		道路施工安全标志		4块	14	防撞桶				12个
7	太阳能向右行驶		道路施工安全标志		4块	15	水 马				
8	双向通行		警告标志	单柱	2块	16	旗 手				2人

施工说明:

1. 中央开口带的开口距离应大于或等于40m;
2. 中央分隔带的每个开口端口都布设两个防撞桶，其中远离开口侧防撞桶上布设太阳能爆闪灯;
3. 中央分隔带开口处应安排专职交通协管员组织现场交通。

图10.21 下行方向半幅互通施工区典型设施布设图

XX高速公路维修养护道路施工安全标志设置

中央桥墩施工区
典型设施布设图

图3

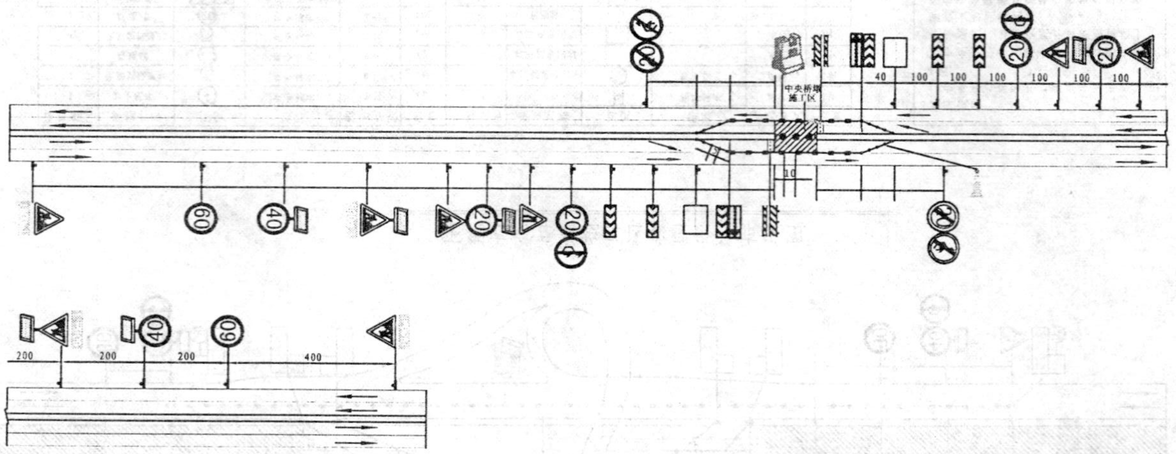

说明：
水马的数量根据施工区的长度确定，标准为每隔10米一个。

交通设施一览表

设施编号	设施名称	图例	性质	基础方式	数量	设施编号	设施名称	图例	性质	基础方式	数量	设施编号	设施名称	图例	性质	基础方式	数量
1	禁止超车		禁令标志	单柱	2块	9	太阳能前方施工800m 前方施工		道路施工安全标志	单柱	2块	17	锥形标				32个
2	太阳能限速40		禁令标志	单柱	2块	10	前方施工		道路施工安全标志	单柱	2块						
3	限速60		禁令标志	单柱	2块	11	向右行驶		道路施工安全标志		6块						
4	太阳能限速20		禁令标志	单柱	2块	12	太阳能向右行驶		道路施工安全标志		2块						
5	限速20		禁令标志	单柱	2块	13	路　栏		道路施工安全标志		2个						
6	解除限速20		禁令标志	单柱	2块	14	太阳能慢闪灯			单柱	2个						
7	解除禁止超车		禁令标志	单柱	2块	15	左侧变窄		警告标志	单柱	2块						
8	前方施工1600m		道路施工安全标志	单柱	2块	16	水　马										

图10.22 中央桥墩施工区典型设施布设图

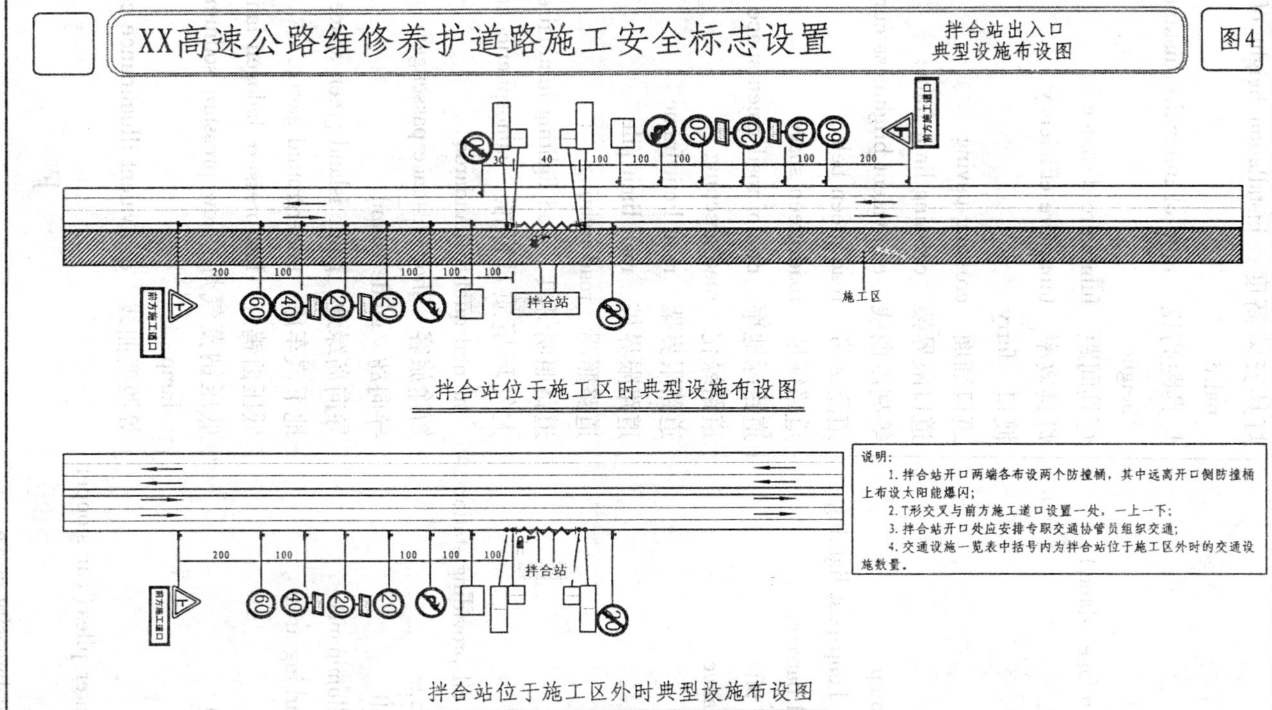

拌合站施工道口交通设施一览表

设施编号	设施名称	图例	性质	基础方式	数量	设施编号	设施名称	图例	性质	基础方式	数量	设施编号	设施名称	图例	性质	基础方式	数量
1	T形交叉		警告标志	单柱	1(1)块	7	太阳能限速20		禁令标志	单柱	2(1)块	13	太阳能慢闪灯			单柱	2(1)个
2	T形交叉		警告标志	单柱	1块	8	限速20		禁令标志	单柱	2(1)块	14	旗 手				1人
3	禁止向左转弯		禁令标志	单柱	1块	9	解限速20		禁令标志	单柱	2(1)块						
4	禁止向右转弯		禁令标志	单柱	1(1)块	10	前方施二道口		道路施工安全标志	单柱	2(1)块						
5	太阳能限速40		禁令标志	单柱	2(1)块	11	防撞桶				4个						
6	限速60		禁令标志	单柱	2(1)块	12	太阳能爆闪灯			单柱	2个						

图10.23 拌合站出入口典型设施布设图

交通工程设施名词中英文对照

A

安全挡台　safety guard
安全岛　safety island（refuge island）
暗视野　scotopic vision

B

白炽灯　incandescent lamp
半高杆照明　semi-high lamp-post lighting
半刚性护栏　semi-rigid barrier
百米桩　hundred-meter pile
步行距离　walking distance

C

彩度　chroma
城市噪声　urban noise
车间供油站　workshop oil-providing station
敞开式汽车库 open garage
储气井　gas storage well
垂直面照度　vertical illuminance
车站停车场　station parking area

D

端部　end（terminal）
挡车堆 automobile blocker piles（car stopper piles）
等光强曲线　equivalent intensity curve
点光源　point light source
灯具　luminaire
灯具安装高度　installation height of luminaire
灯具距高比　ratio of luminaire distance and height
灯具间距　luminaire distance
灯具效率　luminaire efficiency
渡口　ferry
道口铺面　crossing paving
道口限界架　crossing limit frame
等亮度曲线　equivalent brightness curve
道路绿带　road green belt
道路绿地　road green space
道路绿地率　rate of road green space
道路绿化　road greening
道路限界架　road limit frame
道路限界桩　road limit pile
道路照明　road lighting
道路照明灯具　road lighting luminaire
大气环境质量标准　atmospheric environmental quality standards
短途旅客　short distance passenger
导向岛　guide island
导向岛绿地　guide island green space
地下汽车库　underground garage
低压卤钨灯　low pressure halogen lamp
低压钠蒸气灯　low pressure sodium vapor lamp
等照度曲线　equivalent illuminance curve

F

分车绿带　vehicle separate green belt
发车位　departure parking stall

放电灯 discharge lamp
反光标志 reflective sign
分隔岛 dividing island
分隔带 dividing belt
反光路钮 reflective button
防滑堆 antiskid heap
分流合流诱导标 dividing and merging induction sign
反坡安全线 adverse slope safety line
分区一般照明 localized general lighting
反射器 reflector
复式汽车库 compound garage
防雪设施 snow prevention facilities
防沙设施 sand prevention facilities
反射眩光 reflected glare
反射型高压汞蒸气灯 reflex high pressure mercury vapor lamp
反射性能 reflecting property
服务设施 service facilities
防眩设施 anti-glare device
法向照度 normal illuminance
辅助标志 auxiliary sign
辅助人工照明 auxiliary artificial lighting

G

光 light
广播通信设施 communication facilities on broadcasting
广场绿地 square green space
观察角 observation angle
汞蒸气灯 mercury vapor lamp
高层汽车库 high-rise garage
高杆照明 high lamp-post lighting
公交车辆停靠站 bus stop
隔离墙 isolated wall
隔离栅 isolated fence
功能栽植 function planting
高强度气体放电灯 high intensity discharge lamp
光束角 beam angle
声屏障 noise screening
光通量 luminous flux
高压汞蒸气灯 high pressure mercury vapor lamp
高压钠蒸气灯 high pressure sodium vapor lamp
光中心 light center

H

候车用房 station hall
缓冲地带 buffer zone
活动护栏 active barrier
混合照明 mixed lighting
混光照明 light mixing illumination
环境 environment
环境保护 environmental protection
环境保护法 environmental protection law
环境保护方针 environmental protection policy
环境标准 environment standards
环境工程学 environmental engineering
环境科学 environmental science
环境影响评价 environmental impact assessment
环境噪声 environment noise
环境噪声标准 environment noise standards
护栏 barrier(guardrail)
护栏标准段 standard segment of guardrail
护栏端头 end of barrier
护栏过渡段 transition segment of guardrail
护栏渐变段 gradual change segment of guardrail
护路林 road protection forest
护栏栅 protection fence
护墙 enclosure wall

护柱　guard post

J

局部照明　local lighting
街道绿化　street greening
截光　light interception
警告标志　caution sign
截光角　light interception angle
截光型灯具　light interception luminaire
紧急电话　emergency telephone
间接光通量　indirect luminous flux
监控中心　monitor center
禁令标志　prohibitory sign(forbidding sign)
加气岛　gas filling island
加气机　gas filling machine
加气站　gas station
交通安全设施　traffic safety facilities
交通标志　traffic sign
交通岛　traffic island
交通岛绿地　traffic island green space
交通管理　traffic management
交通管理设施　traffic management facilities
交通监控设施　traffic monitoring facilities
交通建筑　traffic architecture(traffic building)
交通性广场　traffic square
交通信号灯　traffic signal lamp
交通信号设施　traffic signal facilities
交通噪声　traffic noise
交通噪声指数　traffic noise index
机械式立体汽车库　mechanical stereo garage
机械式汽车库　mechanical garage
机械停车设备　mechanical parking facilities
加油岛　petrol filling island
加油加气站　oil-gas station
加油站　petrol station
加油站房　petrol station house

K

可变信息标志　changeable message sign
开放式绿地　open green space
可见度　visibility
客运管理用房　passenger management room

L

里程碑　milestone
路侧护栏　roadside barrier
路侧绿带　roadside green belt
两层式机械汽车库　two storey mechanical garage
亮度　brightness
亮度对比　brightness contrast
拉断阀　stretch breaking valve
累计停车数　cumulative parking number
绿篱　hedge
路面标线　pavement marking
立体交叉绿岛　interchange green island
卤钨灯　halogen lamp
轮椅坡道　wheelchair ramp
轮椅通道　wheelchair channel
利用系数　utilization coefficient

M

明步楼梯　no guardrail stair
密闭卸油点　closed oil unloading
盲道　blind way (blind road)
明度　brightness
埋地油罐　underground oil tank
埋地液化石油气罐　buried liquefied petroleum gas tank
面光源　surface light source
明视觉　photopic vision
盲文站牌　braille bus stop board

盲文地图　braille map

N

钠蒸气灯　sodium vapor lamp
霓虹灯　neon lamp

P

坡道式汽车库　ramp garage
平均亮度　average brightness
平均照度　average illuminance

R

日发车量　daily departure volume
入口平台　entrance platform
入射角　incident angle
人行地道　pedestrian subway (pedestrian underpass)
人行横道　pedestrian crossing (pedestrian crosswalk)
柔性护栏　flexible barrier
人行通道　pedestrian tunnel(pavement)
人行天桥　pedestrian overcrossing (pedestrian overpass)

S

色、颜色　color
色调、色相　color tone
隧道控制　tunnel control
索端锚具　cable anchor
收费设施　charge facilities
视觉　vision
视角　sight angle (vision angle)
数据传输设施　facilities on data transmission
升降悬吊式灯具　lifting suspensory lighting
视力、视觉警敏度　eyesight(visual sensitivity)
视亮度　visual brightness
首末站　original and terminal station
售票房　ticket office
水平面照度　horizontal illuminance
视线诱导标　sight-line induction sign
视野　vision field
竖直循环式机械汽车库　vertical circular mechanical garage

T

停车场　parking space
停车供应　parking supply
停车目的　parking purpose
停车密度　parking density
停车时间　parking time
停车位　parking space
停车需求　parking demand
弯道反光镜　curve road reflector
通道控制　channel control
停放车指数　parking index
停放周转率　turnover ratio of parking
托架　bracket
提示盲道　prompt blind way (suggestion blind way)
通透式配置　permeability configuration
图像传输设施　facilities on image transmission

W

无障碍电梯　barrier-free elevator
无障碍入口　barrier-free entrance

X

行包装卸廊　luggage handling porch

修车库　repairing garage
吸顶灯具　ceiling light
悬吊式灯具　suspensory light
眩光　glare
线光源　line light source
行进盲道　marching blind way
行道树绿带　street tree green belt
氙气　xenon
信息采集子系统　information acquirement subsystem
小型石油库　small petroleum depot
信息提供子系统　information providing subsystem
线形诱导标　alignment induction sign
卸油油气回收系统　gas and oil unloading recycle system

Y

园林景观路　landscape road
一般照明　general lighting
荧光灯　fluorescent lamp
荧光高压汞蒸气灯　fluorescent high pressure mercury vapor lamp
液化石油气加气站　liquefied petroleum gas filling station
易燃油品、沸溢性油品　tinder
缘石坡道　curb stone ramp
运送器　delivery device
压缩天然气加气站　congress gas filling station
压缩天然气加气母站　congress gas filling central station
压缩天然气加气子站　congress gas filling subcentral station
延停车数　delayed parking number
业务电话　business phone
沿线设施　facilities along the highway line

Z

站场　station (station yard)
阻车堤　car stopper pile(car-hindering pile)
正常照明　normal lighting
照度　illuminance
匝道控制　ramp control
照度矢量　illuminance vector
最大照度　maximum illuminance
站房　station house
遮光角　cut off angle
最高聚集人数　maximum assembling passenger
总光通量　total luminous flex
主干线传输　main trunk transfer
综合管道　comprehensice pipes
综合控制　comprehensive control
中间端部　middle anchoring device
直接光通量　direct luminous
站距　station distance
中间平台　middle platform
中间柱　intermediate column
指令电话　paging telephone
指路标志　information sign
站前广场　station square
指示标志　indication sign
噪声　noise
噪声剂量计　noise dose meter
装饰绿地　decoration green space
噪声控制　noise control
噪声控制的技术措施　technical measures of noise control
噪声物理量　physical quantity of noise
噪声污染　noise pollution
噪声污染级　noise pollution level
噪声主观评价　subjective assessment of noise
站台　platform

中途停靠站　midway stop
中心岛　central island
中心岛绿地　central island green space
纵向非有效构件　vertical non-effective component
直接眩光　direct glare
主线控制　mainline control
最小照度　minimum illuminance
中央分隔带护栏　central strip column(central seperation column)
中央分隔带护栏端头　terminal of central strip column(terminal of central seperation column)

参考文献

[1] 交通部公路科学研究院. JTG D81—2006 公路交通安全设施设计技术规范[S]. 北京:人民交通出版社,2006.

[2] 交通部公路科学研究院. JTG F71—2006 公路交通安全设施设计技术规范[S]. 北京:人民交通出版社,2006.

[3] 交通部公路科学研究院. JTJ 074—94 高速公路交通安全设施设计及施工技术规范[S]. 北京:人民交通出版社,2006.

[4] GB 5768—2009 道路交通标志和标线[S]. 北京:中国标准出版社,2009.

[5] 上海市公路管理处. JTG H30—2004 公路养护安全作业规程[S]. 北京:人民交通出版社,2004.

[6] 武汉市公用事业研究所. CJJ 15—87 城市公共交通站、场、厂设计规范[S]. 北京:中国建筑工业出版社,1988.

[7] GB 50067—97 汽车库、修车库、停车场设计防火规范[S]. 北京:中国计划出版社,1998.

[8] 北京建筑工程学院. JGJ 100—98 汽车库建筑设计规范[S]. 北京:中国建筑工业出版社,1998.

[9] 关志宏,刘小明. 停车场规划设计与管理[M]. 北京:人民交通出版社,2003.

[10] 中国重型机械工业协会停车设备管理委员会. 机械式立体停车库[M]. 北京:海洋出版社,2001.

[11] 中国建筑科学研究院. CJJ45—2006 城市道路照明设计标准[S]. 北京:中国建筑工业出版社,2007.

[12] 中华人民共和国住房和城乡建设部. CJJ89—2012 城市道路照明工程施工及验收规程[S]. 北京:中国建筑工业出版社,2012.

[13] 汪建平,邓云塘,钱公权. 道路照明[M]. 上海:复旦大学出版社,2005.

[14] 北京照明学会照明设计专业委员会. 照明设计手册[M]. 北京:中国电力出版社,2006.

[15] 中国建筑科学研究院. JGJ 50—2001 城市道路和建筑物无障碍设计规范[S]. 北京:中国建筑工业出版社,2001.

[16] 刘连新,蒋宁山. 无障碍设计概论[M]. 北京:中国建材工业出版社,2004.

[17] 孙家驷,张维全. 道路设计资料集 7:设施设计[M]. 北京:人民交通出版社,2005.